RELATING
Liz Greene

占星学

リズ・グリーン
岡本翔子・鏡リュウジ
訳

青土社

目次

占星学

はじめに

序文

ゲアハルト・アドラー[*1]

本書は世界的に名の知られた占星学の優れたエキスパートによって書かれたものであるが、まずこの本がどのような本ではないのかを語ることが最適かもしれない。本書は人間関係を扱った通常の占星書でもなければ、著者が、伝統的に受け入れられてきた占星術の解釈に従って書いたものでもない。著者のとった方法論《アプローチ》はいろいろな意味において、まさに独自なものである。まず第一に非常に独創的な方法を用いており、第二に個人というものを重視し、個人が行なった選択をその判断の中心に据えている。

このような方法をとるにあたり、自らサイコセラピーの専門家であることによる心理学の造詣の深さに大いに助けられている。事実著者のアプローチは、心理学と占星学を見事に統合した試みとして特色をなしており、論旨を明確にする際も絶えずこの両方を用いている。分析心理学を専門とする私自身、著者の心理学の知識の幅広さには感銘を受けた。特にユング心理学については目を見張るものがあり、シャドウ、アニマとアニムス、または自己《セルフ》など個人の抱える問題のあらゆる側面にそれを応用している。こういった心理学的題材を、著者の扱う占星学的素材と見事な方法で関連づけているのである。

著者のアプローチで最も印象を受けた点は、占星学を人生の出来事を占う定められた地図としてではなく、個人の潜在能力を描き出し方向づけを与え、最終的結論はその潜在能力の使い方によって左右されるという本質を持ったものとしてとらえていることである。

著者の慎重かつ独創的アプローチを示す一例として、二人の出生図を比較するシナストリーという占星学の方法を取り上げてみることにする。従来の占星学では二人の人間関係がうまくいくかどうか最終的に結論を出し、それに従ってアドバイスを与えるという形が大半である。これに対してグリーン女史はあたかも運命で定まっているかのように、二枚の出生図だけでそのような判断は下せないという慎重な態度を取り、相性が良い、悪いなどという単純な二元論は避けなければならないとしている。相性が良いとされた結婚が応々にして不毛なものに終わってしまう一方、悪いとされた結婚が衝突を繰り返し双方の意識的な努力で相手を受け入れることで、非常に創造的《クリエイティブ》なものとなる場合もある。著者がある特定の占星的側面を、一人の人間が自分のパートナーに対して抱く内的イメージと結びつけ、内なる結婚――すなわち coniunctio（結合）――という個人を越えた経験を引き出そうとする際、この占星学と心理学を統合したアプローチが見事に功を奏している。

こうして著者は外的世界と内的世界のイメージがいかに相互の影響を受けているのかを強調し、具象的現実《リアリティ》と象徴的現実《リアリティ》を共に理解し経験することの必要性を説く。これに関連し著者は次の占星学的（そして天文学的）時代、すなわち春分点が魚座を去り水瓶座に移動する時代について、非常に興味深くためになる説明を与えている。この水瓶座時代がもつ性質についてはすでにあちこちで語られているが、私としてはグリーン女史の解釈が、占星学と心理学を統合したものとして最も役に立つように思う。私が語るより彼女自身の言葉を引用する方がよかろう。「水瓶座は顕在化された人生の背後にあるエネルギーの法則を知り、理解したいという意識的な態度を象徴する」、これは生命の神秘を探究するという意味で、宗教とその方向性が増々似かよってきているニューサイエンスのことを示唆している。

本書についてはまだ多くを語ることができようが、いくつか個人的な感想を述べたくらいでは語り尽くせないほど数多くの貴重な洞察が含まれている。この美しい言葉で書かれた本を読み終え、まさに価値のある本に出会えたというのが私の感想である。本書は真に創造的な意味で心のダイナミクスの解明に貢献し、最良の意味において正統的ではない方法で新しい一歩を踏み出している。私も非常に楽しみながらこの本を読ませてもらったが、この本を熟読した読者は必ず心が豊かになったという読後感を抱くであろう。

まえがき

本書が世に出て約一〇年の歳月が経ちました。この間、占星学の研究は徐々にではありますが確実に拡がり深く掘り下げられ、以前は占星学を単なるオカルト的ナンセンスと見なしていた社会でも、その市民権を確立しつつあります。このように占星学の真摯《しんし》な研究が次第に増えている背景には、説明可能なもの、あるいは神秘的なものも含め多くの要因があるように思われます。まず第一にミッシェル・ゴークラン*2のような研究者がその不屈の努力によって占星学の有効性を統計的に実証し、それがかつては合理思考の最も強固な砦《とりで》とも言われた行動心理学などの分野における実用主義思考の懐疑派に影響を及ぼし始めたことがあげられます。それが正しいという信念を持ちながらも、自分たちの経験に基づく知識が盲目的に否定され続けることにうんざりしてしまった多くの占星学の学徒や専門家にとって、その有効性を科学的に実証することは非常に重要な問題でした。彼らのこれまでの努力が今やっと実を結ぼうとしているのです。

一般の人々に占星学の科学的に受容できる一面が明らかにされると同時に、質の高い――もちろん

そうではないものもありますが――占星学の書物が増えたことも事実です。読者が手にすることでき
る占星学の本は、この一〇年で劇的に増加しました。そして大体においてその水準もアップしていま
す。以前は好奇心の強い読者が、三〜四冊のどちらかというと神秘主義に傾いた、占星学のメカニズムを明らかにするより困惑を招く方が多いような書物を手に満足しなければならないような状況でしたが、今では様々な観点から書かれた素晴らしい本が何冊もあり、ある特定の秘教や神秘主義の立場に引きずりこまれるのではないかと感じなくても済むようになりました。占星学が広まった理由のひとつには、占星学自身が彼らの技法（または見方によっては科学）を一般読者にもわかるよう、できるだけ明確に表現し説明するような努力してきたこともあるでしょう。

しかし本来、澄んだ意識をもった人に適する学問である占星学に対する関心が高まった背景には、もっと微妙で奥深い問題が潜んでいるのかもしれません。占星学はより大きな領域――すなわち人間の心理の研究に属する学問です。私たちの心理学的認識が高まり洗練されるにつれ、現代の心理学の法則を利用すると同時に、歴史的に古く、想像力に富んだ研究法《アプローチ》を探究し始めます。「元型的《アーキタイパル》」、「外向的」「内向的」「コンプレックス」など以前は分析家やサイコセラピストにしか使われなかった用語が、今では日常会話の中で用いられるようになりました。――これは人間の動機や行動に対する私たちの認識が高まったことを示すものです。フロイトの『夢判断』はこれまでベストセラーになったことはないかもしれませんが、ほとんどの人々が正確ではないにしろ「エディプス・コンプレックス」が何を意味するのかを知っています。そしてその本当の意味を気づいていない例が大半でしょうが「無意識」という言葉さえ使われるようになっています。ユングが考えたように、おそらく新しい未

開拓分野がもはや人間以外には無くなってしまったため、ついにはその魂の探究が始まったのではないでしょうか。あるいは私たちが心のどこかで、――これもまたユングの言葉を借りますと――誰かが問題を抱えているとする、その人に問題があるということは自分にも問題があるのではないか、もしこの世の中をよりよい場所にしたいならまず、我が家から、自分自身の心の庭から始めなければならない――と感じているからかもしれません。

このように内なる世界への関心が高まるにつれ、いわゆる〝心理学的《サイコロジカル》〟占星学《アストロロジー》への関心も高まっています。このアプローチでは従来の「来年には何が起こるか?」といった吉凶判断とは多かれ少なかれ決別し、占星学が古代から受けついできた象徴体系《シンボリズム》と人間の動機や行動に対する深層心理学による洞察、というレンズを通し人生を築き上げることとの必要性、そして私たちの内に潜むものをどうすればもっと創造的に表現できるかを探究しようとするものです。私たちはもはや、人生は我々の前に現れるものだと感じる必要はなく、私たち自身が人生を作り上げる参加者だと考えればよいのです。この占星学に対する心理学的アプローチは、(あるいは心理学に対する占星学的アプローチといっても構わないが)人間を速やかにかつ深く洞察する最も有効な手段のひとつとして、心理療法の分野で注目を浴び始めています。占星学の影響が強まっている背景には、統計学的研究の効果というよりむしろ、心理療法の分野で訓練を受けながら占星学を学ぶという人々が増えていることがあげられると思います。

私が本書を著述したのは、占星学の象徴体系《シンボリズム》と深層心理学(主にユング心理学)の両方を通じ人間関係の莫大で複雑なジレンマを解明したいという動機からでした。――なぜなら占星学と心理療法の両方にたずさわってきた経験を通じ、(私たちが)現実の世界で出会うということは私たちの中に潜んでいるものを映し出しているということが明らかだったからです。つまり人間関係は私たちの魂の構成物を映し出す大きな鏡であり、師でもあるのです。この考え方は決して新しいものではありません。ギリシャ哲学思想やルネッサンス*3のヘルメス学の中で見られるものです。しかしこのテーマは一〇年前に書かれた占星学の本の中では比較的新しいものでした。ユング――彼は占星学的洞察をよく用いていましたが――がこのテーマについて数多くの著作を残しているものの、英国《イギリス》に占星学がもたらされたのは神智学を通してでした。神智学は哲学のシステムとしては優れたものでしたが、深層心理学が人間の全人格をとらえ、その中で重要な位置に留めるべく多大の努力を払った〝低次の本質《ローワー・ネイチャー》〟を切り離してしまっています。チャールズ・カーターやマーガレット・ホーンそして初期の占星学学校などの、より啓発されたアプローチの中でさえもこのような考え方、つまり高次―低次の本質、ベネフィック―マレフィック、良いアスペクト―悪いアスペクトなどが語られ、人間関係の運命論的なとらえ方(第2ハウスの金星が木星とトラインを造っていると結婚して財を得るなどの)が明白に残っていました。ユング心理学は垂直的《ヴァーティカル》というより全体性を考え、心のあらゆる次元に位置を与えるという点で、そのホロスコープの解釈はより健全なものに思えたのです。本書を著してからもユング派の分析家としての仕事を通じて、心のバランス、健全さ、平衡が保たれるには心の無意識的な次元をも認識し統合されなければならないということを繰り返し実感させられました。他人を見る際、自分自身がまだ経験しておらず認識していない自分自身の延長としてではなく、他人を他人としてあるがままに受容するということはいうまでもありません。

本書を著した際、ユングの心理モデルと占星学による分野のいくつかの統合をはかりましたが、この一〇年間繰り返しその有効性を再確認してきました。ちょうど意識の四機能がそうであるように、占星学の四要素《エレメント》がホロスコープを構成する——つまりある特定のエレメントの配列をもったホロスコープを解釈する際、その出生図の骨子がまず描かれその人物の成長過程のストーリーが展開していくという点については以前より確信が強まっています。意識の中の未発達の機能が引き起こすジレンマ、それがパートナー・両親・子供・友人などにたえず投影される過程こそが、私が最も興味をそそられる部分であり、問題を孕みつつも人間関係を豊かにする可能性を秘めたものであるように思われます。

同様にトランジットやプログレッションを、以前は心の中で無意識の状態であったものが意識化される過程と見なし研究を進めるに従って、内なる世界でまさに沸き上がってこようとしていることが、外界に顕在化するその現れ方に私はますます興味をそそられています。この魂の外在化というテーマに魅せられた結果、後に『運命の占星学《アストロロジー・オブ・フェイト》』という本で詳しく扱ったほどです。[*4] しかしこの後の探究の芽はすでに、第八章のトランジットとプログレッションを扱った「絶対確実な内面の時計」の中にあったのです。なぜ、何のために他人が自分の人生に関わってくるのか？　という問題については、それが愛・セックス・友情・敵意・仕事上の協力関係等、どんな形であれ統合を必要とし、生きることを求めて自分自身の心から沸き上がってくるもの以外には理解不可能のように思われます。私にはこれこそが仲間を伴った私たちの旅の本来の姿なのではないかと思われます。人間関係によってたえずもたらされる問題・苦痛・口論や失望・裏切りそして喜びの背後には、たとえそれがどのようなものであれ畏敬の念を引き起こすような神秘が存在し、それこそが心の内であれ外であれ知的かつ創造的な力をもって私たちを自分の運命や自己を映し出す人々に引きつけるのではないでしょうか。

ロンドン／チューリッヒ　一九八六年

リズ・グリーン

訳註

＊1　ゲアハルト・アドラー……現代の代表的なユング学者の一人。ユングの書簡集を編纂したことで知られる。著書に『生きている象徴』（氏原寛・多田建治訳、人文書院）などがある。

＊2　ミッシェル・ゴークラン……（一九二八―一九九一）フランス出身の心理学者・占星学研究家。ソルボンヌ大学で統計学と心理学の訓練を受けた後、伝統的占星術の主張を統計的に検証。そのなかで出生時の惑星の配置と職業の間に統計的に有意な相関関係があることを示し、懐疑派と肯定派の間に論争を引き起こしている。

＊3　ルネッサンスのヘルメス学……美術史家フランセス・イエイツ女史など主にワールブルグ学派の研究を通じて、ルネッサンス期の芸術・思想にネオプラトニズムやヘルメス思想などが復興し、大きな影響を与えていることが次第に明らかにされつつある。

＊4　リズ・グリーンの著作については、四三九ページを参照されたい。

序

以前は一体であった天体と（四大）元素が、神の手により別々のものとなり、汝や他のもろもろの物を生み出したということを知っているだろうか。もしこのことを気づいているならば、他のものが汝を逃れることはできない。ゆえにあらゆる時代においてこのような分離が必要であった。……汝自身がまず自らをひとつのものとしない限り、汝の求める一なるものをその他のものから作り出すことは決してできないだろう……。

——ゲアハルト・ドーン

おとぎ話の中の王子様とお姫様は、子供なら誰でも知っているように、いつまでも幸せに暮らすことになっている。呪文や意地悪な継母《ままはは》、人食い鬼や巨人、そして悪がしこい小人などに出会っても、必ず愛が勝利をおさめ悪を懲らしめる。そして幸せなカップルは手を取り合って想像の霧の中に消えてゆくのである。その後離婚沙汰になったり生活費が払えなくなった、などという話は聞いたことがない。

〝成長〟の過程は〝あるがままの人生〟に立ち向かうための成熟さと能力を養っていくことだが、当然のことながらその過程では、どの子供もおとぎ話通りの結末とは全く逆のことが起こることを教えられるのである。王子様とお姫様の物語は、サンタクロースやイースターのうさぎ、想像上の遊び相手、その他子供時代の空想の産物同様、大人が真剣に取り上げるのにふさわしいものではない。人は人生のかなり早い時期に、いつまでも幸せに暮らせる人なんて誰もいないということに気づくのである。我々にとって人間関係はうまく運ばねばならないものであり、それは責任、拘束、規制、義務、自己犠牲、意思の疎通そしてその他、あまりにもよく使われるため、その意味が周知のものとなった諸々の用語に関するものである。しかし生きていく経験の中で、このもうひとりの人間、私たちの前にいる見知らぬ人物――それが夫であれ妻、息子、恋人、友人、教師、仕事上の同僚、ライバルであれ、結局は自分の知らない他人だと気づくとき、このような用語はますます曖昧さを増してゆく。

人と関わりをもつことは、人生の基本的な局面である。それは＊1元型《アーキタイパル》的なものであり、すなわち一個人の心にのみ存在するのではなく、宇宙全体に存在する基本的構造なのである。結局あらゆるものが人間関係を基に成り立っている。人生のある一面を理解しようと思うなら、それ以外のすべての点との差異によってその一面を認識するしかないのだ。夜があるからこそ昼の存在がわかるように、双方の関係がお互いを規定し、その存在を明らかにしているのである。少し考えればわかることだが、我々人間は自分と他者との比較を通してのみ、自分自信を認識することができるからである。

いくつもの理由により（その中には明白なものもあればより微妙なものもあるが）、人と関わりをもつという経験が今、歴史上のどの時代よりもその重要さを増している。人間関係はいつの時代にも生活の重要な一面ではあったが、それが必ずしも人間関係という名称で呼ばれていたわけではない。孤独をまぎらわすもの、欲求を充たすもの、種の存続、個人と社会を保護するもの、愛という経験（これは大人なら誰でも知っているように、全く曖昧な言葉だが）、そして物質的利益を得るための手段など、非常に明らかなもの以外には、その目的を認めることさえしてこなかった。まわりの人々と共に暮らしていく上で報われることも多いが、同時に苦痛を伴う努力をするのはこうした理由があればこそだった。しかし過去七五年間、主に心理学の研究を通じて人間関係は単なるある種の個人的な満足の手段だけではないということが明らかになってきた。つまり意識の成長を助け、自分自身の理解を深めるためにもそれが必要なのである。人間は自分の姿を映してみるまでは自分がどんな姿をしているのかわからない。この単純な事実が肉体だけではなく心の世界にもあてはまるのである。

心理学の書物だけでなく多くの秘教の中でも、今人間が新しい時代を迎えようとしていると語られている。ドイツ語のツァイトガイスト（Zeitgeist）という言葉は、訳すのはむずかしいがまさにこの考えを表すものである。これは〝時代精神〟というような意味だが、ひとつの時代を吹き抜け、人々の意識に重要かつ劇的な変化をもたらす新風のことを言う。ルネッサンス時代に宗教・科学・芸術そして人間が努力したありとあらゆる分野で起こったものの見方の大きな変化が、「時代精神《ツァイトガイスト》」のひとつの現れだといえるかもしれない。新しいものが生まれ、それによって人間が以前とは違った方法でもっと正確にもっと大きな総体《もの》として現実を見るようになった時代である。キリスト教時代の幕明けに起きた意識の変化もまた、「時代精神《ツァイトガイスト》」の現れだといえるだろう。なぜならその時代は古い神々が滅び新しい神々が生まれるという新しいアイオーン[*2]の誕生を示しているからだ。そして歴史上のこの時代に我々はもうひとつの「時代精神《ツァイトガイスト》」を経験しているのではないだろうか。そのぼんやりとした輪郭は今のところ象徴体系《シンボリズム》を研究した人々にしか見えてはいないのだが。

占星学では水瓶座時代という象徴的な名前をつけているが、この意識の変容が中心的主題のひとつとして、すでに我々が慣れ親しんでいる外界の知識を補うものとして、内なる知識の探究を掲げているのである。現在の時代精神は自己理解そして（人生での）意味の追求に深く関わっているように思える。この探究を、必然的に緊張・ストレス・自己反省などをもたらす経済や政治の変化に帰することも可能だが、社会経済的な激動と精神的探究と呼ばれているものの二つを同時発生的な出来事として見なすこともできるのではないだろうか。つまり一方がもう一方の原因である必要はなくとも、その両方共が人間の集団心理の奥深くで起こっていることの徴候かもしれないではないか。

人類の意識の変容や新しい時代の始まりなどという重大な問題は、多くの人々が人間関係の問題を抱え、カウンセリングを求めてくる原因となる非常に主観的な動揺や問題とは、ほとんど関係がないように見えるかもしれない。たとえば恋人ができて夫の元を去った人妻や、自分が性的魅力がないのではないかという気分が完全なる結婚の可能性を妨げていると悩む女性などの場合は、一見、「時代《ツァイト》精神《ガイスト》」の存在とは無関係に思えるかもしれない。しかしその場合でも確かに時代精神との関係はあるのである。最近離婚率の増加や、何世紀にもわたり我々の人間関係の基盤となってきた神聖な価値感や倫理観が揺らぎ、もはや若い人たちには何の意味ももたなくなっていること、さらにはローマ帝国の衰退期も及ばないほどの性的行動の変化などについてよく耳にする。人間関係をはかるものさしが変わってきていることは確かなようだ。そしてまた我々の問題を対処する方法にも何らかの変化が起こっているのである。かつては黙ってじっと耐えていた。それが今は他人とうまくやっていくことのむずかしさを扱った書物や雑誌、新聞の記事などが確実に増えている。また結婚カウンセリングのビジネスや自己成長のためのワークショップやグループ、個人セラピーや精神分析などの数も着実に増えており、これらのすべてが何にも増して人間関係による欲求・欲望・葛藤・恐れそして熱望などを扱うことに多かれ少なかれ貢献しているのである。女性解放運動やゲイ解放運動といった現象も言うまでもなく、人間関係の諸問題に自分たちなりのやり方でぶつかっていこうという試みなのだ。学校の性教育にまつわる論争さえも人と関わりをもつことに重きをおいた問題であり、中絶問題も例外ではない。

このような人間関係再考の動きは占星学・錬金術など古代の秘教への関心が驚異的に高まってきたのと同様、より意味のある価値感を求め心をより深く理解したいというところで起こっている探究運動の一部なのだ。様相は違っても求めているものは同じである。それに早く気がつけばつくほど、個人的な問題の背後に潜む、より深遠な内容についてもっと視野の広い見方をすることができるようになるだろう。

長い間、科学は現実について語る決定的言語とされてきたが、それがかつては「秘儀(アルカナ)」と呼ばれたものの研究の領域に近づきつつあることには今や科学自体も驚きを隠せない。立派な肩書きをもった人々が、植物は人間の感情に反応し音楽がわかるとか太陽や月や惑星が人間の生命に影響を及ぼすエネルギーを発しているらしいとか、人間の心は厳密に統制・管視された実験室の中ですらテレパシーやテレキネシス(念動)、透視などを行なう能力をもっているとか、神は実際に生きているが身を潜めているなどと語るものだから我々も狼狽してしまう。このようなときには教条的に凝りかたまった視野の狭さの他に恐れの感情も働いて、何が真実で理にかなっているかという古い考え方にしがみついてしまうこともありがちである。科学でさえもおとぎ話の魔術的で神秘的な世界に驚くほど似かよった世界の入り口に立っているからだ。安定した岩の上に立っていると思っている人が、突然岩が揺れて砕け何か他のものに形を変えようとしていることに気づくのはむずかしい。このような考え方を受け入れるかどうかは別として、我々の誰もがこの新しい状況の中に投げ込まれようとしているため、なんとしてでも道案内の地図が必要になってくる。我々は人間の本質についてほんの少ししか知らないということを驚異的な速さで学びつつあるため、その指針も手薄なのである。

現在、心理学と呼んでいるものは非常に新しい科学であり、多くの点ですべてがまだ幼児的であるかのように原始的で経験が浅い学問である。しかし心理学はまだ探究の過程で地図を作成している段階にありながらも、数少ない確かな地図のうちのひとつなのだ。その最も深遠な意味における心理学は、長い間別の名前で呼ばれてきたがその中で最も初期のものが多分、占星学なのである。これを聞いて誰よりも驚くのは心理学者たちかもしれないが、心理学という言葉はギリシャ語で魂を意味するプシュケー(psyche)と知恵を意味するロゴス(logos)という二つの言葉で成り立っている。そして人間の魂の研究はとりもなおさず占星学の扱う領域だったのである。

ある一定の周期で最も古い科学と最も新しいものが、奇妙にも結びつくことがあるようだ。占星学は現在、ルネッサンスを迎えつつある。その本来の価値は、魔術的な未来の予測などという人の心を惑わす考え方ではなく、人間の心の探究に大きな力を与える道具として重要な役割りを果たすことにあるのだ。

心理学と占星学では、用いる言葉・研究方法やその適用法は異なるが、その研究課題は同じであるため、潜在的には非常に親和性があるのである。このような結びつきの結果はまだこれからじっくりと検討しなければならないが、それが本書の中心課題である。そしてもし人間関係が、何にもましてひとりひとりが自己を発見する過程だと考えるなら、古代からの占星学の知恵と現代の深層心理による洞察を合わせれば、我々がどうやって他人と関わっていくかについて何かしら示唆してくれるものがあるのではないだろうか。

正確に作成した出生天宮図《バースチャート》は人間の魂(心)をうつす象徴的《シンボリック》な地図である。この地図は個人の潜在能力とそれが現実化される時期を内包しているという意味で、まさに種子のようなものなのだ。占星学の（イメージに充ちた）表現は、心理学のより正確な用語とは異なるが、占星学の出生図をC・G・ユングやロベルト・アサジオリ[*3]といった心理学界の天才的洞察力をもった人々によってもたらされた心理の類型《モデル》と結びつけることができるかもしれない。しかし類型はあくまでも類型であり、現実とは異なるもので現実と見なされるべきではない。類型は一種のヒントまたは推測であり、注意深く見ることによって言葉では表せなかったり概念として表現できないようなものを垣間みることができるレンズなのだ。個々の人間の心は謎であり、二人の人間が魅《ひ》きつけられたり反発しあったりするという本質《エッセンス》もまた、いくら概念的な言葉で表そうとしても所詮は謎なのである。しかし役に立つ地図があれば、たとえ知的に把握することはできなくともその謎を測り知ることくらいは始められるのではないだろうか。

ここでは占星学が有効なものかどうかを証明したり反証したりするつもりはない。占星学に関心がある方には、すでに事実に基づき実証されたすばらしい著書が多く出版されているし、本書の巻末にも参考文献として目録を掲げている[*4]。結局、占星学については各々が自分の意見を形成するしかない。意見をもつにあたり、占星学についてある程度理解し、一般に受け入れられている考えや間違った意見ではなく、自分自身の経験をある程度積むことが必要であろう。こういう一般に受け入れられている考えや間違った意見が非常に誤りに陥りやすいということを我々はもうわかるべきなのだが……。地球は平らで天にいる巨大な亀に支えられている、と信じていたのはそれほど前のことではなく、この考え方は当時の科学者でさえ認めていたものなのだ。プディングがおいしいかどうかは食べてみなければわからないように、自分自身が真に経験し自分自身の判断を下せるだけの知識——他人から受けうりされたものではなく——をもたなければ結論を下すことなどできないのだ。

この本が占星学を擁護するものでも出生図《バースチャート》の作り方を教えるものでもないのは、ひとつにはそのためには優《ゆう》に一冊の本を要すること、またもうひとつにはすでにそのようなテーマを扱った本が何冊も出版されているからである。[*5] 従ってここで扱う占星学のテーマは、技術的というよりむしろその解釈に重きをおいている。読者がこの本から最も利益を引き出すには、自分で作成したものでも専門家が作ったものでも構わないが、まず自分のものと自分に関わる人たちの出生図を用意することである。

現実《リアリティ》を見る方法は幾通りもあるが、ある人にとっては価値があっても他の人には役に立たないというものもある。誰も全体を見ることはできないということは、全くあり得ることだからだ。なぜなら我々はみんな心理的に色づけされた認識を通してしか、ものを見ることができないからである。したがって現実というものは、いかに心の開かれた《オープンマインドで》、ものにとらわれない心をもった人々にとっても、やはり主観的なものなのだ。最近、(原子より小さい)素粒子は、観察者がいることだけで、動きが変わるということが発見されたが、かつては動きのないものの安定な領域が、客観的事実の最後のとりでとして、もはや安全ではなくなってしまった。このように我々の偏った認識に気づくことが、知恵の第一歩だといえるのではないだろうか。

ユングの著書は、おとぎ話は夢と同様、単に表面的なものではないということを示してくれたが、古いおとぎ話の本を、もう一度埃を払って手に取ってみる時なのかもしれない。神話やおとぎ話には知性以外の、我々の中の何かに語りかけてくれる知恵が含まれている。このため無意識の心の現実や象徴の世界へと我々を誘うのである。おとぎ話の中で王子様とお姫様がいつまでも幸せに暮らしました、というとき、この結末には何らかの意味があるのである。子供でも知っているように、おとぎ話は日常の世界のものではなく、日常的に解釈されるべきものでもないからだ。それは無意識の世界に属し、象徴的《シンボリック》なものなのだ。そしておとぎ話の中で王子様がお姫様を獲得するために竜と戦ったり、邪悪な魔術師を凝らしめたり、動物の仲間の助けを借りて邪《よこ》しまな継母の力を封じ込めたりするのにもまた意味がある。この王子様の探究の旅の過程を、また違う角度からとらえると非常にたくさんのことを学べるのだ。神話やおとぎ話もまた、未知なる国へ我々を導く地図だといえるだろう。最愛の人を求める英雄の変遷や葛藤の描写の中に、我々ひとりひとりが完全なものになるために経なければならない内なる旅が映し出されているのである。そして自分自身の全体性を認識してこそ、見知らぬ者や他者を理解できるようになるのだ。おそらくそうなってこそ初めて、我々は他者と関わりをもつことができるのではないだろうか。

いわゆる〝現実〟というものを子供の目で見つめ、物質的な相互関係とは別の世界に存在する真実を見極めるようになるには、上に向かってというよりむしろ、下に向かって成長していくことが必要だろう。〝あるがままの人生に立ち向かう〟ということは、もしかしたらとてつもなく傲慢《ごうまん》でほんの少しの英知も含んでいない態度なのかもしれない。なぜなら我々の誰ひとりとして人生がどのようなものか、本当にはわかっていないからである。我々はただそれがどのように見えるか、しかわからないのだから。我々の人生は、我々がそこに見すえるだけの意味をもつものであるのだ。われわれが皆ひとりだということは明白な事実である。しかし必ずしもそうでなければならないのか、あるいは孤独というものは我々が考えているようなものでなければならないのか、という点については疑問である。

我々にまず必要なのは、新しい道具を使い経験してみるという勇気である。しかもそれを偏見をもたずに行なうことだ。ユングは医師であり研究者でありながら占星学を学び、それを自らの心の探究に使うという勇気をもっていた。もし彼の研究のおかげで、我々が今保持している自分自身の理解をより深めることに意義があるのなら、同じような道具を使って自己の探究を行なう勇気をもつことにも意味があるであろう。特にその道具がより意義のある人生をもたらし、より意義のある人間関係を享受するのに役立つのなら。王子様の探究は多くの驚きを呼び起こす。その中でもっとも大きなもののひとつが、我々のひとりひとりが王子であると同時に、竜でもあり邪《よこ》しまな継母、協力してくれる動物、そして恋人でもあるという認識である。そして我々はまた、探究の過程そのものでもあり、物語の語り手でもあるのだ。

訳註

＊1　元型《アーキタイプ》……ユング心理学における中心的な概念。人類の集合的無意識が生得的にもつ、普遍的なイメージを産出する源泉で、意識の側からみれば自律的に振る舞う無意識の内容の源である。

しかしユング自身、元型という言葉を様々なコンテクストで多義的に用いており、厳密に定義することは極めて困難である。

*2　アイオーン……ヘレニズム時代において極めて長い時間ないし時代を指す語として使用され、グノーシス派においては宇宙におけるダイモーン的な諸力として人格化されることになった。現代の占星学では約二一五〇年をひとつの単位とする時代区分として用いられることが多い。第九章「水瓶座時代の人間関係」を参照。

*3　ロベルト・アサジオリ……イタリアの心理学者。フロイト派から出発するが、フロイトには限界があるとして離反、意志の力を重視したサイコシンセシスと呼ばれるセラピーを創始した。

*4　主要参考（引用）文献は各章末の原註を、関連文献は四二四〜四二六ページを参照。

*5　出生図の作成法……ホロスコープの作成やそのデータとなる天文暦は下記の入門書を参考にされたい。

石川源晃『実習占星学入門』平河出版社

鏡リュウジ『魂の西洋占星術』学研

また、最近では占星学用のパソコン・ソフトも市販されている。

小曾根秋男『運命を把握するパソコン占星学入門』技術評論社

1 無意識の言葉

この世界と思考は単に、宇宙のイメージを脅かす泡のようなものである。その飛翔と共に血は脈うち、思考はその火に照らされる。このイメージこそが――神話なのである。

――アンドレイ・ベールイ

過ぎ行くものはすべて威厳ある表現にまで高められ、起こりうるものはすべて高尚な意味をもつに至る。すべてが象徴か寓話なのだ。

――ポール・クローデル

我々の大半は自分自身を思考する人間だと思っており、自分についてはかなりのことを知っているつもりでいる。自分の徳や不徳をあげたり、長所や短所を並べたり、好き嫌いや目標とすることなどを評価する分には多分そうなのかもしれない。しかしこのように限られた範囲の自己概念でさえ多くの人々にとってはあまりにも大きすぎる。彼らは、自分で選んだわけでもない名前やその創造に全く関与することなくできあがってしまった肉体、単に物質的必要性や社会的条件さらには全くの偶然といった理由で決められた居住地以外には、自己認識をもたないまま人生をさまよっているかのように見える。

しかし行動面で自分がどういう人間であるか、はっきりわかっている人の場合でさえ、とても興味深い現象が起こるのだ。そういう人にあなたはどういう人間ですかと聞いてごらんなさい。そしてもしその人物があなたや自分自身に正直なら――まずこの点からしてあやしいことがほとんどだが――彼は自分の性格を明快に描きだしてくれるかもしれない。しかし今度は彼の奥さんに彼はどういう人かと聞いてみるとよい。するとその答えは全く違う人物のことを話しているように聞こえるかもしれない。そこでは本人が全く気づいていない性格特性が現れたり、本人の位置付けでは最も低く評価しているものが彼の人生目標になったり、本人のアイデンティティとは相反する特質が言及されたりするのである。こうなると誰が誰をだまそうとしているのかわからなくなる。彼の子供の意見を求めてみるとまた一八〇度違った人物像が得られるはずである。同僚からもさらに別の情報がつけ加えられるだろうし、仲の良い友人もまた、別の人物像を描き出すだろう。このような簡単な調査を行なってわかることは、我々の中で最も観察力があり、最も内省的な人物でさえも自分の心のレンズを通して見えるものだけを選択しているということである。そして我々が自分のことであれ他人のことであれ、現実に対して抱く概念は、いつもこの色付けされたレンズを通したものであるため、自分が考えているほどには自分のことをわかっていないというのも当然のことなのだ。

我々にとって最も身近なものは一見最もわかっているように思えるが、実は最も知らないものだということを認めねばならない(1)。

フロイトの無意識の理論について誰が何といおうと、人の心には意識的な認識の中にはおさまりつかないようなものが、多く含まれているという事実を認めないわけにはいかない。フロイトがいうように我々が本当に本能的欲求に駆りたてられているのか、またはアドラーのいうように権力への意志によるのか、あるいはユングのいうように全体性へと向かう衝動によって動かされているのかわからないが、ひとつのことははっきりしている。それは我々は最も深いところにある動機に通常気づいておらず、このような盲目的状態にいるため、他人の動機などほとんどわかるはずがないということだ。

意識・無意識という概念は肉体の器官とは違い、いわゆる分類区別のできない生きたエネルギーであるため、言葉で説明するのは非常に困難である。しかし人間の心は広大な隠された素材を含み、それは通常受け入れられなかったり見すごされしたりする経路《チャンネル》を通してのみ連絡が可能なのだ。ほとんどの人は夢を理解せず、それを覚えておこうともせず、無意味なものと考えてしまうことが大半である。また幻想はエロティックなもの以外は子供っぽいものとされ、エロティックな場合は罪深いものと見なされる。感情をあらわにすることは恥ずかしいことと思われており、病気から仕事上の問題まであらゆる言い訳でおおい隠されてしまう。

人間関係という主題《テーマ》についていうと、我々が心を探るのに最も重要な機能は、おそらく投影《プロジェクション》だと思われる。この言葉は映画関係でよく使われるが、そこで意味することは心理学で使う場合の意味の理解にも役立つ。スクリーン上に投影されたある映像を見るとき、その本来の源である映写機内のフィルムやスライドを調べるのではなく、スクリーンに写された像を眺めそれに反応するのである。またその像を見るのを可能にしている映写機の光を見るということもない。同様にある人が自分の中にある無意識的な性質を他の人に投影するとき、あたかも他人に属していたかのようにその投影されたものに反応する。その原因を求めて自分自身の心の中をふり返る、などということは思いつかないのだ。その投影がまるで自分の外に在るもののように扱い、それによる衝撃は通常、非常に感情的な高まりを呼び起こす。なぜなら実際に直面しているのは自分自身の無意識的自己だからである。

この単純なメカニズムはポジティブなものであれネガティブなものであれ、他人に対して非常に色付けされた理性のない感情的反応を抱くとき必ず作用する。このような無意識の性質を内向化し、認め、自分自身の中に引き戻し、他人のアイデンティティのぼんやりとした輪郭を摑めるようになるのは、一生かかる仕事である。そして自分自身の投影に基づいた反応により人間関係を築いたりしている間は、相手と親密になるどころか遠ざかっているだけなのだ。

心理的投影は、心理学の中でも最も良く見られる事実のひとつである。我々はそれを別の名称で呼んでいるだけで、ある約束事のようにそれが自分の責任であることを認めようとしない。我々の中で無意識的なことはすべて周りの人々の中に見つけ、それに基づいて彼らを扱うのである。(1)

それではなぜ自分の中にあるものを他人のせいにしなければならないのだろうか。それが悪い性質だと考えるのなら理解できる。もし私が自分の中にある特質を嫌いであるとき、それを認めるのがつらいので気づかないままにしているとしたら、この無意識的な私の一面は外側から私と直面しようとすることでその力を現し、私を苦悩させることになる。良い性質をなぜ否認しなければならないかを理解するのはもっと困難である。そのためには心の構造とそれを司る法則についてまず学ばなければならない。——その際、心理学が心について語らなければならないことはすべて、心がそのものについて語っていることに他ならず、それは、〝完璧な客観性〟を不可能なものにしてしまうということをいつも念頭におくべきである。それでは再び我々の問題である投影に話を戻そう。

自我《エゴ》は、日常的で合理的な意識の領域の中心をなすものである。簡単にいえば自分が自分であることを知っている。または知っていると思うことである。

意識は主に我々が知っているもの——そして我々が知っているという事実を知っているものから成り立っている。(2)

我々の大半にとって、自我《エゴ》は自分自身について理解しているすべてであり、この立場から世界を眺めると、世界は自我の特定の視点に影響されて見える。違う見方をする人がいると、それは頑固で心が狭いとかわざと嘘をついているか、多分頭がおかしいとか正気ではないと思ってしまうのだ。自我は生まれた後にある一定の過程に沿って発達するようである。もし我々が完全に遺伝、条件付け、そして環境だけの産物だとしたら、同じ状況で生まれた子供は心理的にも全く同じになるであろうが、もちろん実際にはそんなことはあり得ない。

個人の特性はすでに子供時代にある要因である。それは生まれついたものであり、人生の成長過程で獲得されていくものではない。(1)

占星学でも個人の気質は誕生時に受けつがれたものだと考える。占星学を理解することが成人の自我へと発展していく種子の本質を見極める上で役立つかもしれない。それは我々が知っている自己についてて語るだけではなく、我々が知らない部分についても教えてくれる。出生図《バースチャート》の象徴体系《シンボリズム》はまた、自我を通じて人生を経験し判断するという人間本来の傾向をも反映している。というのも出生図は太陽をその中心とするのではなく、地球を中心に据えたマンダラだからだ。それは言い換えれば、人生が本来どうあるかというより人生が個人の意識によってどう見られ、どのように経験されるかということを示している。

大人になるにつれ、結局は自分の中にあるものなのに発達する自我とうまく折り合いのつかない多くの性質が現れてくる。こういったことは生きるために容認されなければならないことだが、親にとって受け入れ難いものだったり、宗教の教義と反するものだったり、社会的基準からはずれていたり、最後に最も重要なものとして自我が最も価値を置くものと相容れなかったりするのだ。このような受け入れられない性質のいくつかは、破壊的であるという意味で確かに否定的《ネガティブ》要素をもっているかもしれない。また中には肯定的《ポジティブ》なものもあり、個人的、社会的に見て自我が構成しているものよりもはるかに価値がある場合もある。ある人はそうとは気づかないまま凡庸さに価値を置き、ユニークさや創造性が自分の中から涌き上がってこようとするとその種を摘んでしまうことがあるかもしれない。あるいはまた自己像《イメージ》があまりに控えめで、より目立つ性質が現れても無意識のかなたへと押しやってしまったりもするのだ。こういったことのすべてが適当な対象物の上に投影されるのである。

投影の対象は何も人間だけに限らない。組織・国家・イデオロギー・人種などが本人が気づいていない暗い面を投影する対象になる場合もある。資本主義に暴力的・非合理的に反対している男性は、共産主義に対して同じような態度を取っている人物と同じくらいの強さで、イデオロギーに対して投影をしているのである。投影の特徴となるのはものの見方ではなく、反応の強さと感情の高まりであ

『世界を支えるアトラス』（1559年，木版画）

る。二人の人物が言い争っているのを間に入って聞いていると、お互いに自分のことを棚に上げ相手を非難していることには驚かされる。自分が関わっていない場合は笑い事で済むかもしれないが、それが自分のこととなると同時に、多くの結婚カウンセラーも証言しているように悲劇的でもある。しかし一端巻き込まれてしまうと、自分の投影の機能の威力と立ち上がってくる無意識の力で、自分が正しいということに絶対的確信をもってしまうのだ。誤解されるという悲痛で、しかもいたるところに存在する可能性を受け入れるということは不愉快なことである。なぜなら自分自身に対して長い間胸に抱いてきた妄想を放棄してしまうことになるからだ。このような幻想を捨てて生きるということは勇気がいるし、いわゆる世間で通用する白か黒かという道徳観とは全く違う倫理観をも要する。我々が投影を行なうということに何の不思議もない。なぜならそうすることで、心が暗い面と明るい面の両方から成り、我々の現実は自分自身で創り上げたものでしかないということを認める代わりに、自分の痛みを他人の責任にしていればよいからだ。それでも投影とそれによる発見の中には、とてつもなく重要な媒介物があり、それを通して自らの中に隠されているもの、他人の中には見出せないものに気づくことができるのである。

投影された像《イメージ》といくらか似たスクリーン上に投影を行なうというのはよくあることである。その際、類似がアイデンティティと誤解されることがほとんどであるが。もし何かから逃れたいと思うなら、それを受け止めてくれる良い対象を見つけなければならない。そして我々はその上さらに人間関係の選り好みをするのである（ここでもまた、後で見るように我々がどのような投影をするか、そしてその投影によりどんな人物を崇拝したり侮辱するかという傾向を探るのに、占星学が重要な手がかりを与えてくれるのである)。しかしスクリーンとその像《イメージ》が似ているとしてもそれは決して同じものではなく、投影はたいていいつも、そのまま放っておけば他人または自分の本質の中で調和的に統合されていたかもしれない何らかの性質が大げさに誇張されたものなのだ。

人間関係に入り込んでくる投影には、ある不快な側面がある。ある人がたえず他人の無意識的な性質の対象になっているとする。そしてもしその人が何が起こっているのかを識別する自己認識に欠けているとしたら、次第に投影に似かよってくる。例えば我々は皆、次から次へと悲惨なパートナーに巡り合うという明らかに不幸を背負った女性がいるという一見説明不可能な状況を見聞きする。彼女の恋人となる人は、以前にそのような経歴がない人まで皆、彼女に暴力をふるうと聞くと、彼女の状況がひき起こしてきた無意識的な馴れ合いに気づかずに、我々は悲し気に頭を横にふり何て不幸な女性なのだろうとつぶやくのだ。自分自身の投影を通して我々は、放っておくとずっと種子のままで決して芽を出さなかったかもしれない性質を他人から引き出そうとするのである。心の中に善と悪の両方の可能性が潜んでいない人などいないし、種子がどのようなものか判断できる立場にある人もいない。しかし注意深く水をやり、投影の光を与えることで、時として悪魔に憑かれたのではないかと思われるような方法で、相互から反応を引き起こすのだ。

女というものは貪欲で人を操る有害なものだと信じている男性がいるとすると、それはその男性の中にこのような性質をもった無意識的部分があるからで、異性に魅《ひ》きつけられる意識的態度の下にそれを隠していることもあり得る。にもかかわらず自分の関係する女性が皆結果的に、貪欲で自分を操り害を与えようとすることに気づきおそれをなすかもしれない。そして女性とはこういうものだとわかったつもりになっていたりするのだ。しかしこういう性質を女性の中に呼び起こしたのは彼自身かもしれないのだ。そうでなければ彼女たちはそのような性格を現さなかったかもしれない。別の男性との関係では、同じ女性が全く違う振る舞いをするということもあり得る。世の中の男性の意見がすべて女性嫌いというわけではないので、この貪欲でかわいそうな男性にいくらか疑惑を投げかけてもいいのではないだろうか。

しかし、ここで責任があるのは一体誰なのだろうか。どちらか一方が無意識の責任者だと言えるのだろうか。自分の知らないことはコントロールできないと認める方が、より現実的で慈悲深いのでないだろうか。裁判所でさえ狂気の下で犯された罪は、罰よりも精神治療に値いするものだと容認している。我々が失望させられたと感じる人々の中にある、無数にある我々自身の影の部分、例えば敵意・怒り・愚かさ・破壊性・所有力・嫉妬・卑しさ・狭量さ・残忍さなどの無意識的投影についてはどうだろう。

我々は無意識に対する責任はなくても——結局のところ自我とは無意識の母体《マトリックス》が肥大した姿でしかないのだが——意識の限界内でできる限り、少しでも学ぼうと試みる責任はあるのではないだろうか。おそらくこれが時代精神《ツアイトガイスト》の一部をなす挑戦なのだ。何千年という歴史を経てきて我々はもはや子供ではないのだから、精神的成人としての責任を引き受けるべきである。そのうちのひとつは、投影を元に戻してやることとなのだ。

我々は無意識についてはよく知らないのである。つまるところ〝知らない、気づいていない〟わけだから当然のことだといえる。この際限のない海は、そこから意識の源泉ともいえる小さな燈台が生まれてくるのだが、異なったエネルギーのパターンと違った法則に従って作用しているように思われる。コミュニケーションの方法も違うし言語も違うが、こうした相違に留意して探究する必要がある。もしあるイギリス人がドイツを旅行する際、かたくなに英語だけで話そうとするなら、理解してもらおうと期待してもうまくいかない。これと同じことが自我《エゴ》と無意識の関係にもあてはまる。自我は不幸なことにこのイギリス人と同じような態度を示すことがよくあるのだ。そしてこの種の妥協をしなければならないことに驚いてしまうのだ。しかし、もし自分自身を探究し本当の可能性を充分に発揮したいと思うなら、まず初めに無意識の言葉を学ばなければならない。そしてそれは疑いもなく異質のものであり、あまりに異質なため夢や幻想、感情的爆発などとして現れると、神経質に笑ったり、肝をつぶして目をそむけたりしてしまうのだ。そして魔術的で未知の性質が我々の知覚に浸透し、鋭くはっきりした現実だと思っていたものの輪郭を曇らせてしまうのである。

自分を喜ばせたいがために我々は自分の家の主人だと信じているだけなのだ。しかし実際のところ驚くほどに、我々は無意識の心の固有な機能に依存しているため、それが自分たちを裏切らないと信じなければならないのだ。(1)

ユングが確立した無意識に関する仮定の中で最も重要なもののひとつが、無意識は意識を補償するものという点である。

心は身体と同様に自らのバランスを維持するための自己調整機能《システム》である。行き過ぎたプロセスはただちに、そして必然的にそれを補う活動を呼び起こす。(1)

言い換えれば自我の生活の中に含まれなかったり表現されないものすべてが、生まれたばかりの未整理の形で無意識の中に含まれているということだ。人間の意識的自我の特徴のひとつは、それが特殊化し分化するということである。一方無意識の方は流動的・変動的・未分化な海のようなものである。自我のはっきりした殻の周囲、上下を流れながら、ちょうど海そのものが岩の多い岬に押し寄せるように殻のある部分を浸食したり新しい部分を残していったりするのである。心は全体としてすべての可能性を含んでいる。自我は、その機能が人生の限りない経験の特別な断片に秩序と形を与え明らかにすることであるため、一回にひとつの可能性でしか作用しない。神話やおとぎ話の中で、この無意識の世界が海に象徴されることがあるのも不思議ではない。そして英雄の海底への旅は、自我の心の深層への旅を表しているのだ。無意識は見知らぬ魔術的な生き物の蠢めく水面下の世界であり、空気を吸うことに慣れた人間の肺にとって完全なる浸水は心理的な死を意味する。この死は我々が狂気と呼ぶものである。

以上のことを照らし合わせてみると、自我が狭い小道に沿って発達しその他すべての表現を拒み、アンバランスな形に育ってしまった人間がなぜ同様に他人に投影を行なって苦しんだり、自分の仲間の明らかな欠点に悩まされているような人間なのかということがわかるようになる。

無意識の基本的な表現様式は象徴《シンボル》である。我々は自分自身の内的生活から他人の生活、そして我々を取り囲む世界などから生じる象徴に生涯囲まれて暮らすが、時として象徴のもつ意味や力を忘れてしまう。象徴《シンボル》は記号とは違う。それは単に何か他のものを表すというものではない。例えば路上で見る様々な記号、右折禁止や駐車禁止、前方工事中などには特有の意味がある。しかし象徴は解釈の仕方がまさに無限にある人生の様々な局面を暗示、表現し、あらゆる知性をふり絞ってもそれを固定し封じ込めることはできない。象徴のもつ多様な意味の深さを完全に把握することはできないし、それらの意味を知的な用語で羅列することもできない。なぜなら意識的自我が同時に認識することが不可能な対立物を含んでいることがよくあるからだ。さらに象徴のもつ意味は論理ではなく連想でつながっており、連想は矛盾するいくつもの方向に延びていくことがある。一度にすべての連想に気づくことなどできないし、明確に定義された論理的筋道と同じように連想のさざ波の限界を規定することもできない。象徴は言うならば心という水たまりに落ちた一個の石のようなものである。我々は言わばその水たまりの真ん中におり、頭の後ろにあるものが見えない状況にあるのだ。

象徴は無意識のレベルで我々の反応を呼び起こす。なぜなら論理的につながりのない連想をまとめて、それを意味のある全体として融合するからだ。ひとつの簡単な例として国旗をあげることができる。愛国者にとって国旗は祖国が意味するものすべての象徴である。彼がそれと直面するとき、国旗が具現するあらゆる感情的・宗教的価値観、自由の意識またはその欠如、家庭、子孫、先祖伝来のもの、将来の可能性そして決して完全には説明不可能な他の無数の連想が、強い感情的高まりを伴って沸き上がってくる。この単純で不十分な例の中にさえ象徴のもつ力を見ることができる。国旗は憎悪・暴力・情熱・愛・犠牲・自己破壊または英雄的行為《ヒロイズム》などを喚起し、個人または国家を意識的に制御できないような感情的反応を起こさせる。ナチスの鉤十字《スワスチカ》という象徴を冷徹な知性で、その力を完全に把握して使うことにより世界が混沌とした状態に陥ったのはたった四〇年前のことである。そして今でさえ地下鉄の壁や建物に落書きされたその形を見ると、強烈な感情的反応が引き起こされ、多くの力強い連想が沸き上がってくる。それと全く同じように伝統的な宗教の象徴も強烈な力をもっている。敬虔なクリスチャンの首にかけられた銀の十字架、ユダヤ人の首の周りにあるダビデの星などは、言葉では決して伝えられないがその単純な幾可学的形状の中に、最も高度で神聖な秘儀を多くの人々に垣間見させるような意味があるのだ。

国旗や鉤十字《スワスチカ》、ダビデの星、十字架などはすぐに象徴《シンボル》とわかるものである。しかし我々の周りにはそう簡単には象徴だと気づかないものもある。なぜならそれらの象徴は、生命そのものを形づくっている潜在的エネルギーの様式《パターン》を表現するものだからだ。こういった基本的エネルギーの流れをユングは元型《アーキタイプ》と呼んだ。元型には形はないが広大な自然の中にある数々の象徴を通して我々と通じるため、意識的自我が畏敬の念で後ずさりしてしまうことがある。自然それ自体も人間同様、元型の様式《パターン》に従って機能すると同時にそれを具現化している。例えば季節の移り変わりを見ると春には新しい生命が生まれ、夏にはそれが成長して実を結び、秋には徐々に葉を落として収穫となり、そして不毛と密かに地下で発芽が進む冬となる。我々の人生のサイクルも誕生・成長・老衰・死・再生と見ることができる。天空にある太陽は東から昇り天頂で南中し、西に沈みそして夜の中に消えて再びまた日昇する。太陽のサイクルは古代人にとって神の表現のように見えたのである。なぜなら太陽の動きに人生全体が反映されていたからだ。我々の祖先とは異なり、我々はもはや太陽を崇拝することはしないが、

太陽神アテンに供物を捧げるイクナトン。（エジプト）

無意識的には今でもその象徴に反応しているのである。種子から葉、花へそして再び種子へという植物の成長もまた、この生命の過程を象徴しており、月の満ち欠けや惑星・星座のサイクルもしかり。ここでなぜ古代人にとって占星学が宇宙の動きを教えてくれる重要な存在だったかが見え始めてくるだろう。なぜなら人間に起こりうる経験のすべては、象徴的に見ると、天体の自然のサイクルのうちのどれかと呼応していると考えられるからである。文学で使われる言葉も同じような照応で充ちているし、神話やおとぎ話もそうである。日常会話でさえ、人生や欲望、愛の移り変わりを潮の満干《みちひ》や月の満ち欠けにたとえて使っているのだ。

このような事柄は分析するのではなく頭の中で熟考し感じることが大切なのである。なぜなら自然の象徴は我々の全体性、人との関係性、人生そのものの流れの関わりについて教えてくれるからである。しかしそれは、知性だけでとらえようとしてもわかるものではない。さらにこの考えを広げて、我々人間もまた象徴なのであると言うこともできるかもしれない。なぜなら宇宙全体がエネルギーであり、そこにいまだ形は定まっていないものの、確固とした性質をもった基本的な潜在エネルギーの様式《パターン》があり、それが人間として具現しているからである。

フロイトは非常に多くの時間をついやして、夢に現れることはすべて男性と女性の性器の象徴だと言うことを証明しようとした。彼は自分が間違った方向で物事をとらえており、男女の性器そのものが中国人が陰と陽とよんだ神秘的な元型のエネルギーであるということを思いつかなかったのである。ユングがかつて言ったように、ペニスでさえも男根の象徴なのである。――率直さ・意志・一極性・明確さ・開放性・力――など男性性と結びつく性質はすべての男性の肉体に反映されており、女性性と結びつく性質――敏感・秘密性・繊細さ・優しさ・柔らかさ――なども また女性の身体に映し出されている。ユングが生涯かけて残した業績から、それ自体が基本的エネルギーである元型《アーキタイプ》は、形として現れる前にすでに存在するということを信じてもよいように思う。または聖書で語られているように、〝初めに「言葉」ありき〟と言ってもよいだろう。

我々が他人の顔を見るとき、そこに本来備わっている性格的特徴の象徴《シンボル》を見て取る。これを会話の中で弱いあご、しっかり張ったエラ、聡明な額、がめつそうな鼻、眼光鋭い眼、芸術的な手などといって本能的に表現する。肉体そのものが個々人の象徴であるという無意識的な認識を言葉にして、目の前にいる他人の結晶化され、具体化された蒸留物をその肉体の中に見ているのである。これはよく考えなければならない最も重要な原則である。なぜならこのことが（他人に）性的魅力を感じたり、嫌悪感を抱いたりすることの本質を教えてくれるからである。

もし顕在化された現実そのものが象徴だと仮定すると、かなり異なった世界が開かれてくる。これを基にすべての宗教秘儀が成り立っており、すべての神秘主義の教えや何世紀も続く隠れた叡智の伝統も、エメラルド・タブレット[*1]が〝下なるものは上なるものの如し〟という一句の中に結晶化した象徴の奇跡から生じているのだ。ユングも彼の研究の中で同じ方向を示唆しているが、科学者として直観的ヴィジョンよりも実証的観察に基づいた考えをとること――少なくとも証明可能な事実で自らのヴィジョンを裏づけるという態度を取る必要があったのだ。

心は物質と同じくらい、理解し難い霊的な原理から生じる。(1)

同じ元型的パターンが両者の基礎となっている。

　さてここで無意識とは何を意味するのか見てみることにしよう。フロイトは、無意識とは個々の人々が要らなくなった死骸を寄せあつめたゴミ箱のようなものだと考えた。その中味はほとんど例外なく、意識的自我や人間が生活する社会にとって受け入れ難い抑圧された欲望から成り立っていると信じていたのである。個々の人々の無意識の中に、おそらく意識的自我の〝清潔さ〟を直接的に補う割合だけ、汚れたものの蓄積があるというのは確かなことであり、同時に宝物が蓄積されているのだ。さらにいえば、〝汚れたもの〟というのも相対的なものでしかない。確かに台所のテーブルの上におけば食欲をそそらないだろうが、庭師ならば誰でも知っているように、堆肥なしには立派な庭作りはできないのである。無意識は莫大な創造力の貯蔵庫として、そこからすべてのものが生まれる鋳型として、そこここに現れる。そしてそれは人間の枠を超え、単に個人的レベルに留まらず、未知なるものへと広がる広大な集合の海へとつながっていくのである。現代心理学が無意識と呼んでいるものは、かつて古代人に神、または神々として知られていたものだとも考えられる。このようなことを考えると、何世紀にもわたって反目し合ってきた科学と宗教が、乗り物は違うものの、互いに同じ方向に、同じ神秘に向かって旅をしていることに気づき始めたことも不思議ではない。

　心理学と宗教が出会う世界への旅から、人間関係という現実的な問題に戻ることにしよう。人間関係で起こることの大半は、無意識的なものである。なぜならほとんどの人間が気づかないままでいるからだ。なぜある男性が一定のタイプの女性に魅《ひ》かれ、その関係をある一定のやり方で始め、一定の道筋をたどり、特定の問題に直面するのかという謎も、我々が魅惑と拒絶反応と呼んでいるものが、実はその男性自身の中にある無意識の性質へと引きつけられたり反感をもったりすることなのだと気づくと、それほど不思議ではなくなる。

自分の人間関係の中に投影の要素がひとつもないといえる人は稀だろう。なぜなら無意識の中にはおそらく、我々が気づいていない多くの領域があるだろうし、永遠に投影し続けている部分もあるからだ。我々は神にさえ投影することもあり得る。それでは最愛の人とはいったい誰なのだろうか。どこへ行けば最愛の人と出会えるのだろうか。自分の内部、それとも外の世界か。あるいはその両方なのだろうか。

原註

（1）C. G. Jung, *Modern Man in Search of a Soul*, Routledge & Kegan Paul, London, 1961.

（2）June Singer, *The Boundaries of the Soul*, Anchor Books, New York, 1973.

訳註

＊1　エメラルド・タブレット……神人ヘルメス・トリスメギストスによって書かれたという錬金術思想の暗号・寓意文書。ヘレニズム時代のギリシャに発すると思われるが一三世紀までにラテン語訳され、ヨーロッパにひろく流布した。

2

潜在的可能性を示す惑星地図

下なるものは上なるものの如く、上なるものは下なるものの如し。
それ故、一者の奇跡は成就されよう。

——エメラルド・タブレット

運命と魂は、同じ原理を示す二つの名である。

——ノヴァーリス

バースチャート（出生天宮図）

占星学で使う言語を理解するには、まずバースチャートが語り得ることと語り得ないことを認識することから始めなければならない。ホロスコープは非常に複雑な天体図で、生まれた日のみならず時間、年、場所にも基づいている。したがって我々はまず、本来の研究とはほとんど何の関係もない大衆雑誌の占星術《ほしうらない》に基づくすべての先入観や偏見を捨てなければならない。

バースマップは人の運命を宿命的に記したものではなく、むしろ人の性格の潜在的発展性の大まかな筋を象徴するものである。少し考えれば人間が自分の要求や恐れ、才能に従って行動し、人生を築き、そういった要求や恐れ、能力は自分の生まれつきの性質から生じていることが理解できるはずだ。この点で性格は運命である。だから我々が運命に無知であれば――我々の多くは決して無意識を探究したことがないので――自分が向こう見ずに、盲めっぽうに己れの選んだ方向に走ったからといって、星々を非難することはできない。この根本的な点が、占星学の包括的研究を理解する上で重要である。運命とは、何をするか〝定められているもの〟であり、自由意志は、自分が自ら〝選択するもの〟であるというような浅薄《あさはか》な解釈は、これらの対立概念がひとつのものであり、同じものだという微妙なパラドックスを理解することを不可能にしている。

あらゆる人生の背後には精神的であろうと物質的であろうと、元型的《アーキタイパル》なパターン、存在体系の骨子が横たわっていることを我々は知っている。しかし、占星学的データと人間の行動が関係している、という事実を裏付ける重要な根拠があるかどうかはまだわかっていない。もっとも体内時計《バイオロジカルクロック》(1)と太陽黒点周期の研究を通してその確証を得るまで、そう遠くはないだろう。骨の折れる綿密な統計に基づくミッシェル・ゴークランの研究(2)は、劇的な方法でこれらの相関関係が有効であることを示した。しかしその有効性を裏づける理由は、依然としてよくつかめない。しかしながら占星学に関する具体的な事実、例えば太陽のエネルギー場に作用する惑星から放出されるエネルギーの可能性も、元型《アーキタイプ》という虹《スペクトラム》の一端にしかすぎない。もう一方の端は象徴的なもので、時の流れの中の、ある特定の瞬間の天空の位置は、その瞬間の属性を反映させることにより、人間であれ街、思想、会社、結婚であれその瞬間に生まれたすべてのものの属性をも表わしている。一方が他方を引き起こすのではない。それらは共時的《シンクロナス》に起こり、互いの鏡となっているのだ。

この共時性《シンクロニシティ》の理由に関していうと、一方にはユングの集合無意識内の元型《アーキタイプ》があり、もう一方には秘教的教義がある。これら二つの観点は、同じ真実を表しているように思える。この事実は過去二五年間、量子物理学、生物学の研究結果によって支持され始めている。生命とはまさにひとつの有機体であり、この様々な部分は形態も異なり、見たところ何の関連もないが、同じ統一体を構成し他のそれぞれの部分と連結されている。

一六世紀、占星学に関する文章の中でパラケルスス*1は以下のように述べている。

もし私が自分の内部に〝マナ［イスラエル人がアラビアの荒野をさまよっていたとき、神が天から恵み与えたという食物］〟を持っていれば、天空から〝マナ〟を得ることができる……〝土星《サターン》〟は空にあるだけではなく、大地にも太洋にも深く存在している。〝金星《ヴィーナス》〟と庭に咲いている〝アルテミジア［ニガヨモギ種の植物］〟との関係は？　〝鉄《アイアン》〟と〝火星《マース》〟とはどうであるか？　〝金《ヴィー》星《ナス》〟と〝アルテミジア〟は、共に同じ本質の産物であり、〝火星《マース》〟と〝鉄《アイアン》〟も同じ原因から生じたものである。人間の肉体と天の星々を形作っている同じ力の配列の関係は？　〝鉄《アイアン》〟が何であるかを知る者は、〝火星《マース》〟の属性を知り、〝火星《マース》〟を知る者は〝鉄《アイアン》〟の性質を知るのである[3]。

太陽系は、ただ単に宇宙の軌道に乗り重力で結び付けられている物理的な太陽や惑星の配列ではない。それはまた、ひとつの生命エネルギーのパターンの象徴であり、あらゆる瞬間に、太陽系の中にあるより小さな生命の形をも反映しているようにもみることができる。

バースチャートの象徴《シンボリズム》を理解する上で、心について我々が何を知っているのかを考えてみるのが役に立つだろう。というのもバースチャートは、象徴的な意味でいうと、個人を作り上げている様々なエネルギーのパターン、または心の構成要素を表わすひとつのモデルなのだ。我々が知っている意識領域の中心である自我《エゴ》は、光を求めてもがいている個人的、集合的無意識の領域を照らす機能をもった管制センターであり、ユングが自己《セルフ》と呼び、秘教的な教えが魂《ソウル》と呼ぶ神秘的な中心の代用物であり、反映であることは周知の通りである。我々はまた人が成長するに従って、本当は自分本来のものであるけれども、あれやこれやの理由から、自分自身または家族や社会の価値基準と相容れない自分の本質の側面を、意識の領域から閉め出す傾向にあることにも気づいている。結局、人がそのために誕生したともいえる、より大きな目的を果たす意義のある人生を望み、自己実現を試みるのなら、自分の本質にあるこのような面を無意識の果てしない暗闇《くらやみ》に沈めてしまうのではなく、それを光の中に戻すことが非常に重要であることも明白である。子供時代の初期から理想的に投影されるため、人格が完全に表現されるということはほとんどない。ただ一部分だけが演じられるのであり、多くの人々にとって、この部分は本来持って生まれたものに比べるとかなり小さい。このような場合、その人は実際その潜在能力を充分に発揮しておらず、機会と才能を浪費してしまったとか、真の自分自身ではなかったといえるだろう。

バースチャートは、潜在的に人格に属するすべてのもの――もしそれが満開となり、完全に意識化されたときの――種もしくは青写真《ブループリント》である。最も本質的な意味で、それは道路地図《ロードマップ》である。というのも、その研究目的は惑星の影響を克服することにあるのではなく、チャートが象徴するすべての性質や衝動を表現する機会を与えることにあるからである。そうしてこそ初めて、人は人生で成長するための本来の計画に、思った通りに近づいていくことができる。というのも最終的には自己《セルフ》により、知的に目的をもった発展を考えていかなければならないからだ。

もしこれがあまりに難解で高尚なバースチャートの定義だと思えるのなら、かつて占星学が大衆雑誌や新聞のコラムの所有物になる前は、神聖なる技術《アート》であったことを思い出してみるとよい。これを通じて研究家たちは、生命の背後にあるエネルギーの働きを直観的に理解したのだが、このようなことができたのは、東洋で占星術に匹敵するものとしての〝易〟を除けば、古代の体系では他にはありえなかった。大なるものは小なるものに反映される。占星学が世俗的な問題解決に役立つからといって、より深い心理学的な価値を否定することにはならない。それはつまり人生の最も微少な細部でさえ、我々の本質を表しているという事実の反映にすぎないのだ。

このような観点から見ると、バースチャートを理解することが、人生の行路を理解する上で新たな次元を与えてくれることが明らかになるだろう。同様に二つのホロスコープを比較することで、二つの人生の相互作用についてもかなりの情報を得ることができるだろう。このようなチャートの比較方法から〝シナストリー〟と呼ばれる人間関係を探究し評価する方法が発展している。

パラケルスス（16世紀，木版画）

☉太陽　☽月　☿水星　♀金星　♂火星　♃木星
♄土星　♅天王星　♆海王星　♇冥王星

♈牡羊座　♉牡牛座　♊双子座　♋蟹座　♌獅子座　♍乙女座
♎天秤座　♏蠍座　♐射手座　♑山羊座　♒水瓶座　♓魚座

ASN……アセンダント
DEN……ディセンダント
MC ……Medium Coeli
IC ……Immum Coeli

12ハウスの意味

第１ハウス……人格　表現　環境からの影響
第２ハウス……安全　安定　自分の価値観
第３ハウス……心《マインド》　精神的態度　コミュニケーション　教育　言語
第４ハウス……根源　原因　源泉　子供時代　遺産　父のイメージ
第５ハウス……創造的表現　遊び　子供
第６ハウス……自己浄化　儀式　習慣　労働態度
第７ハウス……結婚　パートナーシップ　他者の認識
第８ハウス……危機　感情的・性的結合　再生
第９ハウス……大望　意味の探求　宗教的視野
第10ハウス……社会的仮面《ペルソナ》　社会的価値　経歴《キャリア》　母のイメージ
第11ハウス……集団意識　社会的〝良心〟　社会的関心
第12ハウス……集合無意識　自己超越　自己犠牲

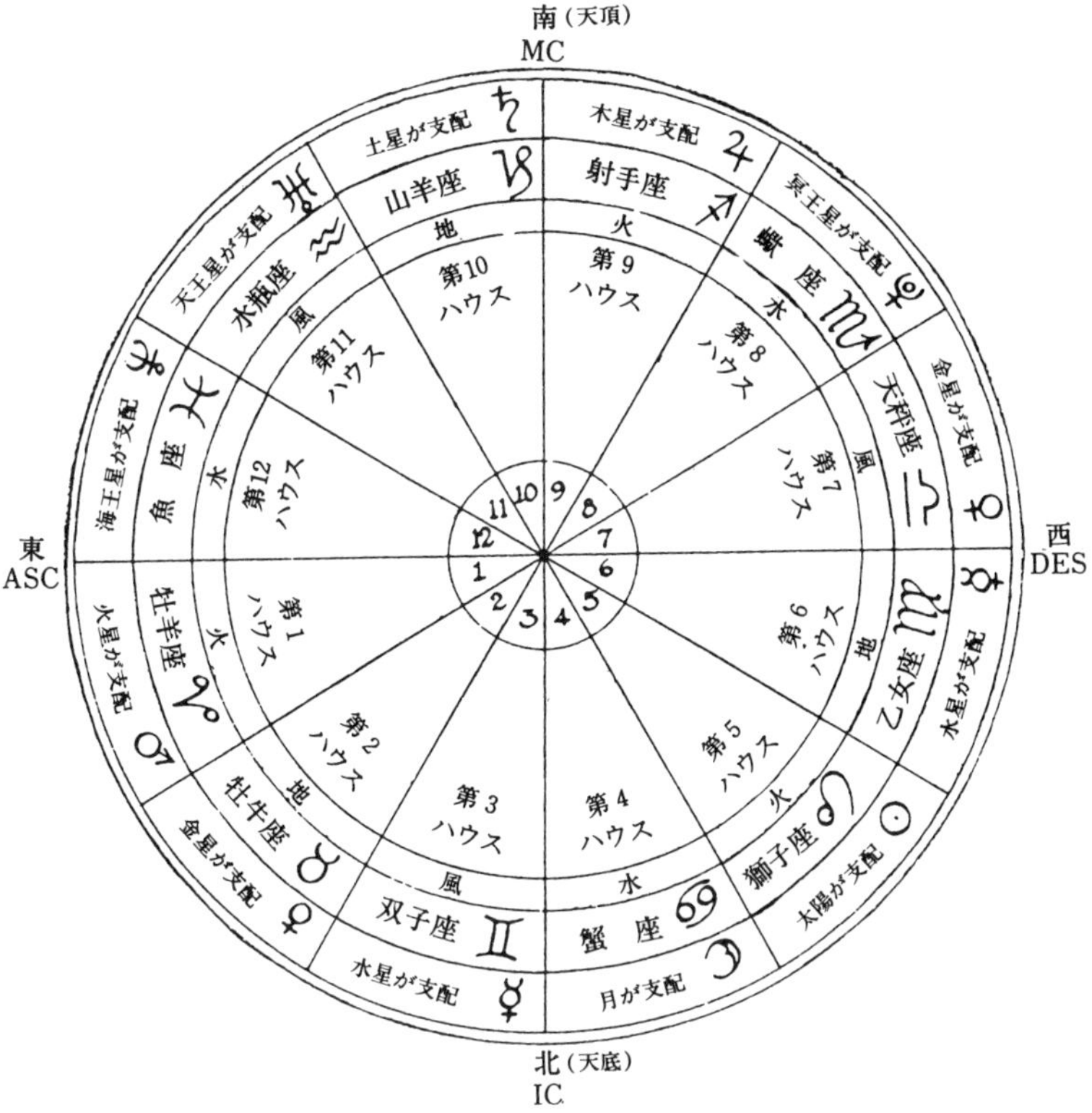
南（天頂）
MC
北（天底）
IC
東
ASC
西
DES
土星が支配
山羊座
地
第10
ハウス
木星が支配
射手座
火
第 9
ハウス
冥王星が支配
蠍 座
水
第 8
ハウス
金星が支配
天秤座
風
第 7
ハウス
水星が支配
乙女座
地
第 6
ハウス
太陽が支配
獅子座
火
第 5
ハウス
月が支配
蟹 座
水
第 4
ハウス
水星が支配
双子座
風
第 3
ハウス
金星が支配
牡牛座
地
第 2
ハウス
火星が支配
牡羊座
火
第 1
ハウス
海王星が支配
魚 座
水
第12
ハウス
天王星が支配
水瓶座
風
第11
ハウス
1
2
3
4
5
6
7
8
9
10
11
12

バースチャートの構造

天文学的には、ホロスコープは人がまさに誕生したその時間、場所から見た天体地図にすぎないが、非常に正確に計算されているため、最も気むずかしい天文学者でさえ誤りを指摘できないほどである。獣帯《ゾディアック》にある十二の星座でできた環《サークル》は、全体性の象徴であり、この全体性の中での人生のあらゆる可能性を表している。この点で獣帯《ゾディアック》は卵、ウロボロス［自らの尾を呑みこんだヘビ］またはギリシャ式十字と同様、全体性の宇宙的象徴《シンボル》である。そしてそれはマンダラであり、ユングが示したように生命や人間の心の潜在的な全体性の象徴的表現である。それらは同時に自己《セルフ》の、そして神の象徴でもある。なぜなら、これら二つのものは人間が認識する上では同じものだからである。

黄道と呼ばれる、実際に太陽が天空を通る軌道である獣帯を背景に、太陽と月、そしてすでに発見されている八つの惑星が位置している。獣帯の輪の回りに配置された、誕生時の惑星の位置が、バースチャートの内的なパターンを形成する。このようにして外側の全体性を示す輪と、内側の心理的な構成要素の個人的な組み合わせをもつ象徴的《シンボリック》な絵ができあがる。どのチャートも一二の獣帯《ゾディアック》の星座、太陽と八つの惑星という同じ要素から成り立っているが、すべてのチャートは異なっている。なぜならこれらの要素の配列は、ある瞬間において、惑星のパターンも、また惑星と地平線の関係も、みんな違っているからである。

いい換えれば人間は同じ原料、同じ衝動またはエネルギー、要求、可能性で作られているが、そのパターンに独自の刻印を与えるエネルギー個有の配列があるのである。同じ力が我々ひとりひとりの中に存在するのだが、これはカウンセリングやセラピーを伴う仕事では常に直面する事実である。しかしこれらの基本的エネルギーから独創的な芸術作品を作る創造的な個別性《インディビデュアリティ》があり、それこそが個々の人生なのである。この創造的な状態は、このような偉業をなし遂げることなどほとんどできない自我《エゴ》から生じるのではなく、自己《セルフ》から生じるのだが、自己《セルフ》はそれ自体としてバースチャート上には表れない。それは獣帯、全体なのである。またチャートは、人生のある時点でより大きな意識を得ようとする自分自身の心の努力に自主的に協調し、最初から自分のものである潜在能力を最大限に生かそうという人の決意も示すことができない。この決意には、最も深い意味での個人の自由意志が存在する。

惑星

占星学の象徴体系《シンボリズム》における基本的な構成単位《ブロック》は、太陽－月と八つの惑星である。占星学の専門用語では、太陽と月も惑星同様に見なされる。そうしたほうが、ことが簡単になるからである。天文学ではこれら一〇個の天体は、太陽系の有機的組織体を形づくる構成要素である。象徴的には人間の心の中にある有機体を形成しているのである。古代の秘教的教義では、宇宙は〝空《エンプティ》〟ではなく、巨大な生命体であり、意識や目的をもった有機体であると信じられていた。そしてその物理的な形態が太陽系なのである。太陽は心臓を表わし、その周りの月と八つの惑星はちょうど、肉体器官が生命を与える心臓の主要機能に仕えるように、器官またはエネルギーのセンターとして太陽に仕えている。一七八一年に天王星が発見される以前は、ただ五つの惑星が知られているだけであったが、神話の中に他の三つの惑星のかすかな暗示を見ることができるかもしれない。神話の中ではそれぞれ目に見えない神、海面下にいる神、地下にいる神として象徴《シンボライズ》されている。この秘教的な太陽系の概念は、抽象的で想像し難いと思われるかもしれないが、バースチャートで惑星がどのように機能するかを理解しようとする上で必要不可欠なものである。

心理学が問題にする集合無意識のように、占星学は象徴的な（星の）配置から成り立っている。惑星は神々であり、無意識の力の象徴なのである。(4)

個人の中で惑星が象徴する根本的衝動、もしくは元型的《アーキタイパル》パターンに従って、天体のそれぞれの意味を探っていくことにしよう。

太陽と月

太陽は太陽系の中心であり、バースチャートにおいてひとつの、最も重要な象徴《シンボル》である。その円の中に点があるサイン（☉）は、人が自分自身になろうとする衝動を反映している。これは簡単なように聞こえるが、一生かかる仕事なのである。円は全体性、神性そして生命の永遠な不変性を表わす古代の象徴《シンボル》である。なぜならそれには始まりも終わりもなく、その中心の点は、精神《スピリット》・生命または自己《セルフ》を暗示し、ある一定の場所と時間に、その属性のひとつである自己実現への衝動をもった自我として現れるのである。他のすべての生きた象徴《シンボル》と同じく、バースチャートで太陽が意味することを二、三のキーワードだけにまとめることはできない。しかしもし自己認識に向かう基本的衝動を満たすために通らなければならない道を太陽が暗示することに気づけば、その意味の暗示が得られるかもしれない。太陽は〝自己表現〟〝自己実現〟〝自己認識〟などへの衝動を象徴する。それらは、自分自身になろうとする自分の中の隠れた要求に気づかない限り、そしてその要求が何かの思惑があってではなく、個別性《インディビデュアリティ》の本質の真の反映としてあらゆる創造的行為で作用しているのに気づかない限り、何も意味をなさないものである。

　バースチャート上の惑星は、生命の元型的《アーキタイパル》な経験を象徴《シンボライズ》しており、占星学はそれらを描くひとつの方法にしかすぎない。すでに述べたように、他のものとしては神話やおとぎ話があるが、太陽は英雄として表現されているものと同じ原理を反映していると見てよいだろう。英雄の冒険は、バースチャートの象徴体系《シンボリズム》を通じて表わされる旅と同じである。英雄はいつでも、そして永遠に、完全となるためにまず、彼の半身を探し求める。そしてそれから彼の出生、存在理由を知るために、彼の根源を探し求めるのだ。またホロスコープ上の太陽は、人の内にある意識的な自我、つまり〝私〟という意識が反映している生命力、または中心を認めるための衝動の象徴《シンボル》であるといえるかもしれない。

　ゆえに太陽はユングが使う意味での、自我《エゴ》の象徴《シンボル》である。よって太陽は心の全体性、つまり自己《セルフ》を表現するための器であり、手段なのだ。すでに言及したように、チャートには自己《セルフ》は示されず、それは獣帯《ゾディアック》全体によって象徴される。バースチャートはただ自我《エゴ》が通る道筋、とりわけ各々の英雄の冒険を表す。そして意識――人生のより大きなスペクトラムの中で見ると、その占める部分は小さいのだが――の中で潜在的に実現できる性質は、出生時に太陽が位置する星座によって象徴化《シンボライズ》される。

　新聞や大衆雑誌にある太陽の星座《サンサイン》[*2]のみの星占いは、故意ではないにしろ占星学に多くの損害を与えている。そして不幸にも、もっと真面目な占星学の学徒でさえ、しばしばこのようなコラムを読むことで同じ罠にはまってしまう。太陽の星座《サンサイン》は一般的に、先在し、具体化された一群の行動パターンとして解釈される。もし牡羊座であれば、その人は強情で衝動的、向こう見ずで挑戦を好むと解釈するだろう。また牡牛座であるなら安定していて、信頼でき、感覚的で頑固、物質的幸福を好む、などなど。しかしそれはもっと意味のあるものであり、太陽をただ単に性格の特徴を示すカタログとしてではなく、努力してそうならんとしているもの、そして潜在的、本質的にそうであるものとして見るという、分析心理学の業績によって得られた心の理解とも、もっと関係が深いものなのである。事実、この完全に統合された自我《エゴ》の象徴《シンボル》は、人生の最初の三〇年間が終わるまではめったに達成されることがない。本当の意味で自らを問うていくのは、通常、サターン・リターン（土星回帰）と呼ばれる二九歳での危機の直後から始まる。太陽のもつ潜在的可能性を完全に生き抜くことは、一生かかる旅である。あなたの太陽の星座《サンサイン》があなたを特別な何かにするのではない。というよりも太陽の星座《サンサイン》は、これらのエネルギー、つまりその意識化の方法を学び、創造的に表現しようとしている特別な神話を象徴しているのである。その人独自の個別性《インディビデュアリティ》という経路を通って、太陽の星座《サンサイン》の象徴の意味を意識化することで、自己《セルフ》の神秘的な本質が刻まれるようにするのは各人の課題である。牡羊座に太陽があるからといって、その人が強情で衝動的であるとは限らない。しかしそれは彼が完全となるために、生命力に対する感覚を養い、外界に自分を主張する手腕や、自ら変化を起こし挑戦に応じる能力を磨くことが必要であることを暗示している。単純化しすぎるという危険を覚悟していうと、同様に、牡牛座も現実的世界と関係をもつこと、そしてその中に永続する価値感を築くことを学ばなければならない。双子座は彼を取り巻く世界について、より深く学ぶことができるように、知的な識別力を成長させるよう努めなくてはならない。蟹座は愛するものの意識の芽を育てることができるように、他者への感情の流れを開くことを学ばなければならない。獅子座は創造的な努力を通じて、真の創造者であり、それに対して忠誠を尽くさねばならない自らの中にある中心《センター》の存在に気づかなければならない。乙女座は奉仕する器としての自分を管制・洗錬させ、人生において根本的なもの、または未分化なもののすべてを変換させる役割を果たすことを学ばなければならない。天秤座は自分の性格の中で対立するものに、いかにして気づき調和させていくかを学ぶことで、他者との関わりがもてるようにならなければいけない。蠍座は自分の中の暗い部分を愛し統合させることで、周囲の暗い部分をも癒《い》やせるようにしなければならない。射手座はすべての人間の願望の中に潜む一貫性を理解することを学ぶことで、人生経験の意義を他者に教えられるようにならなければならない。山羊座は人間の意志の力のお手本として輝くために、自分の環境そして自分自身を支配することを学ばなければならない。水瓶座は自分もその一部である集団の中の生活《ライフ》に気づくことで、集合的意識の成長に一役買えるようにならなければいけない。そして魚座はより大きな生命への贈り物として自らを捧げることを学び、失われたものを救うという業をなし遂げるようにならなくてはいけない。太陽の星座《サンサイン》は一連の行動パターンのように個人的《パーソナル》なものではなく、人を何者かにするようなものでもない。それは達成されなければならないものの象徴である。そしておそらくそれを達成するのは並大抵のことではないだろう。

太陽は個人の行動に関わっているという意味において、個人的《パーソナル》な位置を示すものではないという事を心に留めておいたほうがよいだろう。それは道筋・ゴールを象徴するのであって、これらのものがひとつになるまでそれに乗って旅を続けるための機械ではない。太陽は人の心にあたるものだが、我々のうちどれだけの者が、真に自分の心を知っているのだろうか。

占星学におけるすべての象徴体系《シンボリズム》と同様、惑星も男性エネルギーと女性エネルギーの二つのグループに分かれる。太陽は男性的惑星と考えられている。なぜならそれは意志・意識・決定・環境への影響、言い換えれば行動原理と関わっているからである。そこから予想されるように女性より、男性の方がこれを受け入れやすい。なぜなら男性が意識化しやすい衝動を現しているからだ。一六歳になる頃、ほとんどの男性が個性的なアイデンティティをもつ必要性に気づく。これに大して多くの女性は最初の半生の間、パートナーや家族を通じて自分のアイデンティティを見出すことに満足している。自我が輝くことを通じてこの世の中で自己実現しようという原理は、女性意識より男性意識の特権である。したがって女性のホロスコープ上の太陽は、しばしば彼女自身を完成させていくために、人生の男性的な面、そして自分と関わる男性たちから何を求めるかを暗示している。理想的にはもちろん、各人がチャートの男性・女性の両極性を表現していくことが必要である。これは意識が成長していく上で、挑戦していく重要な部分なのだ。

太陽はすべての人の心の中にある自分を表現し、潜在的にもっているものになろうとする衝動を表している。月は対照的に、無意識や過去に向かう衝動、自己意識に必要な戦いを避け、生命の大きな流れの一部となることに身を任せるという感情に没しようとする衝動を象徴《シンボライズ》する。月はまた個人的にも元型《アーキタイパル》的な意味でも、母の象徴《シンボル》である。我々の中の月の面が戻ろうとするのは、この安全で安定に包まれた母の子宮なのである。経験を評価したり、理解する必要もなく、生の経験の中に自らを沈めようとする衝動を月は表している。また慰めや感情的要求を満足させたいという衝動も象徴《シンボライズ》して

月の女神ディアナを伴う太陽神アポロン。（ギリシア）

いる。太陽が分化《ディファレンシエイト》に向かい努力するのに対し、月は自己認識の融合や人間関係に向けて努力するのである。太陽は独立した自我を育てるためには個人的な人間関係を避けようとする。月は人間関係を重視してアイデンティティを溶解させる。そしてすべての色が混ざり、すべてのものが眠る夜の静けさを願うのだ。エスター・ハーディングは月が象徴《シンボライズ》するものの心理学的意味について、彼女が書いた本の中で以下のように述べている。

月信仰の時代において、宗教は霊的世界の目に見えない力を扱っていた。そして国家宗教が太陽神、つまり戦いの神、自己誇張の神そして、この世のものの神に移った時でさえ、その霊的な性質は月の神性と共に残ったのである。なぜなら月信仰とは、創造性、自然の実り豊かな力を崇拝することであり、本能の中に、そして自然法則と一致したものの中に内在する知恵を崇拝することだからである。これに対し太陽信仰は、自然を克服するものへの崇拝であり、月の示す自然の混沌とした豊かさに秩序を与え、人間の目的を達成させるために月が表す力を利用することに対する信仰である。(5)

太陽と月は、バースチャート上で男性・女性の対を形成し、各人の中にある男性性と女性性の両極性を象徴するが、この内在する緊張感が必要なのである。それなくしては、意識も生もあり得ない。太陽と月は他の対になった概念、明と暗、精神と物質、能動と受動、父と母、生と死そして生命の有機体を支える大きな柱を構成するその他の対になったすべてのものと同類である。これらの対立物には、崇高なものから馬鹿げたものまで、全てが含まれる。太陽は単に、個人の自己実現への道を非常に広く深く暗示するだけではなく、群衆に投影するイメージについても何かを語りかける。そして月は、人間の存在の根本にある自然の生命との関係を取り戻す道筋を示すだけではなく、家をどのように維持するかとか、どのような個人的習性をもっているかについても何かを教えてくれる。このように広範囲にわたる意味は、占星学に関わる人々をしばしば混乱させる。ひとつの象徴がなぜこんなに重要なものと、一見どうでもいいようなものを同時に意味するのだろうか。しかしすべての象徴はまさにその本質からして、いつもそうなのである。さらにいえば、ここで扱っているのは元型《アーキタイプ》であり、元型《アーキタイプ》を象徴《シンボライズ》する惑星は、人の経験の基本的な骨組みである。それに属するすべてのものは、最も浅薄なものから最も深遠なものまで、その様式《パターン》に従うのである。

出生時の月の星座《サイン》の中に、何か個人としてではなく、本能的な生物として自らを表現する方法を見いだすかもしれない。言い換えれば、月は本能的、もしくは非合理的な本質を象徴《シンボライズ》する。また、バースチャート上の位置により象徴的眠り・無意識・逃避・避難場所を求める人生の領域を示すが、それは決定を下す能力や意志というより、自分の要求によって支配されることが多い。だから自我が何かに向かって努力していないとき、本能的な反応パターンの中でくつろいでいるとき、その人の月を観察できるだろう。

ひとつの例が、太陽と月の両極性を明確に解釈する上で手助けとなるだろう。バースチャート上のある特定の星座に太陽があると、その星座によって象徴《シンボライズ》される目標がある意味で人生におけるその人の願望の一部となる。月がある特定の星座に位置すると、その星座によって象徴《シンボライズ》された本能的要求が、感情的幸福のために必要とするものの一部となる。したがって、例えばある人の太陽が獅子座にある場合、人生の主な目標として創造的な自己表現に努め、意識的には名誉・忠誠・高潔そして個人の独自性を評価する傾向があるだろう。また一方で、ある人の月が獅子座にある場合、直観的に劇《ドラマティック》的な方法で人生に反応していく。また誇示・受容・崇拝や演じるための舞台などの必要性を、太陽が獅子座にある人ほどあまり意識することはないが、そういうものに価値を置くからでなく、安全だと感じるためにそれらのものを必要とするからである。獅子座に太陽をもつ人が真に自らの道に従うならば、英雄像が示す最高で最善の姿になろうと努力するだろう。月が獅子座にある人は、単に自分は特別だと感じており、それに従って反応する。太陽が獅子座にある人と比べるとさほどはっきりとした獅子座の性質は現れていないが、より自然でくつろいでいるのだ。

一般に男性のホロスコープでは太陽は意識、月は無意識の象徴である。そして女性のホロスコープでは月が意識、太陽は無意識を象徴する。もちろん例外もある。それは通常、女性が強い男性的傾向をもつ場合に起こり、彼女が強力に発達した知性をもっているか、もしくは自分の本能に反逆している場合である。同様に男性が強い女性的傾向をもっている場合もそうである。彼が強力に発達した感情をもっているか、個性《インディビデュアリティ》化のための戦いの必要性に逆らっているかのどちらかである。しかし太陽と月は単一体が二つに分かれたものであり、共にそれぞれふさわしい場所において必要なものである。これら二つの象徴《シンボル》の調和的な統合とは、錬金術師がいう〝結合[*3]（coniunctio）〟、あるいは聖なる結婚であり、おとぎ話でいうと、英雄と彼の恋人が末長く幸福に暮らす、という結末にあたる。しかし今まで見てきたように、実現された経験の中に、自分のすべての側面を統合させている人は稀である。

カドケウスを手にするメルクリウス。車輪の中には水星の支配する双子座，乙女座が描かれている。
フェルナンド・ギャリコのフレスコ画（1493-1506年）より。(サラマンカ大学)

本能は通常、人生の目標とぶつかり合うものだ。なぜならその目標は到達するにはあまりに狭く、難しく、社会や本人自身の価値感によって抑えられてしまうからだ。人はその（本能と目的という）両者が生きた統一体《ユニティ》として表現されるよう、その両者を結婚させる必要があるとき、しばしばどちらかを選択しなければならないと感じる。人がこの内なる結婚を成し遂げることができないとすれば、現実世界での結婚を成功させることなど、どうして期待できようか。

水星《マーキュリー》

次に惑星、水星をみることにしよう。天文学でいうと水星は、最も小さく最も動きの速い惑星であり、神話学では知識の鍵を有し、神々の間や神々と人との間を軽やかに移動し、メッセージを伝達する不思議な両性具有の姿で表される。水星はギリシャ神話のヘルメス、エジプト神話のトート、そして北欧神話またはゲルマン神話のロキと関係しており、ただ単に知覚する方法だけでなく、理解し、伝達され得るように知覚したものを秩序づける方法を象徴《シンボライズ》している。水星は主として、無意識の動機を理解し意識的な認識と統合させようという衝動の象徴《シンボル》である。古い占星学のテキストに書かれていることに反するが、この惑星は知性を表わすのではない。以前はあまり認められていなかったが、合理的な知覚以外にも別の知覚様式があることを思い出すべきである。人は感情や直観、五感を通じても理解し知覚することができるのだ。出生時に水星が蟹座に位置する人は、無意識を通じて知覚し、感情《フィーリング》を通じて自分の知覚対象を評価することを暗示する。もう一方で、山羊座の水星は、感覚《センス》を通じて知覚し、どちらかというと堅い頭の中に知識を蓄積し、すでに試され、証明されたものに従って評価する。この惑星は自分自身に対して、また自分を取り巻く環境に対しても同様に、意識的になっていく様式《モード》を象徴している。また経験を理解し良く考え、目覚めようとする衝動を象徴《シンボライズ》しているともいえるだろう。

水星は中世錬金術における水銀《メルクリウス》の不思議な姿とも関係している。伝統的な占星術では一般に水星を〝伝達・通信《コミュニケーション》〟と定義づけて、格別強力で意味深いものとは見なしていないが、この惑星には外見以上の、もっと深い意味がある。錬金術で水銀《メルクリウス》は偉大なる変容者なのだ。おそらく理解しようとする人間の衝動こそが、他の自然界［動物界や植物界］より高い位置に人間を押し上げるのであり、それにより自分の発展を顧み、結果的にさらなる統合に向け努力している無意識とすすんで協力しようとすることを思い出すべきである。そうすれば『秘密の教理《シークレット・ドクトリン》』の中で、なぜブラヴァツキー[*4]が〝水

ボッティチェルリ『マルスとヴィーナス』（ロンドン・ナショナル・ギャラリー）

星と太陽はひとつのものである〃といったかがわかるようになる。それは人の理解する小宇宙《ミクロコスモス》と、宇宙的存在意義をもつ大宇宙《マクロコスモス》の間の結合を示唆しているのである。太陽に最も近い惑星として、水星は太陽の伝達者《メッセンジャー》であり、太陽が本質《エッセンス》の象徴《シンボル》であるのに対し、水星は我々に本質を知らせる機能を象徴している。

出生時の水星の位置は、人が学習する方法、すなわち、学んだものをどのように理解し、分類し、会得するかを暗示する。つまり経験を知恵に変える方法である。伝達者《メッセンジャー》としての水星は、自己《セルフ》と自我《エゴ》、自我《エゴ》と環境を結ぶ橋の象徴である。それは偉大な統合者でもあり、また偉大な破壊者でもある。水星の剣の刃により、人はあらゆるものの相互関係を理解するか、もしくは孤立して意味のない資料をあふれさせ、自らをすべての関係から隔離させてしまうかである。

金星《ヴィーナス》と火星《マース》

ギリシャ・ローマ神話で愛人関係にあった金星と火星は、もうひとつの男女の対である。これは太陽と月、すなわち陰と陽、男性と女性を表すもうひとつの方法である。しかしここでは、人との関わりをもち個人的な人間関係の領域で調和を保ち調整しようとする基本的に女性的な衝動は、征服し分離し他人に対して自己主張することで欲望を充たそうとする男性的な衝動に対して、微妙な対位旋律を奏でる。金星は包含されることになっても他者と共有したいという要求を象徴するのに対し、火星は自らを他人のために費やし具体的な目標を達成しようという情熱を表す。火星は欲求し、金星は欲求されたいという衝動を表す。金星は他人と関係があるということを我々に気づかせ、比較することにより類似性を見出そうとし、火星は他人などお構いなく自分のやり方を通すよう促し、自己主張することで相違を明らかにする。

この二惑星を表す古代の占星学の象形文字が、今では生物学上の男性・女性の象徴《シンボル》として使われている。この金星と火星という〝神々〟は、偉大なる太陽・月の両極性を特殊な形で表したものなのである。これは明と暗・能動と受動という宇宙の原理であり、特に人間関係の領域で作用するものなのである。

もし月が母であるならば、金星は恋人・娼婦の元型《アーキタイプ》であり、これらは女性の二面を表している。もし太陽が父であるならば、火星は征服者であり、これらは男性の二面を表している。人は皆、これらの四面すべてを持っているが、他の面より特にひとつの面だけを本人の特徴として選択するだろう。D・H・ロレンスがいうように、女性は妻であり恋人であり、男性は夫であり恋人であるのだ。金星が象徴《シンボライズ》する衝動の表現は、自分を飾る方法・個人的好み・美に対する反応そして社会的価値観などに見られるであろう。またそれは人が他との関係の中で最も価値を置くもの、理想的なパートナーシップにおいて求めるものに見られるだろう。火星が象徴する衝動の表現は、人が望むものを得ようとする方法、（その欲望の質や様式はこの惑星に反映されているが）に見られるし、また追求方法やその情熱の表現様式にも見られる。

これら二つの惑星は対人関係において特に重要なので、後でもっと詳しく扱うことにしよう。太陽と月の場合同様、個々でも一般法則をあてはめることができそうだ。すなわち男性にとって火星はより受け入れやすいエネルギーである一方、金星は女性にとって受け入れやすいエネルギーである。したがって太陽と月のように、そのエネルギーの質においてある人の性別の対極にある惑星が、通常、人間関係の相互間の中で適当な対象に投影されることになる。そして人はそのパートナーを通じて、自分と反対の性を生きようとするだろう。しばしば男性のチャート上で金星の位置する星座《サイン》は、理想の女性として彼が求めるものを示し、女性のチャート上の火星の位置する星座は、彼女が男性に求めるものを示すであろう。例えば山羊座に火星がある女性は、相手に対して現実性、野心、意思や決断力が強く、性的に魅力があるといった性質を見出すだろう。また金星が魚座にある男性は、思いやりや同情心、優しさ、想像力、愛らしい寛容さといった性質を女性の中に見出すだろう。

木星《ジュピター》と土星《サターン》

この一対の惑星までできたところで、我々は個人的な衝動や本能といった領域と別れを告げることになる。太陽・月・水星・金星・火星は個人的方法でその衝動を象徴するため、それらが象徴する心理的エネルギーの点からいえば自我に傾いており、対立するものを統合するという困難を抱えているものの、意識にとっては比較的容易に役立つものである。古代神話の中で共に神々の王である木星・土星の領域は、人を個人的自我意識の領域から連れ出す。そして人は自分の心の内外において、個を超えたものとの関係を確立し始める。木星と土星は、偉大なる探検者であり個人的な世界の門を守る守護者である。彼らは二つの顔をもっており、ひとつは内側をもう一方は外側を見つめており、共に小さな自己の限定された境界を越えようとする衝動を象徴《シンボライズ》する。一方は上へ登り、もう一方は下へと下る。彼らはそれぞれ将来の報酬の可能性を約束し、ロバを導く人参のようであったり、あまりに苦痛なためロバが動かざるを得なくなるこん棒のようであったりする。もちろん我々はこん棒より人参を好みがちだし、苦痛より幸運を評価する傾向がある。しかし、これらの惑星は、共に対照的な方法で意識の成長に向かう衝動を象徴しているのだ。木星は男性的衝動、土星は女性的衝動といえるかもしれない。これは天空の雷雨の神である木星が直観的知性《マインド》の上の領域と関わっている一方、タイタン［天（ウラヌス）と地（ガイア）との子のひとり］、大地の神である土星は個人的無意識の下側の領域、つまり人間の性質の暗い部分と関わりをもっているからである。両方が必要であり、その間で明暗のテーマのもうひとつのヴァリエーションが創られるのだが、ここでは意味を現実化する領域に移されている。

土星の象徴については後で充分扱うのでここでは多くを語るまい。しかし木星については少し詳しく述べておいたほうが良いだろう。この惑星は人間の宗教的衝動と呼ばれるものと関わりがある。フロイトとその弟子たちは宗教を単なる性的本能の昇華としたが、ユングはそれがすべての生物学的本能と同様、人間の内にある基本的な衝動であることを示した。人はただ単に生き続け、種を繁栄させることを必要とするだけではなく、希望や成長のための能力を維持しようとするなら生にはパターン、つまり固有の秩序や意味があり、ぼんやりとした直観的認識でもよいからその全体像をつかまなければならないということを何らかの形で、ある時点で気づく必要がある。我々が神を創り出したのかもしれない。しかし、たとえ無意識的なものであっても、経験がないものを創り出すことはできない。したがって木星は、ヌミノース[*5]や神性を我々の中から外在化させ、崇拝したり神と呼ぶ象徴的形態の中に投影することによって経験する必要性を象徴しているといわれるのかもしれない。木星が位置す

木星の支配するさまざまな仕事。
『占星術の書』(15世紀後半，イギリス）より。
ボドレイアン図書館（オックスフォード）蔵

るバースチャート上の星座《サイン》は、人生においてこの意義の経験を求める方法を暗示している。例えば乙女座に木星がある人は、自分の仕事を通じて意義を経験することを求めるだろう。なぜなら彼の仕事は、一種の儀式的、リズミカルな自己浄化と自己洗練をもたらし、それによってより大きなパターンに気づくことができるかもしれないからだ。木星はその様式《フォーム》を通じて意味が輝くよう経験を広げていくことを求めるので、乙女座の木星は仕事を通じて成長するためのより大きな手段を求め、それにより何か大きなものを成し遂げ、必要な要求を満足させる以上の大きな意義があると感じることができるのだ。この惑星は〝神話〟という言葉の最も肯定的な意味で、神話を作る原理を象徴する。

木星はこのように心の中で象徴《シンボル》を創り出す衝動と関連しており、偉大なる神話・伝説・世界的な宗教を形成してきた創造力について考えるときに我々を深淵まで引き込む。我々の夢の象徴体系《シンボリズム》を形成するのもまたこの創造力で、それゆえ各々の夢はどれも意味のある傑作であり、それ以上どのようにしても改良することなどできないのである。このように木星は真に関門を司る神である。なぜなら彼は直観的に象徴を理解することと創造《クリエイション》を通して、意識と無意識の絆を形成するからだ。今まで見てきたように、象徴は生命の原始的な言語であり、木星は人の中に象徴を創り、その意味を直観する機能を象徴《シンボライズ》する。

外惑星たち

土星の境界を超えると、元型的イメージの貯蔵庫であり、集合無意識の領域、つまり個人的衝動とはほとんど無関係なだけでなく、実際しばしばそれと相反する衝動の領域に入る。内惑星＝個人的惑《パーソナルプラネ》星《ツト》と外惑星＝超個人的惑星《トランスパーソナルプラネット》をもうひとつの対立物のペア、それぞれ自我の生、そこからの分離と飛躍という幻想を伴ったより大きな母型《マトリックス》の生を象徴するものとして考えることができよう。

三つのよく知られた外惑星が象徴する衝動は、個人の意識で使われることはほとんどない。というのもそれらはすべて、意識のひとつの局面から他の面への移行を特徴づけるが、意識はこのような移行を感知することができないからだ。意識はただある一定の瞬間に機能している局面を感知するだけである。土星は境界の偉大なる支配者、幻想を司る者であり、ルシファーの役を演じながら、我々の経験する個人的世界は現実の限界であり、それを突き抜けていくことは良くても愚かしく、悪くすると気狂い沙汰だと我々に囁く。しばしば我々はその囁きを信じ、自分たちが〝客観的現実〟と呼ぶものと同一視して、それが全く主観的で、単に生について自分勝手な解釈を作り上げているということがわからないでいるのだ。そしてゲーテが指摘したことだが、隠れた神の片腕であるルシファーのように、土星は我々がますますその解釈を同一視するようにしむける。そして結局、完全に自分自身を孤立させてしまうため、地獄、まさに生命の最も深い流れから引き離された地獄に落ちることになるのだ。このように土星は、苦痛と限界をもたらす者として偽装した偉大なる教師だといえるだろう。というのは、ただこの暗く腐敗した点――錬金術師たちが「黒化《＊6ニグレド》」「蒸留《カプトモルテューム》」と呼んだ錬金術の第一段階――に行きついてこそ、自分の中の他者、すなわち自己の真に創造的な力に気づくからである。ますます神秘的な空想に傾いているように聞こえるかもしれないが、これはすべての人の人生の中に、経験的に観察しうる心理的な過程なのである。とはいえそれを現実化する方法は非常に異なっている。

天王星《ウラヌス》と海王星《ネプチューン》はもうひとつの男性性・女性性の対を形成する。天王星が男性極で海王星が女性極である。神話で彼らの具現しているものをみれば、これらの惑星あるいは神々から多くを学ぶことができる。天王星《ウラヌス》は古代の天空の王、大地の女神で彼の母であるガイアの夫、カオス（混沌）――すなわちそこから顕在化した現実、または意識が生まれた原初の夜――の孫でもある。天王星は元型的《アーキタイパル》概念の世界の象徴、つまりある種の神学的思想では神の心と呼ばれるもの、プラトン哲学の教理では宇宙の構造を支える神の観念《イデア》の基礎となっているものに潜在する様式《パターン》である。この惑星が個人の心において意味することを理解しようとして困難に直面するのは、少しも不思議ではない。

個人のチャート上の天王星、すなわち天と精神の最初の神は、物質的現実との同一化から自由になり、元型的《アーキタイパル》心の世界を経験しようとする心のなかの要求を具現化しているように思える。それゆえ伝統的な占星学では、変化、自由、発明と解放、事実や経験的知識に縛られた具体的思考の領域を超えた知性の発達を求める衝動を象徴《シンボライズ》するといわれている。天王星は覚醒者と呼ばれてきた。なぜならそれが象徴《シンボライズ》する衝動は、すべての無意識的な内容と同様、投影されるからである。それはしばしば非常に苦痛を伴うやり方で、突然「外側」から現れた事件として個人の元に戻り、それまで自分の現実だと思っていた枠組を破壊してしまうように見える。同時に、その上に小さな個人的経験を築き上げてきた潜在的な集合的概念を垣間見せてくれることにもなる。人がこの種の経験を引き寄せることは、通常本人には意識されない。それはあたかも運命の手のように見えることのほうが多いのだ。しかし人が自分に起こったことの意味を理解し、その経験を生かそうとするならば――それはより大きな意識への覚醒として生かされなければならないが、――自分自身の心が運命であることを認めなければならない。

革命・自由・発明に関係する天王星が、一七八一年に発見されたことは、偶然というより共時的である。その年は二つの大きな革命の間に当たり、両革命とも自由・平等・世襲的特権や不利な条件に限定されたものからの解放という思想を伴っていた。またそれはいわゆる産業の時代の始まりにあたり、物理的宇宙の法則を発見、習得し、技術的に応用しようとする知性の力を通じて、人間を物に縛られている状態から解放することを求めたのである。惑星の発見が技術の時代やアメリカ、フランスの革命と関係をもちうるということは信じられないかもしれない。しかし我々は、惑星の発見がこれ

「ニグレド」老メルクリウス（土星＝鉛）の黒化。
ヤムスターラー『錬金術の道案内』（1625年）より。

らの事件を引き起こしたのではないことも覚えておかなければならない。それは単にこれらの発生を映し出しただけである。科学的発見、応用に対する衝動や革命を作り出した意識の中の変化は、それによって実際の惑星が人間の意識的な視覚にも見えるようにする技術的な手段をも作り出した。そして天王星の象徴的《シンボリック》な意味もまた、これらすべての現実界の事柄を可能にした冒険、探検そして自由の精神と関わっている。天王星とそれが発見された時期の世界情勢は、相互を映し出しており、それは共時的なのである。

　ある特定の経験や経験のある面だけを認識するということからの解放は、どんなものにもあてはまるかもしれない。人は自己認識・仕事・信念・人間関係を変えようとするときに天王星を経験するかもしれない。人間関係とは各々が自分独自の方法で解釈する経験であり、各々の心の中には絶えずその解釈を変えようとする衝動があるため、より包括的により意識的になるのかもしれない。

　ギリシャ・ローマの神話では、天王星《ウラヌス》は土星《サターン》（クロノス）の父である。現世的な母親にそそのかされた土星《サターン》、大地の神は、彼の父親を去勢し、後に王権を握った。このような事件が生じたのは、天王星《ウラヌス》が自分の子孫を恐れたからだといわれている。天空の神である彼は自らが創った暗く現世的な創造物を怯えるようになってしまったのだ。この神話の断片から多くのことがわかるかもしれない。土星《サターン》の父に対する暴力的行為は、天の支配に終止符を打ち、地上におけるタイタンの支配を開始させた。我々は何千年にもわたる人間の文明社会に、同様のパターンを見出せるだろう。

　しかしさらに読み進んでいくと、ものすごい傷口から、大地に落とされた血の雫からエリニュス・フュリーズすなわち正義と報復（カルマ）の神が生まれ、切断され太平洋に投げ捨てられた生殖器から愛と美の女神、占星学でいうと人間関係に向かう衝動の象徴《シンボル》である、アフロディテ、金星《ヴィーナス》が誕生したことがわかる。人間関係を通して、再び天の世界を甦らせ、意識を呼びさます道を見つけることができるということかもしれない。ただ知性のみでは神話の言葉を理解することはできない。直観で、そして心で聞かねばならない。そうすることによってのみ、その秘密が与えられるだろう。バースチャート上のこの三つの組の惑星——天王星・土星・金星——を神話に照らして考えてみると、各人

息子土星《サターン》に去勢される天王星《ウラヌス》。

の心の中にある過程《プロセス》・周期《サイクル》について何らかの暗示が得られる。同様に有名な〝美女と野獣〟のおとぎ話を見てみると、そこでは野獣が彼女の父から美女を盗み、彼自身のために彼女が彼を愛するようになるまで、彼女を幽閉してしまう。これもまた、(我々に)同様の過程《プロセス》について語っている。我々の心の中にある何かが別な存在を否認し、その否認されたものが復讐しているのである。それは自分自身との、苦痛でしばしば暴力的な対決という問題なのである。我々の根源、生得のもの、我々がそれと共にあり、生み、創り出すものとの対決である。しかしこの不調和な衝突から新しい調和や統合の可能性が生じる。

天空の神と対照的に海王星《ネプチューン》は水の神で、神話の中では男性の姿をしているが、彼の体現するエネルギーは女性的である。太洋と深淵の神、そしてポセイドン、ヒッピオス、地震と地下の水路を司る者としての海王星《ネプチューン》は、集合的感情という海の象徴であり、それは下方から我々を動かし群衆の中に埋没させ、やっと手に入れたまだ不安定な個別性《インディビデュアリティ》をすっかり放棄させてしまう。かくして我々は個を解消することを通して、自らを純化するのかもしれない。ひとつの感情的な焦点に向けて動かされたあらゆる群衆の中に、このエネルギーが働いているのが垣間見られる。もはや群衆の中に個は存在しない。あるのはただひとつの支配的な情動によって動かされた、騒然とした有機体だけである。その情動は個別性《インディビデュアリティ》を主張できるというよりもまず、それ自身を解放せずにはいられない。それもしばしば暴力的に解放しなければならないのである。個人の意識が統合されていないこの種の状態に向かう衝動は、我々すべての中に存在し、(それは)非常に伝染しやすいものであるように思われる。サッカーの試合に行けば、それが比較的無害な形で現れたものを見ることができるし、より不吉な現れ方を見たいのなら、四〇年前のドイツを考えてみればよい。

また海王星はディオニソス、つまり恍惚《エクスタシー》の神と関係があり、深淵の中に没入する聖なる恍惚感は、かつて古代におけるほとんどの秘儀の一部となっていた。何らかの形でこの〝神の祝福〟を経験した人は、浄化され、再生し、過去を断ち切ることができた。人はそれまで自分の中に蓄積したすべてのものを、神に捧げ、浄化されて、旅の新たなる段階に入っていく。確かに海王星は我々が文明と呼ぶものに対して破壊的な面をもっている。しかしもう一方で、心にとって非常に重要な面ももっている。というのは最も深い意味で無意識の海に没入することを通じてなされる浄化の経験は、まさに最も深遠な意味で――つまりそのラテン語の語源の〝再び結びつける〟という意味において――まさに宗教的な経験だからである。我々は意識を捧げ無意識の中へと降り眠ることで、毎晩小さな規模でこの儀式を取り行なっているのである。

また我々が流行《ファッション》と呼んでいる集合的な感情生活のあらゆる表象の中に、海王星が作用しているのを見ることができる。それが音楽・服装《ファッション》・思想・また芸術の流行であろうとも、他の人々がしていることをしたいという抵抗し難い衝動が、我々すべての者の中に存在している。また同様に我々の中の幾人かは、時として全く正当に、それに戦いを挑む。なぜならそれによって、個人の自我の優位が減じられるからである。文化を動かすこれらの一時的な流行――宗教でさえ流行の特質をもっていることが多いが――で地下の感情生活の流れの象徴《シンボル》が太洋の流れと同じように、たえず移動し、変化しているのがわかる。多くの点で、しばらくの間これらの流れに洗われることは癒しの経験となる。なぜならそれを通じて人は無意識の力を尊ぶようになり、自我の役割りについて、よりバランスの取れた見方をするようになるからである。

個人のバースチャート上で、海王星は〝私〟という存在を犠牲にするという衝動を象徴《シンボライズ》する。つまり個人の感情を集合的感情生活のために犠牲にするということである。元型的《アーキタイバル》思考があるように元型的《アーキタイバル》感情も存在する。そして海王星は我々が誰でも時々は経験する後者を体現している。空想・恋愛・魔法・恍惚・神秘的な幻想《ヴィジョン》、これらはすべて海王星的なものである。こういったことを習慣的に行なっていると、結局は破壊的結末を迎えるが、現実のこういった面も心のためには必要であり、人の生の中で表現の場を与えてやる必要がある。

海王星は天王星のように、通常、大多数の人々の中では無意識的である。自我が自らの優位、土台を覆えそうとしているものに対し、どうして意識的になれるだろうか。これは心の中に個人の意思の他に別の力が存在することを認めることであるが、それは自我にとって最も不愉快な容認である。このように海王星は天王星と同様、通常、人が人生の中で無意識的に引き寄せてしまった出来事、ここでもまた運命的に現れたように思われる事件として投影され、経験される。海王星的な出来事は概して、その影響についてはある意味で皆目《かいもく》見当がつかないような状況に人を巻き込んでいく。その結果、人はある時点で長年心に抱いてきた欲望を放り投げる以外、何もできないような自分の無力さに気づく。彼は集合感情のレベルに支配されており、それは彼を変え、浄化し、しばらく束縛するが、後には親切に優しく解放し、元の場所に戻すのだが、実際は前と違っている。なぜなら彼は神の力に触れられたのであり、彼の感情が全く彼の統制のもとにあるとは二度といえなくなるからだ。

海王星は一八四六年に、その象徴《シンボル》の性質を特徴づけている曖昧さを伴って発見された。二人の発見者がいたが、誰がどのような貢献をしたのか、かなりの混乱があった。この発見と一致して心霊主義《スピリチュアリズム》、心霊現象、催眠術、暗示、自由連想に対する広い関心が芽生え、精錬・検証・検査・再検査させ最終的に精神分析――つまり人間の無意識の心の研究――として出現した探究がまさに始まった時期であった。この結果はまた同様に、前世紀のものに比べ団結度も低く未完成なものに終ったものの、全ヨーロッパを大波のように覆い確立された秩序を修復できないほどにくつ返した衝動的な革命の波とも一致している。海王星の発見と共に革命は――しばしば革命のための革命だったが――それ自体が〝流行《ファション》〟となってしまった。

この太陽系の中で知られているうちで最も遠いこの惑星に、古代の地下の支配者の名を与えるのは適切なことであり、また冥王星《プルート》が真に惑星なのか、何か他の天体から離れた衛星なのか、天文学者たちが確信をもてないというのも、この星にはふさわしいことである。冥王星についても多くの曖昧な点がある。なぜならその密度がその小ささに対して、非常に不釣り合いだからである。それは、これまで望遠鏡で確認できていたものより、実際もっと大きいことを暗示しているのかもしれない。冥王星はこのような性格を神話の中にも有している。神話の中で彼は地下に住み、死者や地上の富を支配する。人間の目から見えなくなる魔法のヘルメットをかぶった時以外は、決して地上まで行こうとはしない。

各国の神話には、多くのおとぎ話と同様、冥界の王がいるが、この象徴《シンボル》は始まりと終わり、死と再生という元型《アーキタイバル》的体験に関係しているように思われる。[*7]ジョセフ・キャンベルは彼の著書『創世神話』の中で次のように述べている。

……この存在の基礎となっているもの――時空間の中に現れては消える、形を与えては奪うものは、闇のものにもかかわらず、世界そのものを邪悪とでもいわない限りは、邪悪なものと呼ぶことはできない。ハデス―プルートが教えてくれることは、我々の中の死を免れぬ部分は劣等なものではなく、その中に――またはそれと一体化して――不死の「原人」がおり、それをキリスト教徒たちが神と悪魔に分け、「向こう側」のものと考えている、ということである。[6]

〝時空間に現れては消え、形を与えては奪う者〟とは、惑星、冥王星《プルート》により体現された死と再生の絶え間ないサイクルの元型《アーキタイプ》であり、その終わりのない旅と帰還の過程は、人生のあらゆる局面に存在する。どんな形を取っていても、そこにある生命は常に生命である。それは絶えず変化しているため、必然的にすべての形を超えてゆく。新しい生命の中に放たれ、新たな形をまとうように、順に滅びていかなければならない。自然は我々に様々な方法でこの元型的な過程《プロセス》について教えてくれる。また、もし人が自らの人生を省みれば、すべての経験・態度・関係・感情・思想――現実におけるすべてのこと――に始め、中間、終り、そして異なった形を取った新たな始まりがあることがわかる。我々は本能的にこのサイクルにたじろぐ。なぜならファウストのように、ある瞬間が永遠に続くことを望むからだ。もしこの変化が心地よいものであれば受け入れやすいが、避けられない変化のサイクルが訪れ、それによって暗闇の中へと入っていかねばならないとしたら、我々はたじろいでしまうのだ。我々は冥界の支配者に対して信頼が足りないのである。多くの点でキリストの時代は、我々から冥界の支配者に対する理解を奪ってしまった。キリスト教は永遠に生まれ変わるという見方を避け、罰か報酬かで成るただひとつの決められた来世に我々の注意を向けさせた。活発で躍動的な過程を、結果的に停止状態に変えてしまったのだ。自我はその特徴として、人生が首尾一貫したものだと信じたがる。幸か不幸か、一貫してあるのは変化だけなのである。したがって冥王星は通常、無意識である心の中の衝動を象徴する。そして天王星や海王星のように個人に起こる経験、ある意味で内なる死の体験を強《し》いる経験を通して、作用するように見える。死の後には常に再生があり、新しい形はいつも古いものより偉大である。しかし試練の時になると大多数の人はこれを信じず、取り返しのつかないような何かを失ったように感じるのだ。通常それは強烈な感情の絆がある何か（あるいは人物）であり、それを通してある意味で自分の人生の一部を生きているものであるが、その一部は自らのために、それを生き抜くために再生できるものでなくてはいけないのだ。ある意味で絆は失われ、関係は変化し、そして死の経験がある。そしてもし求めれば、人はその灰の中から新たなる展望、新しい誕生を見出すだろう。

冥王星は人間関係の領域で特に重要な意味をもつ。というのも多くの人が感情的な死と再生を体験するのは、この領域だからである。冥王星はまた、性《セクシュアリティ》とも関係するが、それは性的行為の象徴《シンボライズ》するもの、つまり「他者」を経験し両者から流れ出る新しい創造的生命力を経験する中で、お互いに分離しているという感覚がなくなるという可能性をもつ、という意味においてである。新しい生命の創造は、常にある種の死、心理的態度の変化を伴っている。子供を産むということは、必然的に心にこの種の変化を生み出す。なぜなら子供から、子供を生み出す親へと変化したことで、人生の新しい段階が始まるからだ。死も同様に、その文字通りの意味で冥王星の領域である。死はひとつのサイクルが終わると、新しいものの始まりを記すからである。しかし全体的に西洋は、輪廻転生《リ・インカーネーション》の原理を考える点では遅れをとっており、多くの偉大なる人々や東洋思想一般では、文字通りの再生の、あるいは生と死のサイクルの無情《はかな》さを通して輝く存在の永遠の生の象徴《シンボル》、つまり「ここに存ること（Is-ness）」の象徴として何世紀もの間、この原理を容認できるものと見なしてきた。

冥王星は自己変容を求める衝動の象徴である。言い換えれば成長を達成するために、絶えず形を変えていくことを必要とする成長に向かう衝動が心の中に存在するのだ。人は望むが望むまいが、成長しなければならない。そして成長のサイクルは、死・衰退・受胎・懐妊・新生の時期が必要である。この原理は自然界全体が裏づけている。これを拒否し否定しようと試みることは、今の時代ではよくあることだが、生命の根源との接触を失うことを表している。

ヴォルフラム・フォン・エッシェンバッハ[*8]の『パルシファル』のように、占星学が冥王星《プルート》と呼んでいる過程について、錬金術でもとても美しい神話的な言葉で説明している。錬金術的象徴《シンボル》としての王《キング》がいるが、彼は年をとり子供もできず新しい生命を創り出す力を失ってしまったため、もはやしっかりと国を統治できなくなっている。そして領地には作物も実らず国民は飢えと渇きで死にかけている。彼はまず自分の母か姉妹か娘と、聖なる結婚をとり行なわねばならない。この近親相姦のテーマは、それが同じ源から生まれた二つのエネルギー、原理の結婚であることを暗示している。そして統合を完成させるために海の底、または地下へと降りていかなければならない。結合の恍惚の瞬間に彼は死に、彼が結ばれた闇《やみ》の女性によって散りぢりに引き裂かれ飲み込まれる。その女王は懐妊し、懐胎期間の後に新しい生命をもたらすのだ。それは王であるが、再生した王であり、若さと生殖能力を取り戻し、彼自身、そして彼が統合するすべてのものを通して新しい生命が生まれてくるのである。[7]

自らを破壊しうる者のみが、真の意味で生きているといえる。[7]

*　*　*

我々が見てきたように、惑星は無意識の力の象徴であり、すべての生命の中や、生命の一部である人間の中に存在する元型的《アーキタイパル》な経験またはエネルギーを象徴する。一度、惑星言語やバースチャート上でそれが意味することがわかれば、これらのエネルギーがそれぞれどのように表現されるかという感覚がつかめるようになる。惑星が位置する星座《サイン》は、名詞につく形容詞、身体にまとう衣服のようなものである。つまりそれは、その惑星の表現様式、または質を表しているのである。これから我々は獣帯《ゾディアック》の星座《サイン》それ自体について、男性・女性の両極性の分割、さらに拡げて四つのエレメントという四元性について学んでいくことにしよう。四という基本的構造も、これから見るように、同様に元型的なものである。風・水・地そして火の領域についてのより深い洞察を得るため、心理学者の目を通した心の探究に戻らなくてはならない。

原註

(1) Lyall Watson, *Supernature*, Hodder & Stoughton, London, 1972. [ライアル・ワトソン『スーパーネイチュア』牧野賢治訳　蒼樹書房]

(2) Michel Gauquelin, *Cosmic Influences on Human Behaviour*, Garnstone Press, London, 1974.

(3) Franz Hartman, *Paracelsus : Life and Prophecies*, Rudolph Steiner Publications, New York, 1973.

(4) C. G. Jung, *Letters*, Vol.II, ed. by Gerhard Adler, Routledge & Kegan Paul, London, 1961.

(5) Esther Harding, *Woman's Mysteries*, Rider & Co., London, 1971. [M・エスター・ハーディング『女性の神秘』樋口和彦、武田憲道訳　創元社]

(6) Joseph Campbell, *The Masks of God : Creative Mythology*, Souvenir Press, London, 1974.

(7) C. G. Jung, *Psychology and Alchemy*, Routledge & Kegan Paul, London, 1953. [C・G・ユング『心理学と錬金術』I・II　池田紘一、鎌田道生訳　人文書院]

訳註

＊1　パラケルスス……(一四九三―一五四一) スイスの医学者、化学者、錬金術師。バーゼル大学に学ぶも、既製の医学を批判、放浪の旅を続けながら活動を展開した。

＊2　太陽《サン》の星座《サイン》……マスコミなどの星占いで用いるいわゆる誕生星座のこと。誕生時に太陽が入っ

ていたサイン（星座）を指す。

＊3　結合（コニウンクチオ）……意識と無意識、男性原理と女性原理など合理的には相反する原理が統合されること。対立物の一致が錬金術の作業であり、心理学的には自己実現につながるとされる。

＊4　ヘレナ・ペトロヴナ・ブラヴァツキー……ロシア生まれの霊媒にして神智学運動の創始者。『秘密教義《シークレット・ドクトリン》』『ヴェールを剝がれたイシス』などの著作は後のオカルティズムに決定的な影響を与えた。

＊5　ヌミノース……宗教学者ルドルフ・オットーが著『聖なるもの』で提示した用語。言葉では表現しえず、恐ろしくも直接的で、魅惑的な神性の体験をさす。

＊6　黒化《ニグレド》・蒸留《カプトモルテユーム》……錬金術作業の様々な段階のひとつ。一般に鉛を黄金に変える作業は「結婚」「黒化」「白化」「赤化」といった段階を順に踏んで達成されるとされた。それは金属に対してさまざまな死と再生のプロセスを与える作業であり、ユングはこうした金属変容の過程は実際には錬金術師の心の変容過程の投影されたものだと解釈した。黒化や蒸留は、いずれも心がより高次の統合を果たす以前に経る創造的なカオス的状態を指すものと思われる。

＊7　ジョセフ・キャンベル……（一九〇四―一九八七）アメリカの神話学者。世界各地の神話を比較検討し、歴史的に神話をとらえるだけではなく、人間の心の表現として神話を解釈。『千の顔をもつ英雄』『神話の力』などの著作がある。

＊8　ヴォルフラム・フォン・エッシェンバッハ……ドイツの一三世紀ごろの詩人。アーサー王伝説と聖杯伝説に材をとった『パルシファル』の作者。この作品は後のワグナーの歌劇の下敷になった。

3

風、水、地、火——心理学的タイプ

人が見るのは
自分に見えているものだけである。

——C・G・ユング

心理学は人間を類型化《タイプ》するという、尽きることのない興味深い遊びを発見したが、そのずっと以前にルネッサンス哲学が人体中の体液の理論を基に、基本的な四気質を仮定している。それは憂鬱気質（地）、粘液気質（水）、多血気質（風）、胆汁気質（火）の四つであるが、ジョージ・ハーバードが一六四〇年、気楽な気持ちで次のような詩を作っている。

胆汁気質は飲み、憂鬱気質は食べ、粘液気質は眠る。

多血気質が何をするのかは想像の域をでないが、その風のような「エーテル的な」性質から考えると、おそらく〝思索する〟のではないだろうか。

今日もし、サイコセラピストがもったいぶった口調で、「あなたの問題は、あなたが胆汁気質であるという事実の中に潜んでいることをほぼ確信している」などと言おうものなら、その人は反感を抱いてすぐさまその時間料金の返却を要求することは疑いようもない。しかし人を侮蔑する形容詞としてだけなら、我々は今もこういった用語を日常会話で使っており、その元々の言外の意味が今なお保持されているのだ。現代の〝人の事は放っておけ〟という風潮にもかかわらず、人を類型化《タイプ》するという考えはなかなかすたれない。

ユングが『心理学的類型』(1)の中で示したように、人間が気質によって分類されたグループのどれかにあてはまる傾向がある、という一見途方もない事実は、長い間医学・哲学・芸術の関心事だったのである。それ以前は占星学の関心事であったわけだが、おそらくそれが類型学［タイプ論］の最も初期の記述だったのではないだろうか。人間が完全に遺伝と環境だけの産物だと主張する心理学の流派は別だろうがユングの四機能のタイプが、四大元素《エレメント》という占星術の古代の分類とピッタリ一致する点も意外なことではない。これは一方が他方から派生したというような問題ではなく、むしろ同じ現象を経験主義的に観察し叙述する、それぞれ異なった方法といったほうがよいだろう。

この現象は、すべての人間は唯一無二の存在である一方で、基本的にどのように人生を見、評価し、理解し、解釈するかという点に基づき、大雑把に分類することもできるという単純な事実なのである。この基本的タイプをいくらか理解することは、友人や身内を引きつける面白い手段であるだけでなく、教訓の中で最もむずかしいとされる――誰もが自分と同じであるとは限らない――ということを学ぶ優れた方法でもあるのだ。

誰もが皆、心理とは自分自身が最も良く知っている何かだと考えている――つまり心理とは常に自分自身の心理であり、それは自分だけがわかっているものであると同時に、その心理が万人にあてはまるものだと思っている。人は直観的に自分の心の構造が一般的なもので、誰もが皆本

ヴィルギス・ソリス，四気質。背景にそれぞれのエレメントが描かれている。
風—多血気質，火—胆汁気質，水—粘液気質，地—憂鬱気質。

質的には似ている――つまり自分と同じようなものだと仮定し、あたかも自分の心はありとあらゆるものにあてはまる一種の基本型であるかのように考え、それゆえ自分自身の状況が一般的なものさしであると考えるに至っている。このものさしがあてはまらない場合があると、ひどく驚くか、場合によっては恐れをなしてしまうことさえある。――他人が実際に自分とは違っていると気づくとき、一般的にいってこのような心の相違に好奇心を抱いたり、興味をそそられたりはせず、耐えられない不快な欠点だとか、非難されるべきがまんならない汚点のようにとらえがちである。(1)

この典型的な人間の態度が、最も有望な人間関係にさえ、どのような影響を及ぼすかは言うまでもない。もっと不安定な親子関係などの場合、その影響は決定的に悲劇的なものになり得る。結婚したカップルや友人どうしなどの場合は、この問題と徹底的に闘いお互いの見解をより深く理解するというところまで行きつくことがあるかもしれないが、子供は自分自身を守ることができない。両親がその子の上に投げかける期待や思い入れの犠牲となり、後の人生でその代償を支払うことになるかもしれないのだ。

タイプ論を研究する際の問題は、それが自然なものであるにもかかわらず、ある体系《システム》であるかのように見えるという点である。我々は動物界や植物界の種による分類は受け入れられるものの、我々自身の個別性の欠如を思い起こさせられることに対しては、本能的に恐怖心を抱く。これは歓迎しがたい真実なのだ。我々の中で自分自身の可能性をすべて開花させている完全に覚醒した人間だといえる人は、ほとんどいないだろう。大抵の場合、典型的な行動様式《パターン》のどれかに、完全な安心感をもって身を任せ、覚醒したかのように振る舞っているだけなのだ。個性というのは（自己）実現と同様、我々の潜在能力であるだけではなく、自動的に与えられた権利であり、何の努力も必要としないものだと我々は思っているようである。だから我々は学ばなければならない現実に直面することを避けるためには、実際にどんなことでもしようとするのだ。

その結果、ユングのタイプ論であれその他の実験心理学の観察結果によるものであれ、人間がグループ分けできるとほのめかした途端、それは各個人の違いを認めない融通のきかない構造であると中傷するのである。しかし実際にはそうではない。心理的な構造に存在するある種の類似性に基づき、他の人類の一部と共通の基盤を持っているというその事実こそが、個人としての独自な可能性を創造的に開花させるための、より大きな機会を与えてくれるのだ。さらに地図は現地そのものではない。ユングのタイプ論も他のものと同様、同じ集合的な源から引き出す知覚・評価・反応の基本的なパターンを垣間見ることができる指針にしかすぎないのだ。

占星学はひとつの象徴体系であるため、人生や人間の心の基礎となっているエネルギーのパターンを、人生のひとつの局面としてその心象《イメージ》や構造を通じて表現しようとするものである。占星学の人生に関する最初の説明は、稚拙で単純であると同時に言いようもなく深遠なものでもある。すべてのものは対極の関係――男性と女性、能動と受動、陰と陽などのような呼び方であれ――から生じている。獣帯《ゾディアック》とは十二星座（宮）という分類の中に人間が経験する可能性の包括的な各領域を表したものだが、それゆえ、六星座ごとの二つのグループに分かれる。六つの男性星座または陽の星座は男性の元型の異なった局面を表し、残り六つの女性星座または陰の星座は女性の元型の異なった局面を表している。占星学で使う男性《マスクリン》・女性《フェミニン》という表現はもちろん現在の社会で使われている言葉の定義ではなく、易経でいう創造と受容の最初の八卦によって表わされるエネルギーの質に相当する。陽性宮は外向性・社交性・明るさ・思考・活動・思想や客観的世界・未来へと向かう傾向などという特性と関わり、陰性宮は内向性・引っ込み思案・暗さ・感情・感覚・安定性・主観的世界と過去へと向かう傾向と関わる。このような区分は実際にはあまり役に立たない。なぜなら人生や我々自身を男女のどちらかに分けるという象徴の対極化は、各人が直接自分の中で経験しなければならないこと——すなわち永遠に苦闘するが、ひそかには同一の対極——を暗示しているにすぎないからである。

さらに占星学は、すでに見たように各人が自分自身の中に全体性への種を宿しており、それが黄道十二宮によって象徴されていると説く。しかしこれはその人の生得的、潜在的なものにもかかわらず、その一部のみが外に現れていることが多く、本来備わっている性質に従ってそれが特殊化してくるのだ。

> 我々は、人間が一時にして何者かになれることなどあり得ず、決して完全にはなれないということを知っている。——人はいつも他を犠牲にして何らかの性質を発達させているのであり、全体性は決して達成されることはない。(2)

我々はすでに、占星学と分析心理学の両方で考えられているように、本来備わっている性質はまさ

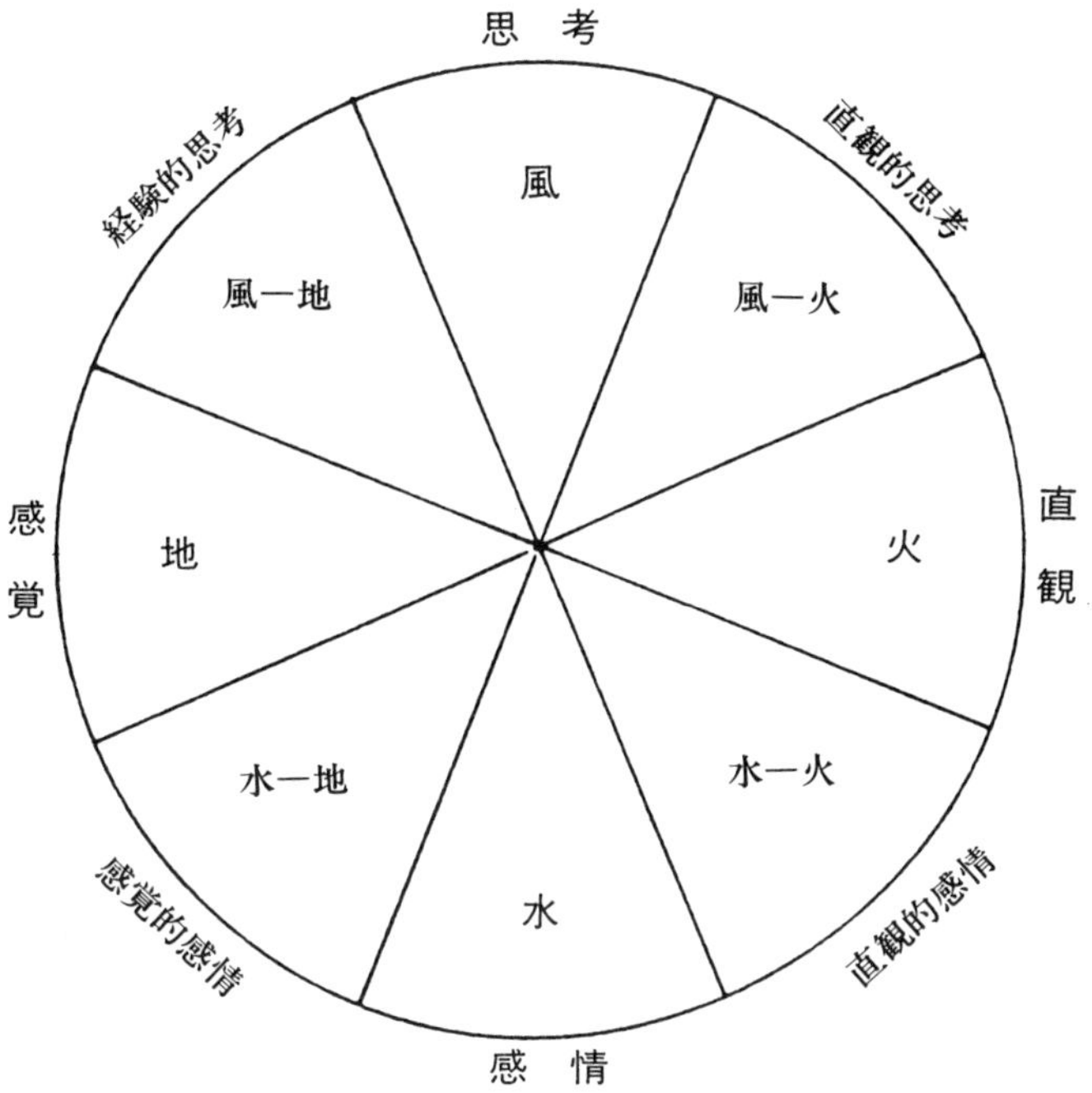

四エレメントと意識の構造

に人生の始めから存在しているということを見てきた。この性質は獣帯全体を構成している部分々々に反映され、それが出生図に表される特定の星座に位置する惑星や、出生図の四つのアングル(3)［アセンダント、ディセンダント、MC、IC］のうちのひとつに位置する星座などにより、選別・強調され、意識化されてくるのだ。一〇惑星と四つのアングルの相互作用により、どのような経験の領域、どのような意識の局面が特にその個人の中で発達しやすいかという概略が得られる。さらに先に進めるかどうかという点は、それを超越するどころか、ほとんどの人がその出生図の象徴している心の可能性を表現するところまで至らないため、まだ議論の余地はありそうだ。

もっと占星学の説明を付け加えると、男女の宮はさらに区分されそれぞれ二グループに分けられる。この四つの基本構造が占星学の基礎となり、その中に風水地火の四元素《エレメント》が反映される。この構造は元型的であり、すべての人間に内在しているということを過去五〇年間の深層心理学の業績が示している。

我々は皆、ユングが思考・感情・感覚・直観と呼んだ意識の機能を備えている。

（対象物は）……存在する何かとしてとらえられ（感覚）、〝これ（this）〟として認知され〝あれ（that）〟とは区別され（思考）、楽しいか不愉快なものとして評価され（感情）、そして最後に直観がそれがどこから来てどこへ行くのかを教えてくれるのである。(4)

我々はまた、自分がこの構造全体を満たしてはいないことも承知している。その代わりに、ひとつの機能をまず発達させた後、その次の機能を発達させていくのである。おそらく第三番目の機能も部分的には発達するだろうが、ほとんど無意識の状態に留まっている第四番目の機能とは決してうまく折り合いをつけることができない。また自分では表現できない、またはしたくない全体性の中の局面を体現している人、または自分の代わりに演じてくれる人との人間関係を求めるということもよく起こる。

おとぎ話もまた、見るからに無邪気なやり方で、この基本的な意識の四機能を語ってくれる。世界のどの地域で発生したものであれ、歴史上のどんな時期であれ、おとぎ話の中には繰り返し同じ主題《モチーフ》が出てくる。昔々、三人の息子をもった王様がいました。二人の兄は賢くハンサムで力もありましたが、三人目は頭が弱く、みんなの笑い者になっていました……。この話は、人間の心が機能する方法をみごとに象徴している。意識の指導的な機能は王様である。彼は必然的にこのような物語の中では、通常、病気や不毛、真近に迫った死あるいは自分の力を超えた敵の攻撃などを含む問題を抱えているのである。二人の兄はいつもその問題を解決しようと試みるが失敗する。そして頭の弱い聖なる愚者、最も軽んじられ最も謙虚な者、見た目には自分の中で最も不十分に思える側面こそが解決策を見出し、王国を救うのである。

さて——私は思考タイプだがあなたは感情タイプだ。だから私は賢く観察力もあり、理路整然としていて理性的だが、あなたはいつも感情的でつむじ曲がりで理性的ではない、などと決めつけるのはとても面白いことではある。タイプ論の研究を始めると、皆このゲームを始めるのだが、占星学の初心者が黄道十二宮を使ってするゲームも同じである。——私は天秤座だから当然のことながらいつも魅力的で礼儀正しく思いやりがある。でもあなたは乙女座だからあら捜しばかりしていて批判的過ぎるし、自己中心的で心が狭いのも当たり前だ。——占星学にしろ心理学にしろ、タイプ論は他人の欠点を並べたてる素晴らしい手段として使えるわけで、このように誤って使われることがしばしばである。まず第一にタイプ論を真剣に受け止めることを恐れるし、第二に我々は通常、より深遠な意味を無視して自分に都合のいい部分だけから学ぼうとすること。そして第三に、誰もが皆自分のタイプに従って価値を置いているものが実は全ての中で最高なのであり、他のものは皆少し劣っているとひそかに考えているということだ。

　しかしこのタイプ分けというゲームに興じていると、自動的に罰が下る。意識の中のどの機能が強調され、他の機能を排除するに至っているかを理解するという問題と、自分の中に存在する〝他者〟と折り合いをつけ、それを識《し》るに至るまでの一生をかけた苦闘が、各タイプの機能の表面的な解釈が示唆してくれるものよりもずっと深い水の中へと我々を導いてくれるのである。そして突然、自分がもはやゲームをやっているのではないということに気づく。もしまだゲームに興じているのなら、想像する以上に危険は大きいのである。人間の心は全体性へと至るよう努力する。この心理学の基礎となる事実こそ非常に単純ではあるが、圧倒的な重みをもつものであり、それを完全に理解するためには自ら体験することが必要なのである。

　全体性とは完全を意味するものではない。知的な認識や表現を洗練させるために何年も費しながら、自分の感情の本質を表現したり理解することのできない人は、心の全体性を得ることなどできない。また、感情面では豊かで、情感あふれる人生と意義のある数多くの人間関係を築いてきた人が、主義や原則にささえられた、個人の差異を認める公正な視点をもてなかったり、物事を論理的に考えたり客観視することが理解できないとなるとこれも同様である。また事実の世界を思うままに支配している現実主義者がいて、自分の組織力を見事に開花させていたとしても、その能力がどこに向かっているのかわからず、自分の人生に対する何らかの意味や、内的、精神的な意義《センス》を見出せないのなら、これも同じである。そしてさらに、無尽の可能性の世界の住人たる空想家や芸術家の場合も、現実生活の単純な技術《メカニック》を扱えず、数限りない自分の夢を実現できないでいるとしたら、これもまたしかりである。一体、我々の中で何人の人が自分の心の中にある生まれついての可能性のすべてを、自由に幸せに機能させていると主張できるだろうか。何らかの形で自分とは違う重要性や機能をもった生活様式《ライフスタイル》や価値観を身につけている人に出会うと、なぜこうも強烈に魅《ひ》きつけられたり反発したりするのだろうか。

獣帯《ゾディアック》は全体性の象徴であるが、このような全体性はどの出生図《バースチャート》にも見出すことはできない。なぜなら出生図で使う惑星は一〇個のみでその内の七つだけが個人の性格や自我の構造を表すという意味でパーソナルなものとされている。そして出生図の中にその惑星が配置しうる十二宮と十二ハウスがある。さらに惑星間の角度についても数えきれない程の組み合わせの可能性がある。どの出生図も強調された部分とそうでない部分があり、それは人間の心についても同じことが言える。そしてそれは動物の本質なのである。したがってタイプ論を理解するということは、等級分けの体系を知ることではないのだ。それはまずどこから出発し、最初に曲がるのはどのあたりか、車がどの辺で故障しそうか、それを直すにはどうすれば良いのか、そして時が満ちた時にどこまで到達していたいか、ということを教えてくれる道路地図《ロードマップ》なのである。

いわゆる〝優勢な〟意識の機能――よく発達し信頼がおけ、個人の意思の管理下にある機能を認めるのは快いことだが、それとは逆の〝劣勢〟機能についての問題を認識するということは非常に不快なことである。このような機能はしばしば扱いにくく、移り気で予想がつかず、どちらかというと子供っぽく原始的で、独特で自発的な性質によって色づけられており、それが爆発すると人は、「本当にすまない。あの時はいつもの僕じゃなかったんだ」とか「何かが私に取り憑いたに違いないわ」などと言うことになる。このような弁解は無意識が自己主張し、我々を説明不可能で望まない行動に駆り立てた時、他人よりはるかに誇りを傷つけられているという事実を隠すためのものである。

対立する機能は、それらが同時に働くことができないゆえに対立と呼ばれる。例えば感情と思考は、体験したことを判断したり認識したりする際の全く異なった様式である。感情は全く主観的で個人の反応に従って非論理的に働く。もう一方の思考は完全に客観的で個人的な反応にはお構いなく論理によって働く。我々は潜在的にはこの両方を持ち備えているが、主に片方だけを使いもう一方は使わないでいる。そして両方が同時に使われるということもない。各々に内在する価値も完全に違い、歯車がかみ合わないのだ。一方がもう片方を支えるというのは可能だが、同時に使うことはできないのである。多くの人々がその価値を完全に片方だけに置き、もう一方はまるで存在しないかのようにふるまっているのだ。

直観と感覚も同様に、全く違った知覚の型を表すという点で対立する機能である。直観はしばしば無意識を経由した知覚だといわれ、経験や物体という物理的世界を無視するため、そのつながりや過去、そしてその物体の未来の可能性が統合されたビジョンとして見えたりするのだ。これに対して感覚の方は、まさにこの言葉が示す通り感覚を通じて知覚する。感覚は触知できるもの、形を有しているもののみを記録する。それゆえ、感覚は物の表面を非常に詳細に眺め、形がどうであるかを正確に調べ上げる。一方、直観は背後にあるもの、内にあるもの、その周辺や遠く離れたところにあるものを見るため、目的やもたらされる影響がわかったりもするのだ。

もし感情が経験を評価する上で主要な様式だとすると、思考機能は劣勢ということになり、これは通常、独断性として表出される。思考が経験を評価する上で主要な様式だとすると、感情機能が劣勢になり、この場合は通常、冷淡さ感傷として表出される。もし直観が知覚の主要な様式だとすると、感覚機能が劣勢となり、これは不注意・非現実性として表出される。そして感覚が知覚の重要な様式だとすると、直観が劣勢となりしばしば騙されやすさ、狂信として示される。

劣等機能には幾分原始的である以外にも興味深い特徴がある。それはたえず投影され、他人や何らかの状況に見せかけて、まさに最も扱いにくい人生の一場面として我々の前に現れ、我々を悩ますのである。その時、劣等機能（あるいはときとして優勢機能のように見えるもの）が誰か別の人に属しているかのように思えるのは言うまでもないことである。自分の中にあるより、その方がずっと心地良いからである。

ある人の無意識が別の人物に投影されると、自分の中で見すごしている点について前者は後者を非難する。この原理はまさに驚く程、一般的有効性があるため、皆まず人にぬれぎぬを着せる

前に非難されるべきは自分自身ではないかと、腰を落ちつけてじっくりと考えてみても良いのではなかろうか。(5)

自分が認知する意識の機能がどのようなものであれ、我々の中にあるそれと対立するものの存在は認めなければならない。それは大概の場合、非常に困難なことである。なぜなら我々が快く認めている欠点――それを本当に欠点だと感じている訳ではないもの――とは異なり、劣等意識の厄介な点はたとえ部分的に気がついていても苦痛と無能さを感じる真の原因になるということだ。結果的に多くの人が感情・思考・感覚・直観などと呼ぶ人工的な一連の反応を創造するのだが、それはまがいものでしかなく、自分自身以外は誰もごまかすことができず、偽善という悪い響きをもつ。

意識の一面に気づくということは、一生、自分自身のその一面だけを表現するよう運命づけられているというわけではない。人間は一点に留まっているのではなく、心はいつもバランスを取るように働く、人は自分と対立するものに向かって成長する。これは最も大変な苦闘のひとつであると同時に、最大な喜びのひとつでもあり、生きるという経験の最も意義のある局面のひとつなのである。

風の元素《エレメント》　思考タイプ

我々ひとりひとりの中に在る知性こそが神である

――メナンデル

風の元素は、人間が無意識の心象《イメージ》に近かった時代の産物を、最も典型的な言葉で表現する方法であり、ユングが思考機能と呼んだものである。占星学的に考えると風は積極的《ポジティブ》で男性的な元素であり、風象星座――双子座・天秤座・水瓶座は通常、占星学のテキストでは超然としており、社交的、概念的で合理性を好むと説明されている。要するに彼らは教養のある人々なのである。風は獣帯《ゾディアック》の中で唯一動物のシンボルではない元素《エレメント》である。双子座・水瓶座は共に人間の姿、双子と水瓶を持つ人で表され、天秤座は無生物の秤《はかり》として描かれている。風は最も人間的な元素《エレメント》であり本能的な本質からは最もかけ離れている。過去二〇〇〇年間、思考機能をその最大の贈り物として発達させてきたのは――おそらく発達させすぎてしまったのは――人間界そのものなのだ。

表現の様式は違うものの風の三星座はすべて、人生の経験をある一定の思考の枠組に関連づけるという共通点を持っている。この枠組は書物、他者の教えや会話などのように外から選び取る場合もあるし、自分自身の精神的な努力を経て出来上がるように、内側から生じる場合もある。しかしその枠組の存在こそが重要なのであり、全ての経験の中に潜む論理のパターンを探り、それをあらかじめ予想される構造にあてはめようとする傾向があるのだ。

思考は主に論理を介して〝これ〟と〝あれ〟を区別するので、風の宮が情報を集め分類しそれぞれを比較し、それらの断片から哲学的枠組を構築するという気質と結びつくのももっともだろう。

風のタイプは――これは必ずしも風の星座生まれの人というのではなく、風の要因が支配的な出生図を持った人ということだが――通常ユングが自分自身を語る場合の思考タイプの性質に一般的な意味でも詳細に見ても似かよっている。ユングはこのタイプのあらゆる恩恵――つまり高度に発達した知性、非個人的な状況判断の際の公平さと判断能力、文化への愛着、構造と体系《システム》の理解、原理《プリンシパル》への勇気ある固執、精錬された態度を授かっていた。と同時にまた、劣等機能という点でも、このタイプのあらゆる欠点をも持ち備えていた。――これは風の三星座に帰せられる典型的特徴の中に婉曲的に表現されている。双子座は人間関係での束縛を恐れ、天秤座は日和見主義で責任を負わないことで悪名高く、水瓶座はクールで超然としており、しばしば人間関係の関わり合いの一部を成す感情的な表現を嫌うとされている。

これを言い換えると風のタイプは感情に問題があるということである。出生図で風の要素が支配的だということは、個人的な感情の交流の世界が彼の人生の最大の問題であるという可能性を示す。それは例えば妻が自分の元を去るまで気がつかなかったりするということだ。なぜなら感情は、彼の顕微鏡のような目に映る他のすべてのものとは異なり、分類構造化、分析したり枠組にあてはまることができないからである。

水瓶座の中には男女を問わず、感情を表現するのは弱さの表れだと考えているため、決して泣かないということを誇りにしてる人が多勢いる。このように感情機能の意味を認めず低く評価することで、

風の星座——双子座，天秤座，水瓶座。

無意識の中に蓄積されていくもののことを考えると、これはかなり疑問のある美徳である。典型的双子座の男性にある事柄についてどう感じるか聞くと、こう始めるだろう。「そうだな、僕が考えるに……」。彼がどう考えるかではなく、どう感じるかが知りたいと言うと、どう感じるかがわからないので二〇分この場を離れて考えなければならない、などということがよくある。双子座ゆえ二度と戻ってこないかも知れない。その場合はあなたがあまりに独占的で要求が多すぎたため、彼を失ってしまったのである。次に天秤座の特徴的な習性を説明する。天秤座は単に〝良くない〟からという理由で、人間関係の暗い感情の流れに関わるものからすべて目をそらせようとする。彼は自分のロマンチックな考えに浸れる象牙の塔にいることを好み、自分の人間関係はどうあるべきかを正確に描きだしながら、なぜ実際はそうならないのか不思議に思っている。そして忘れてはならないのが、四〇年間の結婚生活の中で一度も花束や愛情の表現を受けたことがない、と不平をこぼす女性に向けられた典型的《クラシック》な水瓶座の言葉である。「結婚した時、愛していると言ったじゃないか。それでもまだ足りないというのか」。

それは本当に誰もが皆抱えている問題なのだろうか。それとも風のタイプが、そのクールな客観性と社交性で、すべてのタイプの中で最も〝正常〟だという評判を得ていながら、感情の世界に対してはどちらかというと子供っぽいアプローチをとるということなのだろうか。本当は深層から沸き起こってくるものが恐ろしいため、超然とし自己抑制し理性的に振る舞わなければならないのだろうか。風のタイプの人の中には、自分の感情が不快にも自発的に動き出すことを知り過ぎているため、通常、理性的な生活の秩序を乱さないように感情を檻の中でおとなしくしている野獣のように扱っている人がいる。しかしその野獣は時々あやまって逃げ出してしまうのだが。また、別の風のタイプは自分の感情に全く気づかず、自分が心から表現できないものを、様々な表面的な代用物と取り違えている。感傷的になってみたり、大々的に宣伝されたチャリティに寄附をしたり、ペットの犬や子供を甘やかしたりするといった例がそれである。

　野獣を呼びさます必要が本当にあるのかと疑問に思う人がいるのも当然である。野獣は飼い慣らしたままでいる方が人生もうまくいくのだろうから、感情のような厄介《やっかい》なものにわずらわされることもないのではないだろうか。風のタイプの人々が通常体現している、一貫した調和的な振る舞いという素晴しい美徳を考えると、なぜ事を荒立てなければならないのかということになる。それはもっともなことなのだ。解ける雪に自分のエネルギーを集中させるヨギ、ミラレパのように、ほら穴の生活をするつもりならそれでもいいだろう。しかし他の人々と共にこの世で生きようとするのなら話は別である。風のタイプの人に欠陥があるとか異常《アブノーマル》だというのではない。そういう人間なのであり、そうあることが彼本人にとっては正しいことなのだ。しかし感情の世界をわかろうともせず、他の人々と感情レベルでつながりをもつ能力を開発しなければ、感情という価値についてはは盲目のままで、無意識に多くの残酷さを生むことになる。感情機能が抑圧され、それが結果的に爆発したひとつの不快な例が、ワイマール共和国と第二次世界大戦前の第三帝国の台頭だが、これについてはユングが『移行する文明』(5)の中で詳しく扱っている。現在、科学は思考機能を基礎としているが、感情面から見た現実と心の知恵が欠如した知識は不完全なだけではなく非常に危険なものだという事実に気づかないままでいると、その発見の成果を大量破壊に使ってしまうという恒久的な危険を犯すことになる。

もしある人が〝誰も傷ついていない〟のを理由に、個人生活で感情が劣等機能であることをそのままにしているとしたら、彼はそれが社会に及ぼす最も大きな影響について考えてみるべきである。しかし通常は誰かが個人的レベルで傷ついており、それは風のタイプ自身であることが多いのだ。

風の星座の性質の個人的レベルに関わる事のすべてで、より悲劇的な局面のひとつが、自分以外の人々の感情について気づかないという点である。なぜなら風のタイプの人は、自分の中にある深い感情と接触することがほとんど無いからである。誰か見近な人が人間関係について不満を述べはじめた時や、ドアをバタンと閉め彼の冷たさや鈍感さについて捨て科白《ゼリフ》を残していったときに、突然のショックに見舞われるのである。もし関係を終わらせたのが彼自身の場合、彼はたいがい友だちでい続ければすべてがうまく行くと信じており、自分が引き起こした痛みについてはほとんど気づかない。もし彼が拒絶された立場なら、通常自分について最も恐れていることを学ばざるを得ないような状況になる。つまりそのクールな知性の下に(無意識で表現されない場合がほとんどだが)、感情面での依存性が潜んでおり、それが余りにも強いためパートナーや子供がいなくなることで、彼の人生の基盤が完全に壊れてしまうのだ。

しばしば風のタイプにみられるもうひとつの落し穴は、映画『嘆きの天使』の中で、堅物でいかにも学識があり、教育者然としたラス教授が、キャバレーの歌手、ローラローラに完全に惚れ込んでしまうといった例である。この種の過度の情動について、風のタイプほど陥りやすいものはいない。なぜなら風のタイプが感情に支配されてしまうと、自分の感情を超えて極端な行動に走ってしまうからだ。かつては非常に明晰・明快だった思考が、自分の感情や自分の無意識の投影を受けた人物によって支配されてしまうのだ。そして自分の本質のもっと深いレベルに気づかない限り、自分と比較して相手の方がより愛らしく、暖かく寛容で同情心にあふれた人物に映るか、あるいは気まぐれで移り気で予想がつかないなど、彼女のあらゆる気分の基本的本質が本当に現れているように思えるのだ。感情の母性的な側面と、風のタイプがそれに魅《ひ》かれるという点は〝忍耐強いグリゼルダ（Patient Griselda）〟の例に見られるように、彼女が忍耐を受け入れることで、長い間苦労した最愛の人が救われるというような、多くのおとぎ話の中にも表れている。感情のよりうつろいやすい側面については、主人公が水の精や人魚、女性の身体と魚の尾を持った深海の神秘的な生き物に盲目的に恋をしてしまうのだが、最終的に彼女たちは主人公の元を去ったり、彼を破滅させてしまうというおとぎ話の中に表れている。

風のタイプの人の幻想の対象となるものの中には、彼を小踊りさせる状況から地獄――自分自身の中にある、もろくて子供っぽい感情の本質をもった地獄へと突き落としてしまうものもある。しかし無意識の創造力を通して我々は自らの運命を築くのであり、ある人がこの種の状況に陥った場合、その状況が自分の感情機能に気づくのに役立つ可能性が高いのである。風は正反対の機能である感情を表す水にひきつけられる。相手が本当は自分にピッタリの投影の対象《フック》ではなくとも――つまりその相手のチャートが水の宮の強い影響を示していなくとも――無意識の投影で覆《おお》われると理想的な水のように映るのである。風は相手《パートナー》を判断するのが下手だとよく言われるが、エロスが彼を選ばない限り、理性に従ってすべてを選択するからである。エロスに取り憑かれると選択することが全くできなくなり、無意識の支配下に置かれてしまう。すべての物について論理と首尾一貫性をかたくなに守り続けていると、必然的に無意識の中にストレスを生じ、緊張《プレッシャー》が強くて耐えられなくなると、その劣等機能を爆発させてしまうことになる。

おとぎ話の主人公と人魚ほど劇的ではなくても、思考と感情タイプの関係では次のような会話がよく話される。


「どうしてそんなに機嫌が悪いんだい。今晩はずっと冷たいじゃないか。」

「何をいってるの。どんな気分ですって。私は大丈夫よ。」

「でも機嫌が悪いのがわかるよ。そう感じるんだ。どこが悪いのかいってくれよ。」

「どこも悪いところなんてないっていってるでしょ。どうしてあなたはいつも私がずっと相手をしなければ気が済まないの。」

「そんなことといってないよ。君が僕に対して不機嫌だといっているだけだよ。」

「もし私が不機嫌だとしたら、それはあなたが詮索好きで私のプライバシーに入り込もうとするからよ。」

このパロディに気づいた人は、解決策をどうすれば良いか途方にくれるだろう。心から理解してくれる人を見つけたと思ったら、それが全くの他人であったかのようである。風の男性・女性にとって成長のための最大の挑戦、最大の可能性となるのが、他人の感情または自分の感情が道をとざしてしまい、自分の知性ではどうにもならないような障害を生み出す状況である。風のタイプにとって最も豊かな人間関係は、感情タイプによってもたらされる。というのも最も魅きつけられ自分の内的自己を反映しているのが彼らだからだ。

「いったい何ができるというのか」というたえず繰り返される問いに対しては、「これまでずっとそうだったものになれ」という以外に私は答えを知らない。これはつまり、文明化された意識的な存在の間で我々が失ってしまったものの全体性のことであり、そうとは気づかないでいた全体性のことなのだ。(5)

水の元素《エレメント》　感情機能

真実はどこにあるのか。(それは)今までに経験した最大の喜びの中に在る。

——ヒューゴー・フォン・ホフマンスタール

水の星座――蟹座，蠍座，魚座。

さて次は水の元素に移るが、水の星座とは蟹座・蠍座・魚座のことである。もう一度繰り返すが、真の水のタイプとは必ずしも太陽が水の星座にあるというわけではなく、むしろ全体的に水の要素《エレメント》が支配的な出生図を持った人を指す。そしてこれはユングのいう感情タイプの叙述と非常に近いものである。水の星座にとって、個人的な人間関係や人間の価値ほど重要なものはない。それ無くしては世界は不毛で、希望も喜びも無くなってしまうのだ。人間関係を維持するためには何を犠牲にしても構わず、自分のパートナーから感情的反応を呼び起こすためなら、必要に応じてどんな危機的状況でも、自分を犠牲にしてまで作り上げるのが典型的水のパターンである。水の星座にとって生命の息吹きとは感情の世界であり、これは（感情の）非常に明るい部分から暗い部分まですべての範囲を含む。感情には原理に基づいたはっきりとした境界線というものがない。――〝これ（This）〟は〝あれ（That）〟とはっきり区別されるわけではない。すべてがたえず流れ、その形を変える海のような姿をしており、そこではすべてが一体であらゆる相違も混じり合っている。水が行なう唯一の区別は、感情が自分にとって正確に感じられるか否か、ということだが、それは善いか悪いかということではない。

水の象徴体系《シンボリズム》は、三種類の冷血動物――蟹・蠍・魚を表している。夢の中では通常、これらのイメージは、古代自然の根源的な人間の姿に近く、合理的で分化した人間の思想の世界とは程遠い、直観的な無意識のエネルギーと関わっている。水のタイプが人生を評価するとき、そのほとんどが無意識のレベルで行なわれている。そして水の星座に関していうと、右手は左手が何をやっているのか知らないというのが当たっているかもしれない。水は単に反応するだけだが、その個人的状況に対する反応は、ほぼ確実に正確で適切なものである。それと対照的に、風の反応は原理に従って不自然なもので、論理的には適確なことが多いが、自分自身と出会う対人関係の場においては、完全に判断を誤るのだ。風が、ある予想された枠組に合う行動に自分自身を当てはめるのに躍起《やっき》になっているとき、水は全く予想もつかず、その状況が今まで一度も起こったことがないかのように反応するだろう。

水のタイプは、人間の本質のより暗い面に通じていることが多く、それゆえ他者に対する同情心や感情移入にかけては定評がある。他人が感じていることを感じとる生まれつきの能力が備わっており、すべて理屈をつけないと気のすまない風のタイプなら激怒してしまうような全く非合理的に思われるやり方で物事を判断するのだ。「どうして彼のことが嫌いなの」と風が問えば、水は「わからないけど、ただあまりいい感じがしないのよ」と答える。「でも何か理由があるはずよ」「理由なんて必要ないの。私にはわかるのよ」「でも理由なしにあなたの判断を受け入れろといっても、それは無理だわ」このような状況になると、水はたいてい風の優れた論理性にひけめを感じ、生半可な意見や一般論を並べ、知的な鋭敏さがあるように見せかけて理由をでっち上げようとするため、風が水をあまり知的なタイプだと見ないのも当然だといえる。しかし知的かどうかというのは問題ではない。実際のところ水は、知恵や人間の洞察力という意味では風よりも聡明であることが多いのだ。しかし何かを答えなければならない状況に置かれたときには、未発達の思考力を表してしまう。今の時代は知的な機敏さに大きな価値がおかれているため、水は低く評価されがちである。現代の教育の場でも知力、能力を養い育てることは奨励されるが、心で感じとる能力は問われていない。

水は感情タイプの人がもつあらゆる恩恵を受けている。周りの雰囲気に対する敏感さ、細やかさ、魅力と洞察力、人間関係を大切にすること、そして人々をまとめ彼らの必要とするものを直観的に理解する能力。冷たく無情で不可解な外面《みかけ》と性的欲求の強さ——これは感情的欲求の強さといい換えたほうがよいだろう——という不当な評価のため誹謗《ひぼう》されている蠍座でさえ、その固い甲殻《カラ》の下にはやさしい心が隠されている真の感情の星座なのである。もちろん同時に、水には感情タイプのもつ欠点もある。これもまた、古代の占星術から受けついできた古典的な星座の説明の中で表現されている。蟹座は伝統的に物事に執着し、独占欲が強く排他的で、未来を恐れる傾向がある。蠍座は感情的に熱狂しやすいといわれ、暗く重苦しい考え込むような雰囲気を持ち、すべての人間関係を「オセロ」の一場面のようにしてしまう。そして魚座はその感傷癖、すぐ空想にふける逃避癖、感情的な迷い、時間に対するルーズさ、曖昧さや主義主張の欠如などで悪名高い。

要するに水の星座は論理的に考えることに問題があり、通常、自分自身や他人の無責任な受け売りの意見や判断、否定的な批判などの絶えざる流れに全く気づいておらず、いつも固定観念が自分の口から発せられ、ひそかに自分の感情的な関係を乱していることに気づかない。水は観念《アイディア》の世界については子供のようなものである。多くの男性にとって、〝政治の話などは自分の限界を超えているため何も知らないけれど、料理はうまい女性〟と知り合いになることは魅力的なことかも知れない。しかし、この思考の無意識的な劣等性が、悪意のあるゴシップ、陰口、ある種の思想的な狂信などという形で姿を現した場合は、とりわけ醜い面を露呈することになる。もう少し穏やかな面では、このような性質はたえず他人に生き方を説教する人物を作り、もっと極端な場合は生《は》え抜《ぬ》きのテロリストを作る見事な要因となる。

典型的な例として、そうとは知らずに数件の殺人と爆破事件で手配されていたIRAのテロリストと関わりをもっていた女性がいる。彼女は、なぜ警察にその男を引き渡さなかったのかと聞かれたとき、こう答えた。「でも彼は話してみるととてもいい人なのよ。私を傷つけるようなことは一度もなかったわ」。このちょっとした例が、未発達な思考の不快な反撃について多くを物語っている。水は客観性を欠き、水のタイプの視界に入ってこないものや感情を通じて関係づけられないものはすべて、本当の意味はないとされてしまうのだ。もし世界が感情タイプの人だけになってしまったらどうなるかと思うと、頭がおかしくなってしまいそうだ。おそらく世界はなくなってしまうだろう。なぜなら人類に対する客観的関心は、自分や自分の持っているものにとって大事なことに対して二の次にされてしまうからである。思考タイプが無意識的な残酷さを避けるために、個人的な価値に対する認識を高めなければならないように、感情タイプも動機は異なるが同様に、残酷な面を回避するためには客観的価値に対する意識を育てなければならないのである。

水が直面する最大の問題のひとつは、感情を過大に重要視しているにも関わらず、自分が最も大事にしている人をいとも簡単に疎んじてしまうという点である。これは外には、エネルギーと注意を要する世界があるということを、単に理解できないことに起因している。他人の痛みにはいつも反応するのに、人のよって考え方が違い、異なった要求や価値観があるということを客観的に理解することができないのと同じ様に、自分の心の調和を乱すものを察知するとそれを見なくてもすむようにキッチリとおおいをかけてしまうのだ。そうすることで、中にはその態度を調和的でないと感じる人がいる、ということに気づかないかもしれない。しかし彼にとっては単に気詰まりなのである。対人関係の場で、水は感情が傷ついたとか感情的に拒絶されたという理由で引き下がってしまうことがよくあるかもしれない。このような場合、大抵はもっと自分に応えてくれる誰か別の人を見つけているだろう。しかしその新しい恋人が、顔は違っていても本質的には前の恋人と同じであることを発見し恐れをなしてしまうのだ。水は母親のようにみんなの世話を焼く、これは女性に限らず真の水のタイプである男性にも当てはまる。彼らには、中には一人前になりたがっている子供がいる、ということがわからないのである。また、水のタイプは、子供にとってはこれが一番だとばかりに、自分自身の子供についても良くわかっていないのだと自滅的な暴露をしてしまうかもしれないが、これは自分の支えとなっている感情的つながりを断ってしまう日が来るのを恐れているのだ。

水のタイプは対人関係では拒絶される立場になることが多いのだが、これは主として自分の小さな世界さえ心地良ければ、パートナーが成長するためにもっと刺激的で知的な土壌を必要とするかもしれないなどとは、考えもしないことに起因している。水には他人を通じて生きようという傾向があるが、これは常に危険性の高い行為だといえる。それが他人に及ぼす影響は、樫の木に寄生するやどり木のようなものである。やどり木はその主人を窒息させてしまうのだ。

水は磁石のように風に魅きつけられるが、もし双方が絶え間ない小ぜり合いを止めればお互いからそれぞれの無意識の生活について多くを学ぶ事ができる。水にとって最大の課題は、感情という言葉を通じて即座に反応できない［思考タイプの］人々の中に見出される。というのも思考タイプの人は感情タイプの相手を覚醒させ目を開き、その高台の澄みきった空気を十分に吸い、元気を取り戻す機会を必然的に与えてくれるからである。

地の元素《エレメント》　感覚タイプ

両足をたえずしっかりと地面につけていることで厄介な点は、決してズボンを脱げないということだ。

——J・D・スミス

地の元素は感覚機能と関わっている。この機能の目的のひとつが、存在するものを見定めるということであるため、地は単純なタイプの人にさえかなり近寄り易い存在という印象を与える。我々は物《も》体《の》の世界と感覚を通じて関わりを持つわけだが、多くの人にとって思考や感情または直観を軽視したり抑制したりすることはできても、物体《もの》に対する反応を軽く見たり抑圧したりするのは困難である。特に経験主義的な科学が、具体的な形を有するもののみに承認の刻印を与えてきた時代ではなおさらである。したがって、ほとんどの人々が地の要素を比較的理解しやすいと感じるのである。当の地の

地の星座――牡牛座，乙女座，山羊座。

タイプの人をのぞいて。

一般に占星術のテキストでは地のタイプのことを実際的、能率的で常識にあふれ感覚的〝現実的で〟、用意周到、お金、安全、地位などを好むと述べている。この記述は地の三星座すなわち、牡牛座・乙女座・山羊座のすべてにあてはまる。感覚機能は〝現実機能〟であり、この領域において地のタイプは非常に優れている。感覚が受け取るバラバラの刺激を個々に関連づけ、それを吟味し本質を理解し、そして次に進むという具合にして地のタイプは秩序を作り上げていく。このようにして最も能率的なやり方で、それぞれ連続的な状況を扱うことを可能とする事実の集合体を築き上げる。

地のタイプはユングの感覚タイプのもつあらゆる美徳を備えている。彼は自分の肉体をよく知っており、肉体を自己同一視することが多く、自分の肉体的な欲求を素直に表現できるので一般に健康である。地は物にもよく通じており、お金や責任の管理をたいていはいとも簡単にやってのけるため、気質的に直観型の人間は煙にまかれたような気分になってしまう。自らの欲望を実現する才に恵まれており、この〝現実化〟する能力は思考と結びついたときに最大の威力を発揮し、注意深い経験主義の思想家や非の打ちどころのない研究者、統計家を作る。また、感情と結びつくと幸福な官能主義者、情熱的な恋人や神父、自然やあらゆる美しいものの保護者を作る。

地のタイプはまた、劣等機能の直観と表裏一体である。感覚が強調されすぎた際のあらゆる潜在的な欠点をもっているが、ここでもまた地の星座の伝統的な説明の中にそれが適確に要約されている。牡牛座は独善的な心の狭さや自分の所有物だと思うものに対する過度の所有欲、人生の経験の最も微妙で複雑な部分を「目に見えないものは存在しない」という哲学に還元してしまう傾向があることで悪名高い。乙女座は諺にあるように〝木を見て森を識《し》る〟ことができず、物事の細部やあまり意味のない些細なことの迷路の中に迷い込み、終わりのない労働の目的が一体何なのかがわからず、人生には少し混沌としたところがあったほうがいいと思う人がいるということが理解できないでいる。そして山羊座は結果で手段を正当化し、社会で適切とされる期待に合わせて行動するという余り芳しくない評価を得ている。こうすることによって自分自身は何も犠牲にせずに、求める地位を得ることができるというわけだ。

以上を言い換えれば、地は事実の蓄積に優れている一方で、事実を結びつけているものの意義、共通の意味で結ばれている関係がわからないのである。そして物質世界の複雑さをいとも簡単に処理してしまう一方で、自らの人生に潜む意義を見失いやすい傾向がある。感覚志向の地のタイプは、その劣等機能としてかなり原始的な直観をもっている。ある場合には、この仰天させられるような直観が、非合理的な恐怖感や否定的な種類の漠然とした心配で彼を包囲し、その単純な白か黒か、という世界をたえず妨げることになる。また、別の場合には完全に自分の直観を抑圧し、労働とお決まりの日常業務で終わりのない灰色の状態に埋没してしまう。そして徐々に周りに物が貯まっていく一方で、何らかの目的意識やより大きな人生の一部であるという意識《フィーリング》、休息を取り創造的に今を楽しむことができるように、という未来に対する希望などを求める自分の内にある空虚な部分を埋める事ができないでいる。地のタイプが抱える問題を別のいい方で述べると、彼らは子供になるすべを知らず、どうやって遊んだらよいのかわからないのである。若い時からすでに老成しており、彼が現実と呼んでいるものに束縛される単調な連鎖を断ち切らない限り、特に最終的な決算として――自分の人生の最終的なまとめとしての死を怖れることになり、その奥に潜む人生の意義が理解されないままになってしまうのだ。

地は自らが霊的《スピリチュアル》と呼ぶものに対するあこがれを持っているが、これは幽霊や心霊現象《サイキズム》やその他の超心理学的な現象に、この種の超自然的世界に固有の深い意味を理解しないまま密かにひかれていたり、信じていたりすることが多いのだ。霊媒や霊感を与えてくれる人、何らかの意味で宇宙の秘密を自分と分かち合い、内部にあるはっきりしない痛みを和らげてくれるような導き手《ガイド》について、自分が抱いているイメージを人格化した愛の対象を求めることもしばしばである。不幸なことに、内的神秘と接触する人々もパンとチーズのように神秘を分け与えることはできない。なぜなら、そのような直観的経験は全く独自の個人的なものであり、地の人が好む具体的な形の表現では説明できないのである。地のタイプは自分の感覚による証言に支持されない限り、何も受け入れることができない。長い鎖で柱につながれた犬のような地のタイプがいる。彼らは走り続けているのだが、その鎖の長さが描く円周を超えることができない。そしてその鎖はというと、感覚のみが現実を理解する手段だという自らの信念によって作られたものなのである。

地のタイプは素晴しい建設者、供給者、主婦、そして自分の愛する人々の要求に応える忠実な下僕かもしれない。この場合の最大の罪は、視野の狭さから自分の近くにいる人々を争いに巻き込み、現実面に固執しすぎることで、自分自身の中から生まれてこようとする創造力のみならず、他人の創造力までもつぶしてしまうということだ。「なぜそんなつまらないことに無駄な時間を費やすのか」と現世的な父親が絵やピアノを習ったり、哲学の研究や煙の輪の構造を解明しようとしている息子に対していう。「(そんなことよりも)お前は金の儲け方を学ぶべきだ」。

このような態度が子供に与える真に大きな被害については、よく知られている通りである。世代全体が善意のつもりの親たちから、たえず押しつけられる世俗的価値観に攻撃的に反抗し、脱落《ドロップアウト》したり家出したりする例があるが、その親たちといえば二つの大戦を経て厳しい不況を通り超してきながら、未来がいつも新しい可能性を含んでいることを忘れてしまっているのだ。感覚は、それが知覚できるもののみの価値しか認めないため、結果的に多くを見失わざるを得ないのだ。死者のために最後の一シリングを〃無駄使い〃し、ヒヤシンスを買いたいという人がいるという事実に出会うと、自分もそうだから他人も欲しがるに違いないと信じ、何時間も労働し彼らに供給してきた地のタイプとしては許しがたい侮蔑であり不法行為だと感じるのである。

一般的に言うと、地は性的に適度に満足し、物質的安定性に対する要求が満たされるような状況にあれば、他のタイプが頭にきてしまうような関係でもそこに留まろうとする。なぜなら自分の目の前にあるものが現実の土台となっており、パートナーが物質的にそこにいるという事実こそがこのタイプにとって、関係が存在することだからである。と同時に微妙なニュアンスが理解できないため、パートナーが彼の元を去ってしまうことも多いのだ。その一方生命《ライフ》や生命力《バイタリティ》そして混沌《カオス》を体現した人物にどうしようもなく魅せられると無意識の直観側《サイド》が噴出し、慎重に秩序だてられた彼自身の世界に混乱を招くことはいうまでもない。魅了されるのはある種の宗教的、精神世界的運動であることも多く、これは未発達の直観の一風変わった表現のひとつなのである。それは熱烈で真摯ではあるものの、だれまさやすい宗教的な熱狂である場合が多いのだ。

　ここでは人生の意義を求める無意識的直観が、感覚によって独断《ドグマ》という形に構造化、結晶化され、それに従って神を定義し霊的な実態を具体化し、神秘的な現象を神聖不可侵なものに変えてしまうのだ。――つまり律法の一字一句に執着する、いわば、その精神を忘れるということである。おそらくスペインの異端審問は、感覚を重視しすぎた文化を通して未発達の直観が爆発したいい例だろう。信仰を厳格かつ狂信的にひとつの構造に押し込め、それにあてはまらない個人は異端者とされ、肉体的に破壊されなければならないというのは、未発達な直観の最も醜い面を実に見事に示している。ほとんどの魔女狩りは、一七世紀の清教徒《ピューリタン》であれ、二〇世紀のいき過ぎた〝現実主義〟の仮面をまとった清教徒《ピューリタン》であれ、またはキリスト教の教えを貧しく温和な異教徒や隣人、友人の喉《のど》にむりやり詰め込もうとした男とも女ともいえない老婦人たちであれ――適当なスケープゴートに未発達の直観が投影された例なのである。

　もっと頻繁な例としては、比較的バランスのとれた地のタイプに見られる未発達の直観が、漠然とした否定的な予感として表れる場合がある。そのような地のタイプは未来を予測しようとするのだが、それが自分自身の無意識の投影の煤煙《すす》に汚れた形で戻ってくるため、他人はいつも決まって彼から何かを得ようと狙っており、何事もうまく行かず誰も信頼できないということになっている。牡牛座は自分の所有物を失うことを怖れるので有名であり、乙女座は細心に組みたてられた世界が、非合理的で予期せぬ要素の侵入によって、その秩序が一部でも乱されると恐怖でおののいてしまう。そして山羊座は自分からその地位を奪おうとする人々に猜疑心を抱くことでよく知られている。これらはもちろん極端な例である。しかしリチャード・ニクソンの例を考えると（彼は山羊座に太陽があり、上昇宮《アセンダント》が乙女座で、感覚機能が非常に強く発達していた）未発達の直観がもたらした理不尽な偏執狂《パラノイア》と猜疑心が、結局は政治的失脚に導くような手段を彼に使わせたのではないかといえるかもしれない。ほとんどの地のタイプはそのような劇的な人生を送らないし、極端でもないが、幻想の暗い世界はいつも熱狂と恐怖を誘い、この欺きやすい単純なタイプを魅了してしまうのだ。地のタイプが自分の全体性を探究したいと思うなら、ある種の内的な霊的実体《スピリチュアルリアリティ》を探ることは絶対に必要なことである。なぜなら彼の最も深いところにある無意識は、人生での意味を求めており、もしそれを生かす余地を与えないと、自分で創り上げた人生の確固とした基盤を傷つけることになるからだ。

地は火に磁力的に魅きつけられ、出生図で地の要素が強い人が火のパートナーからインスピレーションやドラマを求めようとするのはよくあることである。地と火の関係は風と水の関係ほどむずかしくないことが多いが、これは感覚と直観が共にユングのいう非合理機能だからである。これは、いわゆる会話で使う意味とは異なり、原理や感情によって判断するのではなく、単に自らの体験を体験として受けとるということだ。それゆえお互いに相手を変えようとすることも少ないのだが、相手の頭が余りに混乱していて非現実的だとか（火）、考え方が狭すぎて習慣に縛られていると（地）非難するなど、この組み合わせに典型的な会話も見られる。地と火の組み合わせは必ずしもそれがいいというわけではないが、風と水と比べて、比較的うまく行くようである。地はいつも火の後始末をさせられているように感じる傾向にあり、火は自分にとっては些細でどうでもいいようなことで地からうるさくいわれ、非難されているように思いがちである。地は将来、安定するための保障を求めるのに対し、火は人生を安定したところなどないギャンブルのようにとらえており、生きる上での本当の喜びは、創造的にその変化に沿って進んでゆくものだと考える。地は一般的にどのような関係でも、いつも自分が与える側だと感じている。なぜなら地は愛情を目に見える形で表現するからだ。それに対して一般的に火はもっと自己中心的で、自分自身が最大の贈り物だと思っている。しかしこの正反対のタイプはたえず魅かれ合う。というのも火は地の安定性や確固としたものを求める一方で、地はドラマと火の偉大なヴィジョンによる自発的行為にあこがれるからである。

火の元素《エレメント》　直観タイプ

人間の知覚は、知覚器官に縛られているわけではない。感覚が（それは正確ではあるけれども）発見し得《う》る以上のものを、人は知覚するのである。

——ウィリアム・ブレイク

我々はついに火の元素までたどりついたわけだが、黄道十二宮のサイクルは、実は火の星座である牡羊座から始まる。伝統的に火に帰せられる属性を、ユングのいう直観タイプと関連づけしてみる際、最も混乱を招くのが火の元素ではないだろうか。これは部分的には多くの占星術のテキストが、火は〝暖かく〟〝外向的〟で〝自己中心的〟で〝幸運に恵まれる〟というように従来の説明をそのまま受け入れており、なぜこのような性格なのか、その好奇心にとんだ気質の裏にあるものは何か、ということを疑問に思わないことに原因している。それは一般には霊媒、降霊会やその他、どちらかというと感情《フィーリング》の領域に属するのも事実である。また、ユングが直観と呼んだものに対するかなりの混乱がある奇妙なものと関連づけられる。

直観は主に無意識のプロセスであるため、その本質を把握するのは非常に困難である。直観機能は意識の中では、予知能力・ヴィジョン・透視力などによって表される。直観は単に知覚やヴィジョンではなく、能動的かつ創造的なプロセスで対象の中に入り込むこともあれば、対象の方から出て来ることもある。(1)

ジューン・シンガーは直観について以下のように述べている。

……知覚を無意識的に引き出す過程であり、ちょうど感覚が現実のできるだけ正確な知覚に到達しようとするように、直観は最も大きな可能性を成し遂げようとする。(4)

火の星座——牡羊座，獅子座，射手座。

もしこの説明で読者が混乱するようなら、直観タイプ自身はそれ以上に混乱するだろう。なぜなら彼らは自分の心の仕組みについて、科学や伝統的な教育から何の洞察力も与えられておらず、普通そんな機能など存在しないと思っているからだ。だから彼らは最も高度に発達した自分の側面について、確信がもてなかったり懐疑的であったりすることが多い。直観に関して、人はある種の恩きせがましい態度で、女性には許されているものだという。というのも、直観機能を持っていることに気づかない人々は、決して真剣に扱おうとはしないからだ。直観タイプの男性は女性と同じくらいたくさんいるのだが、彼らはそれを理解できないでいるのだ。

火の星座は牡羊座・獅子座・射手座である。しばしば三星座共、もっと穏やかなタイプからうらやましがられたり、時としてねたまれるような生命力《バイタリティ》や自発性を持っている。彼らは子供のような心を宿しており、人々が白馬に乗った騎士や城に閉じ込められたお姫さま、闘いを挑み殺さなければならない竜《ドラゴン》であったりという、ファンタジーの世界に住んでいる傾向がある。火のタイプは自分の経験を神格化し、〝現実〟よりもおとぎ話に属する内なる世界にそれを関連づけようとする強い欲求がある。多くの火のタイプが演劇の世界にひきつけられるのも不思議なことではない。火のタイプの行動は誇張されることが多いが、単に目立ちたがり屋だからそうするのだと彼らを非難するのは公平ではないようだ。一般に彼らは、自分自身を誇張する傾向やドラマティックに色づけする性質があることを完全に自覚している。しかしそれは他人のためというより、むしろ自分のためにそうしているのである。より実用的《プラグマティック》なタイプの人なら〝それこそ現実なのだ〟と主張するだろうが、火のタイプには、単調で時には自分を脅かすように思われる世界を受け入れるより、人生をドラマティックに経験するほうが大切だからだ。ゲーテがいうように、「矛盾したものより、不快なものを受け入れるほうがたやすい」のである。

火は従来の占星学ではどちらかというと鈍感で、自己中心的だと考えられている。人生の現実的な細かいこととなると、疑いようもなくその通りのように思われる。感覚機能が未発達で、状況の本質に近づき、より大きな枠組でその可能性や意味をとらえようとするため、対象自体への知覚を抑圧する傾向があるのだ。それは彼らが細い点には構わないというのではなく、そうすることが彼らの世界を知覚する方法を実際に脅かすからだ。火は未来とその終わりのない可能性に興味があるのだ。彼にとって過去は誰か他の人が書いた小説のようなものである。そして現在はどこかに通じる一連のドアで、それはひとつひとつ鍵をあけていかなければならない。火のタイプが物質界の不快な要求に直面すると、彼はその状況から離れてどこかへ行ってしまうことがよくある。そのため無責任だとか無情などという評判を得てしまう。実はそのどちらでもなく、牢に閉じこめられるのが耐えられないだけなのだ。

火のタイプはある状況の表面下にあるものを把握するこつを心得ている。そして突如として勘が働き、全く無意識のレベルで結論に達するため、感覚による証拠の前をしばしば飛び超してしまうのだが、それが間違いなく正確だったりする。これは思考の連続的過程としてというより、与えられたある一定の状況を構成しているものを、同時に全体として認識しているからである。また自分の〝運〟に対して過度の信頼感をもっているように見えるが、これは無意識的な何かが解決策を生み出し、彼を困難な状況から救い出してバラ色の未来への道をさし示してくれるのを、心の底で確信しているということなのだ。これは他のタイプにとって腹のたつことである。なぜなら火のタイプの人の成功が間近に見えてくると、周りの人々の平静を乱し、失敗するとさらに不安をかき立てるからである。なぜなら彼らは失敗しても、少しも動揺したりバツの悪い思いをすることがないからだ。そして後になれば〝すべてがうまくいく〟と信じているのだ。火の星座はみんな、ある種の〝生きる喜び〟をもっており、運命の恵みに対して、子供のように押え切れない信頼感を抱いている。こういった要素が欠けている人は、火がお金・時間・感情・エネルギー、そして時として人間に対してまで賭けをするそのやり方を見て、驚いてしまうかもしれない。すべてが彼にとってはゲームなのであり、目的は勝つことではなく、遊びのスタイルにあるのだ。

火は人生が型にはまってしまうことに耐えられないため、宗教的情熱が伝統的にたどる道を避けることがよくある。無意識に心を開いているため、直観的にはよりその核心には近いのだが。またしばしば実業界や経済界で活躍することもあるが、それは会社や富を操ることでゲーム本能を満足させることができるからである。余り結果にこだわらないので、かえってこれらの分野のトップに踊り出ることもよくある。より内向タイプの火は、彼独自の精神的な方向への強い愛着や芸術を通じて、目に見えない人生の流れに対する彼の知覚を表現しようとするが、そこでは内なるイメージや象徴の世界が彼の注意をひく。芸術を通じて日常の生活体験から本質を引き出し、自らが生きている歴史的な時間の限界を乗り超えるような神話を形作る現実を築き上げるのである。

このように一風変わった美徳と共に、火のタイプはかなりドラマティックな悪徳を持ち備えているが、それについては火の星座に帰せられる伝統的な属性の中にうまく表現されている。牡羊座は気むずかしい個人主義者という評判があり、誰もが皆わずかな平和と静けさを求めているときにドンキホーテぶりを発揮し不可能なことを試みるのである。獅子座は時として強過ぎるほどの自己中心性と、自分は神々の子であるが他の者は皆そうではない、という暗黙の優越感を持っていることで知られている。そして射手座は約束に対する無責任さ、決まりきったことへの恐れ、誇張と〝時代の先端〟を生きたがる傾向で悪名高い。

言い換えると彼らにとっては不幸なことだが、火は物があふれ人間がいる世界を扱うことに問題を抱えているということだ。そのため豪奢《ごうしゃ》な暮らしぶりでその世界を支配するか、またはそこから退き想像力の中に逃げ込むしかない。世界は回転する度に彼を妨げるように見えるかもしれない。このような欲求不満は政府の機構、交通規則、税金、法案、収入を得る必要性や自分の肉体に食事を与え、服を着せ、気づかうという問題といった形で表れる。感覚の世界はしばしば、火のタイプにとっては本当に厄介なものなのだ。これは物を扱うということだけではなく、社会に対処していくことも含むが、社会は一般的に保守的で、少なくとも二〇年〜五〇年は火の飛躍する直観より遅れているため、結果的には自分の考えや想像力が約束することに対して鈍感になってしまうのだ。

火のタイプは細かい事に縛られず、投機をすることを許されれば、ビジネスの世界ですばらしい成功を収めるかも知れない。あるいは自分の中の精神生活の最も深い源泉を、はっきりと知覚しているかも知れないのだ。しかし家を出るときはいつも車の鍵やサイフを忘れたりして、たとえ車を発進させることができても、道路を走ると必ず交通違反を犯したりすることがよくある。この種の行動が社会が自分に逆らっているとか、見返りがないという感情を植えつけることになりがちである。しかしそれはまさに彼に反する無意識の感覚の成せるワザなのだ。また、社会の中で十分うまくやっていける火のタイプも多くいるが、彼らの最大の敵は自らの肉体の中にある。その場合、病気を心配したり、いわゆる憂鬱症のようになるのだが、それを熱心に運動したり食事療法などをすることで埋め合わせなければならなかったりする。または潜在的にしばしば無意識の奥深くにセックスがうまく行かないのではないか、という感情があり、それが人間関係を困難にしたりするのだ。

火のタイプは、我々が好んで言う「性的な問題」を抱える傾向が最も強いのだが、それは自分自身のせいであったり、相手が彼の必要とするものを理解できないという以外には、さほど問題があるわけではない。セックスは単に肉体的な行為というより、彼らにとって何か別のものを意味することが多いのだ。つまり彼らの知覚に作用するすべてのものと同様、〝象徴〟なのであり、一般的に人間関係におけるファンタジーの要素が強いといえる。これはより想像力の働かないタイプに比べていくらか〝歪んで〟いるように見える。事実、期待や予期、ロマンチックでエロティックな幻想《ファンタジー》の要素は、火のタイプにとっては実際の肉体的行為より重要なことが多いのだ。これが極端になり、幻想《ファンタジー》を介してしか関係を結べなくなると問題である。

火のタイプは自分の劣等機能を投影する、感覚が発達したタイプを選ぶことがよくある。そして、ひどい結果をもたらすような状況を演じることを、（パートナーから）期待されているように感じて頭にくることが多いかも知れない。肉体的な問題と考えられがちの不能《インポテンス》や冷感症は、極端な火のタイプによくあることだが、これは本当は肉体的なものではないのだ。もし感覚的な経験をそれ自体、快楽として楽しむことを学ばないと、自分の失敗を相手のせいにしてしまうことになるかも知れない。自分自身のために肉体と関わりを持つことを学ばないとならない。さもないと結局は自分の心の中に存在する理想的なイメージを求め、次から次へと新しい関係を捜し求めることになりかねないからだ。そして経験がいつも期待はずれなので、彼はどのパートナーにも満足しないだろう。

火は自らの性的劣等感を、自分の存在を証明することで過剰補償しようとすることがよくある。このため征服することで自信を得ようとするドン・ファンが男女を問わずいる。極端な火のタイプが、人間関係において信頼がおけない場合があるのは、彼らにとってロマンティックな状況がまるでおとぎ話のように始まったかと思うと獄舎のように感じられて終わってしまうことがあるからだ。また自分が必要としているものを明確に表現することに問題があり、具体化できないことが多いため、パートナーはなぜ彼が本筋からそれ始めたのか、わからなくなってしまうかも知れない。通常返ってくる反応は、「わからない。僕たちの関係には何かが欠けているようだ」だが、欠けているものは何かというと、探究する余地は何もないという彼の信念にあるのだ。

またセクシュアリティを通じて支配されるのを恐れる火のタイプもいるが、このタイプは自分を守るために優勢を保つ必要があるため、しばしば権力闘争に巻き込まれる。あるいは肉体的な愛情表現を抑制してしまうかも知れない。これは理解あるパートナーなら受け入れられるかもしれないが、子供にとっては大きなダメージを与える結果になりかねない。

火のタイプは突然、肉体的な情熱——それを彼は愛と呼ぶのだが——に駆られることが他のタイプよりも多く、欲する対象を手に入れるため、かなり残酷に今ある関係を断ち切ってしまうことがある。この不幸な筋書きは結局、悲しいことに〝夜見れば、猫は皆灰色に見え〟であり、新しい愛の対象が前以上に満足を与えてくれるものではない、ということに気づいて終わることが大半である。ヘンリー八世の生涯を良く知っている人なら、このパターンに気づくだろうが、それは射手座の上昇宮と彼の外向的な直観気質をうまく表しているように思う。

また、禁欲的な火のタイプは、非常に精神的な動機から肉欲にふけることを悪だとして、それを抑制してしまうかも知れない。ルイスの古典『マンク（修道士）』はこれを見事に表した例で、踏みにじられた無意識の典型的な復讐の例でもある。

すでに述べた説明から、地と火の抱える問題は一目瞭然だろう。この関係は非常に魔術的で強制的な性質を持つことが多いのだが、ひとたび安定しても、同じようなパターンが生じる。火のタイプの心は真実を語っているが、それは個人に対してというより理想に対して真実を語っているのだ。そして感覚の現実といくらかでも関わりをもたない限り、幸運への無邪気な確信を永遠に失い続けることになる。結果としていつまでも関係を壊し続け、人生において何も永遠なものを築けなかったという感じを抱き続けるだろう。火はもし自分の経験を〝愚か者が作った、騒音や激情に満ちた何の意味もない話〟にしたくなければ、自分の暗い側面を理解し、想像力《ヴィジョン》を定着させ、この世で何か価値のあるものを築くようにしなければならない。彼の夢はこの世界にとって必要なものだが、この世界の言葉に合うように表現しなければならないのだ。

＊　＊　＊

さて以上で四つの気質すべてについて、その潜在的な問題が明らかになったと思う。各々の現実の異なった側面を見て評価し、各々が自分の現実こそが唯一のものだと考える傾向がある。この本での四タイプに関する説明は、誇張され、わざと強調されている。現実の世界ではひとつだけの元素《エレメント》や、ひとつだけの心理機能で成り立っている人などいないので、ここで描かれているようなタイプに出会うことは滅多にないだろう。覚えておくべきことは、我々は四つすべてを持ち備えているということである。しかし必然的に、バランスに片寄りがあるため、一つの機能がより高度に発達している一方、別の機能が相対的に信頼のおけない状態のままでいることがある。また、もうひとつ覚えておかなければならない点は、三〇歳になるまでに我々のほとんどが少なくとも意識の機能のうち二つを、かなりの程度まで発達させているということである。ひとつは〝優勢〟機能であり、もうひとつは〝補助〟機能である。つまり後者は前者を支えそれゆえ我々の視野はより拡大するのである。この〝補助〟機能は支配的な機能とは決して対立することはないであろう。例えばもし思考が人生にとって人間関係の主要な型だとすると、感覚か直観がそれを支えることはあっても、決して感情機能が支えることはない。出生図で第二番目のエレメントが比較めだっており、この発達のパターンがはっきりと現れている場合がよくある。したがって風と火が強いチャートについて述べてみると、これは直観的思想家を表す。風―地のチャートでは経験主義的な思想家、火―水のチャートでは直観的感情を示し、地―水のチャートは感覚的感情を表す。

時として二つのエレメントが共に支配的で、二つの対立する機能、すなわち風―水、火―地が等しくバランスをとっていることを暗示するような出生図がある。これはほとんどの場合、その人の中に大きな緊張が存在することを示す。というのは対立機能のうちの一方が支配的な機能として表れ、もう一方が劣等機能となっている可能性が強いからである。劣等のエレメントにある惑星によって示される心理的な力は、無意識的に働こうとするのだが、出生図では強力なため回避することができず、劣等機能を統合する問題は重要になる。出生図上で、あるエレメントが弱かったり全く欠けている場合、それが象徴する機能は通常弱くなるが、長い間その問題を避けて通れる人がいるかも知れない。対立するものが出生図に共に存在する場合は、人生の初期にその問題に気づき、生涯に渡りしばしば非常に創造的なジレンマを創り続けることが多いのだ。

我々はいつも自分の中で欠けているものに無意識的にひきつけられ、四つの気質もその対立するものに魅了されてしまう。なぜならこの種の関係が、より大きな内的統合の可能性を与えてくれるからである。このような人間関係では大抵の場合多くの投影が起こり、自分のパートナーを改心させようとしたときに問題が始まる。本当は自分自身を改めようとしているのだが、自分自身の絶え間のない批判の意味に気づくことさえできれば、それは可能である。もし我々が自分の小さな山の頂に立ち景色を眺めているときに、他の人々も同じように違った山の頂に立ち違う景色を眺めているのだとすれば、異なった現実を共有し、異なった価値感を認めてこそ人生の豊かさが自分たちのものになる、ということが理解できるかも知れない。そうするためには、自分たちの心の内にある〝劣等性〟を悔ったり拒んだり恐れたりすることを止《や》めなければならない。火は自分の感覚を最大限に経験し、その重要性を理解したいと思ったときにのみ、地のパートナーと共に生き相手から学ぶことができる。地は束縛から解放されたいという深い思いに直面し、想像力《ヴイジョン》がそれを宿している形と同じ位重要だということに気づいてこそ、火のパートナーを受け入れ相手から学ぶことができるのだ。水は人生のすべてを自分の感情的反応だけでは判断できないということを理解したときにこそ、風と関係をもち理解することができるようになる。そして風は自分の内なる感情が必要とし認識することを受け入れ、人間関係は観念の世界と同じ位大切な人間経験の領域であると認めたときに、水を理解し彼らから学ぶことができるようになるのである。

出生図《バースチャート》と心理学的タイプ

出生図からタイプ分けすることは常にむずかしく、普通はその人についての個人的な知識がないと不可能である。事実、もし占星術を自己理解の過程を助けるために生産的に用いたいと思うなら、まずその人と関わりをもちその人のアイデンティティのいくらかを直接的に経験し、それから出生図でこの現実がどのように表されているかを見なければならない。出生図よりもまず人が先である、という点を、多くの占星家《アストロロジャー》は忘れがちである。出生図だけなら、にわとり、馬、建物またはオペラ協会でも簡単に作れるのだということを忘れてはならない。つまりそれは時間の中のある瞬間を反映したものなのだ。出生図そのものは人間ではないが、個人は違う。ホロスコープは一連の可能性を明らかにしてくれるが、その可能性をその人がどう扱ったかということまでは教えてくれない。そして出生図に反映されていない重要な要因もたくさんある。その中で最も重要なものがその人の性別である。

男性と女性は出生図の異なった側面に反応する傾向があり、この可能性を表す地図《マップ》から大変異なった〝生きた現実〟を作り出す。あるエレメントを占める惑星の数を数える、というような簡単なものではないのだ。なぜなら特定の惑星や性別がその勘定に影響してくるからである。男性にとって太陽や火星などの男性的な惑星は、より近づきやすいように思われる。つまりこのような惑星が象徴する惑星のエネルギーが、男性的《マスクリン》な意識にとってはより簡単に扱えるということである。月や金星のような女性的な惑星は、女性的《フェミニン》な意識にとっては近づきやすいのである。すでに見てきたように惑星は星座と同様、男性と女性に分かれ、女性原理は六つの女性宮――牡牛座・蟹座・乙女座・蠍座・山羊座・魚座と、四つの女性的な惑星――月・金星・海王星そして冥王星の両方で象徴される。男性原理の方は六つの男性宮――牡羊座・双子座・獅子座・天秤座・射手座・水瓶座と、四つの男性的な惑星――太陽・火星・木星及び天王星で象徴されるといえるだろう。水星は両性具有的な惑星で統合《シンセシス》と関わると考えられる。そして惑星の中で最も神秘的な土星は、女性的ともいえるがひとつの側からもう一方へと移行するように思われ、これもどちらかというと両性具有的である。

他にも多くの要因が出生図のエレメントのバランスに影響を与える。ホロスコープからある個人の心理学的タイプを引き出す公式を作ることはできない。なぜならまず最初にその個人の中で経験し、その知識を出生図にあてはめなければならないからである。さもないとユングのタイプ論は、その経験の基礎となっている生きた現実から離れ、生気を失い形骸化してしまうだろう。チャートのどの部分が意識の中で発達し、強調されているかをみるには、かなりの直観を必要とする。人は自分の中に足りないものに気づくと、それを過剰に補おうとすることがある。この傾向は人間の本質の独特のものだが、出生図そのものには表れない。

このため、個人についての直接の知識が何もないまま、出生データだけを郵送して作成されたホロスコープは、心理の探究という観点から見ると、みじめな失敗に終わることが多い。このような占星学の利用法は、興味深い性格学の地図《マップ》になるが、自己の成長を目指して旅に出る人を助ける道具としてはほとんど役に立たない。しかしひとたびその人の方向性について何らかの感《フィーリング》じがつかめたら、それはチャートよりも個人的な付き合いを通じて出てこなければならないものだが、〝無意識的な〟エレメントにある惑星がどのように機能し、それを統合させるためには何をすればいいかを理解するのがたやすくなる。あるひとつのエレメントが支配的だということは、その意識の機能を発展させる必要があるということを示唆しているのは確かである。しかし意識的な努力もなく、そのような発展の手助けとなることはなく、時にそれがまだ〝分化していない〟機能ならなおさらである。

チャートをタイプ分けする際のもうひとつの問題が、ジューン・シンガーが『魂の境界』(4)の中で「偏向型《ターンタイプ》」と呼んだ現象である。これは生まれつきの性質ではある特定の機能を発達させるべきであったのに、特に両親の強い影響や社会的・教育的な要求の圧力により、生まれつきの傾向を押えることを余儀なくされ、心理的に生き残るために他の機能——劣等機能であることが多い——を発達させるというものである。この場合はいつも深い傷と強い劣等感をひき起こすことになる。なぜならばもし人が自分の最も苦手なものと自己同一化しようとすれば、その代償は必ずや過酷なものとなるからだ。その人の真の本質をおおっている層を打ち破るという過程はたやすいことではなく、一人ではそれを成し遂げられないことが多い。ここで出生図は重要な手がかりを与えてくれる。なぜなら、あるエレメントが支配的で、同時に対立するエレメントが強調されていないにも関わらず、支配的なエレメントをその人が使っていないとすると、発達の自然な過程が何かに妨害されていることになるからである。例えばある人の出生図が水のエレメントに傾き、風の強い影響がないにも関わらず、感情的な本質から切り離され自分の感情をうまく扱えないとしたら、これは「偏向型《ターンタイプ》」だと考えられる。

時としてこの「偏向型《ターンタイプ》」は、両親の強い影響ではなくもっと複雑なものによって作られることがある。我々の社会では歴史的・生物学的な理由とはおそらく関係なく多分、非理性的な強い期待によるものと思われるが、思考と感覚の世界は男性に属し、感情と直観の世界は女性に属すると考える傾向がある。一般的にこれは真実かも知れず、元型的レベルでは過去の歴史上ほとんどの時代において真実だったのかも知れない。しかしその区分は、今では以前ほどはっきり区別されていないこともあり、自分の本質の中にあらゆる可能性をいつも内包している人には、あてはまらないかも知れない。生物学的・歴史的な伝説に支配されればされるほど、出生図に表された青写真《ブループリント》を使うことができなくなるというわけである。また現代の時代精神に関わるものとして、この天性のものを個人が発達するための可能性に対する認識を高めることと調和させることができる、とも考えられる。感情機能に傾いている男性は女性と同じくらい多いし、思考機能に傾いている女性も男性と同じくらいいる。これまで環境的要因を超えることがむずかしく、この傾向を自分の成長のために役立たせることができなかったのだが、人間の意識が発達する新しい時代へと入っていくにつれ、このような限界を超えることも可能になってきているように思われる。

　過去への引き戻しが苦痛を生み出すのである。例えば出生図で水のエレメントが優位で感情に傾いた男性や、火が優位で直観的な男性は、もし生まれつきの性質をそのままにしておくと、人生の早い段階で周りの人が彼のことを性格が弱く、女々しく、臆病、不合理で、潜在的にホモセクシュアルなのではないかと思ったりするだろう。このような男性は男性が〝そうあるべき〟姿になろうとして、生まれつきの性質とはかなり違ってしまうことがある。感情タイプのネガティブな思考機能が、この結論に達するのを手助けするだろう。なぜなら社会的価値感を全て、よく考えもせず、自分の状況にあてはまるかどうか疑問視することもなく、うのみにしてしまうからである。また、直観タイプは〝有能である〟ことに関して不十分な感覚しか持ち備えていないので、自分の想像力《ヴィジョン》の価値を疑ってしまうことがよくある。その結果、本来のアイデンティティとその仮面の間で大きな分裂が生じ、それを過剰に補おうとして非常に不快な要求が生じてしまうことになる。

　これはまた、思考タイプや感覚タイプの女性にもあてはまる。もし彼女たちが観念の世界や世俗的な成功の世界に自分の性格を合わせようとすると、レズビアンだとか、冷たく野心家で薄情、女らしさに欠け、怒りっぽく、神経症的であるといわれることになる。思考タイプの女性の場合、劣等機能の感情が個人的な人間関係で充実できないため、自己受容の欠如を助長させてしまうだろう。感覚タイプの女性の場合は、劣等機能の直観が、自分は鈍感で退屈で想像力に欠け、もっと才能に恵まれた人に仕えることしかできないと思わせるに至ることがよくある。このような女性たちは武装したアマゾネスのようになるか、それとも自分の子供や夫、または彼女の私有物となる人をひとかどの人物にしようという冷たく厳しい決意を、感傷や大げさな感情表現でおおい隠し、威圧的で野心的な母親や妻の役を演じることで、自分の劣等機能を発達させようと試みるのである。なんとかして心理的偏見の伴う肉体上の性別と、出生時のホロスコープが示す生得的な気質との間に、微妙なバランスをとるようにしなければならない。もし特にそういった要因が互いに対立しているとしたら、それは生半可《なまはんか》なことではない。それでもこの対立を理解し、どちらかの性質だけを妨害することなく丁重に扱えば、真の意味で円満で豊かな人間を作り上げることができるのだ。

この世には「偏向型《ターンタイプ》」の人があふれている。そして彼らは、本来の自己《セルフ》が檻の中に入れられ、他人の期待という貫きがたい鎧《よろい》の下で苦しんでいることに気づかず、自分や周りの人々を傷つけている。〝今までずっとそうであったものになりなさい〟というユングのアドバイスこそ、内的な結合と他者と関わりを持つことにつながる本来の道なのである。タイプ論と平行して見た場合、特にそうだが、様々な要素が混ざったパターンをもつ出生図の大きな価値のひとつは、これまで自分がずっとどうであったか——それはまた潜在的に何を宿しているかということだが——について、より豊かで包括的な見方を与えてくれるということなのだ。

原註

（1）C. G. Jung, *Psychological Types*, Routledge & Kegan Paul, London, 1971.〔C・G・ユング『タイプ論』林道義訳　みすず書房〕

（2）C. G. Jung, *Modern Man in Search of a Soul*, Routledge & Kegan Paul, London, 1961.

（3）四つのアングルについては、二一五ページ以降、三〇一ページ以降をそれぞれ参照のこと。

（4）June Singer, *The Boundaries of the Soul*, Anchor Books, New York, 1973.

（5）C. G. Jung, *Civilisation in Transition*, Routledge & Kegan Paul, London, 1964.

4 美女と野獣

もし、影を落としているその体が曲がっているのなら、影をまっすぐに伸ばそうとしてもむだである。

——ステファノ・ガッツオ

心理学的タイプ論を少し理解すれば、次には、我々は人間の心の奥にひそむ、暗く、破壊的な側面に目を向けることができる。それはユングが「シャドウ」と呼び、占星術では土星に関連づけられている、心の側面……「境界線上の魔物」である。

己の闇を見るものは、すべてを見る。

と、チャベリーのハーバート卿は言っている。簡単なように聞こえるが、これは、我々の多くが、必死で避けようとしていることなのである。多くの人々は、当然、寝た子を起こすようなことはしたくないと思っているし、よほど状況が逼迫して来ない限り、こうした態度はある程度まで賢明でもあるのだ。自分が「まあまあの」――多少の欠点はあるにしても基本的にはまあまあの――人間であると考えるほうがずっと心地良いし、この世に害毒を流すのは、政府や、黒人、ヒッピー、共産党員、あるいは外国からの移民だと仮定する方が心やすいものだ。なかには、この世に悪を作ったのは悪魔であり、そう仮定することによって人間の責任を回避することで安心しようとする者もいよう。

この種の無感動や無関心は、個人の場合には長期間にわたって、いや、ある時には一生涯にわたって、何の問題にもならないこともある。しかし、無感動や無関心は、段々と、重要な、いや荒廃を引き起こすような、社会の問題になっていく。我々は、もしそれが自分の目の前で起こらなければ、自分の責任では有り得ないと考えるような態度に慣れてしまっている。そして、自分自身の闇が自らを捕らえ、呑み込んでから初めて、人間は、自分自身に問いかけるようになるのである。

エドワード・ホイットモントは、「シャドウの投影」という、分析心理学ではよく知られた現象を、著書『シンボリック・クエスト』で詳述している。

この種の状況は、あまりにも古典的なので、茶の間のゲームにしてジョークにすることもできるほどだ——もし社交上のトラブルを招きたければの話だが。誰かに、自分が一番我慢できないと感じる人間のタイプを描写させてみるとよい。彼は、自身の抑圧されたパーソナリティを語り始めるはずだ——その自己描写は、完全に無意識的であり、それゆえに、いつでも、どこでも、誰か他の人からその影響を受けているかのように彼を責めさいなむのである。(1)

このパーソナリティのシャドウの面は個人の中では「完全に」無意識的であるにもかかわらず、不運なことに、他の人々の目からさほど隠されてはいない。シャドウが抑圧されればされるほど、そして、無意識的になればなるほど、他の人にはよく見えるようになるものなのである。よく、こんなふうに宣言する人がいる。「私は、本当に、独裁的な人が嫌いなんだよ。そういう人たちは、皆を不幸

『美女と野獣』ジョルジュ・デュラック絵。

にするからね」。しかし、別の場面では、その人の妻や友人たちは、こう言うのである。「そうね、彼は時々、まるで暴君のように振る舞うことがあるの。でも私がそう言おうとするたびに、彼はカッとして、私の言うことは全然わかってもらえないのよ」。我々を怒らせるのは、独裁者だったり、怠け者だったり、愚か者だったり、我が儘な人だったり、偏見に満ちた人だったり、短気な人だったり、ずるがしこい人だったり、鈍感な人だったりする。しかし、自分の闇の面に目をつぶること――そしてそれを他人に投影すること――は、信じられないほどごく普通のことで、それから免れている人はほとんどいない。一般に、シャドウが意味することを理解している人はほとんどいない。

占星術のチャートを見て、解釈をひきだそうとする前に、シャドウの含む裏の意味について少し理解しておくことが重要だろう。理想的には、自分自身のシャドウを知るためには、多分、ホロスコープのようなものは必要ないのが一番なのだろう。しかし、シャドウは、その名前が暗示するように、普段はほとんど無意識的で、このあまりにも不快な人間の人格の側面と向き合おうとすることは、意志や知的明敏さの問題ではなく、善意の問題ですらないのである。地獄への道［シャドウとの対決］は、もちろん、善意や知性によって、多少歩みやすいものになるだろうが。

シャドウは自我《エゴ》――すなわち、人格全体に挑戦するような倫理的な問題である。なぜなら、相当な倫理的努力なくしては、誰も、シャドウを意識化することはできないのだから。シャドウを意識するということは、今、現在目の前にある、人格の暗い側面を認識するということを含むのである。この行為はあらゆる自己認識に対する本質的な条件であり、それゆえそれは、概して相

当の抵抗にあうことになる。(2)

自分の暗い側面を知ることは、自己認識に対してだけでなく他人の認識や受け入れに対しても必要条件となる。無意識の中にあるものはすべてそうだが、シャドウは意識の光のもとにさらされなければ、他者に投影されてしまう。シャドウの問題は、ある個人の成長や個人的な関係を形作る度量の大きさのみにおいて重要なのではない。シャドウは、集合的な意味でも極めて重要なのである。もし我々が我々自身の中のこの暗さにもっと気づいていれば、集団のシャドウの投影を示す集合的現象——虐待、異端審問、粛正、人種的不寛容と偏見、そして犠牲と生け贄《スケープゴート》を伴う現象のようなもの——は決して起こらないであろう。しかし、子どもたちの間においてさえ、この醜い現象が見られる。どんなグループにおいても、シャドウの投影を集め、スケープゴートとなってからかわれ、ひやかされて、のけ者になってしまう子が出るのは避けられない。それは多分に、生まれついての心理的特性のためなのだが、それとてほとんど彼の責任ではない。彼は、こうした子どもじみた野蛮さと残酷さの矢面に立たされる。それは、初めは些細なものかもしれないが、ほうっておくと、その破壊的側面は、アウシュビッツやベルセンに見るような、ぞっとするほどの非道な形で、ついには最も恐ろしい頂点へと到達してしまうこともありえる。我々は、ほんの些細なことについてであっても、自分たちの中に潜在する残酷さについて、わずかな自覚しか持たないようになっている。そして、多くの人々が、「誰か他の人」(それはもちろん、あなたや私ではない)に責任をなすりつけてアウシュビッツとその罪を忘れたがるけれども、今の社会の迫害の現象にも、このメカニズムの淡い反映が垣間見えるのである。

シャドウは、個人の無意識に生まれつき存在しているが、一見非常に暗く、破壊的にみえるために、発達の段階では意識から除かれているようなあらゆる特性《クオリティ》から成り立っている。そして個人は、これらの特性《クオリティ》が自分に属していることに、心地好く気づかないままでいられるのである。我々は、各々の心理的タイプがいかに「劣った」側面を持つか、そして、その意識の劣った機能の構成要素が、シャドウの性質をいかに強く色づけするかを見てきた。さらに、他の要素もこれに加えられる。個人が、両親や宗教的訓練によって抑圧されたために、彼自身の性質の構成要素でありながら、受け入れられないようなものである。シャドウは、一般には人間の形をとって人間の意識の中にまず現れる。その像は、もっとも一般的には、夢を見る人が、彼と同性の神秘的で悪意ある敵に捕まえられたり攻撃されたりといった夢として現れる。

概して、シャドウは同性に投影される。同性の他人の中に見られる大嫌いな性質を正直に見つめることによって、大きな洞察を得ることができる。ある女性が次のように言うのを聞けば、彼女のシャドウの一面を知るのに十分だろう。「私はおむつやレシピのことしか考えないような、依存心が強くて自分の心を持っていないような、そういう鈍感で感情的な主婦は嫌いよ」。その言葉に、彼女の表面には出てこない、彼女の中の正反対の極があるのだ。こう言う人もいるかもしれない。「彼女は何て恐ろしい人なのかしら。彼女は自分のことと、自分の楽しみのことしか考えないわ。彼女は全然、女らしくないし、それに奉仕ということの意味を理解しないのね」。もし、この二人の極端な婦人が、これらの不用意な言葉によって本当は誰を指しているのかを認識すれば、彼女らはおそらく恥ずかしくて、身を縮めてしまうだろう。それらは陳腐な発言だが、驚くばかりに一般的なのだ。弱くて、意気地がなくて、女々しく、それに支配されている男性を嫌っている男性がいる。しかし、彼の反対の極もあるのだ。すなわち、栄光のための戦争を好み、自分の秘書の肉体の魅力を喋るために夜な夜なパブに集まる以外には協調など全くしない、獣的な、攻撃的な、そして無情なタイプを咎める男性もいるのである。平和主義者は、彼自身の中に弱い者いじめの部分を含み、また英雄は臆病者を自らの中に含むのである。ミック・ジャガーが「悪魔を憐れむ歌」で歌うように。

警官はみんな犯罪者、
そして罪人はみんな聖人だ。

古代ローマの神、ヤヌスのように、我々はみな二つの顔を持つのであり、これを認めなければならない。もし、自分の暗い側面あるいは明るい側面が身近な人に表れているかもしれないという問題について、何らかの意識的な考えを持つつもりならば。

　しばしば、シャドウは、個人だけではなく、制度あるいは宗教に投影される。この現象はすべての、狂信的な、またイデオロギー的な憎悪がみられるところに見うけられる。シャドウと自我《エゴ》は、一緒になって全体を構成するのであり、その全体は、我々がすでに見たように、必ずしも完全無欠《パーフェクト》ではない。しかし、それは、完結《コンプリート》しているのである。

　我々の意見はすべて、それらが高い感情価を含む時、疑わしいものとなる。「シャドウの投影かもしれない」

自分が状況に比して大きすぎる感情の犠牲になっていると自覚する時、または実は我々の関心の範囲の外の、まさしく自分にとって関係がないはずの状況に関してこんな反応をする場面では、我々は自分たちのものだと認識してこなかった我々自身の何かに反応しているのではないかと疑うべきである……(3)

我々はそれぞれのタイプが、したがってそれぞれの占星学のエレメントが、いかにして反対の機能の弱さを控えているかを見てきた。我々がこれらの特性《クオリティ》を悪だと思う時、またそれらを判断し、そして無意識の中に押し込める時、それらは膿み、我々が悪と信じるほどに、まさしく悪になっていく。目に見える敵意を作り出すのは、我々の無意識への見方なのである。

無意識は、意識がまやかし、あるいはもったいぶった態度をとる時のみ意識に対して、敵意ある、または無慈悲な態度をとる。(4)

そして、人間がとる最も偽善的な態度のひとつが、それがつねに誰か他の人の過ちだと信じこむことなのである。

子どもたちは、シャドウの自律性について本能的に知っている。そして多くの想像上の遊び友達がその化身だということも知っている。これらの「単なる」空想の創造物は、しばしば、いたずら(messier)、つまり、子どもの、受入れがたい行動の側面に対して責任を持つ。お皿を全部打ち砕き、壁に落書きをし、猫の尻尾を引っ張り、そしてパパのカフスボタンを盗むのは遊び友達の方であり、決してその子自身ではないのである。嘘を告発される時には、子供は防御的になり、狼狽するだろう。しかし子供は、彼なりのやり方で真実を述べている。この身振りは「誰か他の人」と言う点においては正確である。なぜなら、確かに彼はそれに対して何ら意識的制御を行なっていなかったのだから。この種の破壊的なもう一つの人格は、子どもがあまりに長い時間、無理に「いい子」でいるようにさせられるときに、よく現れる。大人も、彼ら自身の暗い側面の表れである行動を告発する時には、似たような反応をする。なぜならシャドウは、意識化されていないほど扱いづらいアキレス腱になるのだから。自分が自分の中の、もっとも憎むべき無意識の性質を表出しているのだと指摘することは、たとえそれが正当で、建設的な意図からのものだとしても、彼のセルフイメージをおびやかすことになり、普通、観察に対するひどく理不尽な、激怒と正義感の噴出を引き起こす。我々が子どもたちのように正直であるなら、我々は、言い訳のたつように「いや、それは私ではない、また私のシャドウがやったのだ」と言うだろう。そして、より重要なことに「彼は何をしたがっているのだろう」と言うだろう。すべての無意識的な内容はそうだが、シャドウは意識にのぼろうとする。また、それはおそらく、この心の側面を乱暴に判断するのを止め、また、他人の中に現れた自分のシャドウと戦おうと試みることを止め、それが何を与えてくれているのかを冷静にみるようにすれば、それはとても役にたつものとなろう。多くの人々にとって、シャドウは何としても視界から遠ざけておかねばならない、恥ずべき秘密である。我々は、自分たちの共通の人間性を見せるべきではないという極端な考えを持っている。その人間性とは結局、半分は動物的であり、お互いにとって道徳的非難の恐怖の的なのであるから。それゆえ、我々はお互いに完璧な面だけを見せようと試み、ぴんとはった糸のようにはりつめた努力は、いつも我々の期待に反して不寛容な重荷となり、期待は裏切られるものだという確信となる。

シャドウは元型《アーキタイプ》である。すなわち、それは、いつの世紀にも、またどの文明においても、すべての人類に共通の内なる経験なのである。芸術とおとぎ話はここにおいてその知恵を示しており、英雄が、独特で時に原始的で醜く、あるいは少し意地悪なものや、またある時には動物の連れによって冒険に導かれることを我々に語っている。その連れは、その獣性と愚かさのために終わりなき問題を引き起こす。同時に、この人物は、その本能的で自然な知恵を通して、英雄が彼自身の勇敢な行動あるいは高貴な生まれのゆえに打ち勝つことのできない何かのジレンマに陥った時に、つねに彼を助ける存在なのである。古典的な例は、ドン・キホーテとサンチョ・パンサである。他のケースでは、シャドウの人格は敵や魔法使い、あるいは英雄をやっつけようとする野蛮な武士である。しかしつねに、いくつかの興味深い方法で、シャドウの意思的な悪は英雄が彼のゴールに至ることを時には遠回りをするとはいえ、可能にする。おとぎ話は、我々に、シャドウについて最も重要な事実を語っている。彼のぶかっこうさと暗さの後ろでは、彼はこっそりと、多くの性質を隠している。それは「悪」からはほど遠い、自我《エゴ》が統合された全体になるために必要な未成熟な性質である。シャドウは、意識的な行動を「よりよく」しようとすることによって取り除かれることは有り得ない。そして、もし我々がその性質を統合しなければ、それらは自身の自律の「別の人格」あるいは「二重身《ドッペルゲンガー》」――ポーやドストエフスキーやR・L・スティーブンソンの作品によく出てくる悪意ある人格――を生みだすことによって復讐するかもしれない。批判や非難によってそのシャドウを変えることはできないし、追い払うことも払い清めることすらもできない。求められているのは意識の態度をかえることだ。よりバランスのとれた人とは、彼のパーソナリティにおいて、劣等性そのものを表現できる余裕のある人であり、そうすれば彼のシャドウもよりバランスのとれたものとなるであろう。しかし彼がよりいきどおって公正であろうとすればするほど、シャドウはより暗くより破壊的になっていくのである。

＊　＊　＊

シャドウは元型的な経験であるために、それが惑星の象徴体系《シンボリズム》の中に表れると見てよいだろう。そしてそれと惑星、土星の象徴《シンボル》との親密な関係があるように思われる。神話においては、土星には、神々の王座を奪いとるために彼の父親のウラヌスを去勢し、また自分の力を守るために自分の子どもたちをむさぼり食うという、不快な話がついてまわる。伝統的な占星術では、土星はまた、凶星《マレフィック》――すなわち、悲しみと不運のもたらし手――とみなされるという、不愉快な評価をされている。伝統的な占星術は、おそらく、中世の錬金術ほどには、この神秘的な惑星に対して洞察をもっていない。中世の錬金術では、土星は変容した後に、そこから精神的な黄金を引き出すことのできる原材料《プリマ・マテリア》であるとみなされていた。この点で、この術とおとぎ話が同じテーマをもっている。つまり人間の性質の暗い面の内に真実の内的な統合の種があるということだ。我々はまた、魔王、すなわちサタン（土星）あるいはメフィストフェレスの姿の中にこのテーマの響きを感じる。一見すれば、彼は、地獄の軍隊を統治している神の敵である。しかしながら、秘かに、そして彼自身の如何によらず、彼は神の右腕である。悪魔は、人類に善と悪の問題を理解させ、反対のものを受け入れるようにならせるよう、選択の機会を与えて、神の計画を実行するのだ。それは、自分の選択の痛みを通して学んでいるがゆえに人間に自由であることを許す魔王、サタン（土星）あるいはメフィストフェレスである。ゲーテが『ファウスト』の中に書いたように。

ついに言う——汝は誰ぞ？
我が仕える力、
悪を永遠に志し、
しかしまた永遠に善をなす。

誕生ホロスコープの土星の位置は、人がその中でなぜか発育を妨げられ、あるいは発達を止められてきた生き方、彼が無力、神経過敏あるいはぎこちなく感じるだろう部分、そしてその反動として、過剰に強くあろうとしたり、かたくなな顔を見せようとする面のすべてを示している。チャートの上のどの点も、一義的に理解され得ることはないし、土星もその例外ではない。しかし、我々はまたパーソナリティの無意識の面は、我々に属するけれども我々が表現できない、あるいはあえて表現しないそれらの性質によって、構築されていることを覚えておかなければならない。したがって、土星

自分の子をむさぼり食うサトゥルヌスとしての原材料《プリマ・マテリア》。

のある位置から、シャドウがそれ自身を表現する領域を、推測するのがもっとも手近だろう。それはある人がおそらくは他人に対してもっとも防御的かつ批判的になるところ、またその人自身の劣等性の無意識の態度ゆえにもっとも環境の敵意と対立を引き付けやすいところである。土星の位置は、ある人の、もっとも劣った、また心の狭い、偏狭になりがちなところを示唆している。そしてその人が不運の責任は世界にあると咎めようとする限りはこの惑星の配置は、不運がやってくる方向を、確かに示唆している。しかしながら、もしその人がシャドウを受け入れ、そしてこの不運を引き付けるものとして作用しているものの内に何があるかをみきわめようとすれば、その人は、土星が力の源、またゴールへの小道を照らすかがり火となるのがわかるだろう。おとぎ話特有のあの〝連れ〟にあるように。

土星は、人が誕生の時に入っている星座のもっとも悪い性質を引き出す傾向にある。なぜなら、彼はその星座に固有の性質への恐れを強めるからである。そして、その反応は、普通、二つの極端な形のうちのどちらかになる。一つには、自身に引きこもったり、表面上の欠点によっておびえ、彼自身を苦しめる。あるいは、土星の置かれた位置の星座の属性を誇張することによってそれらを過剰に補償しようと努める。このどちらかなのである。両方の反応が一人の個人の中で起こる時もあり、それらに無意識である時もある。例えば、土星が牡羊座にある人は、自分のもっとも大きな恐怖は二番手になることか、敗れることであることを知るだろう。彼は、牡羊座が本来もつ挑戦への情熱と、人生に直面しそれを征服する彼の能力における自信を表現するのを難しいと感じるだろう。彼は、受け身になり、たやすく支配されてしまうかもしれない。そして、このケースにおいては、彼は秘めた恨みと怒りを抱える。その恨みと怒りは、自分より正直に自分のエネルギーを表現することのできる人々との関係を悪化させるだろう。あるいは、彼は弱いものいじめをするかもしれない。そして彼自身の腕前に自信がないゆえに、暴君となったり、自分自身を過剰擁護するかもしれない。単純化していえば、牡牛座では、土星は自分の所有しているもの、あるいは物質的な失敗、またあるいは本能的な性質とその統一性を失うことへの恐怖をもたらす。双子座では、とらわれることを、あるいは知の世界を探求する自由を失うことへの恐怖をもたらす。蟹座では感情的な孤立と拒絶を、獅子座では凡庸になることや注目されないこと、あるいは愛されないことへの恐怖をもたらす。乙女座では、無秩序と未知への恐怖を育て、天秤座では、暗黒への恐怖と激しい感情にまきこまれること、破壊的力への恐怖を刺激する。蠍座では、他人の優勢あるいは感情的弱点を通した支配への恐怖を強調し、射手座では、無意味さとルーティンを作り出す束縛への恐怖をさらにつのらせる。山羊座では、物質的環境と他人の権力による支配への恐怖を激化させ、水瓶座では、他と違うことと集団から締め出されることへの恐怖を強調し、魚座では、

デューラー『メランコリアI』(1514年)ハーバード大学フォッグ美術館蔵。
メランコリアはサトゥルヌスの娘で，知性の内省的特質を象徴する。
土星は賢者の星とも言われる。

より大きな感情的全体から分離されること、感情的な孤独への恐怖を強める。

自分の土星をもっている星座の下に生まれた人を嫌うということもよくある。しかしまた、その人を魅力ある、魅惑的なものだと感じてしまうこともまたよくある。多分、後者はより健康的な反応である。それは、よりよい方向に人を成長させる人間関係だからだ。前者もまた成長を促すであろうが、より多くの痛みを伴う。土星は、親密な人々の相性判断をする時、お互いのチャートの関係の深い位置によくあらわれる惑星だ。事実、少なくとも土星との強い絆を持たない関係は、ここちよいけれども、個人の深い感情的生活に影響を与えにくいと言われている。

誕生のホロスコープにおける土星の位置を調べることによって、このような有益なエクササイズをすることもできる。まず、自分のホロスコープの土星の位置を調べる。次に、パートナー、親類、あるいは友人のチャートを作って、あなたの土星近く（8〜10度以内）に、誰か他の人の惑星が入っているかどうか調べるのだ。180度離れた、自身の土星とは反対方向の惑星も重要だ。90度の角度も同様にそうである。これら三つのアスペクト、あるいは角度関係——占星術ではそれぞれコンジャンクション、オポジション、スクエアと呼ばれるもの——は、チャート比較の際よくみられるアスペクトである。このコンビネーションは、土星をもっている側の人物が彼自身をふりかえったり、あるいは、自分の反応のしかたを反省させるような人間関係の際にみられるものなので、自分のシャドウの働きについて何か発見するかもしれない。チャートの間でこれらの土星のアスペクトがある場合には、我々は相当強いシャドウの投影があると予測できる。重要なことは、その人物にとっては、パートナーとどのような軋轢が発展しようとそれに文句を言うよりはむしろ自分が問題の源であるということ、つまり防御的になっていたり、相手に批判的でありすぎたりしているせいであると気づくことだ。人は土星の星座の意味をきちんと生きることを学ぶべきだ。たとえそれが赤面するようなものだとしても、その性質を生きている人を責めたり、逃げだしたりすべきではない。ここで、少なくともシャドウは認識され得るし、呼吸をする余地を与えられる。それは自分の、多くの魅力的とはいいかねる性質への処方箋なのだ。

土星の両義性と逆説《パラドックス》については優に一冊の本が書ける。(5) 実際、その仕事がなされている。土星の位置する星座をただ単に考慮することは本当にはなはだしい簡略化である。土星の入ったハウス、誕生のチャートの内で他の惑星に対しての角度関係、避けられない偏向をもって一定方向への意識の発展へと向かうチャート全体も考慮されねばならない。しかし、もしいくらかの注意がこの惑星の解釈に与えられれば、人はその人生においてもっとも大きな障害について良い考えを得ることができるだろう。なぜなら、土星はまさに、心がそこからより大きな統合に達しようと努めるもの——苦しみを通してより大きな理解の助けとなる経験をもたらすことによって——の基本的な物質《プリマ・マテリア》であるのだから。

一七一ページにあるチャートは、シャドウの自律性を示す格好の例である。またこれは、一人の人間が自分の問題を意識化し、そこから自分の成長、価値観の達成のための意味をひきだした航路を示すものでもある。

ポールは、外向的な直観的なタイプで、多くの例にもれず、未来に対する彼の視点をもって、それを具体化する企てに着手した。彼は、差別され、創造性を窒息させている社会の権力によって苦しんでいるような人々を助けたいと思っていた。彼は自分の誕生の地であるニューヨークに非公式の学校を設立したが、その学校は貧しいマイノリティの人々のために、創造的な技術を育てるのを助けることを意図していた。この訓練場に払うべきお金はきわめてわずかだった。ポールは、自分のポケットから、彼を助けた人々に給料を払い、その学校のために莫大な貯えを注ぎ込んだ。その学校には英語の読み書きの授業があった。親が自分の勉強をする間、子どもたちの面倒をみる場所もあった。絵を描くこと、彫刻をすること、模型を作ること、編み物、洋裁、そしてこうした人々が、彼らの生活にありがちな生き残るための陰気な苦しみの中に、いくらかの美しさと明るさを持ち込む手助けをするような、さまざまな創造的表現の授業があった。この計画のすべては背後にあるポールの反対の機能を発達させたいという直観的な希求を反映していた。すなわち、個人を、創造的努力の威厳に対していかなる敬意もない都市の、名前なし顔なしの構成要素にさせる社会において、個々の職人的腕を評価することへの回帰という願望である。

ポールの同僚は、自己開発のためにポールの学校に来る人々と同じように、すぐに彼を信用するようになった。なぜなら、彼は恩をきせるような態度をとることはまったくなく、善意の理想主義者と彼が助けようとつとめている人々の間によくみられがちな心理的距離を、顔に出すことがなかったからである。特に、彼の授業を受けにくる人々の多くは暴力を受けた過去があり、ポールが代表する社会層から来る人々に憎しみを抱いていたのだが、ポールのよく発達した感情機能は、この個人的接触の要求を知る助けとなった。

射手座の太陽、そして獅子座にある月と冥王星は、どちらも火の星座にあり、ポールの気性の顕著な直観的な面を反映している。そして蟹座のアセンダント、これは水の星座だが、このアセンダント

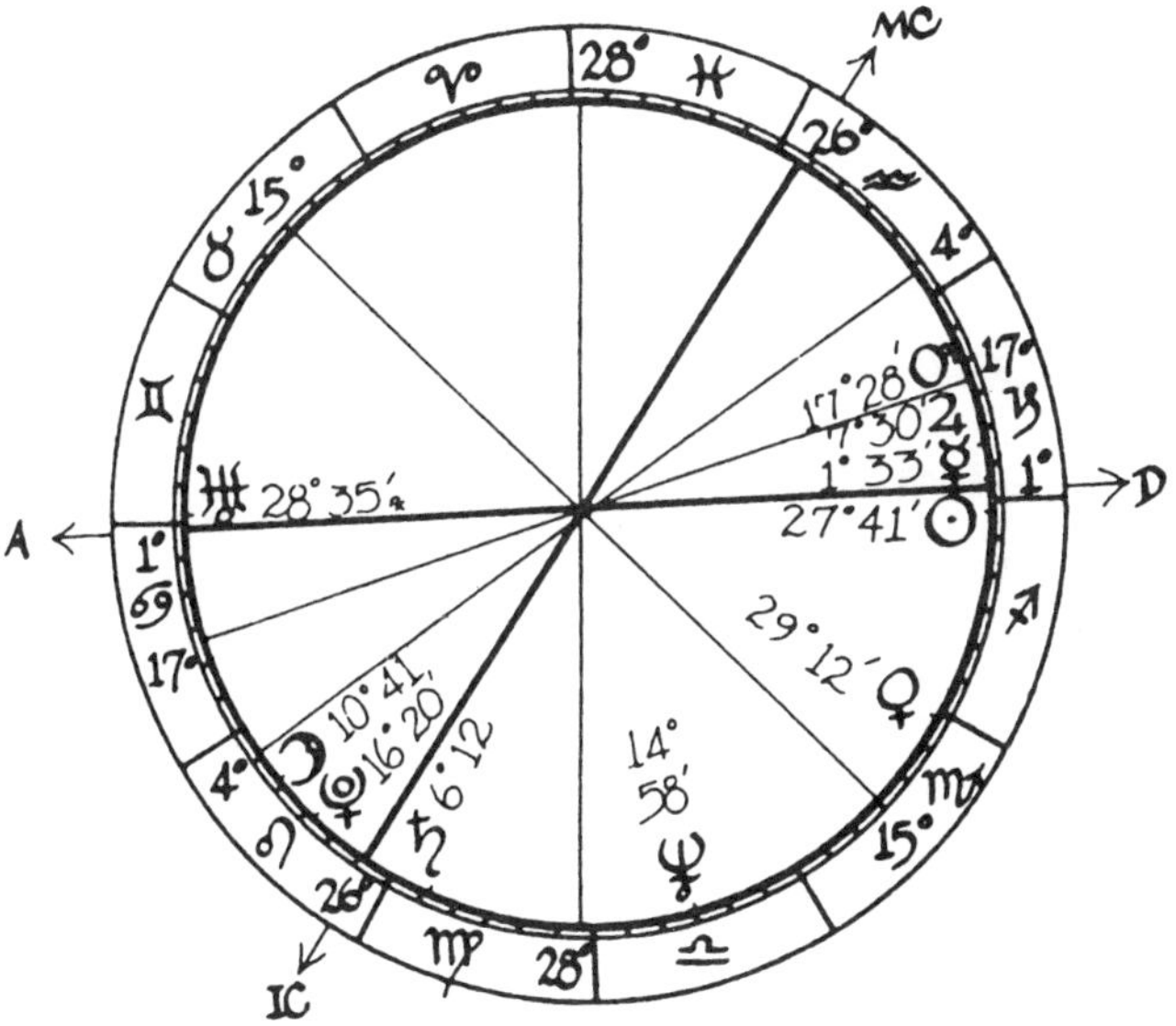

ポールのチャート

☉太陽　☽月　☿水星　♀金星　♂火星　♃木星
♄土星　♅天王星　♆海王星　♇冥王星

♈牡羊座　♉牡牛座　♊双子座　♋蟹座　♌獅子座　♍乙女座
♎天秤座　♏蠍座　♐射手座　♑山羊座　♒水瓶座　♓魚座

は、彼の人々の扱い方のうまさを示す感情の敏感さと個人の対応力を象徴しているようにみえる。第7ハウス（個人的関係を示すハウス）の太陽の位置はポールにとっての自己充足は他人への触媒として働き、彼自身が架け橋となり、相反する人々を一緒にさせることで成就するに違いないということを示唆している。このチャートによって示されるものには莫大な量のエネルギーと創造性がある。そして天王星（より広い思考の世界の自由への要求を象徴している惑星）はアセンダント上にのっている。これはポールの優勢な特徴のひとつである、因襲にとらわれず非現実的であるという人生への態度を暗に示している。地の星座の山羊座における水星、木星、火星のグループは、普通以上の自己修養のための能力、選択したゴールに向かって長く険しい仕事をする許容力、そして自信の目標と実現させるものに必要な実際的な常識を示している。潜在的には、これはダイナミックで創造的なチャートである。問題はそれを統合することだ。なぜなら、火と地は心理学的に反対であるが、ここでは、心の内で、遅かれ早かれ葛藤をもたらすように、同様の強さをもって組み合わされているからである。[*1]

ポールの背景は、非常に因習的なものだった。彼は裕福な家庭の出であり、それにふさわしい学校に通っていた。そして彼は、それに順応するよう期待されていた。これはアセンダントの上にある天王星の火の〝直観〟に対して大変な妨害になる。最初の障害は彼の両親が彼の気質をよく理解しなかったことにあった。その世代の多くの親たちと同じく、ポールの両親は、子どもが個人の意向を持っており、また人生に唯一の個人的な道を持っているなどという考えは全然持ち合わせていなかった。ポールは両親にとって、彼らの価値で満たすことのできる、また彼ら自身の心にない面をかわりに生きてくれる空の容器だった。ポールは自分のまわりの環境に、あまりにも多くの疑問を感じた。

彼の両親は、よくしつけられた偽善の、見事な人物であった。それは彼にとってあまりにも、よどんでいて、自己欺瞞的で変化を妨げるものであるように思えた。そしてこれらのことは、直観的な人にとっては呪いとなるのである。

ポールのチャートの、地の惑星の配置は火のもつヴィジョンへの釣り合いを形作っているが、それらは彼の性質において、意識的なものとしては機能していない。これはおそらく次のようなことと関係があるだろう。すなわち、山羊座のルーラーであり、それゆえに他の惑星を統轄する土星は、このチャートでは地の星座である乙女座で第4ハウス（早期の家庭生活と父との関係に関わっているもの）に入っているということである。

ある人のシャドウの投影は、普通、誕生の時に土星が入っていた星座とハウスによって象徴される人生の場面の中で表現される。敵が対象化され、外在化されるのは人生のこの場面の範囲の中でである。ゆえに、ポールの劣等の感覚機能、これは彼の性質の暗い面を非常に色づけているのだが、この機能は彼の父親の上に自然に投影された。ポールのシャドウは、それ自身を、力強い無意識的物質主義、厳しい因習性、権威におけるそれらの意見に対する過剰な敏感さ、むきだしの好色、肉体的暴力への性癖として表出される。これらの性質のほとんどを、ポールは猛烈に否定した。唯一、彼が認めたのは、好色だった。なぜなら、それは彼の自己イメージとなじむものだったからだ。これらの好ましくない性質は、当然、彼の父親に属しているように思えた。父親は、ポールには土星として現れるのである。すなわち、権威的で、伝統的で、欲深く、お金と物質的価値に関してのみ心を砕く人物としてである。投影は彼の父親を越えて社会に及ぶ。社会はポールにとってまた土星として現れるのである。そして彼はその両方を憎むことになる。明らかに、ポールの父親はシャドウの投影の格好の対象となった。しかし彼は同世代の、他の多くの男たちより良くも悪くもなく、すぐれた性質も持っていたのである。

ポールの父親と父親が支えた社会という形で、乙女座の土星はまたポールにとって、息苦しいほどの抑圧と、意味のない規則への固執を象徴する。これは、個人《パーソナル》の自由を愛する射手座の性質とは相入れない。世界は許しがたい秩序に満ちているように思える。その秩序は、彼の人生を石化させる恐れがある。これらの恐れられた地の性質の積極的な面が、彼の夢を実現させるのに必要な実際的な知恵だということに、彼は決して思いいたらない。

他の多くの直観的な人々のように、ポールは、自分の意のままに生きたいと感じた。しかし彼は自分の性質のシャドウ的な面を考慮に入れていなかった。意識の側では、彼は輝かしい目標をもち、共に彼についてくる仲間の幸福を考えた。しかし、無意識の側では、彼の心のルーツにおいて、土星によって象徴される暗い面が、他人を支配するという目的のために彼の生来の能力を利用しようとしていたのだ。そしてそれは、彼をまず自分から遠ざけ、次に、専制的な振る舞いの噴出、暴力的な気性、肉体的暴行、そしてお金に対する扱い方のある種のいい加減さ——すなわち、彼が、よく、警察、政府、そして特に彼の父親といった権威者たちに投影していたすべての行動のパターンを自分がすることで、自分を仲間から遠ざけてしまった。これらの噴出は、常に古典的な方法——「魔がさす」——で合理化される。が、当然、彼の助けとなり、彼がもっとも必要とする人々は遠のきはじめる。彼は、皆にむかって朗々と述べ伝えた理想を実行することができないリトル・ヒトラーだという世評がたち、組織は崩れ始めた。彼はこれらの告発によって深く傷つき、彼らをみな、不公平だと信じた。

出生ホロスコープで、ポールの困難さをより大きくしているのは風の星座に個人的惑星がひとつもないことである。これは、彼自身の動機や行動を客観的、冷静に分析できず、自分が何をしているのかがわからないことを示す。ポールの思考機能は、意識の道具としてはもはや感覚と同じように頼りにならない。

故意の偽善者だとポールを責めるのは不公平であろう。彼はもはや、彼の内面を統制することにかけては、子供が自分の破壊的な面を扱えないことと同じだった。彼はなるべく内面を見ないようにしていた。その点では、他の人に比べて彼が特に罪深いわけではない。しかし、危険な結果を招くことなしに、シャドウを無意識の内へ押し込めることはできない。彼の感覚機能のほとんどすべての側面を抑圧することによって、そして感覚的なものの価値の正当性を否定することによって、彼はシャドウをより暗いものにしてしまった。そして、彼が物質的なものをすべて悪と見なすほど、シャドウは邪悪な方法で振る舞い始めるのである。ポールの男女関係の扱い方はお粗末で未熟なものであった。ハーレムを維持し、彼の成功を見せびらかすことによって、多くの直観タイプを当惑させている性的な無力さの、あの漠然とした不安を補償しようと彼は必死になって努めた。しかし彼はいまだ決して、自分の男らしさにいくらかでも自信を得ることに、あるいは二〜三か月以上のまっとうな関係を持続するのにも、実は成功していない。彼が自分の出生ホロスコープを分析することに興味を抱き始めた時、彼は野生化してしまったシャドウが生みだす一連の特徴的な夢によって妨害された。彼は、彼がすぐ自分の父親と関連づける、残忍な警察官あるいはゲシュタポの外観における暗い姿によって追われ、責めさいなまれた。これらの姿が彼自身の無意識を表していることは、彼は受け入れないが、明らかだ。

もしあるエレメントが出生ホロスコープで優勢なら、人はそれが象徴する心の面が現れてくるのを拒否できない。ポールは、彼の暗い面を受け入れることを極端に拒否しており、彼のチャートの四つの地の惑星は、すべて土星を通して現れてしまった。それらは未統合のまま残され、彼を破壊する自分とは別な実在であるかのように振る舞っている。この場合シャドウは特に破壊的だが、それは当然なことだ。無意識は意識的態度の一面性を償おうと努め、時にはそれが求める均衡を成し遂げるために自我《エゴ》を壊すことさえ辞さないだろう。ゆえに、おとぎ話では、英雄をやっつけようとする敵がいなくてはならないのである。なぜなら、この方法のみで英雄は彼のゴールに辿り着くことができるのだから。

ポールの症例は、自分自身の心の一側面と共に激しい戦いに巻き込まれた人物の、典型的な例であった。子ども時代を表すハウスに位置した土星は、激しい不当感と、適切に体験されなかった子ども時代——感情的な彼の気質が求めていたが、家族が与えてやらなかった幸福な子ども時代——を再生産しようとする激しい欲求を示唆している。結果として、小さく傷つきやすい子どもは常に専制者となってしまう。そしてこの劣等感情は、元型的、ホメロス風といえるほどに肥大してしまった無意識によって補償されるのだ。ポールは密かに、自分が殉教した救世主であり、誤解され、他の誰もに迫害される予言者、あるいは儀式の犠牲を差し出す王であるかのように感じていた。彼はセラピストの間をわたり歩いたが、いつも治療の途中でやめた。——あるいは料金の支払いがいいかげんになった――それはきまってシャドウの問題が分析される時だった。子どものように、彼は誰か他の人にすべての悪いことを追い払ってもらいたいと望んだ。しかしおとぎ話が我々に教えてくれるように、野獣がハンサムになるためには、その野獣自身をあるがままに愛さなければならないのである。

ポールの問題の結果として、彼の属していた組織（それは彼の人生の中で他の何よりも意味のあるものなのだが）から彼はついに追い出された。その組織は、彼なしでもうまく機能した。そのことがまた、彼の自我にはつらいことだった。彼の内の暗さと明るさのひどい分裂は、素晴らしく生産的な道具へと統合されることもできたかもしれないが、人に必要とされることを望む人物にとって、結局最悪の状態を招いてしまった。すなわち、完全な孤立である。魔王に身をやつした土星が我々を屈服させるのは、この種の経験を通してである。しかし我々が心のすべての可能性に気づき得るのもまたこの種の経験を通してのみなのである。

もしポールが彼自身の暗さを受け入れるという道徳的課題を喜んで引き受けていたならば、シャドウの経験は心理学的成長における真のステップにとって跳躍台となっていたかもしれない。この種の問題には容易な解決法はない。なぜなら、ユングが言ったように、シャドウに気づくようになるには、膨大で、しばしば痛みを伴う努力が必要だからである。シャドウの心理的姿《フィギュア》は、我々が我々自身の中でもっとも軽蔑するものすべてである。自分の内で欠けている半面を人格化（投影）していることに気づくためには、両極の間のどこかに、今の自我の中心点を移さねばならない。自我はこのような移動によってそれが壊されると感じるだろう、これは骨の折れる企てである。しかし実際には、壊されるものは人の能力ではなく、アイデンティティ（主体）でもないが、むしろ自我が自分の家の主人であるという信念であろう。我々が教わったキリスト教的倫理と非常に違うのは謙遜における教訓である。なぜなら、我々の内なる神、ヤヌスのように、二つの顔を持っているのだから。

これを書いている間も、ポールはいまだ安定していない。迫害され、幻滅させられ、だまされていると感じている。彼は自分がなぜ排除されてきたかを理解することができないし、組織の中の誰かが彼の地位と権力を欲していると信じてしまうのである。この重要な、そして潜在的には価値のある経験の真の意味が、彼の土星が回帰する時、つまり惑星が彼の誕生の時に入っていた乙女座を通過する時までポールには理解できない公算は大きい。これが起こるであろう重要《クリティカル》な年代には、マーク・ロバートソンが『ザ・トランジット・オブ・サターン』で書いたように(6)、自我構造の内の不誠実なものすべてはくずれ始め、無意識が統合へ向かって動き始める。ポールにとって、その時までたっぷり二年あり、そして彼はその間に、土星の教訓を学ぶ機会を得る。生き抜いていないものは何も死なない。人は自分が見ようとするものばかりを見るものだが、しかし、それは統合された心の知恵と比べれば、哀れで狭い視点にすぎない。人が自分に見えないものこそ、真の師となるのである。

土星は、占星学的象徴としては、我々のもっとも偉大な敵でありもっとも偉大な友である。なぜなら、我々の痛みと欲求不満を通して、我々は土星の意味の本質を学ぶのだから。シャドウを敵にしたてているのは我々自身である。我々は自分の劣等的かつ原始的面を自身で完全に取り除くことはできない。しかし、おそらく我々を生まれつきの資質に挑戦させ、我々が創造の業では劣等と呼ぶものを自ずと含んでいるという当然のことを否定したがるのは、完全性を求める人間の理想にすぎない。出生ホロスコープの土星を注意深く見れば、金になるための粗石を思い出させてくれるはずである。そして、惑星の占星学的分析はとらえがたく難しい、しかしつねに統合に向かって奮闘している心理学的エネルギーをしかるべく理解することを、長い目でみて助けてくれるのである。

原註

（1）Edward whitmont, *The Symbolic Quest*, G. P. Putnam's Sons, N.Y., 1969.

（2）C. G. Jung, *Aion*, Routledge & Kegan Paul, London, 1959.〔C・G・ユング『アイオーン』野田倬訳　人文書院〕

（3）Esther Harding, *The I and Not I*, Princeton/Bollingen, N.J., 1965.

（4）C. G. Jung, Two Essays in Analytical Psychology, Princeton/Bollingen, N.J., 1953.〔C・G・ユング『無意識の心理』高橋義孝訳　人文書院、『自我と無意識の関係』野田倬訳　人文書院〕

（5）Liz Greene, *Saturn : A New Look at an Old Devil*, Samuel Weiser, Inc., N.Y., 1976.

（6）Marc Robertson, *The Transit of Saturn*, The Astrology Centre of The Northwest, Seattle, 1973.

訳註

*1　第7ハウスの太陽の位置……実際は第6ハウスに太陽は位置しているが、ディセンダントに近いので、第7ハウスとして扱われている。

5
内なるパートナー

目の仕事は終わった。
今度は心の仕事だ、
その対象はあなたの内奥に閉じ込められていたすべてのイメージ。
あなたはそれを支配してはいるが、まだ理解はしていないから。
聞け、内なる男性よ、内なる処女よ！――
無限の本質から抽出された創造物よ、
抽出されるのみで、いまだ愛されたことのない
創造物よ。

――リルケ

誰と結婚したかなんて問題じゃない
結婚式の次の朝、横に眠っているのは
まったくの別人なのだから

――サミュエル・ロジャース

小説『彼女』のアヤシャは、その作者ライダー・ハガードが自らの心の内に持つ理想の女性像を鮮明に描きだしたものである。自らの内の神秘的で魅惑的かつ力強い女性的要素を統合し人格化したもの——それが理想の女性像である。アヤシャは血肉を持った女性ではない。彼女はすべての女性を象徴するものなのである。象徴の常として、彼女は本来両立し得ない女性的要素をすべて包含している。輝かしい叡智を持つ一方で血に飢えたような馬鹿げた振る舞いをし、情熱的かつ放縦な恋をする一方で驚くべき冷淡さを発揮し、すべての慈愛を体現する一方で人の生命を何とも思わないような残酷な行動に走る——人間以上であると同時に人間以下でもある彼女は、決して現実の女性と比較し得るような存在ではない。自らの内奥の女性的要素を人格化することに成功した画家及び作家の人物描写についても同様のことがいえる。ダ・ビンチの「モナリザ」、ドストエフスキーの『愚者』のナスターシャ・イワーノヴナ、ファウルズの『フランス軍中尉の女』、ダレルの『ジュスティーヌ』等々——その例は枚挙にいとまがない。他方、女性の画家及び作家による理想の男性像の描出については例に乏しいが、エミリ・ブロンテのファンタジーにおけるヒースクリフ、アン・ラドクリフのゴシック文学『ベニハコベ』に登場する英雄たち、そしてもっと最近ではドロシー・デュネットのベストセラーになった歴史小説、ライモンドのフランシス・クロフォードなどが挙げられよう――いずれも「偉大なる文学作品」とは言い難いが、現象を説明するには充分である。芸術作品の中には実在した人物を描写したものもあるが、それは決してその人物を文字でなぞったものではない。作品中において、その人物は人間以上であると同時に人間以下でもある元型《アーキタイプ》の特質を持ち、実物をはるかに上回る虚構の肉体を備えている。これはあくまで芸術家の内奥に眠る人物像の描写であって、実在の人物はその描出を触発したにすぎない。その内奥の人物像が表現を求めて自然に溢出するほど強力なものであれば、触媒としての実在の人物は必ずしも必要ではないのである。

芸術家に限らず、我々はみなこの内なる理想像を持っており、多くの場合それを理想の異性のタイプとして認識することができる。これらの内なる理想像は独特の誘因力と自律性を備え、無意識の心《プシュケー》の一部を構成する。無意識の心《プシュケー》を構成する要素の常として、内なる理想像はそれと合致する、投影《フック》の対象になりやすい現実の人間へと投影される――かくして「よくある事態」が惹起するのだ。明確な理想の女性像を（多くの場合無意識のうちに）持った男性がいたとしよう。彼は会う女性すべてに自分の理想像を投影する。そして、彼は恋に落ち、言うのだ――「彼女こそ完璧に私の理想の女性だ」と。しかし、投影した女性像はやがてほころび、彼女の実像が見え隠れしはじめると、彼女との関係において何らかの調整を加える必要に迫られることになる。このような状態に陥ったとき、あたかもだまされたかの如く憤慨し落胆する人の方が多いのではあるまいか――自分自身で投影した異性像にだまされていたというのに。ハネムーンから帰るなり「こんなはずじゃなかった！」と恨みがましく述べたてるカップルの多いこと！　こういった場合、問題はパートナーにあるのではない。投影した理想の異性像こそ諸悪の根源なのだ。もちろん、理想像を理想像として自覚し、その象徴するところのものを追求しつつも、現実の彼女を彼女自身として受け入れてゆこうと試みる男性もいることだろう。そうすれば、理想の女性像は再び彼の心に帰属することになるのである。以上のような事態を俗に「恋に落ちる」ならぬ「恋から落ちる」状況といい、ある程度の時間を経たカップルが必ず遭遇する危険である。これにより男女関係に多様性が与えられるのであるが、状況を把握することができなければ破局あるのみである。

すべての男性には女性が内在し、すべての女性には男性が内在する。この基本的真理は単に生物学的なものではなく――というのは、我々は異性的要素を劣性の遺伝的痕跡として肉体外に持つものであるから――多分に心理学的なものでもある。ユングは、この男女各々に内在する異性の理想像をアニムス及びアニマと名づけた。また、占星学も、出生図において異性的要素を示す星及び星座が存在することから、この内なる男女の相互関係の存在を推論していた。伝統的な性の役割に関する意識が風化しつつある昨今において、この固有の性的二重性の存在を認識することについて、さしたる洞察力は必要としないことであろう。この事実を承認することに困難を覚えたとしても、性的役割の風化という現実の根底に横たわるこの真理は、厳然として個々の心の中に存在しているのである。しかし、生物学的遺伝要素ないし精神の無意識領域を侵すことなく、創造的かつ建設的方向でこの性的二重性とつきあっていくためには、相当の努力が必要とされることは事実である。

アニマ及びアニムスは分析心理学における最も神秘的な主題のひとつである。アニマ―女性的要素、魂《ソウル》を意味する、及び、アニムス―男性的要素、風、呼吸ないし精神《スピリット》を意味する――ユングによるこの命名は極めて描写的であるが、これらについては歴史を通じて様々な名称が与えられ、すべての文化において神話、おとぎ話、宗教テーマ及び絵画によって描写されてきた。ユングの見解については多数の解説が加えられてきたとはいうものの、無意識の理想像といったところでその力を意識的かつ直接的に実体験した場合を除いては、曖昧模糊とした印象を受けることはまぬかれない。しかし、その曖昧さに臆することなく自らの理想像について理解に努め、何らかの関わり合いを達成しようと努力することは有用である。というのは、男女間の複雑な相互作用の世界はこれらのシンボルを中心として決定されるからだ。

アニムスは魂の導き手《サイコポンプ》であり、意識と無意識の仲介者であり、無意識を人格化したものである……アニムスは女性の意識に反省、熟考及び自覚の能力を与える。(1)

多少なりともアニムスの特質を理解し、自らの女性としての自我とアニムスとを明確に識別することのできる女性であれば、その本質に内在する異性的要素とうまくつきあってゆくことができる。また、このような女性は理想の男性像を現実の男性に押しつけたりもしなくなるはずだ。かくして彼女は、もはや幻影に惑わされることなく、自分のパートナーの男性としての価値を正しく見出してゆくことができるのである。また、彼女は自らの女性らしさに対する認識を新たにし、さらには自分の魂《ソウル》と精神《スピリット》の持つ潜在的な創造性をも開発することができるようになるのだ。女性の心理は本能及び人生に対する本能的な反応に根ざすものである。それに意識的に発達させたアニムスに対する認識が加われば、女性は自らの人生と行動の目的について反省し、あるべき姿を見出してゆくことができるようになるのである。

このように女性がその内に男性的エネルギーを内包しているのと同様に、男性の内にも女性的側面が内在している。

> 男性に内在するのはこの危険をはらんだ女性像である。彼女は人生において時に優先させなければならない誠実さである。また、彼女は徒労に終わった冒険、闘争及び犠牲に対する補償である。そして、彼女は人生のすべての苦しみに対する慰めである。しかし、同時に彼女は妄想にとりつかれた色好みの女でもある。彼女はその魔力《マーヤ》で男を人生の現実へと引き戻すのだ――その人生とは、道理と利益のみならず、善と悪、成功と失敗そして希望と絶望が互いに均衡するパラドックスとアンビヴァランスに満ち満ちたものなのだ[1]。

アニマを理解しその自律性を認識している男性は、自分の無意識に潜む女性的な側面とうまく付き合ってゆくことができるようになる。こういった男性は自分のパートナーをありのままの姿として受け入れることができるのだ。また、彼は自分自身の男らしさに関する認識を新たにすると同時に、自身の隠された感覚の源泉及び愛の受容能力を知り、さらには創造性と感受性を表現する能力を開発することができるのである。

我々に足伽のようにまとわりつく「男らしさ」ないし「女らしさ」に関する社会的定義は、この避け得ぬ生涯の伴侶——「内なるパートナー」を理解する上で大きな障害となるものである。これはまた、アニムスないしアニマ自体にとっても、建設的な表現の場を奪うという意味で大きな阻害要因である。一般に、「男らしさ」ないし「女らしさ」というのは一連の行動パターンとして定義されており、万人にゆきわたる元型《アーキタイパル》的なエネルギーとしては理解されていない。この狭量かつ二次元的な見解によれば、男性の特性は立身出世、積極性及び支配性、女性の特性は従順、消極性及び被支配性ということになる。このような「定義し得ぬものを定義しようとする試み」によって生み出された害悪は、昨今の男女の役割をくつがえそうとする暴力的な運動によってさらに悪化するに至った。こういった運動は必要悪といえるのかもしれないが、いずれにせよ、これによって人間に内在する異性的側面を理解し正当に評価しようとする試みは大いに阻害されたのである。

素直に考えれば、男性と女性の心理の間に差異が存在することは明白である。スウィンバーンが言うように、男性とは真実の愛を体現するものであり、女性とは愛の真実を体現するものなのである。ユングがロゴスとエロスの両極性と表現したこの基本的な差異は万人に妥当し、元型《アーキタイプ》を反映したものである。しかし、この見解は多くの人にとって脅威として写るようだ——特に、女性解放運動家には、このような男女を区別した発想は女性の権利を否定するものにしか見えないようである。分析心理学においては、男性を思考のみの生物、女性を感覚のみの生物とは仮定しておらず、アニムスないしアニマの存在についても個々の人間の完全性の証左とみなしている。しかし、動機の価値及び深いレベルにおける動機づけの力について、男女の心理には厳然と差異が存在するのである。この点について多くの誤解が生じているのは悲しむべきことである。また、内なる異性的要素とフロイトのいう

「潜在的な同性愛指向性」を混同して、これを同性愛の萌芽と見る人が多いのも残念なことである——真実はむしろ逆であるというのに。我々が同性愛と呼ぶものは、しばしば無意識を抑圧した結果、生じたものなのだ。無意識を自我によって抑圧ないし意識的に無視すると、やがてはその無意識の要素が意識と衝突を始め、ついにはこれを征服してしまうのである。

思考機能が発達した女性の存在を無視して、女性を人間関係ばかりに価値を見出すものと仮定するのは無意味である。同様に、創造性や感受性が発達した男性の存在を無視して、男性を出世や組織、概念世界ばかりに価値を見出すものと断ずるのは論を成さない。人それぞれなのだ。多くの人はアニムスやアニマの存在に気がつかないまま、これを現実の人間に投影してゆくことだろう。むしろ、こうしないと無意識が自我の抑圧に反抗するようになり、ついには無意識が自我を征服して自分の性欲の正常な処理が阻害されてしまうのである。人は自分の中に存在する無意識の要素に「無意識に」気がつく。そして、それを自分の最善の側面であると考えるのである。この現象は特にめずらしいことではない。というのは、無意識を構成する要素は、個別化されていないために、どのようなものであっても原始的で「劣性の」性質を持つものだからである。この現象は「アニモシティー（激情）」と呼ばれるもので、アニマないしアニムスを無意識に認識した結果生ずる特徴的な現象である。

アニムスに支配された女性が発する言辞や彼女の頭を支配している明解な（時に独断的な）論理は、彼女自身の思考の産物ではない。あくまで他者の借り物に過ぎないのである。しかし、彼女はこのことに気がついていない。彼女がこういった自分の意見を喧伝するのは真実を語るためではなく、「このくらいのことは知ってるわよ」ということを示すためである。彼女は常に肩で風を切って歩く——

「私を支配できる男なんているわけないわ」という密かな自信を持っているのだ。自分自身に内在する無意識の男性像に支配されていることなど知る由もなく――だから、彼女は男性に対してまず自分の優位性を示さずにはいられないのだ。こういった女性と精神の理解とその発達に努めている女性との差異は大きく、それぞれが発するオーラからしてまったく異なっている。女性がアニムスに支配されているかどうかは、その型にはまった独特の言辞から容易に推察することができるほか、彼女が近づいて来るとその場の男性たちを包む空気が極度に険悪になるという事実からもうかがい知ることができる。アニマに支配された男性は不愉快な気難しさ、押し付けがましさ、虚栄心及び感傷をその特徴とするが、本人はそれを意識していない。彼はその独特の気難しさと狭量さと屁理屈を前面に押し出し、周囲に毒気を含んだ空気をふりまく。彼は闘争に際しては極度のひ弱さを発揮するが、そのぶん狡猾なので油断ならない。また、彼は女性とみるとまず疑ってかからずにはいられない。彼には策を弄すれば何でも他人からかすめとれるという密かな自負心があり、そのために誠実さを失ってしまっている。彼のすることなすことすべて大風呂敷で他人を煙にまくものであり、人間関係を形成するよりも自分を演ずることを好む彼の指向をはっきりと感じ取ることができる。

アニムスは議論を好むため、その活動はどっちつかずの論争において最もよく観察される。アニマに支配され、そのアニマの持つアニムスへと変化してしまった男性は極度に女性的な言辞を発するようになる。彼らの関心事項は個人的虚栄と感傷である（あたかも女性であるかのように）。他方、女性の関心事項は真実ないし真理、もしくは何らかの「～主義」――すなわち権力

である。彼女たちの虚栄心は服装やヘアー・スタイルによってすでに満たされているのだ。(1)

アニムス及びアニマの意識的な認識を拒絶することは、完全をめざす人間の心《プシュケー》の活動を否定することになるばかりでなく、男女関係をも大いに損なうものである。

アニムスとアニマが出会うとき、アニムスは権力の刀を抜き、アニマは錯覚と誘惑の毒気を発する。(1)

彼を包込む「アニモシティー（激情）」の雲は主として感傷と憤りによって構成されているにもかかわらず、彼女においてそれは独断、偏見、あてつけ及び誤解といった形で表現される。これらはみな彼と彼女の間の男女関係の断絶を目的としたものである。(1)

多くの作家が指摘してきたことであるが、いかなる男女関係においても、そこに存在するのはただ二人の人間ではない。四人存在するのである。男性の自我及び女性の自我――この二人は明瞭だろう。これに男女それぞれの内なるパートナーが加わるのである。人はこれらの元型《アーキタイプ》が意識を侵食するときに発生する微妙な変化に鋭意に対応することはできない。というのは、ほとんどの場合、これらの変化は感情の鋭い痛みを伴って発生するものだからである。これに逡巡を覚えぬ向きは、議論をしているときの自分の声を録音し、自分の無意識の声に耳を傾けてみるとよい。ほんの数分間再生するだけで、アニマないしアニムスは明確な姿をもって現出することだろう。これらの元型《アーキタイプ》を単なる理論上の産物と切り捨てたり、常に個人の言葉と行動に支配されているものと仮定するのは適切ではない。むしろ、同じ身体の中に共存する自律的な存在と見る方が実情に則しているといえるだろう。

　シャドウと同様に、アニムスやアニマもまず夢や空想におけるイメージとしてとらえられる場合が多い。アニムスとアニマは自由にして自律的であり、個人のコントロールの埒外にある。これらは無意識の心《プシュケー》を構成する教化されていない生命であり、自我に左右されることがないからだ。むしろ逆に、自我がアニムスないしアニマによって人格化される無意識に左右されているといった方が真実に近いだろう。現実の恋人関係における場合と同じように、これら二つの元型《アーキタイプ》を支配しようとすると、無意識の反乱という深刻な事態が発生する。無意識と共存していくためには、その存在を認識しつつ自我の側で譲歩することが必要なのだ。

> （アニムスとアニマは）いずれも無意識の力であり、古代の人々はこれらを「神」と見なしていた。アニムスとアニマを神の名で呼ぶことは、この二つを心理的位置付けにおいて中心に据えることを意味する。しかし、これらは意識しているか否かにかかわらず常に中心に位置してきた。アニムスやアニマの力は、それらが無意識に留まれば留まるほど強くなるものなのである。これらを一瞥だにしない人々はその完全な支配下にあるのだ……(1)

アニムスやアニマを認識しようと試みることによってのみ、真の内なる結合が可能になるのであり、

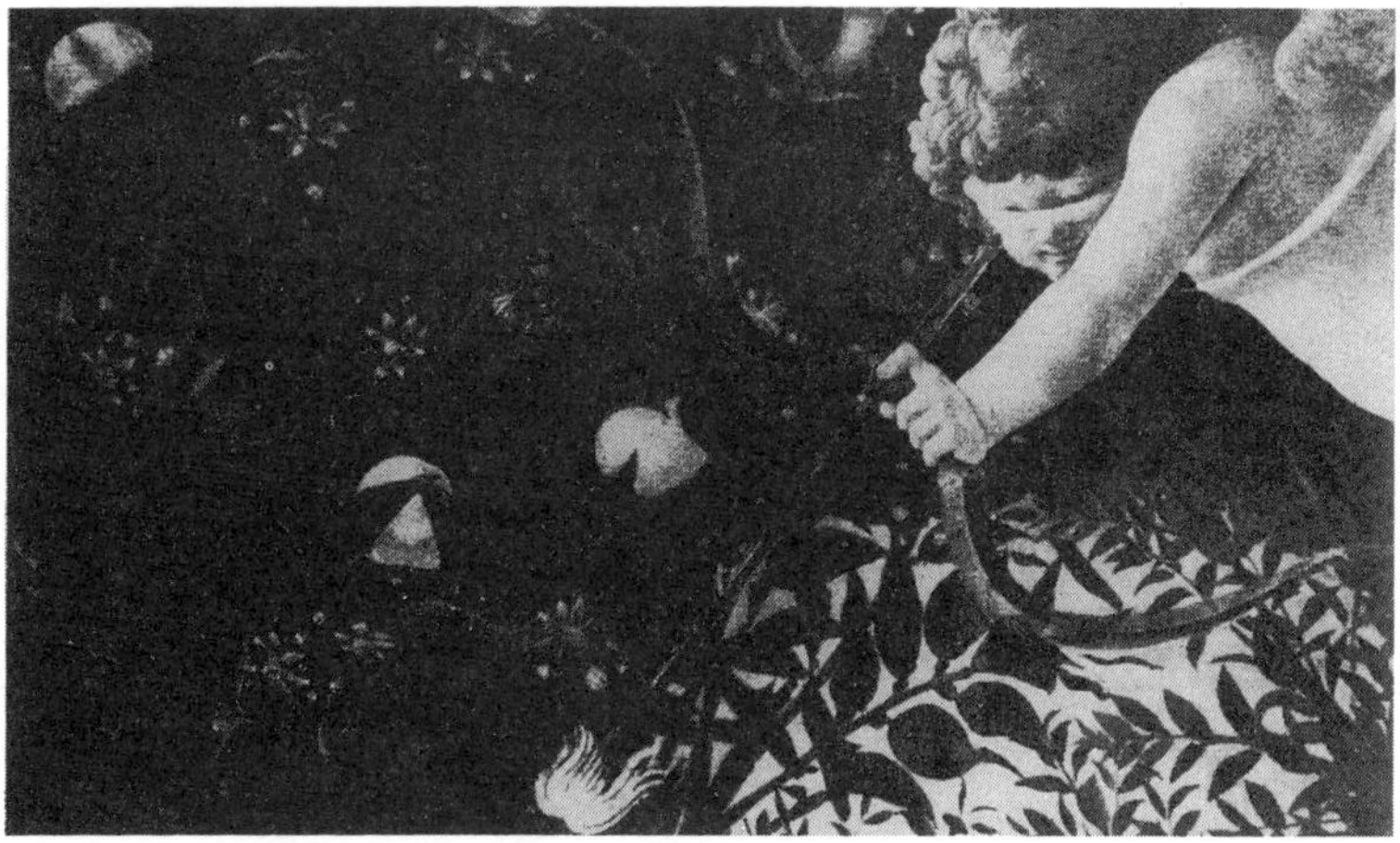

盲目のアモール。ボッティチェルリ『プリマヴェーラ』より。

さらには心《プシュケー》の両面を創造的な方法で表現することができるようになるのである。

……シャドウの統合ないし個人的無意識の自覚は分析過程の第一段階である……これなくしてアニマ及びアニムスの理解は不可能である。シャドウの自覚は他者との人間関係を通じてのみ可能になるものであり、アニムスないしアニマの自覚は異性との人間関係を通じてのみ可能になる。なぜなら、これらは他者に投影されることによってのみ活性化するものだからだ。(1)

「恋に落ちる」ことによって生じた男女関係においてアニムスないしアニマの投影は避けられない。このような場合、パートナーに対して妙に懐かしいような感を抱くものだが、これは恋の対象が実は自分であることに由来する。但し、この愛の対象は無意識の自己《セルフ》であり、自我《エゴ》を愛するナルシシズムとは異なる。この「懐かしいような感じ」はしばしば魂再生説と結び付けて説明されてきた。即ち、前世からの因縁が現世での懐かしさに通じるというわけである。この議論はアニムスやアニマに関する議論と必ずしも矛盾するものではない。というのは、我々にとってこれらのイメージの本質を真の意味でとらえることはできず、また、これらが発する本源を求めることも不可能だからである。魂再生であるかどうかはともかくとして、アニムスないしアニマの投影は「一目惚れ」という状況において頻発する。しかし、この場合の投影は必ずしも否定的にとらえるべきではない。逆に、こういった投影は人間関係の形成にとって必要不可欠な触媒であるといえよう。これは人間関係の形成が自己認識にとって必要不可欠な触媒であり、内なるパートナーの探求が人生の享受のために重要であるのと同じことである。アニムス及びアニマは深遠なる感覚世界においてガイドの役割を果たす。個々の人生の背後に控える集合的な経験及びイメージを受け継ぐアニムス及びアニマは、我々を本来ならば間違いなく避けてしまうような状況——闘争や認識など——へと導いてゆくのである。我々は内なるパートナーを自らの外に求めるが、これらは我々の内にいて我々を意識が拒絶する経験へと駆り立てるのだ。アニマは男性を感覚と感情のもつれあう暗黒の世界へといざなう。これは、猫が水に浸かることを嫌うように、男性にとっては生理的に嫌悪すべき世界である。また、女性はアニムスによって孤独、独立及び自覚へと追い込まれる。本来ならば、これらは他者との個人的人間関係と無意識のうちの同質化を本能的信条とする女性にとって忌避の対象でしかない。幸福をもたらすどころか我々を危機の旅路へといざなうこの「ガイド」を呪わずにはいられないが、これなくして成長も、喜びも、理解も、そして人生それ自体もありえないということを忘れてはならない。深遠なる神秘はアニムスとアニマの中に横たわっている。そして、アニムスないしアニマを通じて、我々は人間関係を、内なる成長をもたらすものとして、そして自らの内奥の中心に至る旅路を体現するものとして認識することができるのである。

元型《アーキタイパル》的なものの常として、アニマは二つの顔を持っている。このことは、アニマの価値の受容においてしばしば混乱を生じさせている。神秘を湛え創造性や活力を与えるような「明るい面」は男性にとって受け入れやすいものであるが、「暗い面」は多くの場合受け入れがたいものであるからだ。また、現実の女性に対してはアニマの「暗い面」を投影し、破壊的で誘惑的なものとしてとらえることの方がはるかに容易であることも混乱の一因である。しかし、「明」も「暗」も単独では存在しえないものであることを忘れてはならない。アニマというのは、女性に関するすべての男性の集合的な経験であり、元型的な女性原理のシンボルである。他者との相互関係や感情と連動するアニマは、他者との結合を指向する男性の無意識の視座が人格化したものなのである。ある意味で、アニマ像は全男性にとって共通であるといえる。アニマとは、その姿を言葉で表現しつくすことは不可能であるが、すべての男性に共通する属性を持った唯一の女性ないし女性要素のエッセンスであるといえるのだ。アヤシャのようなアニマ像やマリリン・モンローのようなアニマ的な女性に強大な力と魅力を与えているのは、この共通性及び集合的一致性なのである。

アニマには、このような全男性に共通の集合的な顔だけではなく、個々の男性に対応した独特の顔もある。理想の女性像として、黒髪の妖艶な女性を思い浮かべる人もいれば、ブロンドの快活な女性を思い浮かべる人もいるように。包括的に見れば、個々のアニマは個人の女性経験、殊に母親に関する経験を色濃く反映している。このため、エッセンスの部分では共通性が見られるものの、理想の女性像は人によって異なるのである。ルーベンス描くところの豊満なニンフや女神はあくまでもルーベンスの理想の女性像であり、ミア・ファローのようなスレンダーでボーイッシュな女性を理想像とする人もいるわけである。また、時代の推移による美の観念の移り変わりも見逃せない。エリザベス朝やビクトリア朝における理想的な美女像と現代における理想的な美女像は大きく異なっているのである。この問題についてローマ人は次のように表現した――de gustibus non disputandum est――「蓼喰う虫も好き好き」。理想像の肉体的外観は、明確に表現することが困難な内なる特質を象徴的に体現したものである。従って、理想像の肉体を通じて心の内奥や直感に意を通じれば、自分の本質を明らかにすることができるのである。

著書『シンボリック・クエスト』[2]において、エドワード・ホイットモントは、トニー・ヴォルフによる「『女性的要素』の類型学的分類」について詳しく記述している。これは元型《アーキタイプ》に関する分類であるため単純に適用することはできないが、現実の女性もこの基本類型のいずれかにあてはめることができる。もちろん、アニマについてもこの四つの基本類型――「マザー（母）」、「ヘタイラ（神殿娼婦）」、「アマゾン（女戦士）」、「メディウム（霊媒）」――に分類することができるのである。一般に、アニマの持つこれらの「顔」のうちのひとつが男性の意識へと浮かび上がり、それをもって女性的要素を代表するものとして認知される。

「マザー」は守り、慈しみ、育てる属性の表象である。彼女の「明るい面」は、家庭と保護、慰撫と寛容――すべての慈愛と本能的叡智を体現している。彼女の「暗い面」は、支配、貪欲及び破壊――

彼女の暗い子宮は男性を生から死へと導く。「マザー」をアニマとして持つ男性は、これ以外の類型を理解することができず、このイメージにのみ自らを縛り付けようとする。こういった男性は母親のように自分を慈しんでくれるような女性に心を魅かれ、その結果もたらされる自分の依存心、無能力及び無気力と戦わなければならなくなるのである。

「ヘタイラ」とは古代の高級娼婦を意味し、「マザー」とは対照的なアニマを象徴する。これは、知性、教養、美意識、愛と求愛への献呈、気まぐれ、不安定、多情、移り気といった属性の表象である。彼女の「明るい面」は教養と美を愛する洗練された感覚である。また、彼女の「暗い面」としては、冷徹、無慈悲、不確実、気まぐれと移り気、不誠実などが挙げられる。「ヘタイラ」をアニマとして持つ男性にとって、女性とは光り輝く蝶、美と光輝と色彩をもたらすものだが、風のように変化しやすいため安心感や信頼感とはほど遠い存在としてうつるものである。

「アマゾン」――処女女神を信奉するギリシャ神話の女戦士――は、力強さ、有能さ、野性、能力、信頼性、現実性及び現実的知恵に満ち満ちている。彼女の「明るい面」は、現実にうまく適応し、実生活を巧みに切り盛りし、安心と安定をもたらす能力である。また、彼女の「暗い面」は、その横暴性、支配性、独善性、拘束性及びドグマ、伝統ないし規範への従属性である。「アマゾン」をアニマとして持つ男性は、自分が自由に夢を追い求められるように、生活のすべてを依存できるような女性を求める。これについて否定的な見方をすれば、こういった男性は自分ですべきことを何もしない「永遠の少年」[*1]になりがちであるといえる。この「アマゾン」の対立概念が「メディウム」である。「メディウム」とは神秘家にして占師、宇宙の神秘を解き明かすことのできる預言者である。彼女は神と対話し、自発性、喜び、エクスタシーそして時の移り変わりに対する諦念をもたらす。彼女の「明るい面」は直感、啓発及び創造性、彼女の「暗い面」はヒステリー、狂気、混沌、そして幻想と錯乱の怒涛のような力に対する発狂的屈従である。「メディウム」をアニマとして持つ男性は、自分の創造性ないし人生の目的を表現することができる霊感ないし触媒を得る。もしくは、自分を混沌の祭壇に捧げられた生贄であると感じ、幻影のうずまく中で崩壊する世界において、もしくは何もしなくても英雄になれると思い込めるような夢の世界において、意思と肉体を投げうって価値ある仕事を成し遂げなければならないと思うことだろう。

これら四つの類型によって体現される性質は男性の無意識の心《プシュケー》の属性である。これらの類型は象徴であるから、全体として見る限りこれらを現実の女性にあてはめて考えることはできない。しかし、類型の投影という観点から見れば、女性はそれぞれ投影されやすい特定の類型を持っている。問題はそれぞれの類型の特質を意識内に持ち込むことによって生ずる。これらの類型は各人独特のものであって、「内なる結婚」をすることによって意識的にアニマとの関係を確立すれば、現実のパートナーとの関係を両立させることができない。また、アニマの存在に気がつかないでいれば、パートナーは彼のためにアニマの役割を――喜んで、もしくは不承不承――演じ続けることになるのである。こうなると、遅かれ早かれ感情のもつれが生じ、これにより彼は眠りから覚めたかのように自分の内で自分を操っている女性の存在に気がつくことだろう。

アニマを生身の人間以外のもの――神秘主義（マザー・チャーチはこの良い例である）や芸術など――によって体現させようとする場合もある。しかし、人間の形態をとろうととるまいとその根本原理は同じである。どのような理想像を思い描こうと、男性は自らの外にその姿を見出すことは決してできないのだ。アニマに内在する神話的な後光を体現するような女性など現実には存在しえない。現実の女性というのは、風邪も引き、バス・ルームに汚い洗濯物も溜め込み、顔面パックにピンだらけの頭で不平をたれてばかりいるような存在なのである。これらは自尊心溢れるアニマにおいては考えられないことである。多くの男性は女性の性癖や生理的特質——特に月経に付随するもの——を嫌う傾向にある。なぜなら、これらは彼が彼女に投影した理想像を打ち壊し、彼女が生身の人間であること、及び、彼女とは「人間としての」関係が必要であることを思い出させるものだからである。

アニマの特質について多少なりとも理解していれば、男女関係において男性が陥りやすい失敗のパターンを未然に防ぐことができよう。現実の女性がアニマによる無意識の期待を裏切った時に感じる怒り、悲しみ、反発及び苦痛は男性なら誰でも経験したことがあるだろう。こういった無意識の仮定や期待に端を発する怒りは男女関係の継続を不可能にする害毒の噴出とでも言うべきもので、いつ何時この事態に遭遇するか分からないという危険をはらんでいる。一般に、男性はこの怒りを感じても、何気無い風をよそおって女性の疑義の目をかわそうとする傾向にあるものだ。しかし、雰囲気の変化に敏感な女性であれば、必ずやこの無言の非難と失望に気がつくことだろう。現実のパートナーとアニマの違いを認識せず、かつまた双方の尊厳に注意をはらわない男性は、彼のパートナーが理想像の役割を演ずることを永遠に期待し続けることだろう——そして、パートナーたる女性はそのような男に失望するのである。

アニマの特質のひとつとして、その現実性を挙げることができる。女性というのは物質的な現世利益を求めるもので、多くの場合、男性は無意識のうちに女性の物質欲を満たすべく振る舞っているものである。また、感性もアニマの特質である。女性は慈愛、柔和さ、繊細さ及び感受性といった女性特有の感性を駆使して、家庭を愛育の雰囲気で満たすのである。こういった特質は――男性に内在する場合でも――女性原理の一側面であり、程度の差こそあれ女性の心理には必ず属性として備わっているものだ。さて、問題はこの「程度の差」にある。元型的及び歴史的に女性は「管理人 custodian」としての社会的役割を果たしてきた。しかし、この役割が原理的にすべての女性に妥当するものであるとしても、その表現方法は人それぞれであるはずである。慈愛や感受性を女性原理に含めるから問題が生ずるのではなく、男性が女性に対しそれらの特質を法外に期待しすぎるから問題が発生するのである。男性は女性にも独自の表現を求める男性的要素が内在していることを忘れているのだ。個々の女性に目を向ければ直観型の人もいれば思考型の人もおり、一概に人生の物質的及び感覚的要素ばかりを重視しているとはいえない。女性であっても、独自の関心事の追求に時間を割くことを望む人もいるのだ。要は女性の生来の精神的気質の問題なのである。自覚を目指している女性が遭遇する苦難のひとつとして、彼女の生来の気質と本能的性質の間のせめぎあいを挙げることができる。さらに、このせめぎあいの解決策と彼女に投影されたアニマとの間のせめぎあいによって問題が発生するのである。このジレンマを解決するのは容易ではなく、試行錯誤を繰り返さなければ解決策自体にアプローチすることさえ難しい。しかし、男性がアニマの性質を認識しようと努めれば、互いに妥協し合うこともできるだろうし、彼女の努力を正当に評価することもできるだろう。そして、一介の女性に女性の元型《アーキタイプ》を完璧に体現するよう無意識のうちに期待することもなくなるはずである。

アニムスはすべての女性に内在する元型《アーキタイパル》的な理想の男性像である。アニムスは狩人にして戦士、政治家にして賢人、物質面及び精神面双方における構築者である。彼は力と意志に満ち溢れ、生命の法則を解き明かす鍵を握っている。また、彼は精神《マインド》及び心《スピリット》と連動し、客観性、意思、知識、方針及び非人格的な展望を人格化する。アニマと同様に、アニムスにも「明るい面」と「暗い面」がある。彼の「明るい面」は太陽のごとく、光輝と清明、意志と力をもたらす。他方、「暗い面」は破壊者のごとく、人間関係を断ち切り、感情の死滅と永遠の孤独のわびしさをもたらす。また、アニマの場合と同じように、アニムスにも集合的な側面と個人的な側面がある。アニムスの集合的な側面はすべての女性の男性に関する経験を体現したものであり、個人的な側面は主に個々の女性の父親によって色付けされたものである。アニムスの姿は十人十色である。ヒースクリフのような力強いイメージを思い描く人もいることだろう——雄々しく、粗野で、攻撃的で、貪欲で、全能——ターザンとエホバをつけ合わせたようなイメージである。メアリ・シェリーの『フランケンシュタイン』を思い浮かべる人もいるのではないか。あの醜悪さと高貴さの二重性にはアニムスの二つの顔が縮約されている。多くの女性にとっては、知的なイメージないし高貴なイメージこそ最高であろう。そして、女性たちは、この理想像の外観、知力、才気、実行力及び行動力、さらには叡智と洞察力に至るまで彼女たちのパートナーに投影するわけだ。多くの場合、アニムスは複数の姿をとる——元老院や賢人会のように。かくしてアニムスは社会、組織ないし規範を体現することになるのである。

ホイットモントは、アニマの場合と同様に、アニムスについても男性原理を体現するものとして四つの類型に分類した。四つの類型とは即ち、「ファーザー（父親）」、「プエル・エテルヌス（永遠の少年）」、「ヒーロー（英雄）」及び「ワイズマン（賢者）」である。男性は自身の男性性の表現の象徴として無意識のうちにこれらの類型のいずれかと同一化し、女性もアニムスの持つこれらの顔のうち意識に浮かび上がったひとつをもって男性原理を象徴するものとして認知する。

「ファーザー」は守り、慈しみ、育てる属性の表象である。彼はいわゆる「男」であり、ヒエラルキー社会の規範・慣習・伝統、かつて存在した威厳及び家族の価値を体現しているのである。彼の「明るい面」は保護、奨励及び薫陶、そして女性に与える安心感である。彼の「暗い面」は成長の抑止である。彼は女性の自己発見の権利を否定することによってその女性を永遠に自分の娘に留めるのである。「ファーザー」をアニムスとして持つ女性は父親としての役割を果たすような男性に心を魅かれやすい。こういった男性は女性を守り慈しむ一方で、恩着せがましく、彼の言葉に絶対服従することを要求する。このようにして彼は女性を永遠に自分の娘に留めようとするのだ。「プエル」は「ファーザー」と対照を成すアニムスで、アニマの「ヘタイラ」とは対を成す概念である。彼は美を愛し、気紛れで物事に執着することなく、活発で才気に溢れているが、人間関係を誠実に維持することができない。「少年（プエル）とヘタイラはいずれも『愛し、そして放り出す』タイプである。エロスに触発されるヘタイラにより前者の存在が際だつ。プエルの方が『放り出す』ことにかけては一枚上手である」[2]。プエルの「明るい面」は水銀《メルクリウス》のごとく、彼は光輝、変転そして蝶の動きのようにめまぐるしく変わる精神を象徴し、また、風の精のごとく、彼は変化と飛躍の爽快感をもたらす。彼の「暗い面」は冷徹と感覚の欠落、残酷、冷淡、破壊的批判及び毒々しい言葉である。「プエル」をアニムスとして持つ女性は、魅力的だが無責任、子供のように純真で才気煥発だが人間関係を誠実に維持できないような男性——即ち、まさに「プエル」そのもののような男性の虜になる傾向がある。「ヒーロー」とは戦士にして大地の創造物、「アマゾン」と同じく、彼も現実世界において戦いそして打ち勝つ。彼は有能なビジネスマン、有力かつカリスマ的な政治家ないし軍人といったイメージである。彼の「明るい面」は気力、決断力、勇気、常識、粘り強さ、忍耐力及び強固な意志、「暗い面」は感情的な性格、物質主義、無神経、残酷、横暴、所有欲及び創造性・精神性に関わるものに対する破壊的性格である。「ヒーロー」をアニムスとして持つ女性は、この他の側面を表現ないし認識できない限りこのイメージに振り回され、出世欲、権力欲及び物欲の権化のような男性にこれを投影することだろう。このような男性は成功するためなら何でも犠牲にするから（もちろん人間関係も含む）、間違いなく女性は振り回されることになる（しかし、このアニムスに支配された女性は喜んで振り回されるものである）。これとは対照的なのが「ワイズマン」である。このアニムスはアニマの「メディウム」と対になる概念で、創造性、叡智、ヴィジョン、洞察力及び神の意思を伝達するものの表象である。彼の「明るい面」は生命の神秘を解き明かす魔術師（magician）ないし予言者としての顔、「暗い面」は奈落、枯渇、狂気及び混沌の非人間的な力である。「ワイズマン」をアニムスとして持つ女性は、パートナーに精神的指導者（guru）、叡智の源そして全能の予言者として振る舞うことを期待する。彼女は自分に欠落した創造性が彼の力によって補われることを願い、彼の更なる能力開発のために身も心も捧げ尽くすことだろう。この結果、彼女は自分に潜在するインスピレーションや創造性を認識することができなくなるのである。このアニムスにとらわれた女性の悲惨な例として、チャールズ・マンソンをメシアと信じて追従していった女性たちのことを思い浮かべる人もいることだろう。

アニムスから男性に対する無意識の仮定と期待が生じ、それが裏切られると憤りを感じる——こうして女性はアニムスによって苦しめられるのだ。これは男性がアニマによって苦しめられる状況とまったく同じである。自らの心《プシュケー》に内在する無意識の男性と意識的に協力体制を形成しない限り、女性は現実の男性に理想像を追い求め、それを裏切ることに寛容になれない。常に落ち着きはらい、勇気と決断力と論理性にあふれ、やることなすこと成功し、人生の諸問題にすべて答えを用意して待っているような男性など現実には存在しえない。たまにはたちの悪いジョークを言ったり、無知をさらけだしたり、仕事で失敗したり、感情や苦しみを面に出したり、恐怖やとまどいをあらわにしたりしてこそ現実の人間というものだ。しかし、こういった現実の人間が持つみっともない側面は女性が男性に投影した完璧な理想像を根底から粉砕するのである。女性には男性がアニムスの「明るい面」を実現しているときはこれを容認するが、ひとたび「暗い面」を実現すると途端に拒絶反応を示す傾向がある——かくしてバールを持った暴漢やけだもののような冷血漢が発生するのである。また、女性にとって、全知全能と信じていた男性が少しでも女性の助けを求めると、途端にこの男性はあわれな落伍者として映り、憤りと苦痛の種になるものである。以上のような方法で女性がアニムスと関わっている限り、アニムスは彼女の耳許で人間関係を破綻させるような言葉をささやき続けるので、男女関係がうまくいくはずがないのである。アニムスはささやき続けることによって、女性に空虚かつ孤独な人生を運命づけるとともに、「すべての男性は落伍者だ」という信念を植え付けてゆくのである。

男性にしても女性にしても、内なる異性の存在には盲目であり、自ら選択したパートナーが自分のアニムスないしアニマに類似しているために選択されたという事実に気がつかない。パートナーの「裏切り」による「真の発見」に付随する苦痛と怒りは、実は自分自身に対する苦痛と怒りなのだ。このことは、自らを特定の人間関係へと駆り立てる内奥の像を眺めるとき、明らかになるだろう。「類は友を呼ぶ」と言うように、このような状況に陥っても、パートナーを責め立てるよりも、むしろ自分の心の構造をじっくりと観察した方が有益というものである。しかし、破局だ、誤った選択だと――結婚相談員や占星家に――不平を言っている方が楽なのは事実である。また、昨今、こういった失敗を本人とは異なった性をもつ親に原因を求めることが流行しているようであるが、そのような「過去」が残留するのは、それがその人間の構成要素として植え付けられてしまったことも一因ではあるが、本人がそれを容認しているためでもあるのだ。破滅的な人間関係が生じたとき、それが一回きりの出来事であれば偶然だとも言っていられるが、二回以上生じたとすればそれは一種のパターンになる。それは、孤立無援の自我《エゴ》を苦しみに満ちた反復的な人間関係へと追い込んでゆくアニマないしアニムスの活動の存在を示すパターンである。繰り返すようだが、パートナーの避けえぬ「裏切り」に目を向けるよりも、このパターンの源を追求した方が利口というものである。なぜなら、この破滅的なパターンこそ心《プシュケー》が自分の存在を知らしめるために採っている手段なのだから。但し、この追求には並々ならぬ努力と自尊心、自己イメージないし独善性など高価な代償が必要とされる。

*　　　*　　　*

シャドウと同様に、アニマとアニムスも元型《アーキタイプ》――「神」であるため、それらを惑星の神々のうちに見出すことが期待できる。ホロスコープにその痕跡を求めるにあたって、妥当な総括的見解を得る知的に適用すべき公式ないし規則は存在しないことを忘れてはならない。象徴《シンボル》を知性のみによって理解することはできないのである。あるカップルの各々のチャートを比較対照してみると、相互の関心、共通の目的及び性格の適合などの要素を見出すことができるだろう。しかし、これに加えて、二人の見えざるパートナー——アニマとアニムス——もこの二人の人間関係を左右しているのである。ここにおいて、関連するすべての事柄がこの「内なるパートナー」に依存していると言っても過言ではない。というのは、「内なるパートナー」のすべての活動は闇の中であるため、個人の選択はどうあれ、結果はそのあずかり知らぬところで予め決定されてしまっていることになるからだ。ホロスコープの一致性を評価する上で、このことは常に念頭に置いておく必要がある。惑星ないし星座に顕著なコンビネーションが見られたり、二つのチャートの間に調和ないし不和が見られたとしても、それらは単に可能性でしかない。可能性を現実へと変化させるか否かを決定するのはアニマとアニムスなのである。

伝統的な相性判定《シナストリー》のテクニックは人間関係において流動するエネルギーを知覚する上で便利な方法である。しかし、このテクニックを教科書通りに適用することは、無意味を通り越して危険でさえある——完全に誤った結果を導きだす可能性があるのだ。従って、チャートの比較対照の結果のみによって、人間関係の設定ないし断絶に関わる決定をなすべきではないのである。完全に調和するチャートなどというものは存在せず、また、内なる結婚のシンボルとしての場合を除いては、完璧な相性の二人の人間などというものは存在しえない。さらに、バースチャート上にその姿を現さないXファクター、即ち「自己《セルフ》」が全人生に関わる重大な発展段階を左右する要素としてこれに加わるのである。この神秘に満ちたプロセスによって、本来調和しえない、もしくは数多の障害を含んでいるはずの人間関係が生じることになるのである。だから、チャートの上で相性が悪いからといって「悪い」人間関係であると判断するべきでは必ずしもないし、逆にチャートの上で相性が良いからといって「良い」人間関係と判断するのも早計というものである。そもそも、チャートが何を示そうとその道を選択しなければ元も子もない。人はしばしばその選択をせず、理想や愛の雰囲気にほだされて最善の道を放棄してしまうものである。もしくは、チャート上での相性も良く、申し分ないはずのカップルにおいて、突然ないしは次第に情が薄れていってしまうということもある。このような場合は、「内なるパートナー」に検証の目を向けなければならない。こういった説明のつかない変化の背後には、必ずアニムス及びアニマが関わっているのである。

伝統的な相性判定法《シナストリー》において、カップルの一方のバースチャート上の太陽ともう一方のバースチャート上の月（一般に、男性は太陽、女性は月とされる）の間の調和的な関係は、幸福かつ持続的な人間関係の表象とされている。ユングがすでに結婚しているカップルのチャートを調査したところ、太陽と月がセクスタイル（60度）のアスペクトを形成している例が多数見られたという。[3] この他、一方の月ともう一方の金星、一方の火星ともう一方の月についても（いずれも伝統的に誘引と調和の表象とされる）、多くの場合特定のアスペクトを形成していたという。これについて心理学的な解説を加える前に、人間関係の選択を支配するファクターである「内なるパートナー」のイメージをバースチャートから推察することができるかどうか検証してみる必要がある。伝統的に相性を示すとされる惑星間の関係……太陽と月、金星と月、火星と月、月と月、太陽と金星、火星と金星、太陽とアセンダント、月とアセンダント等々、及び、チャートの比較対照において少なからず見られる重要だが説明のつかない惑星間の関係……太陽と土星、月と土星、金星と土星、火星と土星、一方の太陽、月、アセンダント、金星ないし火星ともう一方の天王星、海王星ないし冥王星――以上について、二つのバースチャートに内在する個人の欲求《ニーズ》という観点からひとつひとつ検証してみなければなるまい。

無意識が意識を補償していること、及び、アニマとアニムスが――内なる無意識の力の象徴《シンボル》として、そして個性と集合性の狭間に立つ門番として――その補完機能を果たしていることについてはすでに述べた通りである。チャートが火のエレメントで満ち満ちた直観タイプの人間の劣等機能＝感覚はシャドウを通じて表現されるだけではなく、アニマないしアニムスが他の特質を体現することによっても示されるのである。だから、シャドウから開放された人間については、アニマないしアニムスが自己《セルフ》の神秘的な経験を解き明かす鍵となるのだ。即ち、現実的な感覚タイプの人間はヴィジョンと予言をその特質とする火の創造物を内に秘め、現実を概念的枠組みで把握する思考タイプの人間は水のように流動的で、魔術的で、気紛れかつ不合理な深みを湛えた内なるパートナーの支配を受け、個人的人間関係と主観的評価を特質とする感動タイプの人間は明確、冷徹、非個人的かつ客観的な風の崇高な精神をその内に宿しているのである。すべてを説明するためにやや簡素化し過ぎたきらいはあるが、個人の気質の傾向を示すチャートには、しばしばその無意識の姿を体現する見えざる創造物の暗示が含まれているのである。また、アニマ及びアニムスのそれぞれ四つの類型を四エレメントに当てはめて考えることも可能である（但し、あまり文字通り解釈しないよう注意されたい）。即ち、水の創造物「マザー」は思考タイプの男性（風）、風の創造物「ヘタイラ」は感情タイプの男性（水）、地の創造物「アマゾン」は直観タイプの男性（火）、そして、火の創造物「メディウム」は感覚タイプの男性（地）のそれぞれ理想の女性像となるのである。同様に、「ファーザー」（水）は思考タイプの女性（風）、「プエル」（風）は母性に満ちた感情タイプの女性（水）、「ヒーロー」（地）は直観タイプの女性（火）、そして、「ワイズマン」（火）は勤勉な感覚タイプの女性（地）のそれぞれ理想の男性像となる。これについても過剰な単純化が問題となるが、なにがしかの研究材料にはなろう。

男性のチャート上の女性原理の星及び女性のチャート上の男性原理の星は内なるパートナーのイメージを示唆する。もちろん例外はつきものだから、これを金科玉条とすることはできないが、男性のチャート上の月及び金星及び女性のチャート上の太陽と火星についてはまず間違いないといえよう。伝統的に太陽と月、金星と火星の相互アスペクトは人間関係において「吉兆」を示すとされているのは、一方の人間の無意識の内なるパートナーのイメージがもう一方の人間の資質と調和するためなのだろう。例えば、ある男性のホロスコープにおいて、金星が蠍座にあり、その他の要素が彼のアニマのイメージを強い感情、情熱、神秘及び暗黒と示唆しているとき、彼は蠍座（やや落ちるがその他の水の星座——蟹座ないし魚座でもよい）がホロスコープを支配する感情タイプの女性に他のどのタイプの女性よりも強い魅力を感じることだろう。但し、この善し悪しについては別問題である。パートナーたる男性による理想像の投影を特に悩むこともなく生涯よろこんで背負っていけるような女性であれば、間違いなく安定した結婚生活を望むことができるだろう。しかし、安定性は男性が持つアニマの資質の向上を抑圧し、女性の成熟を阻害する可能性もある。他方、人間関係を自己発見の手段と考えているような人々にとって、このような女性は成長のための触媒となることだろう。というのは、彼女は男性に内在する意識的な成長を通じて解放されることを求めている内なるパートナーを理解することができるからである。要するに、すべてがチャートに依存しているのではなく、個人性や資質の活かしかたにかかっている部分も大きいのである。確かに、相性の良いカップルの結婚生活は楽なるがゆえに持続しやすい。しかし、チャートに多少のくい違いがあったり、パートナーと健康ないさかいをしたりする方が、認識への早道という場合もあろう。

天王星及び木星もまた男性エネルギーの象徴とされ、海王星及び冥王星も女性エネルギーの象徴とされている。これらの星はチャート比較の際によくみられるが、天王星、海王星及び冥王星は超個人《トランスパー》的《ソナル》な星であり、大いなる成長をもたらすものとされてはいるもののその扱いは難しい。これらの星を含む星のアスペクトに特に傾注している人々もいるようではあるが……。天王星は強力な風、神秘の力――世の現実というベールを剝がし神聖なる精神世界を明らかにする。木星は予言者、直観的占師、精神的先導者――閃きと完全性を与える。海王星はマーメイド、メルジーネ（伝説的人魚）――男を集合的感情の海の深みへと引き込む。冥王星は冷酷にして誘惑的な暗黒の母――生命の恵みを与え、男を眠りと死と再生の子宮へと引き込む。太陽、月、金星及び火星は個人的惑星であり、個人的経験によって色付けされたアニマないしアニムスの個人的側面と連繫しているが、天王星、木星、海王星及び冥王星は集合的側面と連繫している。

まだ、土星と水星については言及していないが、これはこの二つの星が無意味だからではなく、これらがチャートの比較対照の分野において看過ないし過小評価されてきたこと、及び、いずれも男女両性的な性質を持っていることによる。これらはアニマやアニムスというよりもむしろ、合成と統合

ヴィーナスの鎖につながれたマルス。
フランチェスコ・デル・コッサ（1470年頃），スキファノ宮殿。
（イタリア）

のシンボルなのである。錬金術において、サターン（土星＝鉛）は老王――錬金術の変成の過程を経て若いメルクリウス（水星＝水銀）として再生する老メルクリウス（Mercurius Senex）――とされている。闇を通じて闘争と苦痛は理解と光となるのである。（アニマないしアニムスのイメージの表出を求める場合）チャートの比較対照及び個人チャートいずれにおいても土星は重要である。土星は、人間関係を通じて、個人のパーソナリティに含まれる基礎的な部分及び陰に隠れた部分に関する認識が明らかになり、その叡智が使用可能になるであろうことを表示するのである。かくして内なるパートナーに至る扉が開かれるのだ。

個人チャートにおける一定の星のアスペクトはアニマないしアニムスのイメージの一側面を示唆する。例えば、月が冥王星とコンジャンクションすると、個人的な母のイメージ——慈愛、撫育及び感性——と、「暗い母（Dark Mother）」の集合的な元型《アーキタイプ》——支配、破壊、誘惑及び変容が共に示唆される。このコンジャンクションが男性のチャートに認められた場合、彼がアニマの個人的な要素を認識すると、集合的な要素も認識することになる。その結果、彼は闇と古拙と潜在的破壊性——蠍座と支配星である冥王星の特質——を体現するような女性に強い魅力を感じるのである。こういった男性は、女性とのつきあい——これは母に始まる——が自分の存在の根底に関わるものであることに気がつくことだろう。彼女たちは常に彼を呑み込まんばかりにして脅かす。しかし、彼女たちによって死に至らしめられた彼の感性は、人間関係の真の価値を認識できるようになって再生するのだ。彼は自らの心に巣くう暗い姿のために女性を恐れるようになるかもしれないが、まさにその元型を体現するような女性に心魅かれずにはいられないのである。金星と冥王星のコンジャンクションが男性のチャート上に認められる場合についても同様で、理想の女性像は「暗い母」の元型と結び付き、非常に肉感的な女性像が彼の心を満たすのである。月と海王星の場合はまったく異なった資質が示唆される。即ち、個人的な母のイメージが殉教者、神秘家、占師及び救世主のイメージと結合するのである。こういった男性は、海王星——魚座の資質を体現するような女性を通じて、自分の感情の海に自らを投げ出し抹殺することを願うことだろう。彼は自らの身を犠牲にしなければならないような無力な、もしくは苦難に満ちた女性に心を魅かれるのである。月ないし金星と土星とのアスペクトが示唆する女性イメージはその男性自身のシャドウによって重大に汚染されたものであるため、こういった男性は権力、支配及び拘束を女性に投影することだろう。ここにアニマと影の真の「結婚」が成立するのである。これにより、この男性の内に、自分の身を守ることと自分を脅かすものを支配することに対する欲求が生まれる。この欲求は彼の感性を権力指向のために使わせることになるため、彼の創造的な資質を大いに阻害することになるだろう。こういった男性は真の人間関係を結ぶことができるほど

「哲学者の卵」（錬金術の容器）の中の若いメルクリウス。鳥の群れは霊化を暗示している。
『沈黙の書』（1677年）より。

自分を無防備にさらけだすことができないため、投影することをやめない限り、人間関係において必ず失望を経験することになるのである。

天王星と太陽ないし火星がアスペクトするバースチャートを持つ女性は、魔術師、風の霊性の元型に繋がる男性の個人的な経験を持ち、彼女の理想の男性像は破壊する者、幻影を破砕する者及び目覚めさせる者のイメージによって色付けされることになる。彼女の人間関係において男性はこの二重の像を持つことになり、彼と彼女との相互作用は（しばしば無意識のうちに）彼女を動揺させ、目覚めさせ、開眼させ、感情の価値認識を粉砕する。多くの場合、この過程は人間関係自体が粉砕されることによってもたらされる。

超個人的《トランスパーソナル》な星が、男性のチャートにおいて月ないし金星とアスペクトする場合、もしくは、女性のチャートにおいて太陽ないし火星とアスペクトする場合、個人的人間関係を広範かつさらに超個人的な段階――個別性の低い元型が自身を表現する場を持てるような段階――へともたらしたいという個人的な欲求が示唆される。このような段階においてなら、元型は統合的な機能を発揮することができるが、パーソナルな枠組みにはめこまれてしまうと窒息を起こし、空気の希求から破滅的な影響がもたらされる。このような星を持つ人々にとって、人間関係は混乱あり、危機あり、死あり、復活ありといった波瀾万丈のものになってゆく。これにより、単なる自我《エゴ》の満足ではなく、心《プシュケー》の全体としての成長がもたらされるのである。こういった人々は、単なる楽しい結婚生活よりもさらに深くさらに広範な何かを求める自らの衝動を認識することだろう。彼らにとって、人間との関わり合いは真の内なる旅路であり、それは劇的なクライマックス、失望そして苦痛に彩られたものであるが、常に中心へと志向しているのである。もちろん、このような人間関係は万人向きではない。しかし、チャートにこの種の欲求が示唆されたならば、いざ事が起こってから驚愕したり他人を非難したりするよりも、こういった人間関係について理解しておいた方が無難というものだろう。

四つの「人間関係の」星――太陽、月、金星及び火星――の入っている星座、及び、この四つの星と他の星との組合せは、個人の人間関係のパターンを形成する無意識の衝動を理解する上で重要な手がかりである。こういった星のパターンが問題となるのは、固有の精神的傾向及び意識の根本的機能をとりあげる場合である。こういった星のパターンが問題となるのは、固有の精神的傾向及び意識の根本的機能をとりあげる場合である。多くの場合、この二つのファクターは一致ないし互いに補完しあうものであるが、場合によっては対立することもある。決定的な公式は存在しないのだ。人間関係にかかわる矛盾点を明らかにしてゆくためには、その人間について学ばなければならないのである。

以上論じてきたことに加えて、ディセンダントの星座及び第7ハウスに入るすべての星についても考慮する必要がある。これらは、パートナーに求めつつも自分自身に帰属するアニマないしアニムスのイメージと結び付いた資質を示唆するものなのである。ここでチャートにおけるアセンダント――ディセンダント軸の意味について少し説明することにしよう［六一ページのバースチャートの構造参照］。

バースチャートにおいてアセンダント及びディセンダントを形成する地平軸は夜の空と昼の空の境界線にして天と地の接点、外界に対し肉体をもって自身を表現する人間それ自体を象徴する。アセンダント（上昇宮）はチャート上の東の地平線である。ある人間がこの世に生まれ出たとき、東の地平線から姿を表した星座がアセンダントの星座である――それは種々の星が住まうハウスへと導く戸口のようなものだ。太陽が個人の本質と人生の軌道を模索する手がかりとなるように、アセンダントの星座は個人と社会との関係を探る鍵となるものである。アセンダントは扉、門ないし窓である。それを通して個人は世界を見つめ、世界もそれを通して個人を見つめる。彼が見るすべてのものはアセンダントの星座に象徴される視点によって色付けされる。類は友を呼び、内面は外面を反映す。かくして、社会における彼の立場、及び、彼のパーソナリティーを形成する自分の立場との直面は、「外側」にあるものと同調する彼の心の創造的力によって、彼の人生へと誘引される——もしくは彼がそれを誘引するのである。心も、その誘引するものと同様に、その門口に立つアセンダントの星座によって体現される。アセンダントの星座に象徴される人生に対する視点は、彼が経験じた人生の性質によって形成されるが、彼の経験した人生の性質は彼の資質及び内なる視点によって誘引されたものであり、彼の資質及び内なる視点はアセンダントの星座によって象徴されたものなのである。このように、内界及び外界は相関関係にあるのだ。

基礎的な占星術に詳しい方であれば、アセンダントは、個人の行動及び意識的な個としての他者との関わり方について、太陽の星座よりも顕著にその資質を表すものであることを知っているだろう。しかし、バースチャート上にあるものはすべてその対極をなすものを有しており、いかなる星座についても、対立物であると同時に片割れでもある対極の星座を考慮にいれることなくして価値判断を下すことはできないのである。チャートの西の地平——ディセンダントの星座はアセンダントの星座と常に対極をなす位置にある。伝統的な占星術においては、ディセンダントは結婚のハウスのカスプ(境界線)と呼ばれ、自分のパートナーに求める資質——アセンダントによって示される自分のパーソナリティーに固有の資質と正反対の資質——を表すものとされている。しかし、実際には、これを

「パートナーに求める資質」を表すものとするよりもむしろ、個人に内在する無意識の資質――自己認識とは相対するが、包括的かつバランスのとれた自己表現に不可欠な資質を表すものとした方が適当であろう。また、ディセンダントによって象徴される資質は無意識であるがゆえに他者に投影されるのが通常であるから、これらは現実のパートナーに帰属する資質というよりはむしろ、内なるパートナーに帰属する資質とすべきである。このようにディセンダントはアセンダントの無意識の裏面なのである。ここで、一二宮は実は六つの要素のみによって構成されていることを覚えておいていただきたい――対をなす二つの星座はひとつの基礎的な経験ないしエネルギー軸に統合することができるのである。軸の両極を統合することができるといっても、意識はしばしばその一方に拒絶反応を示すものだ。意識というのは一時にひとつのものしか見ることができないものなのである。

ディセンダントに関する理解を深めるために、対をなす星座の基本的な性質について復習してみることにしよう。

創造的、独断的かつ自己中心的な彼（牡羊座）は、他者に対する認識及び人間関係において他者と客観的な協力関係を結ぶことができる能力を求める（天秤座）。妥協と協力に長けた理性的かつ合理的な彼（天秤座）は、独創力、独断性及び独立心を求める（牡羊座）。

明解なセンスそして純朴な価値観によって安定性をかちえた世俗的かつ現実的な彼（牡牛座）は、物事の皮相をうがち無意識の動機を理解することができるような感覚的な世界の体験を求める（蠍座)。物事の皮相をうがち複雑な感覚世界をとらえることに長けた気性が激しく情動的な彼(蠍座)は、現実的な人間関係と価値の単純化によって得られる平穏と安定を求める(牡牛座)。

事実認識と情報処理に長け、好奇心旺盛かつ知的に調和のとれた彼(双子座)は、複数の事実を意味深長な統合体へと融和させる直観的な関連性を理解することを求める(射手座)。人生の目的と方法についての包括的な感覚に秀で、偏見がなく直観的な彼(射手座)は、特定の観念や事実を理解し、自分の見解について他者が分かるように説明できるような能力を求める(双子座)。

繊細、流動的、敏感、本能的かつ感情的で、他者に影響されやすく、また他者に影響されることによって生活している彼(蟹座)は、自助努力の賜物である自己の組織化、自立性及び自発性を求める(山羊座)。エネルギーを利用して周囲を支配することに長け、自律性と自発性に満ちた彼(山羊座)は、人間関係における温情と平穏、そして親密な交歓を求める(蟹座)。

自身の独自性と独創力の伸長を目指す独創的な彼(獅子座)は、自分が広い世界の一員であることを知り、自分の才能に対するより広い世界の客観的評価を得ることを求める(水瓶座)。集団意識に満ち、他者の重要性を認識している彼(水瓶座)は、自分から他者に何かを与えることができるよう自分の価値観と独創性の伸長を求める(獅子座)。

判断力に優れ、優れた技倆を持ち、真実と純粋性と人格陶冶を追求する彼（乙女座）は、義務ではなく愛により他者につくすことができるよう同情と憐憫の情を求める（魚座）。他者に対する理解があり、他者の要求に敏感で、独創的なアイデアに満ち溢れた、同情的な彼（魚座）は、他者に対し真に実用的かつ有効な方法でつくすことができるよう自律性、技術及び判断力を求める（乙女座）。

ディセンダントの星座に占星学の基本原理を適用することによって、人間関係において個人が求める資質の手がかりを得ることができる。それはその人自身が自らの内において伸長させることを求めている資質なのだ。ディセンダントの星座の解釈においては、アニマないしアニムスを表す特定の星のアスペクトを検証すると同時に、チャート全体のバランスの中でアスペクトを見てゆくことも必要である。

伝統的に、第7ハウスに入る星はパートナーに求められる資質と結び付くものとされてきた。繰り返すようだが、この星によって象徴される資質とは、正確には自分自身の無意識に帰属し内なるパートナーのイメージを体現するものである。一般に、第7ハウスの星とはパートナーないし人間関係によってもたらされるものを通じて関わってゆくものだが、建設的な方向で関わってゆくためにはその性質を認識する必要がある。第7ハウスに入る星としては超個人的《トランスパーソナル》な惑星が入った場合が一番影響力が強い。これは超個人的な星——天王星、海王星及び冥王星——が概して無意識的であることによる。これら超個人的な星をこの「結婚のハウス」に持った人は、パートナーとの結合を通じて崩壊、危機、幻滅ないし覚醒と遭遇するような人生を送るのが通例である。こういった事象に遭遇しても、一般に人はその原因をあくまで自分の「外部」――現実のパートナーに求める。自分に内在する内なるパートナーが、そういった経験を彼の人生に招き入れていることには気がつかないのである。だから天王星的なパートナーを冷血だ、無神経だ、冷淡だと非難する前に、そして、海王星的なパートナーを不誠実だ、見かけだおしだと非難する前に、冥王星的なパートナーを権力指向だ、支配的だ、束縛的だと非難する前に、自分自身に目を向けた方が良いのである。第7ハウスの星はパートナー自体を表すのではない。自分がパートナーをどのように見ているかを表すのである。なぜなら、パートナーに自分の理想と対極をなすイメージを投影し、その結果無意識のうちにある種の経験を自分へと凝集させてしまっているからである。パートナーを通じて自分が遭遇した事象はあくまで自分自身の無意識の選択の結果なのである。

「どうして私はいつもこのような目に遭うのだ」などと問うべきではない。なぜなら、それがどのようなものであれ、結局は自分で招き寄せているのだから。(4)

伝統的なホロスコープの相性判定法《シナストリー》については数多くの書物が著わされてきた。それらは特定の星の組合せについて一般的理解を深めるためには大いに役立ってきたと思われる。しかし、いかなる判定法をもってしても、人間関係をつくるべきか否か、人間関係が存続するか否かを判断することはできないということを忘れてはならない。この点に関しては強調してもし過ぎることはないくらいだ。しかし、これについての安易な推測からはかり知れない被害が生み出されてきた――これは個人にとっても災難であろうが、占星学にとっても大きな痛手となったのである。あるカップルについて、チャートの相性判定から分かることといえば、人間関係成立の理由とその人間関係において働いているエネルギー要因くらいのものだ。人間関係の運命は星とともにあるのではない。個人とともにあるのだ。内なるパートナーとの関わり合いの内にあるのだ。目に見えぬパートナーを認識して、初めて、目に見えるパートナーを客観的に見ることができるようになり、チャートがもたらす情報を建設的な方法で適用することができるようになるのである。この内なる作業こそまず第一に行わなければならないことなのだ。この作業を現実のパートナーの助力と理解のもとで行うのはよいが、前述した通り「誰を非難すべきか」ということについての正しい認識を忘れてはならない。こうして初めて、思考プロセスないしコミュニケーション方式の差異、価値観の差異、嗜好の差異、気質ないし関心の調和など人間の様々な交流領域についてチャートを駆使して検証することが可能になるのである。

* * *

ここで実例を示すことにしよう。二二三、二二五ページに掲げた四つのチャートはある一人の女性及び彼女と関わりがあった三人の男性のものである。この三つの人間関係は大部分アニムスの活動によるものであったといえるだろう。だからといって、これらの人間関係について善し悪しを論ずるのは無意味である。どの人間関係も彼女の他者と彼女自身の理解において何らかの貢献をしただろうから、少なくともその意味ではすべての人間関係が妥当であったといえるのである。また、いずれかの人間関係が存続したか否かは誰も知らぬことであるから論じても無意味であるし、彼女が同時に複数の男性とつきあっていたか否かについては我々が論ずべき主題ではない。つきつめて言えば、内なるパートナーと現実のパートナーは二つの異なる実在ではない。物事を深く追求すれば内も外もなく、ただ心《プシュケー》の経験――これは内でも外でもある――のみ残るのである。内なるパートナーが変化すれば、現実のパートナーも変化する――もちろん、内面にあるものが外面の異なった反応を求める時が来ればこの限りではないが。我々は内外双方の一部をなし、内外双方の心《プシュケー》と密接な関係を持っているため、これを自覚しようとする試みは夢を解釈する作業に似ている。夢に出てくる「他の」人々は確かに他人であるが、同時に自分自身でもあるのだ。

マーガレットのチャートは地のエレメントが優勢である。彼女はそのエレメントが示すとおり感覚タイプの女性で、強力な思考機能を備え、乙女座―水瓶座という組合せの特徴通り人生において苦難に遭遇しやすい性質を持っている。彼女は物事をたんねんに調べ、分析し、理解しなければ気がすまない。これは仕事、見解ないし価値基準のみならず人間に対する場合においてもあてはまる。

マーガレットは幼少より養父母に育てられたため、本当の両親については何も知らない。養父母は敬虔なカトリック信者であったが、家庭には実質的に愛と理解が欠けていた。彼女が一〇歳のときに亡くなった養母は単に冷淡な人物として彼女の記憶に残っている。養母は亡くなるまでに長い闘病生活を送っていたため、マーガレットには彼女を真に理解するチャンスがなかったのだ。物質指向であったマーガレットは明解な愛の表示を求めていた。彼女に愛を与えるべき唯一の存在であった養父は、本質的には温情あふれる人物であり、彼女に対して大きな影響力を持っていたのだが、宗教的な発想に縛られていたため彼女を相手にしようとしなかった。彼女は心底から養父に愛されることを求

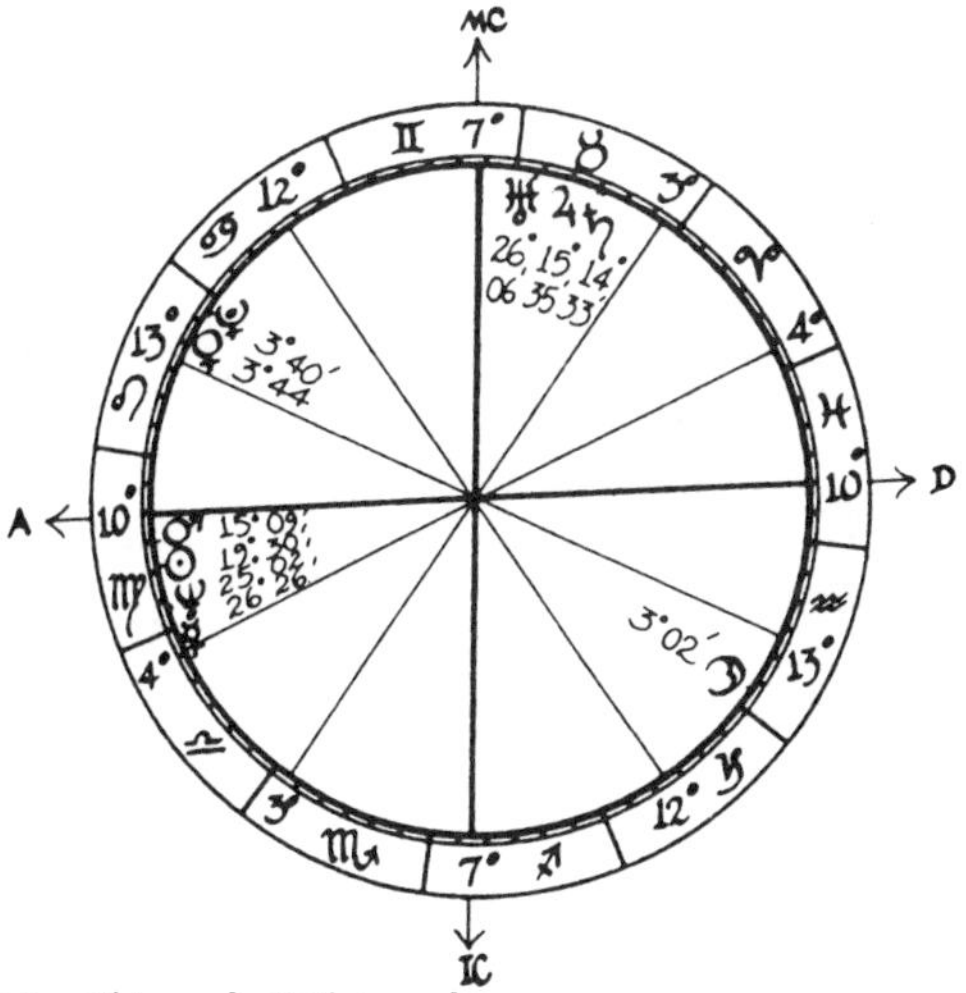

マーガレットのチャート

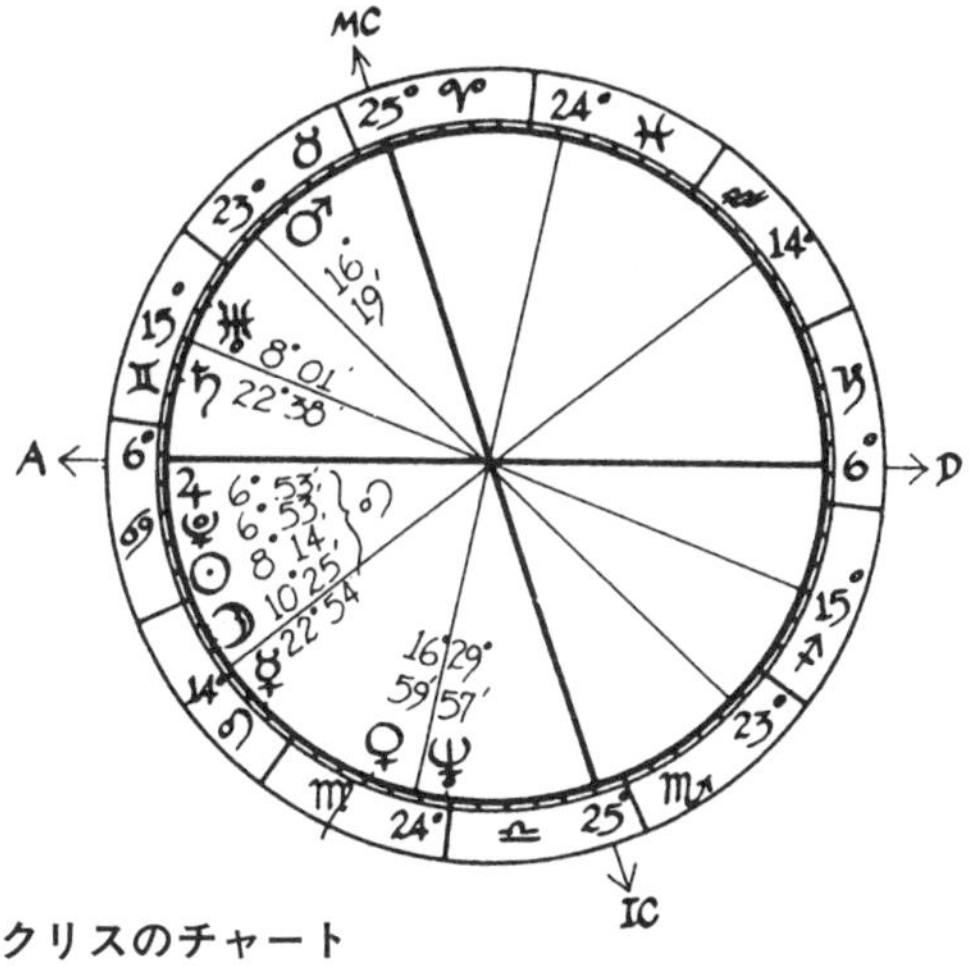

クリスのチャート

☉太陽
☽月
☿水星
♀金星
♂火星
♃木星

♄土星
♅天王星
♆海王星
♇冥王星

♈牡羊座
♉牡牛座
♊双子座
♋蟹座
♌獅子座
♍乙女座

♎天秤座
♏蠍座
♐射手座
♑山羊座
♒水瓶座
♓魚座

めていたのだが、彼は怒り、拒絶そして非難の態度をもってこれに応じたのである。彼女は何とかして養父を喜ばせようと努力したのだが、努力すればするほど、彼を怒らせる結果を招いてしまうのだった。愛も理解もない養父母のもとで、典型的な感覚タイプの精神的傾向を持っていた彼女は虚無感をつのらせていった。そして、自分には罰以外のものを受ける資格はないのだ——という極めてカトリック的な発想は、彼女の虚無感に拍車をかけたのだった。

彼女は二度結婚しているがいずれも失敗に終わっている。一度目の結婚は彼女が一七歳の時のこと、一女を設けたが、夫の暴力と精神病のため彼女は娘を連れて家を飛び出したのだった。二度目の結婚は比較的長続きし、一男を設けはしたが、結局この関係も崩壊したのだった。内向的かつ直観的な精神的傾向を持つ彼女の二人目の夫にとって、愛情と関心を執拗なまでに求める彼女の姿は、あれこれ要求の多い支配者のごとく映ったのである。このため、彼女が愛情を求めれば求めるほど、彼は内にこもってゆくのだった。そして離婚——離婚それ自体は円満に解決したのだが、二度にわたる失敗によってマーガレットの虚無感は重圧として彼女に重くのしかかっていったのだった。一度目の結婚に失敗したとき、性的抑圧及び精神的・肉体的マゾヒズムの兆候が感じられたため、彼女はある種の精神療法を受けていた。これにより欲望の多くを自分で処理できるようになるなど効果は上々だったのだが、敗北感と自尊心の喪失は癒されなかったのである。

二九歳のとき、マーガレットは二人の子供と共に生まれ育ったシカゴを離れ、新しい生活を求めてニューヨークへと移った。彼女は高度な事務能力と柔軟な精神に恵まれていたため秘書の仕事がすぐ見つかった。しかし、問題はあった。彼女は雇主と見ると、それがどのような人物であろうと、矢も

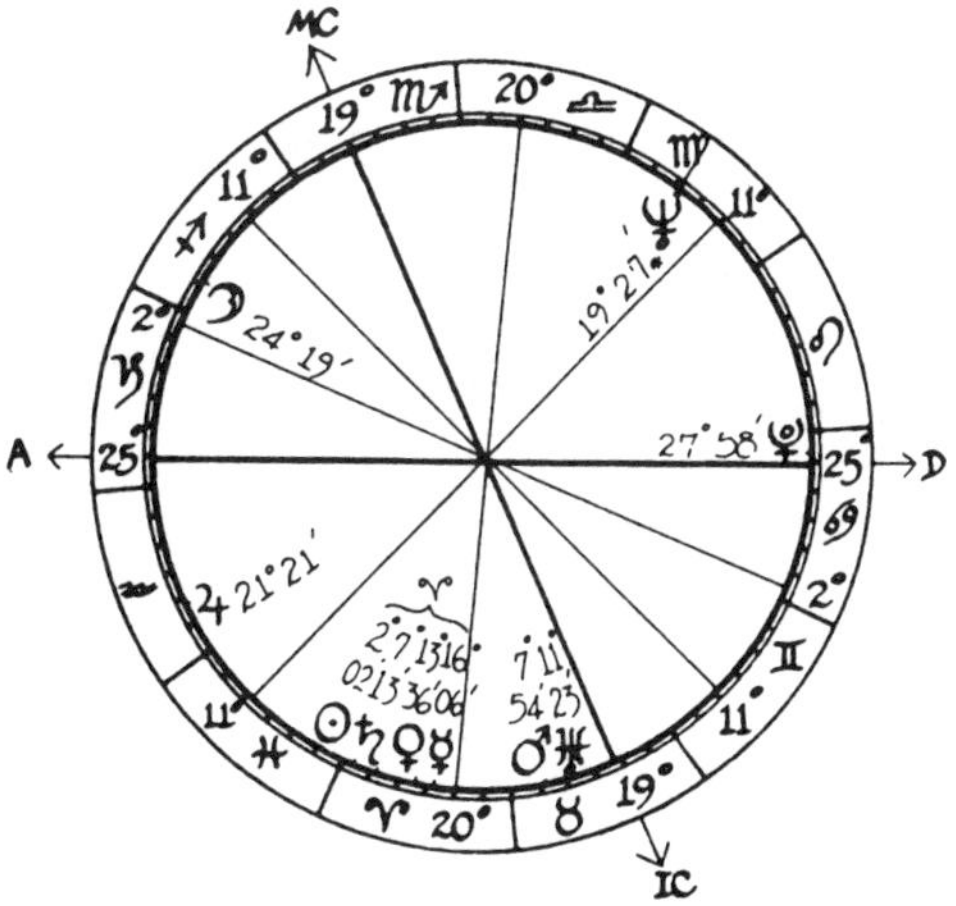

バリーのチャート

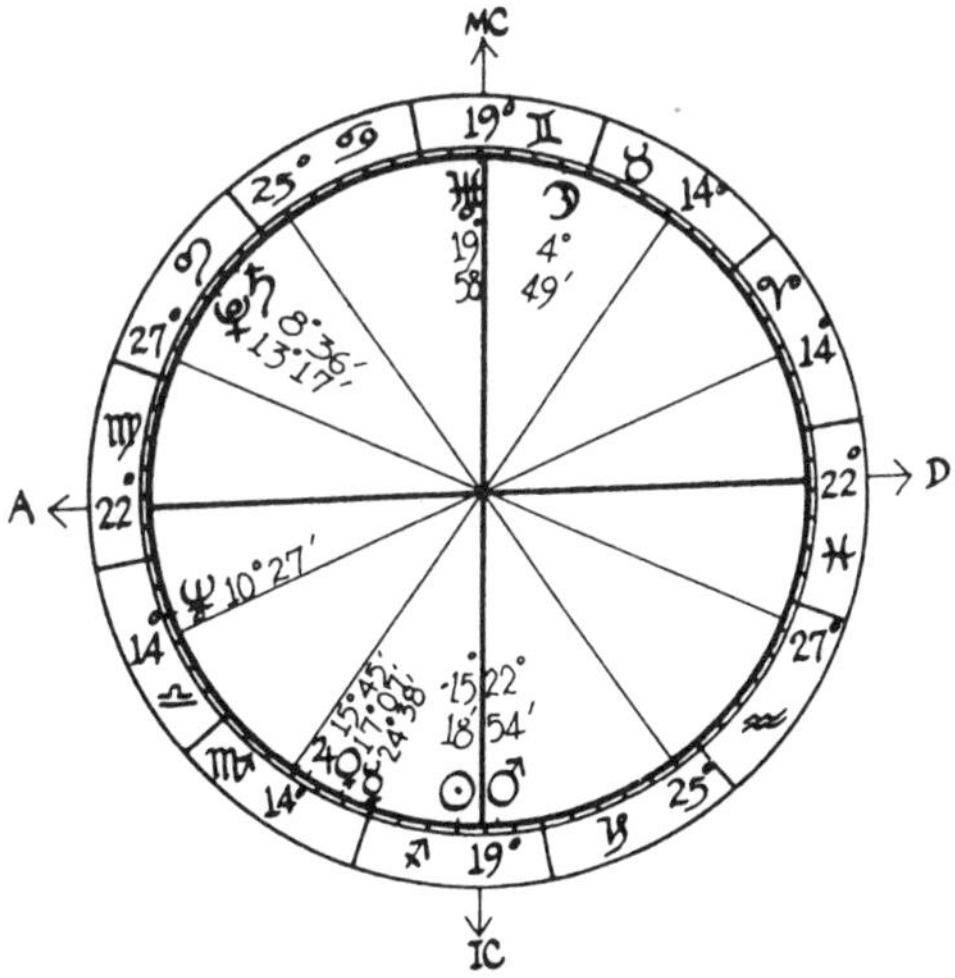

ジャックのチャート

☉ 太陽
☽ 月
☿ 水星
♀ 金星
♂ 火星
♃ 木星
♄ 土星
♅ 天王星
♆ 海王星
♇ 冥王星
♈ 牡羊座
♉ 牡牛座
♊ 双子座
♋ 蟹座
♌ 獅子座
♍ 乙女座
♎ 天秤座
♏ 蠍座
♐ 射手座
♑ 山羊座
♒ 水瓶座
♓ 魚座

盾もたまらず心を奪われてしまうのである。そもそも、彼女がかかっていた精神療法家に心を奪われたのがすべての始まりであった――このことのために精神療法は続けられなくなってしまったのである。その後、シカゴ、ニューヨークと彼女は職を変えるたびにその雇主に心を奪われ続けてきたのであった。彼女は権威のある有能な男性に強い魅力を感じるようになっていたのである。心を奪われるような雇主の下で働いている限り、彼女は優れた能力を発揮し、責任の重い仕事も任されるようになった。こういう時は、彼女にとっても人生は有意義なものに感じられた。しかし、雇主に心を奪われなかった場合は、仕事はつまらないし、人生も無意味なものに感じられたのである。要するに、彼女の恋の対象になるのは力強く、有能な父親のような男性――彼女を受入れ、彼女の助けを必要としている男性なのである。無論、これにとらわれている限り、彼女の創造性は開発されようはずもなかった。

ニューヨークに移った半年後、彼女は広告代理店でクリエーターをしているクリスに出会った。マーガレットは彼の下で働くことになり、いつもの通り彼に心を奪われていったのである。クリスも前例に違わず創造力があり、有能で直観的な男性だった。しかし、気まぐれな彼には、マーガレットの理想の男性像たる父親の役割を演ずるほどの能力もなく、そもそもそうするだけの関心もなかった。彼と彼女の関係は七年間続いたが、結局、彼女の執拗かつ強引すぎる要求のゆえに崩壊したのだった。その間、彼女は、時折クリスが彼女に対して示す関心を得るだけのために、自分を埋没させ、侮辱や拒絶に耐えていたのである。彼女は彼のためなら秘書としての本来の仕事以外のこと――洗濯女、恋の相談相手、使い走りなど――でも献身的に行った。彼女は彼を公私にわたって世話し続けてきたのである。一方、彼は、彼女の有能さと誠実さは認めながらも、一人の女性に縛られるつもりなどさらさらなかった。しかし、彼女は彼がどのような浮き名を流そうと、ことさら気にしない風をよそおい、自尊心を埋没させて耐えたのだった。彼女にとって、彼と一緒にいられさえすれば、あとのことはどうでもよかったのである。少しでも彼の役に立とうと、彼女は身を粉にして働いた。この頃、彼女はドラッグにも手を出すようになっていた。働き過ぎとあまりに一方的かつあまりに夢想的な恋とによってもたらされる苦痛を和らげるには、もはやドラッグしか残っていなかったのである。現実においてクリスと結ばれることが不可能であることは彼女にも良く分かっていた。というのは、彼はすでに結婚しており、妻とは疎遠になっていたとはいうものの、別れてあらためて結婚しなおすほどの気力もなかったのである。しかし、彼女の中には奇跡を待ち望む頑強な何かがしっかりと根を張っていた。彼女から発せられる無意識の期待はクリスを圧迫し、その圧力を追い散らすために無意識とはいうものの明らかに残酷性を帯びた行動に走らせた。しかし、マーガレットはどのような残酷な仕打ちを受けても彼を非難することはなかった。クリス自身が彼の本来のものとは別の人格をよそおったことは一度もない。彼女に彼を見誤らせているのは彼女が彼に投影した理想像にほかならないのである。

この人間関係が存続している間、マーガレットの心を魅く他の男性が現われなかったわけでもなかった。しかし、彼女はクリスとの関係をあえて断ち切る気にもなれなかったし、彼女の投影のゆえに彼が彼女に行使する力を崩壊させたくもなかった。しかし、彼女はバリーに心を奪われるようになる。バリーもクリスと同じく有能な広告マンであるが、この人間関係も結局同じ轍を踏むことになるのだった。バリーもすでに結婚しており、別れるつもりもなかった。また、彼はマーガレットとの友人関係を楽しんでいるのであって、彼女の理想像たる父親の役割を常に演じるつもりはなかった。要するに、単なる友達でいたかったのである。マーガレットも、感情面を未だクリスが仕切っていることもあって、バリーとの人間関係を比較的巧みに維持していた。このようにして、彼女はバリーを彼自身のまま保ち、彼自身として楽しむことができるようになったのである。しかし、彼女は彼がしばしば安心感（これこそ彼女が男性に求めてやまないものである）を与えてくれない――これを彼女は彼の怠慢と解釈していた――といっては傷ついていたのだった。結局、バリーとの人間関係もクリスとの人間関係も純粋な友達関係へと昇華することになるが、この二人の男性を彼ら自身のままにあらしめることに伴う彼女の苦痛は相当のものであったに違いない。

ジャックはロック・バンドの地方公演をプロモートする会社のオーナーである。この創造力とエネルギーに満ちあふれ、気まぐれで移り気かつ直観的な男性に、マーガレットはまたしても心を奪われることになる。この男も彼女に安心感を与えることができるような器ではなかった。マーガレット（このとき彼女は三三歳だった）とジャックの人間関係は爆発的に燃え上がったものの一瞬で終わってしまった。ジャックの不誠実さと拒絶に怒ったマーガレットが暴力的な方法で破壊してしまったのである。直観タイプの人間にありがちなことではあるが、彼は彼女に自分が「どこに」、「誰と」いるのかを常に告げることができるような人種ではなかったのである。彼女は自分がこういったタイプの男性に心を魅かれやすいことを自覚していた。彼女には、出会った男性の人柄について何も知らないのに、その肩書きと雰囲気だけに魅かれて恋に落ちてしまったことさえしばしばあったのである。結局、彼女は安心感を感じられるような人間関係と地位のある男性に愛されることによって得られる社会的賛辞が欲しかったのだろう。この彼女に、こういった男性は拘束されることを極端に嫌い、無意識の圧力に間違いなく反発するものであることを理解させるのは非常に困難であろう。ここで紹介した三つの人間関係は、長短の差はあれ、三人のまったく同じタイプの男性との関係である——彼らはまったく同じように彼女を傷つけ、拒絶し、裏切ったのだ。

マーガレットは彼女の持つ意識、感覚及び思考機能を最大限に活用してこれらの人間関係にアプローチしようとしていた。彼女は人間関係の性的側面を異常に重視していたが、直観タイプの男性にとって、性行為そのものは深い人間関係をつくること以上に危険な試みであり、人間関係の紐帯としては不適当なものであることには気がつかなかった。また、彼女は各々の男性の行動及び動機について細かく分析しようと試みていた。彼と会ったら何を言うべきか、どう言うべきか——と綿密な計画を立てるのである。しかし、彼女は自分の感情と直観（未分化な無意識の二機能）の語る真実——各々の人間関係の行く末及び各々の男性の特徴に関する真実に耳を傾けることはなかった。彼女のこの頑強な直列思考がもたらしたのは、各々の男性の「予測しがたいもの」となる権利の否定であった。彼女は知的でウイットに富んだ会話をこなす能力と肉感的でありながら毅然とした魅力を備えていた。しかし、感情の触れ合いを欠いている以上、男性から色好い反応を得ることができるはずもなく、それがまた彼女に孤独を感じさせるのだった。愛や恋といった感情を断ち切って初めて彼女は彼らと友人関係を結ぶことができたのである。彼女の執拗に言質を得ようとする圧迫感から解放された彼らは、彼女の繊細な心と自然な誠実さを素直に受け入れることができたことだろう。もちろん、マーガレットは男性に対し表立って何かを要求したことはなかった。しかし、無意識の願望は語らずともそれ自体を感じさせる力を持っているものなのだ。

三六歳のとき、彼女はこういった自分の行動パターンを自覚し、自分の本質に内在する男性的な側面を意識的に開発し始めた。かくして彼女は仕事自体に興味を持ち、創造的エネルギーをそれに注ぎ込むようになり、以前は男性に求めていた創造性を自らの内に見出してゆくようになるのである。以上三つの人間関係はアニムスの投影の典型的なパターンであるといえる。このプロセスをチャートの上で探求してみることにしよう。

彼女のチャートは地の要素が支配しているため――七つの星が地の星座にあるほか、アセンダント及び天頂に地の星座があたる――突出した感覚機能をもつことが予想される。これほど顕著な例もめずらしい。水瓶座にある月は風の要素を示す唯一の星だが、女性のチャートにおいてその持つ意味は大きい。ここに意識の第二の機能として「思考」の重要性が示されているのである――マーガレットにとって、さまざまな状況に対処するにあたり、分析し論理の枠にあてはめることこそ、ごく自然な価値判断の方法であった。金星と冥王星のコンジャンクションに示される火の要素は無意識的に機能する。劣勢機能である「直観」はまずシャドウに色付けし――マーガレットは他人の関心を集めたがる自己顕示欲旺盛な子供だった――然る後にアニムスに作用する。そのアニムスは獅子座の特質である独自性、創造的ヴィジョン、横柄さ、自信、高潔さ、成功及び人を惑わすような魅力を体現する。マーガレットの場合、金星と冥王星がアニムスの姿と関係しており、審美主義、耽美主義、芸術への傾頭、激しい気性、力及び押し付けがましさが示唆されている。マーガレットのアニムスはこのコンジャンクションによって形成されている傾向が強く、彼女の二人の夫及びここでチャートを示した三人の男性が火の星座の下に生まれていることは単なる偶然ではない。彼女の一人目の夫は牡羊座、二人目は射手座、クリスは獅子座で獅子座に四つの星を持ち、バリーは牡羊座で牡羊座に四つ、射手座に月を持ち、ジャックは射手座で火の星座に四つの星を持っている。彼らはマーガレットにとってアニムスを投影しやすい男性――彼女の人生に目的、創造性、生命力そして冒険と興奮を与えてくれることを期待せずにはいられないような男性だったのである。マーガレットが彼女自身に内在するこれらの資質を見出し開発してゆけば、彼女は地の要素に付随する重苦しい感情を克服し、リラックスして楽しむことができるようになる。リラックスして楽しむこと――かの男性たちが最も得意とし、マーガレットが最も不得意としたことである。

マーガレットのチャートには水の要素がまったくないから、「感情」が彼女の劣勢機能であるといえる。水の要素を欠いた人間の特徴通り、マーガレットは激烈な衝動的感情に支配されやすい傾向がある。そういった感情は定期的に彼女を襲い、彼女を自暴自棄的な憂鬱状態へと追い込むのである。彼女は真の意味で自分の感情の発する声に耳を傾けたことがない。彼女は自分が「どう感ずるべきか」を分析的に判断し、それに従っているだけなのである。しかし、生命を持った心《プシユケー》にそのような命令を与えるのは非常に危険である。事実、過食症、薬物中毒、憂鬱症などの精神身体症は感情の正常な機能を阻害することに由来する場合が多いのである。幼少時からマーガレットは自分の感情を抑制することを習い覚えてしまった。冷淡かつ無関心な家庭環境は彼女の感情抑制に拍車をかけ（これは冥王星とオポジションを成す水瓶座の月に示される）、最終的に彼女は自分の自然な感情をほとんど自覚することができなくなってしまったのである。彼女が自分の子供に対して示した通り、彼女はもともと他人に対して献身的に愛情を注ぐ能力を持っている。しかし、男性に対しては自分の感情を自然に表現することができなかった――彼女は常に反応を計算しつつ抑制的にふるまってしまっていたのである。

マーガレットのアニムスをさらに深く検討するにあたり、太陽と火星のコンジャンクション及び太陽と海王星との形成するコンジャンクションからも手がかりを得ることができる。前者は衝動、意思及び自律を示唆し、後者は想像力、創造性及び不安定性を示唆する。彼女のアニムスは力と自己顕示性によって与えられた姿だけではなく、神秘家、芸術家ないし夢想家としての姿も持っていたのである。彼女は執拗に創造性に富んだ男性を追い求めていたが、太陽と海王星によって示すところの自分自身の創造的な潜在能力に気がついていなかったのだ。

マーガレットのディセンダントの星座である魚座も繊細な創造的かつ夢想的資質を示している。彼女のパートナーは時に極端な柔弱性ないし明らかな両性愛的資質を示し、時にドラッグなどへの依存性を示した。海王星特有のオーラは彼女のアニムスに色付けし、無意識の精神傾向が発する無言の声に音声を与える――彼女は表面的には有能で、理知的で、現実的かつ分析的であるが、その裏には夢見がちで、無力で、あいまいで、ロマンティックで、空想的で、傷つきやすく、他人の中に自己を埋没させることを願うもう一つの顔が隠されているのだ。このマーガレットのパーソナリティに潜む無意識の側面は、彼女が自分の感情や願望を完全に抑制してしまっているため、人間関係の中においてのみ表現される。しかし、不幸なことに彼女と関係のあった男性たちはいずれもそれを受け止めるだけの能力を欠いていたのだった（これは彼らの責任ではない）。養父との冷たい関係のゆえに、マーガレットは強くそして愛に満ちた両親を夢見ていた。彼女が男性に求めていたのは愛情と理解、しかし返って来るのは拒絶だけだった。また、宗教のハウス（第9ハウス）にある土星が示す通り、カトリック思想は――意識的に排除しようとしているものの――彼女の精神に深く根を張っていた。このため、彼女のアニムスは詩人であり有能なビジネスマンであるばかりでなく、罰を下す神であり受難のキリストでもあったのだ。彼女は成功していながらもどこか弱いところのある男性に強い魅力を感じていた。彼女はその弱いところを現実的な方法で補うことによって、彼らにとってかけがえのない存在になろうとしていたのである。

マーガレットのチャートと他の三人の男性のチャートとを伝統的手法に従って相性判断する限り、少なくとも幸せな関係にはなりえないことが分かる。クリスと彼女との間には調和を示す部分もないではないが（彼女の火星と彼の金星のコンジャンクション、一方の太陽と一方の金星が互いにコンジャンクションを形成していること、及び、彼の火星と彼女の金星のトライン）、土星に関わる多くのアスペクトは苦闘と成長の人間関係を示唆するものである。マーガレットの土星はクリスの火星の位置にあたる――これは土星を持つパートナーが拒絶され傷つけられることを示し、火星を持つパートナーが怒りフラストレーションが溜ることを示唆するものである。さらには、彼女の土星と彼の太陽及び月がスクエアを形成してしまっている。これにより、彼女は獅子座の輝くような自然体の前に出ると気後れしてしまって、冷淡かつ批判的な態度を取るようになってしまう。彼は彼で彼女と一緒にいると縛られているような感じがしてリラックスできなくなるのである。火星と金星の関係が相互の性的誘因を示しているものの、互いにいらだたせあい、双方守りの態勢に入ってしまうのであるからどうにもしようがないのである。クリスの土星はマーガレットの太陽とスクエアを形成する――これにより彼女は彼と一緒にいるとリラックスできなくなる。彼も彼女があれこれ口うるさく言うので(これは乙女座が示唆する)、逃避、孤独及び自己隠蔽を求める欲求(これは第12ハウス、双子座の土星が示唆する)を満たすことができなくなってしまうのである。彼女のアニムスを呼び寄せる要因は彼の獅子座にある星の組合せである。また、彼女の父親像の投影は土星に示され、安心と安定への欲求が暗示されるが、実際はシャドウの機能通り支配への衝動として機能することになる。

マーガレットとバリーのチャートの相性はさほど悪いものではないが、状況はクリスとの場合と似たようなものである――即ち、火星と土星の問題がここにもあるのだ。バリーの火星はマーガレットの土星の位置にあたり、彼の射手座の月は彼女の乙女座の星とスクエアを成す。これにより、彼の自由と不確実性への欲求は彼女をいらだたせることになり、彼女の時間の正確さや人格の統合を求める要求は彼を悩ませることになる。彼女の太陽と彼のアセンダントはトラインを成す。これは彼女の内なる理想の男性像が彼と野心を一にし、成功を求める彼の欲求(これはアセンダントの星座――山羊座に示される)を理解していることを示す。彼女のアニムスを呼び寄せる要因はこの場合も火のエレメントである。即ち、彼女の金星と冥王星のコンジャンクションが彼の太陽と土星のコンジャンクションとほぼトラインを形成していることに示される。土星に関わるアスペクトがさほど困難を生み出すものではないため、この人間関係は苦痛に満ちたものとはならず、双方楽しく愛情を感じ合えるようなものとなったのである。しかし、マーガレットの自己認識に関していえば、これもあまり収穫のない人間関係であった。

マーガレットとジャックのチャートの相性はあまり良くない。彼の蠍座の金星と木星のコンジャンクションが彼女の土星とオポジションを成すように、ここにも土星を含む問題が孕まれているのだ。彼女の太陽と彼のアセンダントはコンジャンクションを成すが、これはマーガレットがアニムスを通じて彼の物質的成功への欲求を理解し評価すること（さらには彼と共に歩むこと）ができることを示している。女性のチャートにおける太陽はアニムスのイメージ形成に大きく寄与するものである。彼女のアニムスを呼び寄せられた要因の一つとして、彼が地位を築き上げるために発揮したきちょうめんさと徹底した迅速な仕事ぶりを挙げることができる。しかし、その基調を成すのはあくまで火の要素であり、彼女が彼に魅力を感じた主たる要因は彼の直観的気質にあるのである。

以上の三人の男性はいずれも地の要素を持つ現実的なパートナーを無意識のうちに求めていた。こういった人間関係においては、必ず男女間で理想像の交差的な投影が行われているものである。そうでもなければ、すべてはマーガレットの夢物語に終わり、人間関係は一つとして成立していなかったことだろう。しかし、マーガレットは彼らの地のアニマを演ずることに喜びを見出していたものの、彼らが「ワイズマン」の役割を果たさないばかりか父親的な役割さえ演じきれないことに怒り、フラストレーションを溜めていた。彼女の場合、アニムスと父親的なものとを切り離して考えることはできない。破壊的な力を持つ彼女の無言の要求や期待は、すべてこの父親的なものと結び付いたアニムスがあるがために生み出されたものなのである。本来なら、彼女は火のエレメントを持つ男性と最高のカップルになれるところだろう。但し、それは彼女が自分に内在する火のエレメントをもって火の要素を持つ男性と接し、彼を檻に入れて飼い慣らそうとはせず、彼とともに人生に果敢に立ち向かってゆくことができればの話であるが。しかし、彼女にとって自分のイメージが明らかになり、自分の潜在能力を見出すことができるようになれば、彼女はより安定的な気質を持った男性に魅力を感じるようになり、また彼女に近づいてくるのもそういったタイプの男性ばかりになることだろう。彼女が関係した三人の男性はみな感情面に欠陥があった。いずれも金星と土星のアスペクトを持っており、感情面において彼女に対し何ら与えるものがなかったのである。彼女のマゾヒズム傾向も養父との感情面においての貧しい関係に由来するのである。彼女にとって必要なのは火のエレメントと水のエレメントを兼ね備えた男性であろう。火と水を兼ね備えた男性とは、即ち彼女の崇高な精神、真実を愛する心、率直さ、明朗さを正当に評価することができると同時に、彼女の感情面での要求にも応えることができるような直観的であり感情的でもある男性のことである。

マーガレットの人間関係を支えていた根本的な要因は、彼女の彼らに対する何らかの感情ではない——彼女はその人間関係が終了するまで彼らの実像を見ようとはしなかったのだから。彼女をつき動かしていたのは彼女のアニムスなのである。たび重なる拒絶と失敗から自分の行動パターンを知り、自らに内在する男性要素を認識し、それと不幸な子供時代の記憶とを切り離すことができるようになれば、彼女の人間としての完全性は格段に高まることだろう。やがて古傷が癒え、彼女が自分自身を正当に評価することができるようになれば、彼女が心を奪われた男性も彼女のことを正しく評価してくれるようになるのである。

伝統的なチャートの比較方法だけではマーガレットの全体像を描きだすことはできない。彼女に孤独、苦痛及び拒絶、最終的には洞察と理解、真の平安の始まりをもたらした内なるパートナーの活動を探求するためには、彼女に関する何か——生い立ちなりとも——を知らないことには話にならないのである。彼女の人間関係は今後も楽なものにはなりえない。金星と冥王星のコンジャンクションの要求は型通りの結婚などにはおさまりきらないのである。彼女の潜在能力の開発は始まったばかりである。地の要素はゆっくりと成長を続け、人生の折り返し点を迎えるまで花開くことはないのだ。現実のパートナーとの人間関係において失敗を繰り返しながら、彼女は内なるパートナーとの結合を達成してゆくことだろう。そうすることが幸福な現実の人間関係を得るための唯一の道なのだから。

原註

（1）C. G. Jung, *Aion*, Routledge & Kegan Paul, London, 1959.〔C・G・ユング『アイオーン』野田倬訳　人文書院〕
（2）Edward Whitmont, *The Symbolic Quest*, G. P. Putnam's Sons, New York, 1969.
（3）C. G. Jung, Synchronicity : An Acausal Connecting Principle, Routledge & Kegan Paul, London, 1972.〔C・G・ユング「共時性：非因果的連関の原理」『自然現象と心の構造』所収　W・パウリとの共著　河合隼雄、村上陽一郎訳　海鳴社〕

（4）Beata Bishop & Pat McNeil : *Below The Belt*, Coventure, London, 1977.

訳註

＊1　「永遠の少年」（プエル・エテルヌス）……神的な子供。幼児の形象で表される元型のひとつで、いつまでも若い可能性のかたまりとしても意識されるが、プエルは決して成長せず、現実に根をはやすことはない。たとえば、ジェームズ・バリのピーターパンやサンテグジュペリの星の王子さまなどがその現代的なイメージだといえるだろう。

6

心の性生活

普通の「文明的」な男性や女性を、他の状況では空虚な狂人としか思えない状態にすることができるこの現象については、まだ多くのことが解明されていない。

――ロベルト・ムージル

僕の友人は、彼の馬を賛美する女性とは絶対にセックスしないという。僕も自分の帽子に関して同じように思う。どんなに多くの女性が僕の帽子を賛美しても、僕はその帽子とはセックスしない。

――J・D・スミス

ほぼ二〇〇〇年もの間抑圧されてきた本能を開放しようと、多くの近代的な人間関係の神話が生み出されてきた。中でも最も混乱しているのは性の正常さ・異常さを決定する基準である。特にこの一〇年間で流布した混乱は、良いセックスと悪いセックスがあるという神話である。これらはセックスが、心理的、象徴的に何を暗示しているかを、私達が完全に理解していないことから生じているように見える。正常／異常という単語は危険なまでにお互い関連しあった言葉で、その意味は人によって、また時代によって変化していく。

現代には多くの心理学派が存在しており——これは心が自らを心理学化しようとする時にのみ起こる現象なのであるが——、セックスに対する臨床的なアプローチも多様化している。フロイトの幼児性欲説やエディプスコンプレックスの理論は、素人にも知れ渡っており、多くの人はそれらを心理学の「すべて」であると信じている。これは不幸な誤解である。もし、最後にいつも同じ公式が引き出されてくるのだとすれば、セックスを心理学的視点から探究することへの抵抗感も、もっともなことと言える。しかしフロイトの理論は、そこから派生した数々の説や、現在の「自己成長運動」によって開発されたマッサージや「感受性訓練」のようなテクニックよりも保守的で、お嬢様的でさえある。

一方既成の宗教も心理学派と同様に、このテーマについては単調な見解しか持たない。つまり私たちは、一方で一三世紀風に肉体の弱点を非難する宗教と、そして、もう一方で人間の心には多くの弱さばかりが満ちており、神を求める心すら抑圧されたファザーコンプレックスなのだと主張する、精神分析やその類に囲まれているのである。このような状況では、当然、この問題に関して自分の心の性的な面を知ることは、非常に困難なこととなる。神であろうが科学であろうが、すでに権威は存在しない。さらに様々の秘教的な教えが、セックスに関して多くの突飛な見解を出している。そこでは、オーガズムは悟りの鍵となる、といったものから、禁欲と純潔のみが天国への道（あるいはカルマの解消）であると言うものまで、百花撩乱の状態である。霊《スピリット》が「高貴」で、物質（セックスも含む）が「低俗」であるという、従来の西洋の秘教の解釈には、もし我々が自然な本能を一〇〇％表現したならば、我々は「進化」しないという考えがついてまわる。そしてこれは、人々の霊的尊厳にうったえてくるので、教会による非難よりもさらに強力な抑圧のモードとなるのである。また、「変態」とそれに伴う破壊的なカルマとのつながりに対しても、秘教的見解がなされている。エドガー・ケイシーのような優秀な予言者や霊能者ですら、いつもは占星学にはすぐれた見解を示すにもかかわらず、なぜか問題がセックスのこととなると、顔を赤らめどもり始める。精神世界の権威に、ある人生において過度のセックスを行ったものは次の人生でてんかん患者になるなどと言われたとしても、何の助けにもならない。このような決定論はそれが心理学が生み出したものであれ、宗教や精神世界によって生み出されたものであれ、さらなる混乱を生み出すことにしかならない。それは彼らが判断を下してしまうからである。過ぎ行く「魚座の時代」の抑圧から自由になるための高貴な試みである「新しい」道徳は、正反対の方向へと向かってしまい、結局同じような教条的イデオロギーとなってしまったのである――もし個人が、その本能に完全に身を任すことができなければ、その人はノイローゼ気味で不安的であるというのである。我々は太陽の下で、他のことならば比較的知的に語れるのだが、なぜか古代からの不愉快なテーマである性と死についてはは心を開くことができない。つまり我々は性を、真に理解できてはいないのである。

ロンドンの街路地を歩くと、店のショーウィンドウの明かりの下に、セックスのテクニックを解説する入門書や、異端審問官の訊問室を思わせるようなエロティックな電動器具が並んでいるのを目にする。道の反対側では親切そうな老人が、「肉食をひかえると肉欲も減少する」と書かれたプラカードを持って、行ったり来たりしている。セックスに関しては、場所によって、個人によって大きな混乱があるように思われる。我々は解放され、自由になったはずのセックスについての考えに啓発されるどころか、ライヒのような予言者に煽動されてもなお、問題は何も解決できなかったようである。その一方、人々はいまだにセックスについての誤解や恐怖に苦しめられている。この世界では性的に健康な者だけがたばこを吸えるのだといわんばかりに、コマーシャルが繰り返し流され、口臭、足や身体の悪臭、黄色い歯、枝毛、フケなどといった亡霊のイメージで我々をおどしつづけている。それでも状況は改善されていない。我々が自意識過剰になってしまうはずである。

我々は感情に比べ知性のほうを偏重しており（ムージルの言うように）、その結果生じたギャップに直面できないでいる。我々は非常に高度な思想や科学的知識を持っている一方、中世的な感情――言うまでもなく我々が北極ツンドラでマンモスを追いかけていた何億年も前とまったく変わらぬ欲望や衝動――もあわせもっているのである。古代ギリシャでは、社会公認のホモセクシュアリティがあったが、今日ではゲイ解放運動がある――また夫の求める権利に歯をくいしばり従順に耐えるかわいそうな妻たちに変わり、今は男のたばこに火をつけ、ドアを開け放ち、空手の黒帯を持ち、大胆にセックスをリードする積極的なアニムスにとりつかれた女たちの攻撃を前に、恐怖におびえる不能の男たちが存在する。大都市ではミセス・グランディに耳を傾ける人は少なくなったが、今度は、新しい道徳は昔と変わらず、異端者には容赦せず、それどころか自説を正当化して攻撃を加えてくる。昔、「堕落した」女性は苦しんだものである。しかし今では、二回目のデート(特に高価な食事をおごってもらった場合)でノーという女性は、セックスに「おく手」ということで昔の女性と同じように苦しむのである。プレイボーイの漫画を読んだり、隣の家のカーテンの隙間からのぞきをしたり、ポルノ映画を見たり、スワッピングしたり、「チャタレイ夫人の恋人」をあばずれと見なしたり、また、誰が誰と寝ているかという噂話をしたりしている間は笑っていられる。しかしもし自分が性的な失望――それがセックスの不和や「変態性」、あるいは失敗や罪悪感からくるものであれ――に直面しなければならなくなったときには、治療の場でみられるような形以外では(つまり何かがひどく間違っていることを示唆し、本人の自責の念を強化する形でしか)語れず、笑い事ではなくなってくる。これは非常に辛いことである。セックスの非人格化は我々を一つの檻から解放したが、それは、単に別の檻へ移すためのものだったのである。これは窓枠のパターンを変えたものに過ぎない。唯一違うのは、我々は今、セックスの問題をオープンにしようとしていることである。このようなことは、昔では考えられなかった。このような混乱を見れば、ダレルの言う「セックスは死と同様個人的な問題であるべきである」というのは、正しい意見だと思えてくる。

まず前提としなければならないのは、セックスは愛、知性、才能、そしてその他の漠然とした概念同様、個人的な経験であるという事である。少なくとも人は、他の個性を表現する権利があるように、独自のセックスを持つことが許される。セックスについてこれ以上絶対的に述べるのは、神について述べるのと同様不可能である。セックスは純粋に肉体的な行為であり、心理的な要素はないとの反論もあるであろう。しかし多くの人にとってファンタジーによるセックスとの出会いのほうが、いかなる肉体的な出会いよりもリアルで充実しており、エキサイティングであることも事実である。人によっては音楽、あるいは絵を描く行為や踊る行為に大きな性的興奮を覚えることもある。このような創造的エネルギーの表現は、性を抑圧するどころか、「性交」そのものより性的である。また、人によっては、セックスは生殖への前奏であり、新しい生命創造の一面でもある――これは既成の多くの宗教の教義がもつ視点である。ある者にとってセックスは、お互いに深い感情的交流で結ばれるための、フィーリングの交換であり、肉体による行為は単にその象徴である。またある者にとっては下ネタであり、鍵のかかったトイレのなかで雑誌を見ながら楽しむものである。また、人によってセックスは、快楽と苦痛のバランスであり、またある人にとっては暴力の放出となる。パートナーのあるなしにかかわらず、セックスを自己発情的に経験するものもいる。この者たちにとってセックスは、基本的に自分だけのために存在し、パートナーは単なる手段であり、簡単に他のパートナーや自分の手によって代用ができる。また人によっては相手の情熱が本物の情熱であり、相手の快楽のみがセックスを有意義にする。セックスは、神聖にも、卑猥にも、肉体的にも、精神的にも、感情的にも、心理的にも、象徴的にも、生殖行為にも、楽しみにも、変身にも、愛にも、人が望むものにならば何にでもなれるのである。我々はこれら無限の表現が、正常か、異常かを決める権利を持たない。唯一確かなのは、セックスが一言で語れるようなものではないという事である。セックスによって起こる多くの問題の原因を理解するためには、セックスを一言で説明しようという意識を捨てなければならない。人生における他の側面同様、セックスは確固たる現実であると同様に象徴でもあるのである。象徴の意味は、その象徴を受け取る人間の数同様、無限であり、無数である。

またセックスは、男性心理・女性心理にとって、それぞれ異なる経験であることを知る必要がある。とはいってもすべての男性が、あるいはすべての女性が、全く同じセックスを体験するといった大ぶろしきを広げるつもりはない。それぞれの個人が、両方の性的要素を兼ね備えているということを忘れてはならない。ところが、男性・女性それぞれにセックスのファンタジーについて尋ねるとわかるように、男性と女性のセックスには違いがある。よりリベラルな女性の、気高い意図をもった努力にもかかわらず、男性が映像的な刺激によって興奮することははっきりしている。今日どこでも見かけるストリップクラブやポルノ映画は、男性がいつの時代にも女性の肉体的魅力に反応するということの永遠の証拠である。エロティックな要素は、アニマにはありアニムスには存在しないように思われるが、意識的女性の本能的心理には存在する。大地と、すべての女性的要素とが深く関わっているということは、肉体的印象が女性よりも男性に、より強いインパクトを与えること示唆している。反対にアニムスは、知性や霊性と結びついており、女性にとっては知性、才能、成功、野心、そして「パーソナリティ」といった要素のほうが、男性の体つきよりも意味があるのである。女性は外見より深い何かを永遠に求めているようであり、化粧品やファッション産業はかねてからこの対照を認めている。女性の身体を美しく見せる服は、常に成功を収める。しかし男性が挑発的な服装で、同性愛傾向の人間以外の人をひきつけるのは想像しがたい。

また、男性のセックスには非人格的な要素があり、女性のセックスはこれに比べてより人格的であるように見える。これは男女の長年の関係においてよく聞く台詞である――「彼」は精神的つながりの前提としてセックスを必要とするが、「彼女」は精神的つながりが存在しなければ、セックスに反応することができない。「彼」はその不倫行為を結婚生活とは無関係な、愛のない単なる欲望処理だと解釈する一方、「彼女」は自分の浮気を結婚生活の問題からくるものとして、結婚生活の危機を意味すると考える。むろんこれらは、決定的な法則ではなく、人間は多面性、柔軟性をもつ。しかし一般的な傾向として、この差異の存在は妥当であると思われる。しかし、人を非人間的な統一性に縛りつける、単一的なイデオロギーや、厳しい常識にとらわれてしまうことは問題である。ベッドのなかで常に「女性らしく」しなくてはならない女性は、つまらない「役割」から「進歩」し、乱暴に赤ん坊を放り投げる女性と同様の罠に、陥ってしまっているのである。

セックスについての我々の理解を混乱させてしまう主な問題のひとつは、人があまりにも文字通りに事を受取りすぎるということである。我々は、心の状態を行動から判断してしまうために、心の状態や、その裏にある本質的な意味に、ベールを被せてしまうのである。我々は、女らしい女性は料理がうまく、男らしい男性は成功者だ、という。また、妻の下着をつけたいという衝動をもつ男は「異常」で、三～四人の女性と周期的にベッドを共にする男は「男らしい」とも言う。しかしもし、焦点を表面の行動からその背後にある象徴《シンボル》へと移動させたなら、全体の様子は変わって見えるであろう。我々は自分が何であるのかを、象徴的に表出する。しかしもし我々が、象徴が存在している構造の解釈についてあまりにも忠実であると、その生命を失い、有機的適応性を失い、硬化した骨組みの中にはまってしまうのである。そしてその時我々は、針の先にどれだけ天使がとまれるかなどという議論を、たいへんな見幕でもって始めてしまうのである。行動に対して、とりわけ強迫衝動に関して我々がしなければ「ならない」事は、それらを名づけたり、分類したり、カテゴリーを自分や他人に押しつけることではなく、むしろその意味が何であるかを問うことである。料理をしない女性には、料理をしない何かの理由があるのだろう。たとえばその女性は直観的なタイプで、具体的な物を扱うのが下手なのかもしれない。これは感情の関係を通して、自由に彼女の女らしさを表現する妨げとなるものではない。また、アニムスに支配され、料理などに価値を置かないことで、男性優越主義に無条件降伏をしているのかもしれない。あるいは母親との関係があまりにもひどかったために、本能的生き方につながるものすべてを拒否しているのかも知れないし、または、九時から五時までの仕事で単に疲れているだけなのかもしれない。このように、彼女が女らしいかどうかを、彼女の振る舞いを見て言う立場には誰もいないのである。「女らしさ」は、原理、人生のエネルギーであって、行動パターンのセットではないのである。そして誰も、そのようなパターンによってセックスを判定する立場にはいないのだ。もし我々が、「変態」「異常」「精神障害」「病気」などという批判的形容句を使うことを止めさえすれば、我々はその人が表現する行動と、その理由を理解することができるのである。

オーソドックスな精神医学もまた、セックスに関しては問題がある。今だに、性的不能者にホルモン剤を投与してもかまわない、とされているのだから。身体は、全人格から引き離すことはできない。そして性行為は、その人を開示する多くの表現のうちのひとつなのである。明白な身体上の問題は、それを経験する心から切り離すことはできない。性的傾向、習慣そして問題は、単に身体的なものではなく、その人自身に関して人々に何かを言い、「意味して」いるのである。そしておそらく、それはその人にとってすらあまりにも深すぎて、理解できないことなのであろう。

残念ながら占星学もまた、セックスについて偏見と誤解の温床となっている。個々の生まれ星座の性的傾向について、多くの占星学のテキストが出版されている。そして占星学を学ぶ生徒が、たとえ真面目な生徒であっても、出生チャートが、ホモセクシュアル、不能、サディズム、その他社会的に許容されない傾向性を明らかにし、暴露するのだと信じ込む、という罠に陥りやすいのである。例えば、オスカー・ワイルドやマルキ・ド・サドのような悪評高い人物のチャートが、惑星の配置図から異常と判断できるとしばしば論じられる。もちろん、この手の「事後予言」は容易である——しかしそれは、彼らとよく似たアスペクトをもつ個人が、なぜ彼らと同じような性癖を表さないかを説明できていない。チャートの背後に個人があり、そしてまた、すべての性的表出——演技にせよ、好みにせよ、あるいは道徳的価値にせよ——の背後にも個人が存するのである。著名な人間性心理学者はかつて、抑圧しているのであろう性癖に気づいた男性にこういったと言われている、……「あなたは潜在的に多くの可能性をもつ人間だ」。

さて、それでは我々が同性愛と読んでいるものについて、少し詳細な議論を始めることにしよう。コンサイス・オックスフォード辞典は、同性愛をこう定義している、「自分と同じ性を持つ人に性的傾向を持つこと」。ひとまず我々は、正確には何が性的傾向を構成するかという、あいまいな疑問から離れることにしよう。以下は、文学、心理学、そして個人へのインタビューからランダムに取り出した、同性愛についての意見である。

「同性愛は生得的ではなく、作られるものである。そしてそれは、異性の親との心理学的問題からくる傾向である」

「同性愛は生まれつきだ。後天的ではない。そしてその傾向は、ホルモンのアンバランスからくる」

「ホモセクシュアル（あるいはバイセクシュアル）は人間の自然な姿である。それは精神的理想としての両性具有へと徐々に向かって行く」

「同性愛は、人口問題解決のための、自然の理である」

「同性愛者とは、異性の身体で過去世を幾度か過ごしたことのある人である。そしてそれが、新しい身体へ適合することに困難を抱えているのである」

「同性愛者を外交官に採用すべきではない」

「すべてのインテリアデザイナーはホモだ」

そして最後に、バンクーバーのサイモンフレーザーの大学の男子トイレの壁に落書きされたものの一部を：

「もし神が同性愛者をこの世に望まれたならば、神はアダムとフレッドを創りたもうたであろう」

この特殊な性表出の意味について、いくらかの混乱があることは明らかである。

同性愛のような現象は、問題とすべきか否か？　彼らは「変態」であろうか？　実際のところ、彼らは何なのであろう。もしある男性が、他の男性とセックスをする幻想を持ったとして、まだこの幻想を実行していないとしたならば、彼は同性愛者であろうか？　もし彼が、同性愛の経験をもっていて、しかしそれを自分の趣味だと思わないとすれば、彼はその行為によって同性愛者であろうか？　もし彼が、妻とよりも彼の親友と、より親密で豊かな関係を持っているならば、彼は「潜在的」な同性愛者であろうか？　そしてそれは、我々が「潜在的に」殺人者であり、泥棒であり、狂信者であり、〝野蛮人〟、天才、であってその他心が内包する無限の可能性以上に、どれだけ「潜在的」なのであろうか？　こうしてみると、当初容易だと思っていたこれらの問いを、さらに真剣に取り上げなくてはならないようである。人は自分にこう言うかもしれない――「もし自分の人生が幸福であるならば、もしそれが自分の捜し求めている領域で実現できるものであるならば、私は正常である。もし自分が不幸ならば、もし自分の欲望の向かう方向に罠を感じ、おかしいと感じるならば、私は問題を抱えている。私は正常でも、異常でもない。単に私自身になり切れていないということだ」。他の多くの行動表出のように、同性愛は精神的状態を表現するたくさんの形のひとつである。それ自体は原因でもないし、病気でもない。意識や無意識によって選択された表現のモードである。それは個人が行動のなかで、内的象徴《シンボル》として採用したものなのである。象徴には善も悪もなく、正常も異常もない。

このような象徴的《シンボリック》な表現には、多くの理由が存在する。カミングアウト［自分を同性愛だと公言］している同性愛者の一部は、ごく自然に異性の特徴と同化している。ひょっとしたら彼らは、真にその性癖を「生まれつき持って」いて、仮に社会的差別を受けさえしなければ、幸福を見出せるのであろう。一方時として、異性拒否の背後には、本当の心理学的問題が横たわっていることもある。恐怖や憎しみ、強迫的衝動が、自身の選択の自由以上に、彼の行動を指図するのである。そのようなケースでは、しばしばその原因は両親との関係にまでさかのぼる。しかし我々は次のことを忘れてはならない。子ども時代の経験は、かつての子ども——今や大人になっている子ども——の両親の経験の結果でもあるのだ。憎しみや恐れ、拒否あるいは権力への意志によって歪んだ母親との関係を持つ男性は、その後ずっと女性への無意識的憎しみや恐れを発展させていく。それは世の女性たち、彼の中の女性像の両方に向けられる。その結果、彼は感情的にも性的にも、女性に対して機能しなくなるであろう。そして、このことで、彼自身の性を救う選択の余地はなくなってしまうであろう。傷つけられ、復讐に燃えるアニマは彼を支配し、まるで腐った女のように考え、感じ、そして行動してしまい、彼の心理すべてに影響を与える。そのような人には同性愛者のレッテルを貼るよりも、彼の女性原理に問題があると言ったほうがより正確であろう。しかし残念ながら、彼は自分を知りたいがために自分でレッテルを貼ってしまう。同じように、内的恐れや敵意によって強制された無意識的方法で、妻や恋人を少しづつ虐待している多くの「正常」な男性がいる。その心理上のパターンは、「同性愛者」

のものと同じである。しかしもしこれらの男性が、自分と同性への公然たる欲望を通して自らを表現しないのであれば、我々はレッテルによって彼らに汚名をきせることをしないのである。

へその緒をいつまでも切らないままにしておく男もいる。彼は、成長に必要なことを息子にさせないことで自分の幸福を保つ過保護な母親の、支配的で破壊的な愛のきずなによって縛られている。その結果その男性は、母親に匹敵する女性は決していないと感じ、一生母親と精神的結婚をしてしまうことになるであろう。ここでもまた問題は、女性原理に関連すると言ったほうが、より正確である。母親のイメージに沿って忠実に妻を捜す「正常」な男がたくさんいるが、我々は彼らに「同性愛の」レッテルを貼らないのである。

父親との問題もまた、我々が同性愛と呼ぶものの背後に横たわっている。男性原理の嫌な部分を経験した息子——乱暴、暴力、攻撃、粗野、冷酷——は、彼の内と外の両方で男性的なものへの憎しみを育てる。彼は女性的価値や精神を買い被り、同一視し、彼の母親を殉教者だと見なす。このことが彼を、自然に男性との関係へ向かわせるのである。彼は母親の役を演じるのだ。一方中には、もっとも洗練された社会的女性像に化けた男性的女性に、彼をひきつける場合もあるであろう。この場合彼は、「正常」だと見なされる。このようなケースでは、より正確には、男性原理に問題があると言えよう。父親が不在、あるいは父親があきらかに母親に支配されている、という男性は、彼が男性の象《シン》徴《ボル》だと考える人物に、過剰なまでにひきつけられていく。ごく一般的な形として、この種の英雄崇拝は、映画スターやフットボールのヒーロー、あるいは友人への賛美によって表現されれば「正常」だとされるが、それを性的に表現すれば「異常」と言われる。これらの例は、性の問題を取り巻く混乱を明らかにする。そして、これと同じ混乱が、他の性的な異常や「逸脱」にも存在しているのである。我々が同性愛とひとつかみにしているものは、実は意味のない用語なのである。これは単にこれらの人々が、彼らの男性性と女性性のバランスを保つための、方法の違いにすぎない。同じことは、我々が「異常」と呼ぶ、覗き見趣味、露出症、フェティシズム、ナルシシズム、服装倒錯、不感症、不能、その他の、異常と呼ばれる「〜イズム」すべてに言える。すべては心の状態の象徴《シンボル》である。心の表現を扱うとき、人はラベルを貼ることに対して、注意深く、慎重でなければならない。

もし我々がこれらのことを視野に入れるならば、そこに現れるのは、性的傾向の正常・異常という図ではなく、個々人が自分の男性、女性の側面とどのようにかかわるかという、さまざまなイメージの存在である。それだけでなく、二つの性の間のバランスが一生を通じて常に変化し、特殊な心理学的布置を反映して一瞬の行動を演じ、次の瞬間には何の意味も持たないこともあるのである。不幸にも人々は、自分を行動と同一視する傾向がある。もし注意がなければ、そうした変化におどろき、困惑してしまう。これは肉体的セックスだけにとどまるものではなく、人生全体にもあてはまる。それと同じ心理学的内容は、人の趣味、好み、職業選択、信仰、政治を通じても表現されるであろう。ある男性が女性原理に問題をもっているとしても、それは彼が同性愛者だということを意味するものではない。それればかりか、フロイトが言うような「潜在的」同性愛者でもないのである。しかしながら彼は、人間関係のなかで多くの問題をもっている可能性も強い。彼はおそらく真の〝マッチョ〟で、強く、決断力があり、攻撃的で、有能だが、非論理的なこと（これは彼にとってのアニマのイメージである）に痛烈に批判的で、感情を通じて女性とつき会うことにかけては非常に幼稚だという可能性がある。彼も、きどった〝オカマ〟も、精神構造において自我の要素は、本質的に同じものを持っている。その結果として、各々が軽蔑しあうことは予想できるであろう。ここで再び、このことは、この男の中の男が、潜在的にオカマだということを示す訳ではないし、〝オカマ〟が潜在的な〝男の中の男〟である訳でもない。それは表現する同じ中心的な精神の布置があることを意味している。そしてそのエネルギーは、二つの極端な現れ方をするに過ぎない。

性的傾向を考察し、詳述すれば、ゆうに一冊の本を書くことができる。実際多くの本がすでに書かれている。しかし我々がこの問題に対して臨床的用語を用いるとき、そして、完全に分析的なアプローチを企てれば、真の意味はしばしば失われてしまう。最終的には性の表出やスタイル——正常でも異常でも——が、個人にとって何を意味し、いかなる方法で内なる心を象徴化しているかを問わねばならない。

我々が不感症と呼んでいるものも、複雑な問題である。不感症には「程度」というものがある。それは、おそらく日焼けの程度のようなものであろう。そしてこの問題の解決のために、女性の生理学の背後には、十分に有効なマニュアルが存在する（もしそれが、単なる技術上の専門知識を要求するものだとしても）。女性によっては、彼女たちの反応の欠如が、男性の「下手なテクニック」のせいだと思っている。だが下手なテクニックとは何なのだろうか？ 性器の悪さ？ 感情の悪さだろうか？ 鈍感ということであろうか？ それならなぜそんな良くない男性をパートナーに選んだのであろうか？ 感受性の欠如というようなものは、単に性の問題に限ったことではなく、それは人格の特徴であり、人の表現すべてにみられることである。不感症の女性たちは、身体が反応しないという形で、心が本当は何を言っているのかを考えたことがあるのであろうか。身体が反応しないことによって多くの女性は、男性への無意識的な恐れ、不快感、敵対心を表している一方で、別の女性たちは、自分の本能に対して、罪悪感を感じているのだ。しかし敵意も罪悪感も、おそらく彼女にとって特別な男性以上に、アニムスや幼年時代と密接に関連しているのである。技巧的なマニュアルで不感症の治療にのぞむことは、馬が逃げた後になって頑丈なドアに鍵をかけるようなものである。感覚のレベルで女性が最初に理解しなければならないことは、身体が反応しなかったとき、自分が象徴的に何を演じていたのか、という事である。ひょっとするとそれは、彼女が相手の男性を欲していなかった、ということだったのかもしれない。しかしその時彼女は問わなければならない。なぜ彼女はこのことに以前は気づかなかったのか、そして、なぜ今彼と一緒にいるのか？

肉体的にはオルガスムに達することができるが、感情レベルでは不感症だという女性も存在する。これも肉体の不感症と同じくらい、性的な問題である。この問題は、今日極めて重要な問題となっている。なぜなら、彼女たちは、自らの創造的な可能性について、より意識的になってきているからである。その結果、数世紀にわたる侮辱や、隠されていた怒りが、わずかながら集団レベルから個人の人間関係へと流れ出ているのである。集合無意識の中のアニムスが、戦争を布告してきた。彼はまぎれもなく自分が勝ちさえすれば、愛や生命が滅亡しようとも構わないのである。もし女性が、自らの男性的な面を発達させ、しかも女らしさも失いたくないと望むのであれば、彼女は自分の性的反応の、真の精神的ルーツを理解しなければならない。そして、この種の苦しみを軽視すべきではない。こうした努力は、この文明の進んだ時代にあっても、「異常」という感情にしばしば脅かされている女性にとっては、必要なことなのである。そう、彼女はひょっとしたら、何が彼女を悦ばせるのかを、男性に指図する勇気を持つべきなのであろう。ところが多くの男性は、指図されることを好まない。また、もし単なる肉体の冷たさの背後に、心的レイプへの恐れが存在しているのなら、指図そのものが不適当だと言えるのである。

〝性豪〟は今日、以前にもまして賛美されている。ベッドで征服した女性の数を、記念にベッドの柱に刻むような男に、問題があると思う人は少ない。彼は他の男性たちの競争心の象徴であり、女性たちの幻想の投影対象なのである。しかし本当のところ、彼は何なのであろうか？　もしかしたら彼は、同じ女性と二夜を共にする――結婚生活はもちろん――ことで生まれる親密な感情のふれあいを、本当は恐れているのではないだろうか。もしそうであるならば、彼は性的不能者とよく似た精神構造を持っていると言わざるを得ない。彼の潜在的な恐れは、性的不能者を軽蔑することへと導く。彼は、女性に深く関わることによって、男らしさを骨抜きにされるという同じような不安を、違う方法で表出しているのである。そして自身が感情に鈍感であることがパートナーに伝わってしまうため、このドン・ファンは不能者と同じくらい不満が残るベットメイトであり、似たような拒絶を受けることとなるのである。「貴重な身体の分泌液」を失わないように、女性との全ての接触を避けた〝ストレンジラブ博士〟[*1]は、実際映画の中に限った存在ではないのである。多くの男性は、このひそかな不安によって苦しめられ、「去勢される」不安から――必ずしもセックスではないのだが――自分のどこかを押えつけてしまう。我々はフロイトの去勢コンプレックスのことを言っているのではない。それはこのことについてあまりにも抽象的なものである。我々は再び、元型《アーキタイプ》のことを話しているのである。

つまり、奇妙で神秘的な二面性を持った、アニマ—母、アニムス—父、闇と光、男性と女性、創造性と感受性、新しい人生をもたらす魅惑と拒絶の永遠のダンスを演じるもののことである。もし我々が、性の神秘に分け入ることを求めるならば、最後には神の神秘に、人生そのものの神秘に直面することとなる。


快楽は形而下の楽しみなのではなく、二つの性、友愛といった、そのようなナンセンスの実現でもない。

快楽は祈りのカマキリ、残酷な苦悩、二つの性の解消できない憎しみ、互いに争う宇宙の力——上昇するものと下降するもの——宇宙を生み出すもの。(1)

＊　＊　＊

我々が提起してきたこれらの論議は、答えを出すものではなく、より深く考えることを意図したものであった。誰もこの議論を決定的に解決することなどできない。我々はただ、心の全体性の反応を、できるだけ真の形で自分を表出できるように、自然な自分を探求し、理解しようと試みるだけである。しかしここでも、他の状況と同じように、占星術的なチャートを、スタート地点として方向性を示す助けとすることができる。

伝統的な占星術では、性的表現を示す主要な星は、金星と火星であるとされている。また、古来からセックスとつながりがあるのは、蠍座、冥王星、そして人間関係の感情と性的な面に関係する、ホロスコープの第8ハウスである。深層心理学によってもたらされた新たな次元なしでは、伝統的な占星術は、この問題に関して、狭く平面的な視点しか提示することができない。そしてこの視点は、通俗的な生まれ星座の占い本によって歪められ、さらに限定されてしまっている。こうしたものは、各々の星座の性的特徴の、ありふれた目録を見せるのみである。そのような本は、蠍座は常にエロティックで、情熱的、性欲旺盛である、と説く。そして人は、この記述からこう考えるであろう、蠍座の人間はセックス以外何も考えていない。乙女座は冷たく、貞節、上品ぶっていて手ごたえがない。双子座はテクニックはあるが節操がない。そして水瓶座は、創意、実験、そして変態的傾向すらある。このような一般化が馬鹿げていることは、占星学を真剣に学ぶものには明らかである。まさに性は、全人格の表現であり、それは、占星学的に見れば、出生チャート全体の表現なのである。ある性の問題は、あるひとつの惑星のコンビネーションの責任であるとは言えないのである。性的表現は、アニマやアニムスと密接に関連している。それは自然な感情、対人能力、あるいは異性に対する内的イメージ——チャートが見せるのはパターンや傾向である——において、個々人の無意識的生活全体を示す。それはリビドーが現れてくる、特定の性癖を暴くことはできない。

広い意味においては、火星と金星は、人間関係に通じる男性原理と女性原理に密接に関係することから、性的な事柄の象徴だと考えられている。我々が見てきたように、それらは内的パートナーのイメージにも関連している。心的エネルギー——ユングがリビドーと呼び、フロイトが本来はもっぱら性的エネルギーを指すと考えて使った用語——は、チャート上の全ての組み合わせによって象徴化されている。しかし心的エネルギーは、特定の惑星と、その周辺状況の意味するところによって、異なる形で表れ、異なる機能を演じている。金星によって象徴的に表されるエネルギーは、主体と客体を結びつける方へと向けられている。それは安定的、調和的、総合的に平衡性を促す。これらの各々のダイナミックなエネルギーの表現方法は、惑星が置かれた星座に反映されている。たとえば天秤座にある金星は、人間関係への衝動が、美的な色彩の調和、洗練、優雅さ、そして作法を表現することを暗示する。なぜなら天秤座の資質は、明るさと優美さだからである。天秤座に金星を持つ人の一般的な気質の特徴は、物事や人を、ある優雅さやスタイルと関連づけるであろう（それが肉体的であれ、感情的であれ、精神的あるいは直観的であれ）。特定の美的原理に執着するのである。一方他の星座である牡牛座に位置する場合は、金星は人間関係への衝動を、感覚的、世俗的、肉体的、自然でシンプルな方法のなかで表現する傾向を持つ。そのような星座における惑星の表現は、個人の精神構造の特質、人生の局面についての特別の価値を反映する。そしてそれは、チャートをもとに相性を見る場合に、重要な要素なのである。人生は一般的に、パートナーが特殊な表現方法に応じてくれるならば、あるいは少なくともそれを受け入れる器を持つならば、楽なものである。天秤座に金星を持つ女性は、キャンドルライト、花、調和の取れた雰囲気、ロマンティックな状況、私的な愛の告白、に囲まれるときに性的な受容性を高める。牡牛座に位置する女性の場合は、自然に近い状況、恋人の快楽へ向かう愛、視覚や香りの効果、健康な男性の肉体、などに悦びを見出す。これらのスタイル上の事柄は我々に、人間関係における人の価値や、自然な傾向を教えてくれる。しかしそれは単に一般的なものである。これらチャート全体の中での関係から考慮されねばならない。我々が見てきたように、それぞれの気質は、異なった方法で人生を経験し、性は人生の統合された構成要素なのである。

チャートの中の金星の位置は、「正常」「異常」といった価値判断を、何ら下すものではない。それはエネルギーの特定な表現を象徴している。そのエネルギーは、彼が望むように利用できるものである。あるいは時として、心の無意識的要素なのである。伝統的な占星学によると、性的な結びつきは、通常ある人の金星と相手の火星が調和して接触していることで暗示される。天秤座に金星が位置する女性のロマンティックな魅力は、天秤座に火星が位置する男性によって引き出される。その男性は同じような洗練された特質によって、男らしさを表現しているであろう。しかしこれだけでは、人間関係における働きのより深い流れについてや、パートナー相互の内的関連、楽しむことの失敗、アニマとアニムスの働きについては教えてくれない。パートナーたちは二人とも、キャンドルライトとサテンのシーツが好きかもしれないが、ベッドルームで破壊されてしまう結婚の多くは、まるで異なった源泉から起こる不快と、隠れた怒りによって起こっているのである。それはしばしば当人たちとは関係がなく、両親の亡霊とつながっているのである。

オーソドックスな占星術には、良くない評判をもつ、性的〝異常さ〟を意味すると言われている惑星の配置もある。その項目のところを古いテキストで読むことは、病気についての医学書を読むのとやや似ている。読み終えたときから、リストにある症状は、どこを読んでもあてはまるようにみえる。次にあげる無意味な言葉は一九六三年頃のテキストに載っていたものである。

金星が土星とコンジャクションを成し、アセンダントの支配星とアスペクトしているとき、その本質は、ソドミー、老人趣味、気の強い女、あるいは貧しく汚い娘へと向かう傾向がある。(2)

先の言葉のような疑わしい断言があるからといって、占星学を非難すべきではないということを、我々は思い出さねばならない。むしろ責めるべきは、ある特定のデータをこのように解釈した人物である。また、心理学、社会学、医学、神学の仕事において、似たような主張を耳にする——しかもそれらは、占星学以外でも、学識のある、啓蒙された人物からの主張だったりすることもあるのである。

古い占星術のテキストでは、土星と、土星外惑星——天王星、海王星、冥王星——は「変態を生み出す」ことで悪名高い。特にそれらが金星とアスペクトするときはそうである。事実これらの組合わせが、性的問題でカウンセリングを求めている人々のチャートに、かなりの頻度で出現することはある。しかし、同じアスペクトが、性行動を通じてよりも、感情生活のある領域を通じての表現に、しばしば見られる。すべてが、最終的には何か性的なもののシンボルである、というフロイトの理論にとらわれていないかぎり、金星と先の四つの惑星の配置が、心の関係を生み出す機能に特定の方法で影響しているということを暗示しているだけなのだ。それは生じたエネルギーの、表現のひとつかもしれないが、性的混乱を暗示しているとは限らないのである。

金星と土星のアスペクト——とりわけコンジャクション、オポジション、スクエア——と、火星と土星のアスペクトは、性的不能と不感症に、何らかの関連があると思われる。しかしなぜであろうか？　惑星たちは我々に何もしない。彼らは心的エネルギーの特殊なパターンの象徴である。しかし、もし人がこれらの惑星と、関連するものとを覚えているならば、謎はより分かりやすいものとなる。金星と火星は、男性と女性の象徴的表現で、土星はとりわけ恐怖、自己防衛の必要、防衛への強迫衝動の象徴となるからである。出生チャートにおいて金星と土星がスクエアを成している女性は、彼女が意識しているかいないかにかかわらず、女性としての自分に、不器用さと不満を強く感じている。彼女は自分の愛する相手——まさにその惑星の元型が表すもの——とかかわりあいを生む力が、シャドウに縛られているのである。その結果、その力は無意識的に、相手と何かを分かち合うのではなく、関係をコントロールする手段、抑制する要素として、彼女の能力は本質の暗い側面によって使われるのだ。金星も土星も、女性の性的行動を直接に示すのではない。それは何らかの方法で損なわれている、女性としての自分の態度について、何かを示しているのである。ここで不感症が、心の状態の身体的象徴であることを思い出せば、不感症というものをより理解することができるであろう。不感症という言葉自体は、肉体ではなく感情のイメージを描写している。それは、感情が何らかによって凍りつき、無意識的に放置されていたり、ときに非常に未発達なまま取り残されている状況なのだ。それを補うために女性はこのことをごまかし、感情あるいは情緒を感覚と取り違え、見せかけの安定、忍耐強さ、優美さを装う。しかしそれによって彼女は、恐れに触れないまま、傷つきやすい子供を無意識の暗闇の中に閉じ込めてしまうのであろう。こうなれば、肉体が反応しなくても不思議ではない。セックスは、我々が体験できる最高の分かち合いである。しかしそれは、怯えた子供には持てない、成熟した者同志のみがなし得ることなのである。金星と土星のアスペクトを持つ女性も、純粋な肉体レベルでは極めて十分に機能する。なぜなら、我々がすでに示したこのコンビネーションは、肉体のコンディションを反映するわけではない。にもかかわらずしばしば、何らかの制限、圧迫、あるいは自己防衛といった、彼女の能力を他の人と分け合うことを許さない何かが、彼女の関係の中に存在するであろう。金星―土星の人はわがままといわれるが、そのわがままが、安全だという確かな証拠を得るまでは気を許さない、愛されることを恐れる不安な子供のわがままだと理解すれば、分かるであろう。

チャートに火星―土星のアスペクトを持つ女性は、金星―土星の形とは非常に異なったものを暗示する。ここでの問題は、女性らしさとの関係だけでなく、男性性との関連である。そこには、意識化されねばならないアニムスがある。このケースでは、恋人としての男性のイメージは、シャドウに彩られた火星によって象徴化されている。その結果女性は、自分の劣等面の暗闇を通じてそのイメージを見るようになる。それはアニムスと、自分のシャドウを同一視するようになるためである。そしてもし、そのアニムスとシャドウが男性に投影されると、男性が極めて悪いもののように見えてくるのである。アニムスは残酷で暴力的、抑圧的、専制的で、冷淡かあるいは弱く、卑屈で無力なものとなって現れてくることになる。意識的になされたものでない限りシャドウは、女性の中にある特有の男性性をしっかりととらえ、それを権力と支配の道具として用いる。性的不感症はこのとき、男性化することを防ぎ、男性の権力をはたらかなくさせ、女性が恐れていて男性が求める絶対的服従から逃れ、性行為によって服従を経験することで、男性の望みを決して実現させないようにするであろう。金星―土星の女性が冷たいのは、自らの女性性を信じ、認め、受け入れることを学んでいないからであろう。一方火星―土星の女性も、男性を決して信用しないので、冷たい人となる。彼女たちは、慢性的に自らの投影、つまり信頼できないアニムス像に直面することになるであろう。あるいは、感情からの肉体的反応の分離を達成することで、性的問題に対して安心できるようになる。ところが彼女たちは、投影されたアニムスの支配から自分を守ために、他のレベルで関係の維持を求めるようになるのだ。

このような土星のアスペクトは、処理が容易ではない。そのためには通常、罠にはまった惑星――金星や火星――を開放するために、無意識のイメージと動機とを探求し、内省することを求められる。しかしここでも土星は、ルシファーの役割を演じる。彼はしばしば性的関係を通じて、欲求不満、孤独感、失望を写しだし、女性を屈従させる。しかしこれはある目的のため――彼女が意識的方法でセックスの真の意味を学び、内的世界を見つめ始めるためになされるのである。おとぎ話が我々に語ってくれるように、シャドウは秘密の友であり、ガイドである。そしてこのアスペクトが出生チャートに現れたとき、性はおそらく自己発展のための探求の領域となる。こうしてみると、土星と金星あるいは火星とのアスペクトは、自分を豊かにし、成長するための価値ある道具となってくる。当初ダメージを受けていた性の表現は、女性が自分の人生の意味と大きな実現を果たすための、通り道となれるのである。

男性チャートでは、状況は反転する。男性のチャートにおける火星は、彼の男らしさ、男性性の象《シン》徴《ボル》である。火星が土星とコンタクトすると、火星はおそらくシャドウに束縛されている。このとき無意識では、密かにくすぶる敵意と共に、無力な受け身の姿勢を生じるか、あるいは、不完全さの弱さを補うために、過剰な攻撃性を生じる。火星―土星のアスペクトは、不能と関係しているとされているが、それを心の態度の象徴として見直すならば、人生における男性原理を表出する際の、自我の不能を表している。肉体的不能は、おそらくその副産物であろう。しかしドン・ファンも、それと比較して少しも特徴的なものではないし、暴漢も、女性達によって感情的に支配された男でも、それに比しても特別な存在ではない。

> 男性性はゴールを知り、そこに到達するために必要なことをなそうとする。(3)

それは男性が、男性性を失ったとき、あるいはシャドウによって権力のために利用されてしまったときに、どこがダメージを受けたのかを知ることの能力である。しかし火星―土星は、男性原理の問題を表すが、セックスに限られたものではない。それは結局、男性の男らしさの表現のための、象徴《シンボル》のひとつである。先に引用した観察を言い換えると、ペニスさえ男根的なものの象徴《ファリックシンボル》なのである。

火星―土星のアスペクトはまた、暴力、我々のいうサディズムとマゾヒズムにつながりがあるようである。我々は、無意識には補償機能があるということに注意しなければならない。この二つの極のうち、一方が意識にのぼっていれば、もうひとつは無意識に布置され、他者に投影されるのである。再び言うが、これら性的行動の現れはどちらも、心の主張が象徴されたものである。もしあなたが現実面で失望や不能を感じているならば、あなたは頭を垂れ、罪を罰するように願うこともあるし、あるいは不完全さに打ち勝つために、世界を征服、必要なら破壊しようとすることもある。サディズムとマゾヒズムという〝倒錯〟は明確なものではない。それは性の領域に限らず、他の多くの領域でも見出せる。それらは例えば、感情や言葉を通して表現されたり、見せかけの〝愛〟の形ですら現れる。究極的にそれらはすべて、人生に対する、そして男性原理の表現に対する、ある心理の態度を反映している。性行為は、多くの副産物の中のひとつにすぎない。いずれにせよこれらすべてのパターンが要求しているものは、意識に現れる態度の根源である。その後、全人格が変容するのである。この態度そのものを治療することは、他の症状を治療するようなものである。それは単に病気を強制し、以前より一層破壊的な表現方法を見出すことなのである。

男性のチャートにおける金星―土星のアスペクトは、女性性に対する態度を表すものである。それはシャドウに彩られているために、しばしば、非常に暗いものとなってしまう。そのようなアスペクトを持つ男性は、アニマや、内的な女性像、そして人間関係の可能性を、無意識的劣等性を通して見てしまう。その結果彼は自分の邪悪な本質を、パートナーに投影することになる。彼の人間関係には常に、恐怖や規制の要素、そして独特の冷たさが加わる。彼は感情によってパートナーを操ろうとするのだが、しかし彼自身は、パートナーのほうが自分を操っていると信じているのである。これは性的表現の問題と関係することもあろうし、ないこともあろう。それはしばしば、実際の肉体的表現以上に、性行為の際の感情に影響を与える。しかし女性は感情のトーンに非常に敏感で、その欠乏や不足に反応し、関係を脅かす。女性に意識の上はひかれるにもかかわらず、投影のレンズを通して女性を見つめている男は、女性を劣等な、もしくは衝動的な存在だとひそかに思うであろう。もしそうなら、彼は女性を気づかぬうちにそのように扱ってしまう。こうしたすべての副産物は、冷たさ、感情の欠如、内気さから、究極としての同性愛へと向かう。このようなケースにおいては、アニマをシャドウから解放し、意識化しなければならない。その時にのみ、彼は心の構成要素の暗い部分の、奇妙な結合を、パートナーに投影するのをやめるであろう。

このような例から、特定の惑星の組合せが、性的特異性よりも、心的イメージと反応の多様性とを象徴することが明らかになるであろう。我々が示したのは、セックスは自己《セルフ》と同じくらい、チャート上に正確に示すのがむずかしい。性は創造的エネルギーの偉大な原理であり、男性と女性の性の力の元型的交換である。そしてこれらの力の結合に向けての大きな努力の上に、存在全体が作り出されているのである。人間の性的なひかれ合いと、それに伴う問題は、古代の人々がウラノスとガイアの偉大なる結婚と呼んだものの縮小版なのである。それはまた、錬金術師が聖なる結婚と呼んだ小宇宙〝結合〟である。それは肉体的に他者と結びつくことと同じように、個人の心の内部において、対立物と結びつくこととも関係しているのである。

天王星、海王星、そして冥王星が発見されるまで、オーソドックスな占星術は、性的〝異常〟を土星のせいにしていた。しかし最近では三つの外惑星が、主犯格として扱われるので、ここでこの三つの星について考察を加えるべきだろう。もしそれらが超個人的なものであり、個人の自我よりも集団にはたらきかけるものだと考えれば、我々の行動は非常に神話的な形と関係があると見なすことができる。太陽、月、金星、火星を通じて、外惑星に影響を受けている人は、元型的神話を他の人よりもはるかに行動化する傾向がある。彼は自分よりもはるかに偉大な何かにひかれている。彼は何とかして自分個人の視点を犠牲にせざるをえない。したがって性的行動に関する限り、三つの惑星は、土星とは非常に異なった反応を示す。それはシャドウ、個人的無意識、両親への固着とコンプレックスとに、より関係を持つ。

天王星は、パワフルな、集合的アニムスの姿である。もしそれが女性のチャートであれば、金星か月――二つとも女性的表現のシンボルである――とアスペクトすれば、そこには何か自然な本能の表出についての歪みがある。天王星は強引で、神秘的な神である。アニムスの構成要素として、アニムスは個々の父親像よりもはるかに偉大な力を持っている。それは暴力的で、外傷をもたらす意識に侵入し、女性の本能の根源とのつながりをばらばらに破壊し、彼女の心を所有することさえ要求する。そのようなアニムスを認め、創造的表現を与えねばならない。彼を無視することはできないのである。しかしもし女性が、肉体や感情とのつながりを保つのならば、彼女は綱渡りしなければならない。そこで女性性の中心とつながりを保持する許可を得るのである。出生チャート上で、天王星と月、あるいは天王星と火星がコンタクトしていれば、女性は自分を独立させ、創造的であることか、またはよい人間関係をつくることかのどちらか一方を選択せねばならないと感じる。しかし彼女は、その両方の価値を人生において認めることを学ばねばならず、決して知性の明晰さによって、感情をこわしてしまってはならない。こうしてもしアニムスが抑圧されると、アニムスは間違いなく破壊的なパワーを炸裂させるであろう。もし本能が抑圧されれば、結果は孤立と自己破壊から、身体的症状、とりわけ生殖機能の症状へと変動する。

男性のチャートにおいて、海王星と冥王星が太陽か月とアスペクトしていると、天王星によって象徴されたものと似た、神話的影響が出てくる。二つとも集合的アニマの側面を象徴しているので、それが個人の男性性の意識的表現と結びついたとき、その元型は具体化し、意識を侵略する。海王星は優しく、すべてを満たす海のような母である。冥王星は、貪り喰う、大食の、残忍な母である。大地と海と反対である。両方とも女性性の集合的イメージとして意識に侵入する。そしてそれは、個人的な母とのつながりよりも、はるかに強力である。もし火星と海王星、太陽と海王星が男性のチャートにおいてコンタクトしていて、それが同性愛を示すときには、それが内包するエネルギーは、土星が示すものとは非常に異なってくる。後者は恐れ、不快、敵意を示す。前者は元型による誘惑を示し、この元型とは男性を誘惑する魅力と魔力を持つ魔女で、男の男性性を奪い、自分のものにしてしまうものだ。

この元型の力と、元型が個人の意識にもたらす神話的なイメージに直面したとき、個人は倫理的な判断を下せなくなってしまう。せいぜい肉体のセクシュアリティに根を下ろした意識的心理と、宇宙の惑星によって象徴されたトランスセクシュアルな無意識的エネルギーとの間に、不安定な平和を維持することが精一杯であろう。そしてもしこれに失敗したとしても、ある意味ではこれは本当の失敗ではない。なぜなら、失敗によって発生する様々な問題と共に多くのすばらしい贈り物が授けられるからである。そしてこれらの贈り物は、「普通」の男が滅多に手に入れることのできないものなのである。アニムスは感情や女性的な、関係を作る機能を、無残に壊してしまう破壊者かも知れないが、同時に神であり、世の中の意識に光をもたらすものでもある。またアニマは、男性の生き血を吸いつくす吸血鬼であると同時に、詩、音楽、ビジョン、予知、そして人生の秘められた宝物との結合を表す女神でもあるのだ。古代の人々は、神々に愛される人々は、神から破壊される人々なのだと信じていた。人によってはそれらの贈り物は、どんな犠牲を払ってでも手に入れる価値があるものである。例えば、女神や女神の持つ神秘に、男性性を捧げてしまったアッティスの僧侶たちのように。神々の吐く息に向かって石を投げるのは、思い上がった子供じみた行為である。

＊　　　＊　　　＊

二七三ページのチャートはビクターという名の若い俳優のもので、本人の定義によると、彼はホモセクシュアル以外の何者でもない。一度本人のことについて知らされてしまうと、星座のチャートからその人間の性的傾向を読み取るのは容易である。しかし、もしチャートが他の何かの一例として掲示された場合は、どんなに熟練した占星術家でも当人の性的傾向について断言できるかどうか難しいところであろう。

ビクターはニューヨークのユダヤ系中流階級の出身で、『ポートノイの不満』で有名になった、名うての「ユダヤの母親」の加護を受けてきた（もしこの〝ユダヤの母〟が反ユダヤによる神話であるとしても、彼の母はその地上における体現者だった）。比較的成功を遂げた食品雑貨店のチェーンを経営するビクターの父親は、影のような存在で、滅多に家にいることもなく、家中の権力は有能な主婦である妻にすべて委ねていた。この妻は非常に知的で見る目をもった女性であり、感情的（感情タイプの女性や、アニマに支配されている男性に見られる特殊な才能）に恵まれていた――そして彼女は一人息子をどう猛な舐め尽くすような愛情で溺愛した。彼の母にかかれば、ビクターにとって贅沢すぎるものなど何もなく、彼は完全な自由を与えられていた――しかし母はいつも巧妙な手口で息子の決断を自分が下すことに懸命になり、息子を永遠の少年のままにしておき、心配という毛布で息子の選択権を優しく窒息させていった。ビクターは自分に課せられた受け身の役割を受け入れた。何といってもそのほうが楽だったからである。ビクターは恥ずかしがり屋で、優しく、傷つきやすい洗練された子どもであった。彼は美しいものを愛し、家がとても好きだった。彼は人を傷つけるのを嫌がったし、特に暴力的な感情のぶつかりあいを嫌悪していたため、彼の感情を利用して彼を操作するのは簡単であった。母が一番好んだ手口は、ビクターの優しさを利用して、表面的な自由を与えておきながら、母親の心を傷つけることを恐れさせることによって、結果的にはいつも束縛するというものであった。したがって彼女は、彼のアニマと心を包囲し、自分にくくりつけておいたのである。

ビクターが一七歳になり、大学進学を目前にしていた頃、彼は母親を憎んでいることを認識した。母親に対するこの憎しみは声には出されず、常に彼にとりついていた。母親は、まだビクターに罪悪感を与える力を持っており、彼はその罪悪感も嫌悪した。彼が気づかなかったのは、母親を懸命に憎むことにより、彼が、母親との秘密の同一性と戦っているということだった。しかしやがて彼は母親と同一化していった。なぜなら憎悪は、愛と同じくらいの結束力を持ち、その気持ちを強く持てば持つほど、それに包括されてしまうからである。ビクターは独自の手口を持つ母親と戦った。しかし古い諺にもあるように、悪魔と夕食を共にするときは、長いスプーンが必要なのである。母親にそのような巨大なパワーを向けることによって、ビクターは自分自身の中のアニマ――マザーにどんどんパワーを向けていったのである。そしてそれがゆっくりと、そして確実に、彼を支配していった。こうした少しづつの変化に気づかないまま、彼は女性的になっていき、ぶらっとした手首、舌っ足らずなしゃべり方、頭をつんとそらすような動き、意味ありげに腰を振りながら歩くという、幼稚な女性のパロディのような、アニマに支配された世界中の男性に共通した態度を取り始めた。大学で役者の勉強をするために家を出た一七歳のとき、彼はすでに何度か同性愛的な体験を持っていた。ニューヨー

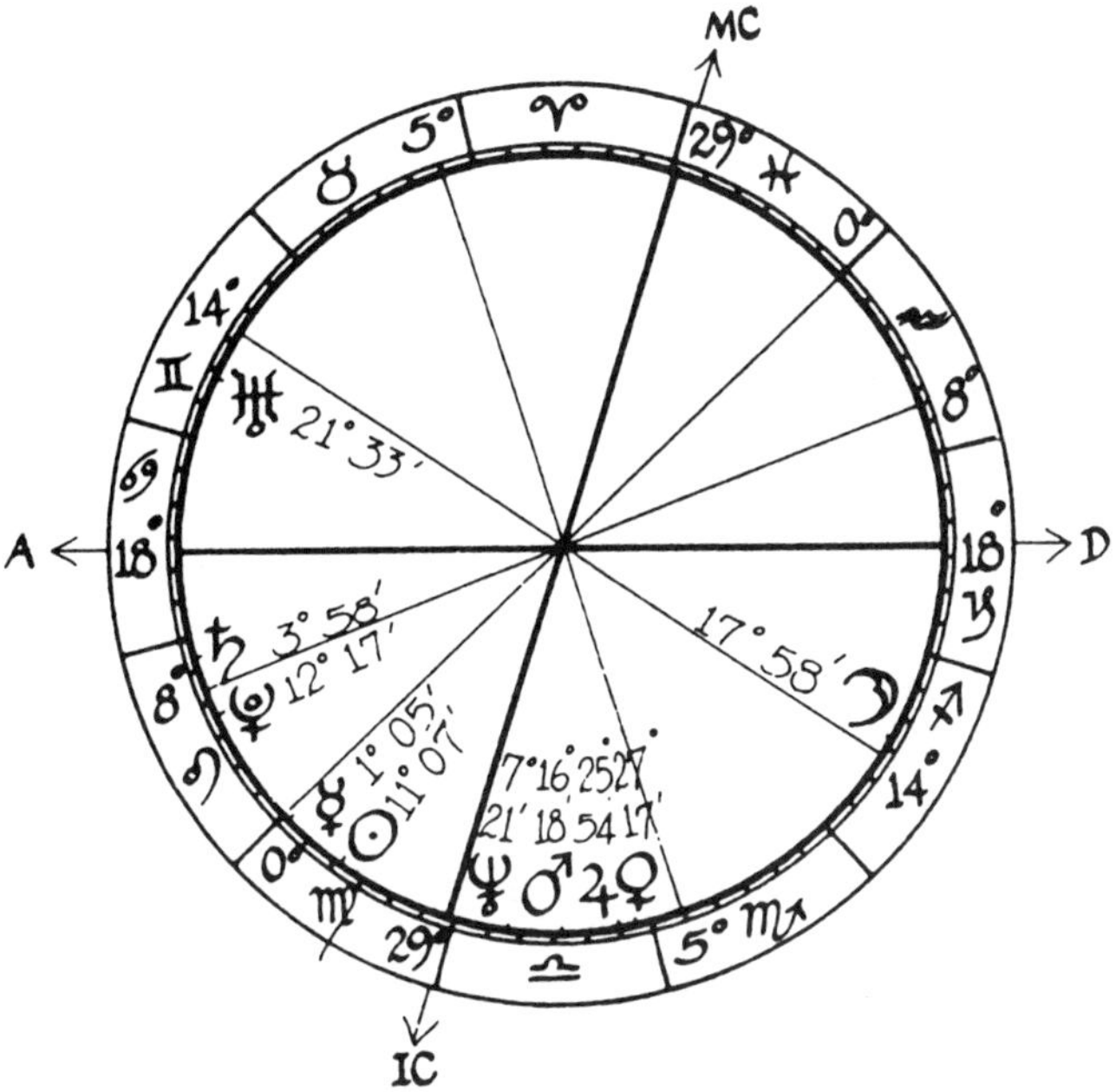

ビクターのチャート

☉太陽　☽月　☿水星　♀金星　♂火星　♃木星
♄土星　♅天王星　♆海王星　♇冥王星

♈牡羊座　♉牡牛座　♊双子座　♋蟹座　♌獅子座　♍乙女座
♎天秤座　♏蠍座　♐射手座　♑山羊座　♒水瓶座　♓魚座

クではこの手の冒険はいつでも経験できたし、何といってもビクターは若くハンサムな男だったのである。一目で彼をホモセクシュアルだと見分けられるようになるまでは、そうは長くかからなかった。他の人間はそれを知っていたが、彼の母親だけは気がついていないように見えた。こうしたケースの場合、真実の代償は自分自身に責任があるという発見であって、これは非常に困難なことである。母親は、彼が大学で「いい娘」を見つけたらどんなに嬉しいことかと言っていたが、彼は母親が永遠にその望みを満たせないだろうことが彼には秘かな喜びであった。しかし無意識のレベルでは、母親は彼に今あるままでいて欲しいと望んでいた。そのことにより彼は、永遠に彼女だけのものとなるからである。一方ビクターは、父親がその成長の手助けをしてくれなかったことで、失われた男性性と向き合わずにいさせてくれるというこの無意識の陰謀を、むしろすすんで受け入れていた。事実ビクターは、弱い父親を軽蔑していた。

ビクターの恋愛歴は、想像される通りのものであった。彼がニューヨークでの青春時代、大学時代、そしてそれ以降も属していた「ゲイ」の特殊な社会環境は、独自の人間関係の法則を持っていた――バーでの戯れ、簡単なナンパ、短いファンタジー、二つの苛々した見栄っ張りのアニマのけんか、突然の快楽、新しい情事の探求。ビクターは女性に触れたことはなかった。なぜだか分からないが、そのことを考えただけでも吐き気がした。男性との情事では、ビクターはいつも女役だった。にもかかわらず、彼にとって女性に認められることは何よりも重要であったため、彼のオカマ的態度が原因で女性が彼を避けたとき、彼は深く傷ついた。彼は、自分の女性をまねた行動をはっきりと見つめたことはなかった。無意識的な行動だったからである。彼は自分のアパートの部屋の装飾が、カーテンからランプシェード、そして暖炉の上にある瀬戸物の動物の置物まで、母親の趣味とまったく同じであることに気がついていなかった。彼は、出会った人がすぐに彼を軽蔑し、差別することにショックを受けていた。自分の性的傾向は秘密にしているはずなのに……。

大学卒業後、ビクターの俳優としてのキャリアは比較的恵まれていた。小柄で華奢な上に、素直で無邪気な顔立ちをしているため、様々な舞台演劇で子役を演じることが多かった。映画界に進出することを夢見たビクターは、ニューヨークからロサンゼルスへ移った。ユーモアのセンスとものまね、歌と踊りの才能に恵まれた彼は、努力家でもあった。意地悪でないときの彼は愛らしく、友人には忠実で寛大であった。しかし彼が貪欲に求めた役は、主役、つまりヒーローであった。これは彼の心理を理解するものにとっては、容易にその理由を察することができる。しかしこの夢が実現することはなかった。それは彼が小柄であることだけでなく、無意識にそしてコントロールできぬほど大袈裟に、彼が女性っぽかったため、彼自身、ヒーローとしての役を演じることは冗談に等しかった。

三〇歳に近づくにつれてビクターは、自分の人生に疑問を持つようになった。それまでは何でも笑い飛ばし、自分の感情と向き合うことを避けて通ってきた。しかし今、彼は俳優としての限界だけでなく、自分のプライベートな生活にも限界が見えてしまったのである。ビクターにとって他人から社会に受け入れられることは、大変重要な事であったが、彼は常に他人から排除されることに傷ついていた。自然の感情から完全に自分を切り離してしまっていたため、ビクターは男性とも女性とも、意義のある長期的な人間関係を楽しむことができなかったのである。もし彼が他の男性に心を開いていたら、彼は本物の人間関係を育むことができたかも知れない。しかし彼の自然な感情の扉を開くということは、落とし穴の扉を開くことと同じである。さらに彼は、若さと美を何よりも信仰していたのだが（これはゲイの世界のもっとも暗い側面だが）三〇歳になり、若さと美がはかないものであるという現実に直面しなければならなくなった。そしてビクターは愚かにも、どう猛な母―女神に束縛され、一瞬の光と飛行しかできぬ運命を持ち、最後には貧欲な子宮に吸いこまれてしまう美しい若者の神話プエル（永遠の少年）を演じることを希望したのである。子宮に戻るということへの期待に悩まされたビクターは、自殺を考えるようになった。この文章が書かれている今も、彼はまだ俳優を続けており、また一番新しいロマンスを楽しんでいるはずである。しかし同時に彼は、死ぬほど不幸せで、どんな専門家の助けも拒絶し、自分の人生の最終的決意、そして母親に対しての最終的復讐は、いつかそのうち自分を破壊することだと信じ切っているのである。

ビクターのチャートは、彼の非常に暗い人生の展開や、彼が今置かれている危機的なポイントをまったく反映していない。これは「悪い」チャートではないのである。恐ろしい星の配置がある訳でもないし、はっきりとした不気味な悪影響も示されていない。示されているのは、優しい洗練された性質を持ち、母性の不快な側面にさらされ、その青春時代に対して母親も自分も許したことがない人生である。ビクターが、今までにいろいろとチャンスがあったにもかかわらず、それを獲得することを拒んできたのは明らかである。しかし彼のチャートは、「同性愛者のチャート」ではないのである。それは非常に強い元型に束縛されている細やかな感性のチャートである。その細やかな感性は、束縛から自由になると、自己との痛々しい葛藤を継承することとなる。彼の母親は明らかに助けにはならない人物で、彼女を嫌うことを正当だと思うであろう。しかし無意識との共謀なしで、彼女がやったように他人を破壊する力は誰も持っていないのである。ビクターを本当に操っているのは母親ではなく、彼自身の中にいる祖先から引き継がれた無意識（元型）で、その暗いゴルゴンの顔が、彼を催眠術に掛けたように縛るのである。彼は自分の性的傾向を、まるで母親がうつした病気であるように、母親のせいにし続けている。いや、もしかしたら、ある意味では彼女の責任なのかも知れない。少なくとも始まりにおいては。しかし今彼は大人なのである。子供ではない。ビクターのチャートは、盲目性と選択の責任を受け入れることへの抵抗を反映しているのかも知れない。それは自分自身の意志や、母親の束縛から自由になるための、男らしい決断力に焦点を当てることが困難ということである。しかしビクターが作り出した彼の人生は、運命は、彼自身によるものである。

ビクターの品の良さ、消極性、そして知性と唯美主義は、精神的発達を司る第3ハウスの乙女座にある太陽と［天秤座にある］金星、火星、木星、海王星の四つの星によって反映されている。風の星座に五つの星が入っていることと、チャートに水の要素が存在していないこと（アセンダント―蟹座と、ミッドヘブン―魚座が水のサインではあるが）が思考機能の優勢と、自然な感情表現の困難さを示唆している。水の要素が欠けている人にとっては、感情を扱うことが困難となることが多い。それは感じることができないのではなく、感情が無意識であるため非常に激しく、原始的そして元型的で、時としてきわめて暗いことを示す。また、これらは自律的な面も持っており、思考型の人を脅かし、その結果知性の壁で自分を防御してしまう。このため、覆いの下に隠れている彼の心の不安な側面が、より強調されてしまうのである。かなり無意識的な形で機能している蟹座のアセンダントは、ビクターが自身の中に母の要素をたくさん抱えていることを示している。これらの要素は、画一化されたときネガティブに表現されることがほとんどである――抑圧、滅亡、ごまかし、執着、裏切りなどである。そしてこれらは完全に無意識的であるため、蟹座に太陽がある母親に、すべて投影されてしまうのである。したがって彼女は、投影《フック》の対象となるちょうど良い存在であり、彼から責任を吸収してしまう。ポジティブな面では、蟹座のアセンダントは、豊かなイマジネーション、感性、すばやい認知力、他人の感情を読み取る力、慈悲深さ、芸術への愛、そして弱きものを守る本能を表している。ビクターのものまねの才能も、この他人の感情を読み取るアセンダントの特性の現れとも言えるであろう。これらの特性すべては、ビクターが仕事や友人に対して表現していたものである。しかし彼は、自己の感情と結びつくことができなかったため、ものまねの才能を含むこれらの才能は、非常に自律的な方法で機能してしまったのだ。

ここで取り上げる必要のある二つの星の配置がある。ひとつは金星と土星のスクエアである。これはビクターの、女性に対するイメージが不快なものであり、抑圧された権力への衝動によって色づけされていることを示している。獅子座にある土星は、平凡であることや、愛されていないことに対する恐れを補うために、承認、成功、そしてへつらいを強く、早急に必要としていることを示す配置である。これらの特性がシャドウと結びつくと無意識となるが、その時、無意識の膨張、自己の誇張、他人を支配することへの欲望、そして同時に、巨大な劣等感と他人からの勇気づけと受容への強い欲求を生み出す傾向がある。ビクターは女性のイメージをこれらのシャドウの特性と結びつけたのである。彼はひそかに彼女を、手当りしだい食いつくす、巨大に膨張した獣のような妖女として恐れていたのである。もし彼が、自分自身の中にも同様の特性があることを知っていたら、意識の中にシャドウのためのスペースを確保し、その変身と進化の責任を取ることができたであろう。しかしこれは、どんな人間であれなかなか負うことのできない、倫理的責任である。金星―土星によって示されている問題と合わせると、射手座に月があり、天秤座に星の一団が見られるが、これはビクターの性質の中の盲目的な楽天性を示している。射手座も天秤座も物事の明るい側面への傾向を表す。特に天秤座は、暗やみ、汚れ、曖昧さ、そして不合理を嫌悪することで有名である。ビクターの中の楽天的な特性は、いろいろな意味で魅力的で愛らしい。しかし極端になると、「良」でないものはすべて、認めるわけにも表現するわけにもいかなくなるので問題となってくる。天秤座にある火星は、もっとも攻撃的な状態でも、精神的な自己主張でしかない。愛に飢える獅子座の中の土星を満足させるために、ビクターが必要とする自己のセールスマンシップとしては、あまりにも洗練されすぎている。さらに火星は、海王星とゆるくコンジャンクションしており、これはビクターの性的表現を示唆する二番目に重要なサインである。つまりビクターの意志や、ゴールに達成するための力は、アニマの集合に影響されているのである。このアニマの集合とは、ファンタジー、雰囲気、感情の状態、そして人生の問題にぶつかったときに、彼を無力にしてしまう、エネルギーの消耗である。

チャートに表されたいくつかの点――それは我々が探求できる唯一の図――は、心理的問題の多面性を明確に反映している。しかしビクターが、同性愛によってこの問題を解決しようとしている事を示すサインは、チャートには見当たらない。それどころか、彼が選択できたであろうやり方や、より生産的な表現方法もたくさんある。天秤座の星の集団や、水のアセンダントに反映される性質にとって重要な、人生の意義と他人との人間関係を深めるということのためには、ビクターはもっと自分自身、特に男として生まれた自分を意識する必要がある。天王星対金星、火星、そして木星のトラインは、ビクターが独自性、決断力、そして自由の可能性をもっていることを示している。八つの男性サインと二つの女性サインのバランスは、彼がアニマの束縛から解放されれば彼にとって（むしろ男性的であることが）一番自然なバランスであることを意味している。役者という職業は、彼のような肉体的限界がある場合、必ずしも最適な仕事ではないが、芸術な側面でいえば、役者も適職だと思われる。これはチャートのいたるところで提示されており、ビクターが持つ多くの才能は、それがシャドウに飲みこまれない限り、彼をもっと充実させるだろう。ビクターのチャートは、彼が本来の自分を選べる状況にあることを語っている。チャートはビクターを破壊しなかったし、母親も彼を破滅には追いこまなかったのである。彼を破滅に追いこんだのは他でもない、彼自身なのである。彼の星が宿命づけたのではなく、彼がその運命を受け入れたのである。多くの点でプエル（永遠の少年）として生きることは、人生と真の意味で対決することのない、容易なものである。しかしその一方で、永遠の少年の神話を生きるものは、神々に選ばれたものである。ビクターの場合も、より深く考えれば、自己《セルフ》のためには正しい運命の選択だったのかもしれない。誰もこのようなことを、日常の判断基準で知ったり、善悪の審判を下すことなどできない。ビクターの性的傾向は、神話の一部である彼の人生のパターンの、ほんの一面にすぎない。役者として優れていたビクターは、人生の上でも自分の役を演じきっているのである。

原註

（1）Nikos Kazantzakis, *The Rock Garden*, Simon & Schuster, N.Y., 1963.

（2）Vivian Robson, *Astrology and Human Sex Life*, W. Foulsham & Co., London., 1963.

（3）C. G. Jung, *Contributions to Analytical Psychology*, Routledge & Kegan Paul, London, 1928.

訳註

＊1　ストレンジラブ博士……S・キューブリックの映画『博士の異常な愛情』の主人公。

7

汝の父と母を敬え……ただし条件付きで

両親とはパターンである。

――トマス・フラー

子供時代に与えられる以上の宿命があろうなどとは考えるな。

――ライナー・マリア・リルケ

精神分析学が始まったころ、男性はすべてひそかに母と床を共にしたがっており、また女性はすべて父親とそうしたいと望んでいると考えられていた。心の無意識的な生は、最終的にはすべて、このたったひとつの目的に向かって動いているとされていたのである。フロイト派の思想に従うとすると、心理学的な問題はどんなものであれ、幼児性欲の表現に結び付けられてしまうのだ。ある段階においてセクシュアリティはなんらかのトラウマによって捕えられ、固着し、その結果として大人になってもそれが心的、時には身体的な生活にも強く影響するというのだ。心理学は、フロイトが偉大な先駆的仕事を成し遂げた時代と比べてずっと洗練されてはきたが、しかし、それでも両親が子供の心にふるう、無視しようもない大きな影響力が現実的なものであるということは、人間性の成長の分野で仕事をしているものなら誰でもわかるであろう。一体、アイデンティティなるものが本当に我々自身のものであって、両親の価値観や志向、欲求、そして態度など（意識的にせよ、無意識的にせよ）によって大きく形づけられたものではないなどと我々のうちの何人が言えるであろうか。

フロイトは、子供と親の絆は、結局は「単なる」性的な結び付きに還元できると信じていた。しかし、現在では無意識的な親子の間の関係においては単純な性的満足以上、そう、はるかにそれ以上のものがかかわっていることが明らかになっている。たしかに、あるレベルではそのように仮定された性的な結び付きが子供時代に現実のものとして存在していることもあろう。しかし、すでに見て来たようにセクシュアリティは、単に結合の行為ではなく、ずっと広範なものなのである。多くの、大人の個々の問題は性的なものを原因として起こるのであろうが、しかし、それは子供時代に自然なエネルギーが歪められたか、あやまって導かれたかの場合にかぎられる。しかし、我々はホメロスのように、このように言うことができよう。

　自分の生まれを知った人は誰もいない。

父と母は、我々の最初の経験と結び付いている具体的な人間であるというだけでなく、元型のヌミノースな力を体現している象徴であることを忘れてはならない。個人の内にある母と父の巨大でダイナミックな力は、両親との個人的な関係のありかただけからではなく、どんな種類のものであれ、意識が最初に芽生え始めるころからの、親と結び付けられた元型的《アーキタイパル》な意味からも生まれでて来るのである。

　人間に絶えずつきまとうすべての亡霊のなかでも、両親の精神《スピリット》ほど大きな重要性をもつものはない。父と母が内的要因となるとき、彼らはもはや個人の上に投影される子供時代のファンタジーではなく、心の一部になって進歩を妨げるものとなる。(1)

両親との関係の経験は普遍的で元型的であるがゆえに、何らかのかたちでホロスコープの上に現れて来ると考えられる。個人は単にその人自身であるのではなく、その家系という樹に咲く花であり、両親はまさしく、チャートのパターンのひとつをなすのである。しかし、母も父も、客観的な意味ではそこに表現されることはない。チャートが言葉どおりの意味では正確に本人の性格を描写することもまたない。チャートが表すのは、いかに個人がその父母を経験するのか、そしてまたどのような感情的、知的、身体的、ないし霊的な価値観を両親に見るか、なのである。それはまた、この完全に主観的な観点から見られる親子関係が、本人の個人的《パーソナル》な内的な傾向と調和して発展させるか、あるいは衝突しあうかを表す。現実の両親との関係の背後には、象徴的な意味での両親との関係がある。ここまでくれば、我々は再びまた元型的イメージの世界、宇宙的な父母、男性原理と女性原理の二つの原理を考察することになる。母とは、その意味では大地であり、物質であり、感情であり、また死と生のサイクルであり、またすべてを生み出すものであると同時にすべての破壊者であり、肉体と大地そのものの本能的な生である。父は天であり、かつ霊性《スピリット》であり、火であり、意志であり、また意味、目的、目的指向的な発達、秩序、構造、法である。夢の体験と同じように、我々が人生で体験するすべてのことは（もし、それが我々を変化させたり、我々の内に変化を引き起こす力をもつとするなら）、それは文字どおりの現実であると同時に象徴的なものでもある。この原則はむろん両親の経験にもあてはまる。どのように我々がその元型《アーキタイプ》を経験するか、そして、我々がどのようにそうしたイメージを現実の人間に投影するかを、チャートは暗示するものなのである。生まれたばかりの子供が頭に被っている羊膜のように、個人的な関係のヴェイルは、感情、思考、感覚的な経験などすべてのニュアンスなどで深層の心的エネルギーを覆い隠すのである。そのヴェイルを自由に見透かすことができるようになるには、我々はまず、個人的な人間関係とそれに関するすべての不可避の問題と取り組まねばならない。

我々は何度も何度も、個人の先天的な資質が誕生の際にすでに存在しており、そしてそれがバースチャートのパターンに反映されるかを見て来た。

すべての人間の活動には、先天的で前意識的な、独自の心の構造であるアプリオリな要因がある。例えば、新生児にしても、前意識的な心は、好ましい環境のもとでなら、何でも好きなものを注ぎ込めるような空の器ではないのである。(2)

他者によって左右されるのではなく、我々が我々になる自由意志を与えるのはこの「前意識的な心」である。子供は、単に受動的な両親の心理の受け皿ではない。たしかに子供は、子供時代に彼をとりまく無意識的な力に大きく影響されるが、しかしその一方、子供は子供自身でそれに何かを付け加えるのである。そのために、どんな親にも道徳的な批判を加えることはできない。たとえ、その親が子供を無視したり、拒んだり、冷酷であったり、子供と共にいなかったり、あるいは独占欲を剝き出しにし子供にさまざまな心理学的軋轢を与えたとしても、である。このような要因は、むろん後々まで大きな傷痕を残すであろう。また、さまざまな悲惨なことが、愛という名のもとに引き起こされもす

大地母神，（ローマ）

る。しかし、両親がどのような心的傾向の持主であったとしても、子供の内にある何かが両親の心的傾向と出会い、いわば、それを受け入れ、また吸収する。そして、子供が無意識的に両親に結び付ける価値が、両親がどのようにその子供に影響するかを決定するのである。このことを理解しなければ、本当には自分のものでない態度——つまり、両親の善意ではあるが、無意識的に子供をある特定の方法で扱ってしまう両親の影響に染まってしまうかもしれない。親がそのような特定の仕方で子供を扱うのは実は子供がそうさせていることもあるのだが。

厄介な親子関係の問題、特に母親がかかわっているような問題の最も重要な要因は、親が何をしたか、ないししなかったか、ではない。それは、ちょうど化学反応のようなものであり、二人の人間の相互作用のようなものだ。双方ともが、その結果に影響している。手短に言えば、両親がしたことだけが問題なのではなく、子供が親に期待していることと、親の行動（ないし行動しなかったこと）の間のズレが問題なのである。

まず、印象深いのは、個人的な実の母親が一見きわめて重要に見えることである。個人主義的な心理学ではこの個人的な母親の姿があまりに際立っているので、周知のようにこの心理学が母の姿を把握する際にも——理論は別としても——個人的な母親を越え出ることは決してなかった。私の見解が他の精神—心理学的理論と違うところは、原理的には、私が個人の母親には限定された重要性しか認めないところである。すなわち、文献中にえがかれている子供の心への影響すべては、個人的母からだけ由来しているのではなく、むしろ母親に投影された元型こそが母親に神話的な背景を与え、また権威とヌミノースな性質を与えるのである。病因となる、あるいはトラウマを与えるような母親の影響は次の二つのグループに分けなければならない。(1)実際に存在している、母親の性格特性、ないし態度からくるもの、(2)母親がもっているように見えて、実は子供が空想的（すなわち、元型的）な投影をなしているものである。[2]

心のうちにおける両親のイメージと建設的に取り組もうとするなら、このユングのきわめて重要な仮定を考慮しなければなるまい。我々の社会においては、両親の両義的な陰影によって傷つかないような人はそう多くはいまい。その原因のひとつは、過去二千年の間、「関係を結ぶこと」と女性原理は一般に過小評価されてきており、結果として結婚生活が一般的に問題を孕むものとなってしまい、子供の心に傷を残すことになってしまうからである。心は親の無意識的生活にとても影響されやすい。とくに、両親が自分の個人的な秘密の願望、衝動や情動と体面することなしに、いわゆる模範的で「普通の」振る舞いをしようとこだわりつづけるなら、それが子供に与える影響はいっそう混乱し、破壊的なものになるだろう。例えば、原始的文化においてそうであるように、ほとんど個人の観念がなく、個人としての両親のパーソナリティが留意されないときには——その場合、両親は古い元型の体現である——西洋人の心にとっては、あれほど鮮明である母親／父親コンプレックスは見られない。個人の自我意識が発達しモーセの十戒が出現してきた。が我々は得たものもあるが失ったものもあるのである。我々は、家族生活の個人的《パーソナル》な面に固執することでより個的な人間関係の豊かさと深さを得ることができる。しかし、同時にそのことによって生じた新たな心理的影響力に対してはきわめて脆弱であり、そこからしばしば成長に反目するようなものがでてくるのである。


あなたの子供は、あなたの子供ではない。

彼らはそれ自身を熱望する生命の息子、娘なのだ。

彼らはあなたを通じてやってくるが、あなたから来るのではない。

彼らはあなたと共にはいるが、あなたに属しているのではない。

あなたは彼らに愛を与えても、考えを与えてはならない。

彼らは自分の考えをもっているのだから。

あなたは彼らに体をあたえても、魂を与えることはできない。

彼らの魂は明日の家に住んでいるのだから。

あなたは、夢のなかですら、その家を訪れることはできない。

あなたは彼らを愛そうとしてもよい。けれど、彼らにあなたを愛させようとしてはならない。

人生は後戻りもできず、また昨日にしがみつくこともできないのだから。(3)


カーリル・ジブランのこの言葉は、単純な真理を雄弁に物語っている。我々は、心から、自分の両親がこれらのことを理解していたということができようか。あるいは、我々自身、親としてその事実を理解しているといえようか。もし本人があえて自分自身の人生を生きようとしないなら、その人は無意識の内に自分の子供を通じて自分の生を生きようとするかもしれない。そういう人は、無意識的にそうしているのであるので、責めることはできないが、しかし、かといって、彼の盲目がしばしば引き起こす悲劇を無視することはできまい。

このような問題になんらかの意味を与え、かつ建設的な方法で向き合うためには、まず現実の親を元型の投影から分離しなければならない。もしこれが穏やかになされ、同時に親への尊敬を保つことができれば親の失敗がどのようなものであろうと、愛の絆は決して侵害されないはずだ。その分離ができず、人生の間に積もり積もった恨みが周囲の人々との関係まで毒するときにのみ、無意識の内の侵害が起こるのである。秘教的な教えによれば心に止めておくべき重要な原理がある。我々は自発的に両親を選ぶのだが、しかしそれは前世における良い行ないや悪い行ないに対する「罰」でも「賞」でもない。我々が両親を選ぶのは、彼らは我々の実体《サブスタンス》であり、心的内容の結合によって結び付いているためである。もっとも、その絆を認識していようがいまいがにかかわりなくであるが。我々の両親は外的世界においては客観的な人間であり、また内面世界においては象徴的な形姿なのである。

母親が、生涯で初めて出会う女性であり、それゆえに子供の心に将来にわたって「女性」の意味を決定づけるほどの強い印象を与えるということを理解するのはむずかしくないだろう。同様に父親は最初に我々が出会う男性であり、父親もまた、子供の無意識に男性性の権化としての印象を残すはずである。我々は数千年の経験に基づく、集合的な母と父の経験を引き継いで生まれてくるのであり、これらの象徴的な形象は、我々のうちに生得的なものとしてセットされている。しかし、個人的《パーソナル》な「私(I)」、自我は、自分が生まれた家庭という外界にその内容を投影して客観化するまで、それを知ることはない。また、その後においてすらも、それを意識的に知ることはまれである。

子供は、きわめて深く両親の心の構えにかかわりあっているので、子供時代の神経症的な問題のほとんどが家庭の心的雰囲気にさかのぼることができるということに不思議はない(4)。

もし子供が象徴的な父と母の元型的なイメージの中に安定と安寧ではなく、無意識的混沌のうねり、敵意、攻撃、暴力性、羨望、破壊性などと出会うことになれば、あたりまえのことだが、「神経症」的な特性をしめすかもしれないし、また大人になってもそれは続くだろう。このような子供の両親は、よく、分析家や占星学者のオフィスに連れて行き、なぜその子がこのように不安なのか、そして彼を「治療する」ためには何をすればよいのかをたずねるのである。これは、カウンセラーにとってはもっともむずかしい状況である。分析家の前のソファに座るべきは実はあなたたちなのだと言われて納得する親はほとんどいない(ことに、彼らが良心的な場合には)。しかし、それこそがカウンセラーが語ることができるただひとつのことなのである。

もし、たとえ意識的には努力していようが、外見上どのように見えようと、母親が子供を最も愛することを厭がっていたり、子供が反対の性であったらと望んだり、社会の状況や、ないし育ちによって満たされぬ野心を抱いていたら、いったいどのようなことが起こるであろうか。元型的《アーキタイパル》な母親は、暖かさ、あわれみ、同情と気遣いにみちたものだが、しかし、子供が知覚する現実の母親と元型的母は鋭い葛藤を起こしてしまう。元型《アーキタイプ》の暗い側面がその時に布置され(すべての元型は光と影の二面をもつ)、母親はむさぼり食う者、竜、魔女、破壊者、骨抜きにする誘惑者となってたち現れるであ

ミケランジェロ「アダム創造（部分）」（1510年）
ヴァティカン，システィーナ礼拝堂。

ろう。その上、さらに子供自身の心的性質が母親と元型的母の間の深淵をより敏感に感じさせ、その淵に対する彼の態度に影響していく。もし、その子供が男の子なら、アニマのイメージ、つまり、彼の内にある女性的なものの布置はどのように影響されるだろうか。また、もし子供が女の子で、自分の母親をモデルとして自分の女性性を引き出していくとするなら、どうなるだろう。もし、母親が無意識的に男性を軽蔑したり恐れているとすれば、それは娘の男性に対する無意識的なイメージにどのような影響を及ぼすことになるであろう。

もし、子供にいきいきとした関係をもてるような父親がいないとすれば、何がその子に力と助力と目的意識を与えることができようか。そのような子供は、そんな不在の父親に対する、母親の態度にのみ影響されるが、もし、両親の結婚が失敗すれば、父親に対する母親の見方は大きく歪んだものになってしまっているだろう。それにかわって、子供は父親を演じ、男性の役割を担っている母親と向き合うことになる。その子供が父親の不在について想像する空想的なイメージは、どうしても巨大なものに膨らんで行く。自然が真空をきらうように、心も空隙をきらう。個人的《パーソナル》なものがいないところには、元型が押し寄せてくるのである。一方、もし父親がそこにいれば、父親自身もまた彼の無意識の内にあるものを通して影響を及ぼすであろう。もし、彼が失望していて、妻に威圧されているとすれば、その無意識的な怒りは子供にどのように影響するだろうか。もし父親が自分の感情に気づかず、それを表現することもできなかったとすれば、そのことは癒し、保護する力と愛を信じている子供の信頼にどのような影響を及ぼすのだろうか。生き切ることができないで、なくなってしまうようなものはない。親のうちに生きられなかったものは、子供の無意識の中にひそかに生き、そして、それゆえに、彼の人生を「宿命づける」ことになるかもしれないのである。

このようなことはあまりに単純な問いであり、またその答えも全く明らかであろう。だが、不幸なことは、そのような問いはふつう大人になるまで注意されないし、また答えに気がつくのが遅すぎるのである。そしてまた、もうひとつのことも問題にしなければならない。つまり、子供が無意識のうちに親に期待するものはなんなのか、ということである。おそらく、我々がその問いに対してできることといえば、「易」の思想が示唆するようなことだけだ。つまり、我々の間の責任を分かち合い、甘やかされて来たものともう一度取り組むことだけなのである。

成長しようとする個人が避けては通れない不快な局面が存在している。その段階において、人は両親に対するアンビヴァレントな感情が自分の内にあることを発見し、また両親との関係の中には暗く、また破壊的な面があることに気がつくのである。この段階は、ごく自然なこととはいえ、いきおい自己弁護に満ちたものになる。両親が「私に何をしたか」に気づき始めると、怒りや敵意、そして罵倒が噴出してくるからだ。しかし、この段階はやり遂げなければならない人生の冒険に対してはほんの前置きのようなものにすぎない。いってみれば、それはちょうど前々から体全体を犯していた毒素が集まってできたひとつの現れとしてできている腫物である。だが腫物の良い面といえば、それは切開できるということだ。そして毒は出され、そのことによって体は癒される。

敵意と責め合いが一段落すると、人は、両親が「した」ことが遥か昔に何を引き起こしていたかに段々気がつくようになる。また、そんな亡霊を自分の中に生き続けさせていたのはほかならぬ自分であり、あまつさえ、そんな亡霊にさらに力を与えて自分の行動の決断にまで影響することを許していたのはほかならぬ自分であることにも気がつくようになる。そして、その人はまた自分の内の多くの嫌な性質を発見するだろう。以前なら、そのような性質は両親の影響のせいにしていたようなものだ。しかし、自分のそのような暗い面を受け入れることができ始めるなら、今度は両親の暗い面も受け入れることができるようになる。両親は退治されるべき怪物としてではなく、人間として立ち現れる。こうして、愛と誠実という両親の贈り物は、どんなにささいなものでも感謝すべきものとして見え始める。こうして、子供が親に新たな生を与えることになるのである。また、それと同時に親の背後に立ち、その源となっている深層のエネルギーにも気がつくようになるだろう。我々自身を解放することによって、我々は両親を解放する。このようにしてのみ、我々は真の意味で両親を誇りに思うことができる。そう、ひとりの人間として。我々は、配偶者や子供たちに、本当は罪の意識や敵意に満ちていながら、うわべのおべっかを使っていることがあるが、真の尊敬はそのようなものとはまったく違っているのである。

心理学的タイプが相入れない場合のこともここで考えておくべきだろう。そのようなことが起こったとしても、誰の「落ち度」というわけではないが、しかし、無意識の内に相手の価値観を拒否することは大きな問題を引き起こすのである。人は自分に都合よくものを見るもので、思考タイプの親は感情タイプの子供の感情を過小評価するだろう。また、感覚中心型の親は直観タイプの子供の感じることに驚愕することになる。こうして、多くの家族において、子供は親のシャドウ、アニマ、アニムスの投影という重荷を背負わされるのである。たとえ、その役割が子供に向いていなかったとしても、である。子供たちは生身の両親の上に、元型的なイメージを投影し、また親も子供に元型的な子供のイメージ——つまり創造的な可能性をいっぱいにたたえた生命——を投げかける。このような投影が起こったときには、子供のイメージは両親のひそかな劣等性——つまり意識に上ったようなことのない野望や衝動と結び付いてしまう。懸命に家庭的であろうとし、また感情生活、人間関係にたいして誠実でありながら、無意識のアニムス的野心を子供に投影してしまい、我が子が知的な天才や創造的な才能の持主、あるいは世界的な成功者になってほしいと望んでしまう母親のいかに多いことか。このような場合、権力を振るおうとする意志は愛という仮面を被る。「最高のもの」という名のもとに、母親は子供に心理的な暴行を加えたあげく、いざ子供が暴力的に反抗したり、あるいは「異常な」行動に引きこもってしまってから驚くということになるのである。また別なケースにおいては、愛を渇望している子供なら両親の投影の対象に自分をおいてしまうかもしれない。そのような子供はこうなってほしいという親の期待を一身に背負い、超人的としかいえない基準に照らして自分を見て人生の大部分を使い果たし、しかしそれでも自分は遠く及ばないと感じてしまうのである。当然のことだが、こうして引き続く失敗のあげくに彼は自分のいたらなさと罪の意識までを感じるようになってしまうだろう。大人になってその子はついに自分をつき動かして来たデーモンと対決し、本来それは自分のものではなかったこと、しかし、そのデーモンを受け入れてしまったものは自分であって、それが自分をダメにしたということを悟ることになるのである。子供たちは、多くの親にとって、自分たちの魂が生きられなかった側面を変わって生きてくれる立派な媒介物となる。このようなことは、た

ギュスターヴ・モロー「聖ゲオルグと竜」。
自我が無意識的な母の元型から分離・独立してゆくプロセスは，しばしば竜退治のモティーフでイメージされる。

とえ、生きられて来なかった心の側面が親の意識的な価値観とは相入れないような場合にすら起こる。野心的で成功者でもある父親が浪費家で軟弱な子供を育ててしまい、また礼儀正しく貞節な母親があばずれな娘を育ててしまうことがある。この軟弱さは、あるいは猥雑さはいったい誰のものだったのか。それらは、実は双方に属しているものなのである。なんと多くの母親がまだ失われていない若さと眼前に広がる可能性を秘めた自分の娘に嫉妬することか。そしてまた、なんと多くの男性が自分の息子に嫉妬し、また脅威に感じることか。そう、エディプスは母親のイオカステを切望したが、しかしまたイオカステもまたエディプスをベッドに誘ったのである。我々はそのことに、同じことが我が身に起こるまでは気がつかない。そこにいたるまで、その密会はますます暗いものになっていってしまう。しかし、その暗闇のさなか、無意識の底無し沼のようなところで一輪の花がまるで救いの護符のようにその根を張っている。それは人間性の中にある無限の可能性であり、愛、同情、共感、許し、そして魂のけだかさの無限の源である。そしてそれが、もし自分が親であれば、自分の欲求、限界、葛藤、夢、望みのために同じ過ちを犯していたということに嫌でも気づかせてくれるのだ。我々の両親の「罪」――故意によるものであれ、そうでないものであれ――はまさに我々のうえにおおいかぶさってはくるが、しかし、我々にはつねに呪いを祝福に変える道がある。つまり、大きく見開いた目で、「あなたと私が歩むしか幸運はない」といえるようになれることである。出生ホロスコープの目的指向的なパターンが表す、心の意味に満ちたパターンは我々に「ふりかかる」どんな経験も実は我々が選んで来たものであることを示してくれる。自我は、ときどきその選択が苦痛に満ちて、ショッキングで、混乱、失望、破壊に満ちたものであると感じるけれど、しかし、それらはすべてある意味で意味深いものであり、また必要なものでもある。少なくとも、我々がその意味をはっきりと悟り、また人生の輪郭、連続性を見渡せるようになるまでは。

＊　＊　＊

出生ホロスコープには、個人の両親のイメージについていくばくかの理解の鍵となるような重要なエリアが二つある。そのひとつは、チャートの縦軸にあたるもので、ホロスコープの南点、頂点、つまり天頂《ミッドヘブン》ないしMC（Medium Coeli）と呼ばれているもので、もう一方は底、ないし北点にあたるIC（Immum Coeli）である。我々が過去から伝承して来た象徴学の豊かなつづれ織りの中では北はしばしば精神の場、再誕生の点、神々の住まいとされてきた。一方、南は心《ハート》の場であり、大地と物質の場である。ホロスコープの南北の点は、もっとも深い神秘と関連している。つまり、人間が生まれでて、無意識の生活を引き出す根源であり、かつまた人間が属する世界の中で果たすように招命されている使命と関連しているのである。

ホロスコープの縦の軸に加えて、心のうちの女性的なるものと男性的なるものの象徴である月と太陽を検討しなければならない。この二つも母親と父親に関連している。この二つは、個人の生命の木の根と花に関係しているばかりではない。それらは、もっとも基本的な男性と女性の本質なのである。MCとICから始まるホロスコープのハウスは、それぞれ第10ハウスと第4ハウスである。第10ハウスは職業、経歴、社会での地位を表すとされており、第4ハウスは家族と家庭内での態度を示すという。さらに、この二つのハウスは両親との関係にもかかわりがある。ホロスコープの子午線である軸と、太陽と月の対極《ポラリティ》は、両親に対する経験の、二つの異なった面をしめしているようである。ハウスが自身の位置している物質的現実［環境］を示すのにたいして、惑星は心の内のエネルギーの流れ、方向を指し示す。つまり、二つの「両親の」アングル［ＩＣとＭＣ］は自身の母親、父親との関係性を示すのに対して、太陽と月は個人の、元型的な両親の内的な経験を反映しているといえる。そのどちらがより重要かとはいえまい。この二つの極を双方考慮することが重要であろう。

正統的な占星術のテキストでは、ＩＣと結び付いた第4ハウスが母親を示すのか、父親を示すのかといったことについて多くの議論がなされている。古い文献には第4ハウスが母親を示すのか、父親を示すのかといったことについて多くの議論がなされている。古い文献には第4ハウスが母親を支配すると断定的に書かれている。また比較的最近の文献では、この問題は本人の性別によって変わるというものやどちらの両親が男性的役割・女性的役割を果たしているかによって変わって来るというものもある。さらに問題を複雑にしているのは、一人の人間でも身体的にはある性を生きるが、心理的には異なる性を生きているというようなこともある点だ。さらに、無意識には補償機能があり、親の意識的人格《パーソナリティ》は、もう一方の無意識の側で正反対の性質を示している。この事実が物事をさらに複雑にしている。普通、子供にもっとも強力に影響を与えるのは、親の無意識なのだ。もちろん、どんな対極《ポラリティ》でもそうであるように、各々の極は一方を補償しあうゆえに、いくらかの均衡が得られるであろう。それゆえに、片方の親との関係のしかたは、もう一方の親との関係に対照的な性質を与える。両親はお互いに影響しあい、また両者ともが子供の内における対立物のバランスに影響しているのであるから、人は両親という一対を分離することはできないのである。いわば、両親とは統一的な経験である。そこには「どちらか一方だけが」というようなことはありえない。むしろ、

「どちらも」というのが正しい。それは例えば、ハウス分割や三つの新しい惑星の副支配星の場合など、占星学研究の多くのジレンマの場合と同じように抽象的な思索だけではすまない問題である。理論は、いかにももっともらしく、ロジカルで、美しいものであっても、実践の中ではうまくいかないこともある。しかもこのような曖昧なものを統計的に確証することはきわめて困難である。なぜなら、

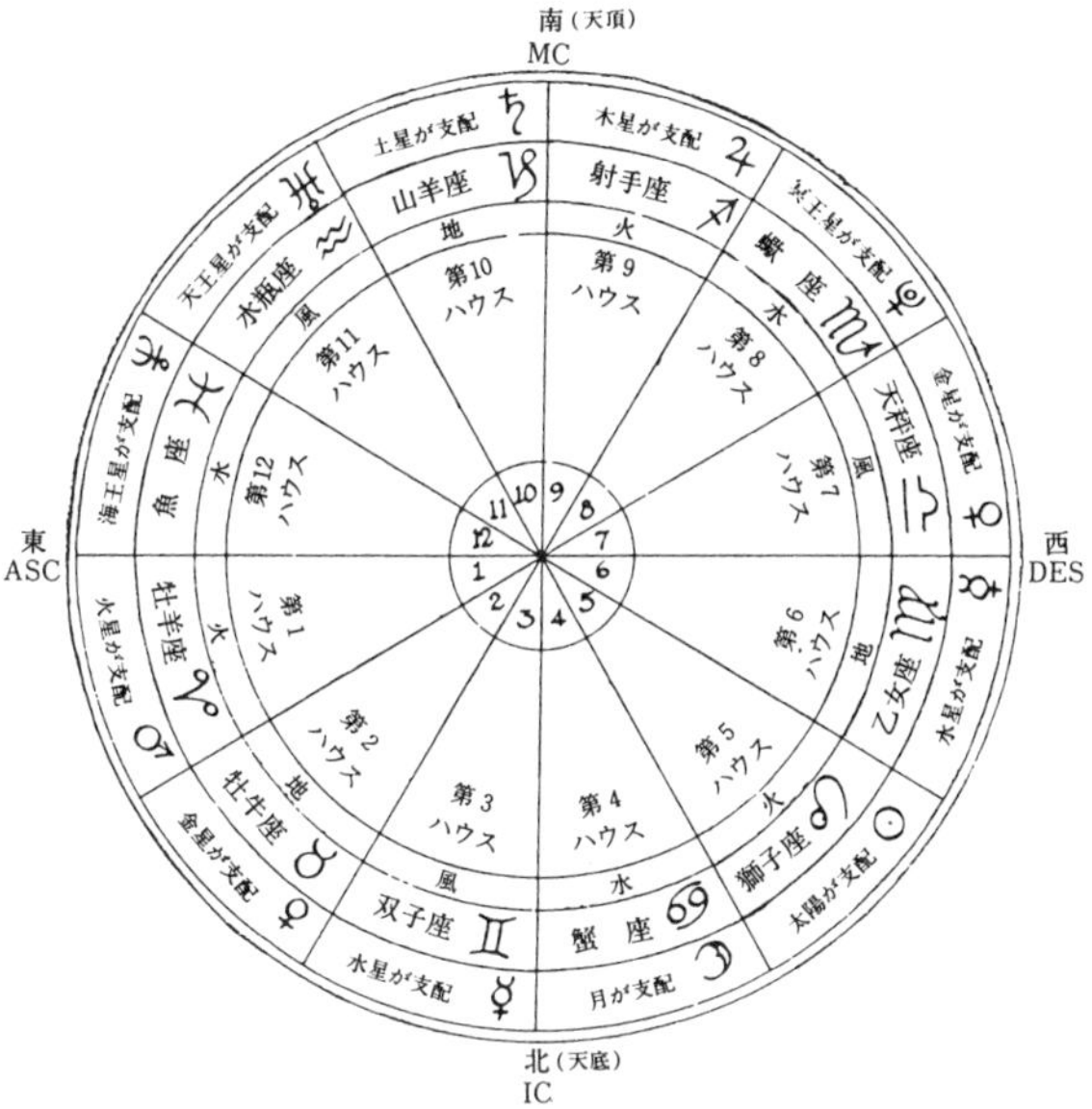

MC―IC軸（子午線），ASC―DES軸（地平線）

父親との関係はチャートの天低（IC）と第4ハウスに入る惑星によって，また母親との関係は天頂（MC）と第10ハウスに入る惑星によってもっとも鮮明に示される。

ここでは個人の心的な経験を扱っているのであり、心的経験というものは白黒をはっきりさせるような分析の俎上にはのらないものだからである。最終的には、ある占星家には有効であっても、別な人には無効であるかもしれないということを常に念頭におきつつ、効果的に見えるものを用いるしかないのである。同じことが、研究されているチャートの今の問題についてもいえる。つまり親とハウスの関係についての照応である。次に上げる解釈は理論的ではないが、経験主義的ではある。その解釈は普遍的な法則ではない。しかしながら、かなりの程度までは有効であると証明されているし、それゆえ、一考に値するだろう。すなわち、父親との関係はチャートの天底（ＩＣ）によって、また第4ハウスに入るすべての惑星によってもっとも鮮明に示されているように思われる。また母親との関係は天頂（ＭＣ）と第10ハウスの惑星すべてによって最も鮮明に表現されているように思われる。

一般的に言って、ＭＣの星座はある人と母親との関係を先天的に支配しているような、特定の要因を示唆している。それはしばしば――偶然の一致というにはあまりに頻繁に――ユングのいうシンクロニシティと呼んだ神秘的な原理でいうしかないようなほど頻繁に――実際の母親の太陽の星座、アセンダント、月の星座、ないしは母親のチャートのなかで主要な惑星によって示されている強い影響力と一致している。ＭＣの星座は子供にもっとも強い影響を与えている母親のある側面を示している。子供の中にある、ある部分がとくに母親の性質のその部分に対して敏感であることを示しているというわけである。ＭＣとその反対側の点であるＩＣは、我々の遺伝的なものの象徴的反映であるといえそうだ。というのは、その二つは、緊密な家族の構成員の間ではしばしば一致するからである。まるでそれは、その人が意識的個人として、遺伝的な限界をもった存在として受肉する際に、ＭＣ―ＩＣ

軸（子午線）とASC（アセンダント）―DES（ディンセンダント）軸（地平線）によって形成される十字架によって個人の心が物質の中にはりつけにされるかのようである。どのような内容がチャートの中にあったとしても、彼はこの十字に固定されて、それが与えるユニークで特定の流儀でチャートの内容を表出するのである。

例えば、乙女座にあるMCは、母親に第一義的に与えられた性質は地的なものだということを示している。つまり、母親は実際的な、堅実な人、その人特有のありかたでの生産性、奉仕、労働、物質的な堅実さにかかわっているような人だと見られるだろう。そして彼女はまた、義務、秩序、構造をきわめて重視することを示す。これらの性質すべては、意識的な価値観には統合されにくい。他方、獅子座のMCは、母親に結び付けられた強力な創造的衝動、強力な母性的パーソナリティ、強い自己主張と自己への欲望を暗示する。蟹座のMCは、感情生活の強調、独占欲、家族の結束と過去の価値観への固執を示す。もちろん、このような描写はあまりに簡略化した例であるが、しかし、ある程度までは母親、あるいは子供が母親を通して経験するものはバースチャートの中のこの「母親の」アングルが位置する星座によって表されると言える。いうまでもなく、MCにどの星座がきても、それ自体でいいとか悪いとかを断定することはできない。それは、コンプレックスと経験の様態の象徴である。つまり、子供が無意識の内に、まさかそれが自分の行動を決定するようになるとは知らずに吸収してしまい、環境に対して反応する仕方を決定づけるようになってしまうようなコンプレックスと経験の様態の象徴《シンボル》、である。天頂に位置する星座は、また本人が母親にどのように見られたいか、あるいは、どのように本人が母親を見ているかを示している。本人の社会の中での価値観は、様々な人間関係からとともに、結果的には母親から引き出されてくるものである。MCの星座は、しばしば、母親から学ばれる教訓を示す。それは、本人が自分自身の創造的な人生を生きる上で、最終的には意識の中に統合すべき試練となるのである。あるいは、MCの星座は、母親から遺伝的に引き継がれて子供の中にあって、そして本人が発達させていかねばならないものの一部をしめしているといえるかもしれない。

第10ハウスにはまた別な意味もある。といっても、それらはすべて母の元型と関連しているのだが。つまり、それは大地という子宮から生まれいでて、物質の中に結実する事柄の問題を示しているのだ。伝統的な占星術では、第10ハウスを社会の中におけるキャリア、業績、地位の指標と見なしている。それは、「ペルソナ」、すなわちあらゆる個人が自分の属している環境と穏やかにかかわりあうためにかぶる仮面と関連しているように見える。しばしば、それは本人がもっとも幸福感を感じながら努力できる人生の局面、あるいは、本人が職業人としてとる態度をよく表現している。それは、MCが価値観を、つまり、本人が仕事を通じて何かの形にしようとしている価値観を定義しているからだといえよう。したがって、獅子座のMCは、母親の経験を通して個人の権力、ないし、個性の表現について学ぶべきものがあることを示している。結果として、彼は創造的な芸術に関する仕事にかかわるようになったり、あるいは責任と権威のある地位についたりするだろう。そのような活動の中で、母親との関係——この場合には個人の創造性についての経験——をとうして価値あるものだと学んだものを表現してゆくのである。しかし、同時に彼はある種のものに対し辛い採点をし厳しく拒絶することになるかもしれないことを覚えておかなければならない。

MCは、チャート上の非常に意識的なポイント、つまり、本人が自身を容易にアイデンティファイするポイントである。彼が自分自身のことを描写するときには、その星座の価値観を口にしているようにみえるだろう。本人がその価値観をいかに形成したかは、あまり意識されていないかもしれないが、それを追跡すれば母子の関係のある側面があばかれるだろう。

MCとは対照的に、ICはチャートの深く沈んだ、無意識的なポイントである。それは、本人の存在の源泉、根源、すなわち、心の底に無言で横たわり、やがてはMCとして、つまりMCが示す社会的な態度の中で花を開かせることになる、栄養ある樹液を送り込むような根源を示すものだ。MCの価値観は、意識生活の中においてもっとも優勢なものである。しかし、存在の霊的な根源は父親によって擬人化される（元型的）「父」である。父は、家族を支える構造であり、そしてその名と出自《リネージ》を与えるものである。一日の終わりにして次の日の始まりである真夜中に太陽が達する、南点には神秘が満ちている。ここにおいて太陽の潮流はその底点に達し、ここにおいて自我は過去と未来をかたちづくる無意識の力に根付くのである。ICを、正統的な占星術の教科書は人生の始点であり終点であると読んでいる。それは、世界の中では決してあらわにされぬほど深く無意識の中に埋没した、しかし、その内からアイデンティティを育んでいるような意味の根源を表しているのだ。アセンダントが、その正反対の星座をディセンダントに常にもっているように、MCは正反対のものをICにもっている。母＝アニマ＝女性が経験の鍵を与えるとすれば、父＝アニムス＝男性は経験の背後にある意味、計画、目的、方向性、最初から終わりまでの種子への鍵を与える。ICの星座の性質は、しばしば本人は他人の中に求めてしまうものだが、（それゆえ、ICは相性チャートの比較の際には重要になるが）、努力してゆけば本人の中に見いだせるような面を表している。一見意識的に選択されて行くゴールに向けての選択を、しかし、深層で動機づけているのは隠れた、この無意識的な価値観なのである。

第4ハウスか第10ハウスに惑星が入っている場合には、親子の関係は重要なものとなるだろう。このような配置は、すなわち問題になっている惑星が象徴する心理的な趨勢、ないし元型が親と結び付いていることを示す。その内容は親の上に投影されたり、また親を通して経験される。その投影は、親の中に内在する性質を呼び起こすことがある。こうして、子供はその惑星のエネルギーを感知してゆくことになるのである。もし、親の中においては、別な心理的な面が優勢であったときにさえ、このメカニズムは作用する。惑星が象徴するものは、きわめて重要な影響力を双方にふるうものである。親と子は、その経験を共有するものなのだから。MC、ないし、ICによって象徴されるエネルギーは、両親の内においては無意識的であるかもしれず、また子供の内においてもそうであるかもしれない。しかし、このエネルギーを、意識的経験の軌道内に持ち込むことによってのみ個人は親と子を結ぶ、無意識のへその緒から自身をときはなつことができるのである。

男性的な惑星（太陽、火星、木星、天王星）が第10ハウスに位置したり、女性的な惑星（月、金星、海王星、冥王星）が第4ハウスに位置すると、問題はもっと顕著に、かつ複雑な形で現れる。このような配置は、母親の心の中に男性的な心的内容があったり、また父親の中に女性的な要素があって、そのようなものが子供の投影を引き受ける対象になっていることを示す。そして、親の心理学的性とその親に、自然に結び付いているような元型的な特質の間に軋轢が生じ、本人には困惑が生じて来る。

例えば、第10ハウスに太陽がある場合は、きわめて興味深い例である。それは単に職業上での名誉や成功を表しているだけではないのである。それが暗示するのは、母親が意識的・無意識的を問わず、権力への衝動にとりつかれていること、そして子供を通じて自分の男性的な側面を生きようとしていることを暗示しているのだ。そして、子供の方では彼自身の意志《セルフ・ダイレクション》の力と自己表現の能力を母親——つまり、外界における「母」を象徴するのに適切な対象——に投影し、結果として彼は母親の人生の目的を、自身の人生のうちに勝ち取る。しかし、彼自身は彼自身の人生を生きたのではない、ということに気がつかないのだ。この配置、つまり、MCに太陽があるという配置はしばしば、世界で成功して母親に名誉をもたらすように期待されている子供のチャートに見られる。そうした子供たちは、しばしば実際に世界の中で成功するだろうが、彼らは自分たちがなぜそのような成功を成し遂げたのかを悟ることは少ない。また、母親が亡くなっていたり、不在だったりして、無意識的な想像力が自律的な力として渦巻いているような場合にも同じ配置が見られる。この場合には、母親は（元型的）「母」となり、本人の人生の目的は、その半元型的な内的人格が要求するものを実現してゆくことになってしまう。また、第10ハウスの太陽は、父親の不在を表す場合もある。この場合には望む望まないにかかわらず、母親が男性的な役割を担っている。占星学上の配置はどれでもそうだが、ひとつをとりあげるとそれが現れる環境は様々であり（よって解釈も様々であるが）、そのことは責めるべきことではない。ここで論じている配置によって象徴される問題は、同時に深い意味での愛と不可分の関係にある。ここで重要なのは、具体的な、外面的な出来事や環境ではなく、どのように親子の関係を心理的に本人が経験していたか、という心理的な意味なのである。その人のアイデンティティはしばしば母親のアイデンティティと混同される。彼はまず、最初にそのへその緒から解放されなければならず、自身の人生の目的を見いださねばならず、そして自身の人生のための選択を自らなさねばならない。そうしてこそ、自分にとってかけがえのないことを……真に創造的な方法で自己表現をし、そして内なる無限の可能性を悟った、全人的な、バランスのとれた、そして統合的な個人になることができるのである。

もうひとつの顕著な、そして多大な問題を引き起こす配置は第10ハウスに入った土星である。この場合には、シャドウ、つまり心の劣等な暗い内容がいくぶんか母親と結び付いてしまう。そして母親は制限、苦痛、拒絶、欲求不満、あるいは喪失、つまり、本人に自身の宿命に対する信頼感を剝奪するようなものを象徴するようになる。土星が第10ハウスにあると、しばしば母子関係には破壊的な要素が含まれるようになる。土星は欲求不満、結晶化、萎縮、締め付けと結び付いた星なので、本人の性質《ネイチャー》の中には子供時代に（発達を）「止められて」しまってその後もずっと自信を喪失させ、意味ある現実を作り出すことを困難にしている要素がある。ホモセクシュアルのチャートの統計的な研究では第10ハウスの土星が相当の頻度で見られる。しかし、覚えておかねばならないのは、この配置がホモセクシュアリティを「引き起こす」のではないということだ。それが意味するのは、本人が心のうちにおいて、母親との関係に影響された結果、どのように女性と、女性的要素と関係してゆくのか、ということを示す。もし、ある男性が土星を母親を通じて経験すれば彼自身の人格の暗い面は母親と混同されるだろう。その結果、彼を「制限」し、「拒絶」し、「骨抜き」にし、そして彼が社会に属しているのだという感覚をもつことを「困難にしている」のは、当の母親だと見えてしまう。彼は異常なまでに野心的になる。しかし、その一方、内心では小心で、自分に疑問を抱き、永遠に母親の視点だと彼が考えているものを通して自身の能力と限界を評価してしまうのである。しかし、だとしてもまた、彼を非難することはできない。問題は双方の行為から生じているのだから。しかし、本人はその束縛を意識しなければならないし、彼の回りで動き回る投影から自由にならなければならない。それをやり通して初めて無意識的に母親に依存する事なく、自身の自律性と内的な強さを――それは土星のもうひとつの意味である――を発達させることができる。

海王星は全く異なったジレンマを表している。この配置があるときには母親が殉教者として、あるいは犠牲者として経験されることがある。そして母親自身も過度なまでの受動性と自己否認をすることによってそのような投影を強化することがある。そうすることによって、彼女は深い罪意識、あるいは無意識的な義務感を、「かくも多くのものを与えて来た」子供の中に呼び覚ましてしまうのである。結果として、子供は自分の母親を理想化し、完全な存在とみなし、かつ玉座にすえてしまう。しかし、その反面、彼は深い幻滅を味わう。彼は、罪の意識を与えて来た完全性を母親が演じ切らないことで、母親を無意識の内に非難してしまうかもしれない。その結果、彼は人生の方向感覚を喪失し、人生を彷徨してしまう。母親を理想化したことによって、自身を犠牲にしたことに気がつくこともなく、である。

冥王星が第10ハウスに位置したときには、母親はしばしばむさぼりくらうもの、元型的破壊者、子供を独占し、専制的な力を奮う竜の要素を帯びたものとして経験される。あるいは、子供の内のなにかが「死ぬ」つまり無意識の中に沈潜化することも少なくない。彼自身の変容する能力、人生の中においてしばしば起こる周期的な変化に対応する能力が失われることが起こるのである。彼は死を強く恐れ、変化を深く恐れる。そして公然と、しかし無意識的に自身の保身のための力を欲することもある。ある場合には母親の経験は、権力、支配、独占、自己の喪失といったものと結び付く。そしてそれは、感情レベルでの重大な自己従属、あるいは束縛といった形をとる。あえて簡略化して［ほかの惑星の作用を］いうなら、水星は母親との知的な交流の面（相互理解と批判の双方）と関連する。金星は、理想の女性、ヘタイラ（娘に嫉妬し、息子を崇拝する女性）と母親のイメージ結び付ける。天王星は、強力で分裂を表す星だが、母子関係のなかの孤立化、分離、ないし、暴力的な裏切りを表す。ないしは、子供が自身の個性を独立させてゆくことの必要性を表す。戦争の神・火星は母子の関係が意志、欲望、怒り、支配と関連することを示す。そして、母親を表すアングルの上の［MC上の］月は母親の無意識的な感情生活と子供のそれが本能的なレベルで結び付いていることを示し、子供に自分自身の感情のかわりに母親のそれを表出させることになる。

これらは、本当は極めて複雑な状況をあえて簡略化した描写である。第10ハウスに複数の惑星が入ったときには、もっともっと事情は複雑になる。そして、さらには、その惑星のアスペクトを考慮しなければならない。しかし、それは今度は母親ではなく父親の経験を反映している因子となっている。その結果である。もちろん、第4ハウスに惑星が入ったときも、惑星のもつ原理そのものは同じとして、個人の発達の中において、ちょうど親の、もう一方の極に影響を与えるということになり、同じ惑星でもその効果は全く異なったものになる。最終的には、第4ハウスと第10ハウスに入った惑星を自分の経験をもとに解釈してゆかねばならない。惑星の状況とは、全体の図の半分にしかすぎないということを忘れてはならない。それは、第一に両親の無意識の生活である。両親は、それをお互いに表出しておらず、あるいは世間に向かっても表してはいないが——それを子供は幼いころに経験しているのである。第4ハウス、あるいは第10ハウスに惑星があれば両親との関係にまず注目しなければならない。むろん、それは常に否定的なものとはかぎらない。そのような絆は、本人をより深い自己理解に向かって導くものだ。しかし、ここで考えなければならないのは、心の一部が親と強く結び付いており、本人の心の中の大切な点を回復するためには、人間関係の深い面を意識しなければならないことである。我々は誰でも両親をもっている。しかし、完全な親などというものはありえないのだ。もしある個人が非常なコンプレックスを膨らませ、どちらかの親と心的な同一視が生まれたり、あまりに強すぎる感情的な反応をもってしまうときには、親ばかりではなく子供の側にも責任がある。天秤の片方だけを切り放すことはできないのだ。親の経験がどのように粗暴なものであったとしてもそれは誰かの「責任」という問題ではない。あるレベルでは、子供を虐待するくらいなら、子供を持つべきではないというような議論も正当である。しかし、そのような議論は、無意識の一般的な問題には通用しない。非難をするときには、細心の注意をしなければならない。人は、失ってしまったものとだけかかわることができる。

父親と母親は、生身の人間であると同時に元型を体現する。成長していく個人にとって、両親はある惑星のエネルギーの、特定の側面をより深く理解するきっかけを与えるものである。そのエネルギーは、ゆくゆくは意識の中に統合されていくのである。第4ハウスや第10ハウスに惑星が入っていない場合には、元型と両親の同一視は比較的直接的には起こらない。この場合には、MCやICのルーラー（守護星）が入っているハウスが、両親と結び付く人生上の局面を示す。例えば、乙女座にMCがあり、第10ハウスに何も惑星が入っていなければ、乙女座の守護星である水星と、そのチャートの中での配置を考えなければならない。水星が本人の生活の中における安定、保身、恒常性に対する態度を表す第2ハウスに入っていれば、母親の経験はそのような価値観と結び付いたものとなる。たとえば、母親は子供が大人になっても保護し続けるかもしれない。あるいは、物質的なものに対する母親自身の価値観が、本人の価値観の一部になる。どのような現れ方をするかは、無限の可能性がある。これらのものは、母親の経験がチャートの中で、どのように（たやすくか、あるいは葛藤をもってか）同化されているかを示すものである。

子午線の二つの点のほかに、太陽と月を考察しなければならない。太陽と月の星座、ハウス、そしてさらに他の惑星とのアスペクトを調べてみるのである。太陽と月のペアは、人間の内のもっとも広い意味での、男性原理と女性原理のバランスを表すものだ。そのチャートのコンテクストの中における配置は、男性、ないし女性のイメージに対する態度、ないし経験を表す。しかし、同時にいえることは、太陽と月はMCのようには具体的な状況を示しているようには見えないことだ。太陽と月は本人が人生の中において生きる男性性と女性性への解釈と結び付いている。例えば、天王星と太陽のコンジャンクションが示しているのは、具体的な父親ではなく、本人が体現している父（性）なのである。むろん、本人の父（性）は、実際の父親に投影されるが、その父性そのものは本人の中の実体から生じて来るものである。また、土星と月のコンジャンクションが示すものは、単に実際の母親の状況ばかりではない。個人の中に生きている女性なるもののイメージ、そしてその属性が月の星座、ハウス、アスペクトによって示されているのである。それは、本人の感情のありかた、アニマ、そしてすべての内に生きる「グレートマザー」に対する（その人の）解釈である。

それらのことは、他者の目からみればあまりに明瞭なものだが、しかし往々にして無意識的なものである。第10ハウスに土星、天王星、冥王星をもつ人が、いかに自分の母親がすばらしいか、そして母親との関係を楽しんでいるかを口にすることがある。実際にその人の母親は素晴らしいのであろうし、また彼女は息子を愛している。そこにはなんら「悪い」関係はない。しかし、そこには力関係の問題が横たわっている。この素晴らしい母親が、意図的にであれ、知らず知らずの内にであれ、いかなる力を子供の心に奮っているかという問題である。あるいは、息子の価値観、内界・外界の女性に対する態度がいかに母親の影響を受けているかという問題でもある。さらに、それはそのことを認め、意識に再統合し、真に自分のものとするためにどれほどの時間がかかるか、ということが問題になるのだ。

バースチャート上の両親の問題を研究することは複雑なことだが、実例をもってくることで明らかになる点もあろう。実際、このような深い問題の場合にはステップ・バイ・ステップ式の明瞭なマニュアルはありえない。キーワード式のやりかたでは失敗するにちがいない。子午線と惑星の象徴を解読するには、個々人の経験的解釈、個々人の直観的理解によるしかない。チャートの解釈はひとつのアートである。それゆえ、それは論理的な原理によるばかりではなく、感情、直観の面での繊細さを要求するのだ。

最初としては、ある人物とその両親のチャートから始めるのがいいだろう。人が抱く両親のイメージを、両親のチャートそのものに示されている先天的資質と比較すれば、多くの洞察が得られよう。その洞察そのものは直接は問題の解決にはならないかもしれないが、しかしそれでもそれは価値のある啓発的なヒントにはなるはずだ。

*　　　*　　　*

ハワードは（そのチャートは三一七ページに示してある）は素晴らしい知的能力、ずば抜けた言語表現力の持主であった。一流大学の哲学の教授であり、その方面では名の通った権威である彼は、自分の知的才能を存分にふるう機会にも恵まれている。アカデミックな世界においては、ハワードは常に自分の目的をやすやすと達成してきた。彼は思考と直観の機能を高度に発達、分化させており、さまざまな概念をまるで奇術師のように結び付け、統合し、操ることができたし、またそれを心理学的・哲学的な言葉によって表現することができた。こうなれば、彼の職業的な成功は約束されたようなものだった。しかしその一方で、ハワードの感覚の機能は未発達で、具体的な世界では彼は無力であった。その結果、彼は自分の住居や服装といった「世俗の」ことにはほとんど無関心であったし、彼の給料はほとんどまるごとムダに使われていったのである。

ハワードは中産階級の郊外の家の出で、その家庭は典型的に英国国教的な厳しさをもっていた。ハワードの母親は知性あふれる女性であり、アカデミックな世界を経験していた。事実、三年の間に大学では学位を取得していたのだが、これは女性としては当時例外的な偉業であった。彼女自身はきわめて文化的なヨーロッパの出身で、その家系には父方の流れをくむ多くの演奏家、作曲家、芸術家な

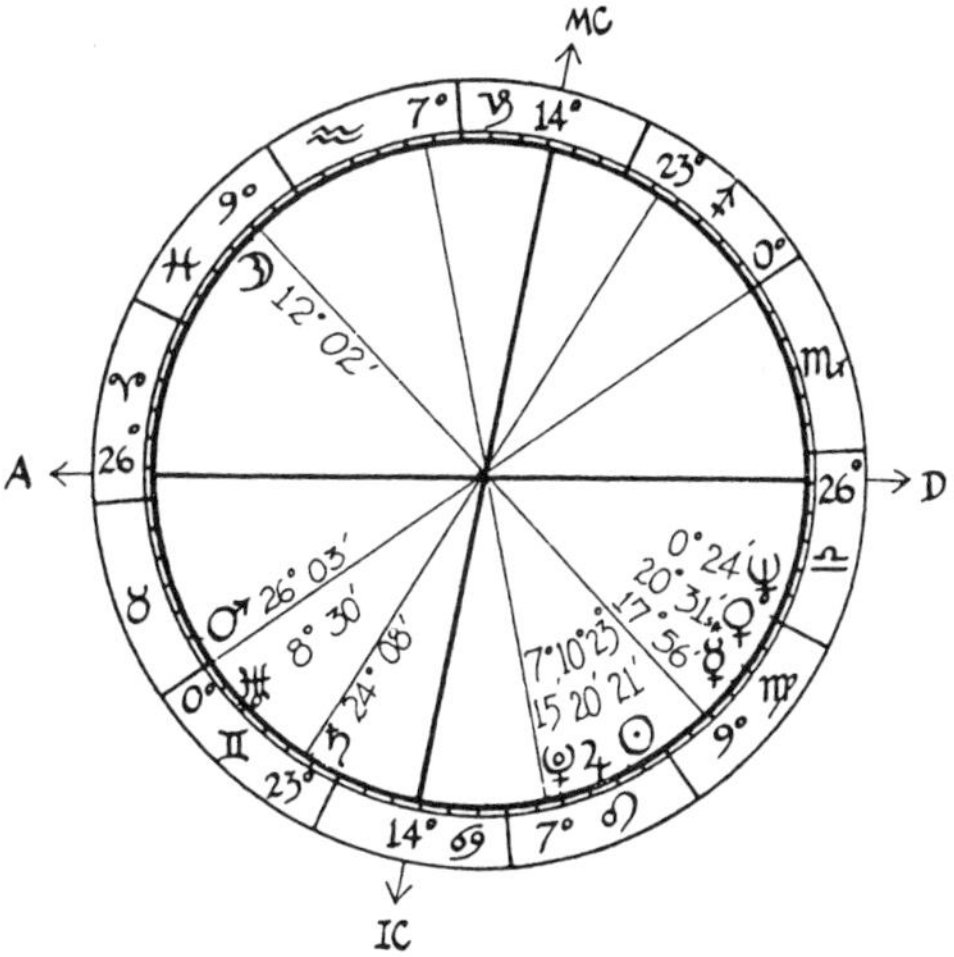

ハワードのチャート

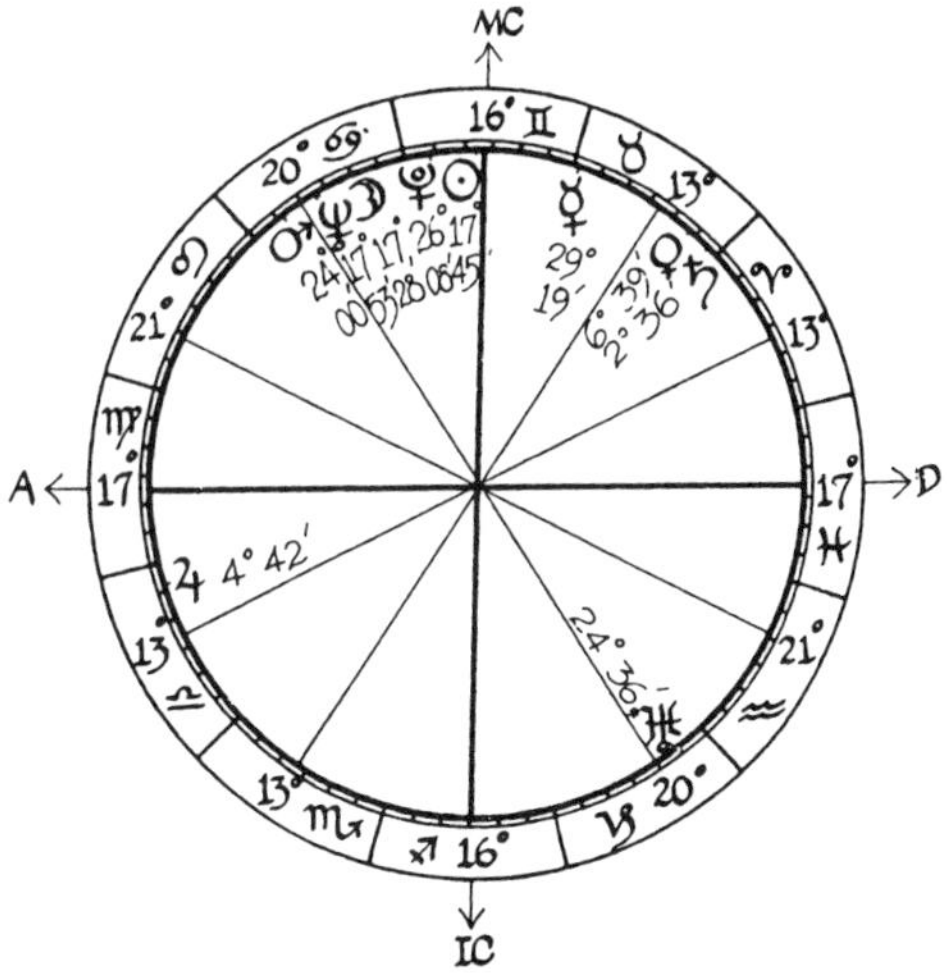

ハワードの母のチャート

☉ 太陽
☽ 月
☿ 水星
♀ 金星
♂ 火星
♃ 木星

♄ 土星
♅ 天王星
♆ 海王星
♇ 冥王星

♈ 牡羊座
♉ 牡牛座
♊ 双子座
♋ 蟹座
♌ 獅子座
♍ 乙女座

♎ 天秤座
♏ 蠍座
♐ 射手座
♑ 山羊座
♒ 水瓶座
♓ 魚座

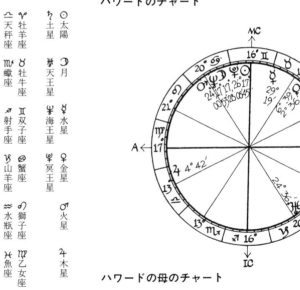

どがひしめいていた。そのために彼女は母方の家系――彼女の母は下層階級の労働者であった――のことを忘れようとしていたのだった。彼女の母親の最大の望みは息子に最良の教育を与え、また学会での成功を納めさせることであった。それは、自分が家族を支えるために諦めなければならなかった、彼女自身の夢だったのである。多くの才能に恵まれながら、しかしそれを延ばすチャンスをもたなかった彼女にとって、息子こそが自分の生きられなかった生を実現させる方法だったのである。

ハワードの父親は、その一方で労働者階級の出身であった。若いころは、彼はアカデミズムの世界でも将来を嘱望されていたが、しかし彼の家族はそれを実現するだけの経済力がなかった。やがて彼は自分の知的能力に失望し始め、知的世界よりも芸術家、あるいは職人の世界により安寧を感じるようになっていったのである。ハワードが生まれるころには、大工仕事や木工に大きな満足を覚えるようになっていた。こうなると当然だが、その結婚生活は悲惨なものとなり疲弊させるようなもので、まるで二匹の鹿が角のところでつながれているようなものであった。

経済的な問題に直面して、ハワードの母親はますますその学歴にしがみつくようになった。彼女は夫に自分の学歴をひっきりなしに振りかざし、彼に教育がなく、かつ知的に劣っているのだということを片時も忘れさせなかった。彼はそれでますます自分に引きこもり、威されて自信をなくしていった。そんな中で彼はさまざまな仕事を始め、自分こそが養い手なのだということを示そうとするのだが、それらも失敗していったのである。そして失敗するごとに彼は妻からの罵倒と叱責を浴びせられた。そのため、そうでなくとも潜在的な、しかし強力な性愛的衝動をさらに深いものにし、かつ奥底でくすぶっている性癖を暴力的な形にしてしまった。ハワードが父親を必要とするようになったときにはすでに、彼は息子に適切な人間関係を与えられないほどに、自分の中に閉じこもっていたのである。

ハワードはこうした冷たく、敵意に満ちた雰囲気の中で育った。彼は両親が愛情を示してくれたことを見たことがない。それどころか、ハワードは両親が自分のことで争い、かつどのように彼を育てるかで衝突ばかりしているのを目のあたりにして来た。父親は、物質的な成功という自分の夢を息子に投影し、厳しい自己管理と労働こそが男としての資格であると力説していた。一方、母親は、自分の息子がアカデミズムの世界で成功し、大きな財にも恵まれるにちがいないという空想に取り付かれていた。母も父も情をみせた事がない。ただ、賛成か反対かを述べるだけであった。それは、金銭を与えるかどうかという形で示された。

両親の不和に無意識的に巻き込まれたハワードは、自分自身を感情的なものから切り放すことによって自分を守ろうとした。また彼を取り巻く破壊的な雰囲気にたいして、ハワードは病気に対して過度なほどの脆弱さを示すことでなんとか対処しようともした。喘息、洞炎、胃炎、あるいはあわや致命傷になりかけたほどの肺炎をふくめて多くの症状を示したのだ。このような症状は、少なくともそうでもしなければ生まれなかった暖かさ、優しさの雰囲気を呼び起こしたのである。

大人になったハワードは、自分が感情をリアルなものとして感じられなくなってしまったことに気がついた。彼は他者には冷淡、無関心に振る舞っていた。そのかわり、彼は人間関係の内容を鋭く分析せざるをえなくなり、結果的に自分自身、あるいは人間関係を楽しんだり、リラックスしたりすることができなくなってしまったのだ。感情的な痛みやつらい無力感から目をそらそうとして、ハワードは感情に対しては知性をもって対処しようとした。つまり、知性で感情をコントロールし、意志に従属させようとしていたのである。当然のことだが、ハワードの恋愛生活は満足できるようなものにはならなかった。感情機能が未分化なゆえに、オープンでいたり、あるいは自分を解放することによって生じる、自分を傷付ける可能性を受け入れることがまったく不可能とはいわないまでも、非常に困難になっていたのである。そのために彼はますます知性に頼るようになっていってしまった。ことに彼はある種の女性は、彼の知性によって圧倒することができることを知っていた。しかしその反面、彼は自立した女性を恐れ、避けていた。彼は衝動的で、きまぐれで、周囲のことに対しては本能的、非合理的に反応してしまう女性たちに向かうようになっていったのである。そうすることによって、ハワードは自分の抑圧を補償しようとしていたのである。しかし、このような女性は、常にラス教授の役割を彼に押し付ける。それはハワードには苦痛だったが、そのためか彼は常に既婚女性と関係をもつようになった。このような女性は「安全」なのだった。初めから関係が深まることが抑制されているような場合には、彼が避けたがっているような危険なコミットにかかわらずにすむのであるから。そして、その反面、彼は常に冷たい知性の光線を浴びせ掛けていた。ハワードは、周囲の人々の関心を集め、感銘を与えたりはしていたが、しかしその内面は深い孤独に満ちていたのだ。そしてまた、そこから逃れるために、ますます深遠な哲学的課題に没頭するようになった。それでも内的欲求が満たされないときには大衆的な推理小説やＴＶなどに夢中になったのだった。

ハワードは母親の野心に答えるべくアカデミズムの世界にはいり、次々に成功をものにしていった。学会においては過去の大哲学者たちの著作への注釈の仕事で知られるようになり、二〇歳代にして二冊の著書を出版、好意的な批評を得た。三〇歳になるころには大学は彼にテニア（終身在職権）を与える。しかし、それでもハワードは不満だった。彼は他人の思想を分析するのにあきあきしていた。彼は自分の思想を生み出そうとしていたのだ。繰り返し、繰り返し、彼はニーチェを読んだ。このドイツの大哲学者のような情熱的な力、生き生きとした迫力、そしてダイナミックなエネルギーをもつ、自分自身のヴィジョンを世に知らしめるような大作をものにすることが彼の望みだったのだ。知らず知らずの間に、ハワードはこの計画を通じて自身の無意識、ひどく傷付けられた感情と再び絆をとりもとうとしていたわけである。しかし、その仕事にとりかかろうとすると彼の生き生きとした思考の流れは止まってしまう。かれは一文ごとに考え抜かれ、とぎすまされた正確無比な文を書くのだが、しかしそれはどこか生彩を欠いている。その思想の体系はたいていの批評家たちの要求水準を超えてはいたが、しかし、ハワード本人の内的な欲求を満たすのには十分ではなかったのだ。この計画を進める間にハワードはスランプに陥り、活動を停止してしまった。その間には、ある女性との交際が始まり、それは再び新たな創造性に火を点けるようなこともあった。しかし、すぐにハワードは内向してしまい、生身の人間と接することをやめ、空想の中の人物に偏愛をしめすようになってしまった。そのイメージは実際に作れる人間関係をずっと越えてしまっているようなものだった。しかし、どのような人間関係も彼が引きこもっているカラを砕くことはできなかった。ハワードが真に接したいと思っている世界に導いたり、インスピレーションの源である集合的無意識を刺激することは誰にもできなかったのだ。

ハワードはことに感情タイプの女性から嫌われた。ハワードもそうした人々を「大袈裟」、感傷的すぎるといって受け付けなかった。しかし同時に、ハワードがひそかに無意識の中に思い描く内的な女性像とはこのタイプ、つまりおしゃべりで感情のままに動くような、彼が抱く高尚な思想の世界にはついてこれないようなタイプの女性たちだったのだ。このようなイメージを体現しているような女性を扱うとき、ハワードはひどく残酷になった。そして、ハワードは、その残酷さは本当は自身の母親と、自身のアニマ像に向けられているのだということに気がつかなかった。

ハワードの感覚機能もまた未発達だったので、健全な性生活ばかりではなく健康そのものを保つことすら困難になった。彼はひっきりなしに風邪、インフルエンザ、胃痛、頭痛、のうろうなどに苦しんだ。彼の内の何かがこのような症状を引き起こしていた。実際、彼は無意識的に暴飲暴食、過度の喫煙、合法・非合法の薬物摂取などを繰り返し、肉体をいためつけていたようにみえる。ハワードは自分の肉体にもそのような無責任さをしめしたが、金銭にはさらに無責任だった。つまらないものに散財したあげくに借金をし、湯水のように小切手をきった。一見する彼はそんな人物にはみえなかった。このような悪癖のすべては、彼の二冊の本のなかにきらめく思考の輝きの中に隠れてしまっていた。つまり、人々はハワードの知性のまばゆさにあまりにも魅了され、ハワード本人を見てはいなかったのだ。こうなると、ハワードの背後に隠されてしまった人間性が、一人の個人として暖かさを求めてきても不思議はないだろう。その後しばらくの間、女性とも関係ができず、彼の創造的なエネルギーはまったく枯渇してしまった。彼はすっかり奪われていた。心理学理論に精通していたハワードだが、彼はそれを自身に適用して実践することはできなかったのである。

ハワードのバースチャートが指し示しているいくつかの重要な点をみてみよう。第5ハウスの獅子座に集中した惑星群は、創造的表現力を表すものだが、それはなによりも何らかの創造的な行為を通じて自分を満足させることがハワードには必要なことを示している。火のエレメントが強調されていること――太陽が獅子座、アセンダントが牡羊座――はハワードの知的な才能の中にあって光るパワフルな直観機能を示している。乙女座にあり、かつ乙女座の本来のハウスである第6ハウスにある水星と金星のコンジャンクションは、彼の知的な分析能力を示している。第3ハウス、双子座の土星はよく分化した思考機能、そしてそれを構造化する能力を表すがその反面、彼が知的に捕えたものを表現、理解することには困難があることを示している。第12ハウスに埋もれている魚座の月――チャートの中での唯一の水のエレメント――は、彼の感情がいかに無意識的で、脆弱か、また人間関係においては彼がいかに内向しており、孤立しているかを示している。さらに月は金星―水星のコンジャンクションにたいしてオポジションの関係にある。この配置は、人間関係を批判的に分析する傾向が、本来なら人間関係の中で解放されるべき感情の流れを阻害してしまっていることを示す。無意識の中においては、彼は自分を解放しようとしているのだが、しかし、意識的にはハワードは象牙の塔の外に出て行くことを恐れているというわけだ。金星が土星とスクエアであることは、ハワードが感情表現の面で問題を抱えていることを示す。それは孤立したり、拒絶されること、人から望まれておらず、愛されていないと感じること、他人に対して感情を開くことへの恐れ、嫌悪を示す。獅子座生まれのハワードは、高い理想をもち人間関係の中で崇拝され、名誉をもつことに関して自尊心をもっていた。しかし、それらのものは彼には抽象的な理念にすぎず、適切なかたちでそのような理想を表現できなかったのだ。女性に関しては彼は尊敬に値する人物として振る舞ったとはとてもいえない。

以上のようなことは、ハワードのバースチャートの中の目立つ要素のおおまかなスケッチにすぎないがこのあたりで止めよう。ここでの主題は両親との関係なので、ここでチャートが、ハワードの人生に対してかくも強力な（しばしば破壊的で、そして完全に無意識的な）影響をふるった母親について、何かのヒントを示していないかを検討してみよう。

ハワードのチャートのMCは山羊座にあり、権威・野心・地位・物質的成功が母親との関係において主要な関心事であったことが示されている。ハワードの母親は息子を自分の野心を満たす道具として見ていた事実はそれに一致している。彼女は地位を求めた――そう、それを切望していた。そのために彼女は努力したが、しかし、彼女は自分の母親が都市部のスラム出身であることを頭から追い払えないままでいたのだった。そこで、彼女は自分の息子が成功をおさめるたびに、隣人、友人、職場での同僚に宣伝して回った。「私の」息子が博士号を取得した、高い評価を得る著作を出版した――それらのことを彼女は自分の栄光として吹聴してまわったのである。もちろん、彼女はハワードを愛していた。いや、愛に満ちていたといっていい。しかしハワードのチャートの天頂にかかった山羊座は、ハワードが母親の中の、その側面［野心］に対して特別敏感であり、そのほかの側面が見えなかったのである。彼女もほうも、自分が重要だと感じることがそのままハワードも望んでいるものかどうかなどということは考えたこともなかった。彼が自分の野心を遂げることは当然のことだと考えていたし、またハワードは彼女の自慢の見本品のようになることも自明のことだと感じていたのだ。その結果、本来獅子座で他者から受け入れられ、また敬愛されることを何よりも必要としているにもかかわらず、ハワードは内気な少年として育ってしまい、大人になっても依然として多感な、ロマンティックな空想の中に生きながら、しかし自分が成功したかどうかという評価に対しては過度なまでに反応する人間になってしまったのであった。しばらくの間は、問題は母親にもハワードにもあるようには見えなかった。獅子座の彼は、自分を尊敬することができない時には他者からの賛辞を得ようとした。批判されることを恐れ、また母親のためにも、ハワードは知的能力を鍛え、それによって価値のある業績をなしとげた。彼の哲学の著作、講演は学生にとっても教師にとっても啓発的なものであった。彼に会う人は、知性の面でおおいに刺激を受けた。彼の生れついての怠惰な面――おそらくチャートのルーラー［アセンダントの星座・牡羊座の支配星］である火星が牡牛座に入っていることでしめされている――は、彼の母親の影響で打ち消されていた。そのために彼は自分の才能を大いに生かすことができたのだった。

天頂のルーラーである土星は教育と知的発達を示す第3ハウスにいて、ハワードにとって、母親との関係が何を意味するのかを明瞭に示している。この配置の暗い面と明るい面は両方とも明確である。つまり、その知性の深さと広さ、そしてどんなものも価値判断してしまう能力である。ハワードの内には深い無力感が巣くっている。常に天才であることを期待されている人は、それを避けることはできないだろう。彼の場合には、知性の発達がその無力感を補償しているが、それは典型的に土星的な現象だ。容易に想像されるだろうが、ハワードのシャドウは、ありきたりの、知的ではない、ロべたで平凡な「俗人」、つまり「人間」の形をとる。母親が父親にしたしうちを見て育った彼は、単にひとりの「人間」となって、バカになってみるという贅沢を自分に許すことができなかったのだ。

母親との関係とは別の問題が、土星の金星・水星に対するスクエアによって示されている。それは金星によって示されている感情生活、水星が示す知的能力の発達に対する障害をしめすものだ。双子座の土星によって示される理論や知的枠組への執着によって、ハワードはもう片方の水星の面を発達させることができなかった。つまり水星の乙女座的な側面、地の星座であることで示される具体的で、地上の経験に引かれる知性、日々の生活の中から認識を深めてゆくような能力を発達させなかったのだ。仕事《ワーク》、すなわち思索したり、教えたりすることではなく、何かの形を生み出すようなことはどんなものであれハワードにとっては呪うべき敵であった。そのようなものは知的に引かれないばかりではなく、なんとかして避けて通りたいような対象であった。そのような態度は、自尊心を強調する獅子座であることによってさらに強調されている。乙女座にある星は基本的には控え目なものだ。静かな労働、勤勉さ、謙虚であることによって日常の経験をいわば蒸留し、洗練させ、分化させてゆき、そして日常性と自身を接地させるのが乙女座である。ハワードの思考能力は全く現実と接点をもっていなかった。むしろ、ハワードのは人生についての見事な仮説である。ハワードはこの二つ、現実と仮説を区別できないでいた。チャート上の地のエレメントをつかえなかった彼は、自身の哲学を表現する段になると本当の元型的経験を思い起こさせるような、読者の心の琴線に響くような表現ができなかった。彼の話には「私にも実感できる。それが人間の生というものだ」と思わせるものがなかったのだ。

魚座の月は、母親像とアニマ像についての、深い元型的で無意識的なイメージを示している。魚座に象徴されるように「母なるもの」はすべてを与え、すべてを投げ出し、すべてを愛し、献身的で、無私で、敏感で、多感で、すべてを救い取る存在と映る。ハワードの母親も実際にこのような性格をいくらかもっていたのかもしれない。人間なら多かれ少なかれ、そのような面をもつであろう。しかし、彼の母親はその面をあまりあらわにしなかった。息子の大学教育のためになされた経済的な援助の外には彼女は自己犠牲をしなかったのだ。しかもその自己犠牲ですら、自分の野心のためであった。また、あるいは実際に彼女が魚座的な面を表現していたとしても、ハワードがそれを感知できたかどうかはかなり怪しい。というのも、ハワードは自分の土星のイメージを強く母親に投影してしまっていたからである。ハワードの内なるアニマ像は、詩人であり、夢見者であり、神秘家であり、ロマン主義者、かつ理想主義者であった。これこそ、ハワードが概念や思想を直接的に、生き生きと聴衆に伝えるために表面化しなければならない元型なのだ。しかし、ハワードとこの元型の間には母親が立ち塞がっていた。ハワードは自分の感情が傷ついていることを認めて意識するまではその問題を乗り越えることはできない。しかし、彼はその課題から逃げ続け、知性以外の方法で感情を扱うことをしなかったので、その傷をますます悪化させてしまったのだった。ハワードの内的世界には母親の存在が大きくあり、彼の意識的な価値観は、彼が本当は求めているインスピレーションの源泉との接触を困難にしていた。思想の世界に浸っていたかれは、自分を古典的な本来の意味での哲学者（知を愛する者）だと見なしていた。思想の枠外にあるものはどんなものも彼を楽しませることができなかった。そのために、かれは「ただ生きている」ということが認められず、生と言葉の分離はますます深いものになっていった。この分離こそ、かれがいつも他人には問うている、しかし自分の場合には意識されない分離である。

ハワードの母親のチャートの分析は、さらに興味深い材料を提供する。天頂は双子座にあり、また双子座にある太陽と冥王星のコンジャンクションがあることからみて、彼女には強力な男性的衝動があることがわかる。おそらくそれは、彼女自身の母親の経験と、そこにかけていた経験と関係があるのだろう。また、そこには彼女の凄まじい影響力も示されている。その配置自体は、よい成長を起こす者にも破壊的なものにもなり得る。MCにあるこの二つのパワフルな惑星は、ハワードの母親が自分と男性原理を同一視し、世間で認められること、その反面女性的なもの、自身の感情を見下すことによってアイデンティティを形成しようとしていたことを示す。アセンダントにある乙女座は、水星の支配する星座であり、彼女の知的能力の優秀さを示す。第9ハウスにある水星は、彼女の知的性向が「文化的」な方向、つまり高等教育、精神的な啓蒙に向かっていった。彼女自身、人間関係に問題を抱えていたことは第8ハウスにおける金星と土星のコンジャンクションによって現れている。この配置は、家族の間ではよく見られる「星の遺伝」の一例である「親子や兄弟のホロスコープの間には似た配置が見られるという」。それは、まるでハワード自身が自分と同じような問題をもった母親を選んで生まれて来たかのような印象を与える。両者には共通した本質がある。そして両者ともに個人的《パーソナルな》人間関係を築く上での、脆弱さを抱えていたために、お互いを傷つける結果になってしまったのだ。太陽を水瓶座、月を乙女座にもっていて、土星とオポジションをもつハワードの父親もまた、金星と土星のコンジャンクションをもっている。その配置はさながらアトレウス家の呪いをおもわせる。彼らはすべてすぐれた芸術的、知的な才能をもっていながら、内的には同じような問題を抱えているがゆえに、感情のレベルでお互いを傷つけあい、責め合っているのである。

ハワードの母親の水のエレメントがもう少し発達していたら事情は違ったはずだ。彼女はあまりにも未分化で無意識的なアニムスに支配されており、「水」的なものを単に「感傷」という形で表出していたにすぎない。ハワードの母親はなりそこないの感情タイプで、本来は感受性が強く、感情タイプなのにもかかわらず自分の生来の性質を圧し殺してしまったあわれな存在であった。彼女は犬や子供に対することにはとても優しかった。そのような場合には彼女の感情はうまく形式にはまって表現された。しかし、彼女は他者の感情にはひどく鈍感であった。彼女は「感情的すぎる」人や「衝動的」な人を嫌った。それゆえ、自身の抑圧された強力な感情はさまざまな肉体上の症状となってでてきた。高血圧から胆嚢の疾患まで。また彼女は孤独であり、友人を作るのが苦手だったし、どうして他人が彼女の善意や奉仕（だと彼女が思っているもの）を拒むのかが分からなかった。人生における女の幸福とは母親になることだと信じていた彼女は（子供のハウスである第5ハウスにある独立の星、天王星はそれとはことなる方向を暗示しているが、彼女はそのことを意識していなかった）、蟹座の惑星を外に表した。しかし、それは蟹座の最良の表現方法……穏やかさ、気づかいというかたちではなかった。蟹座の惑星は天王星と180度になっており、その強力なアニムス（彼女が生きたことのない創造性）のゆえに、彼女は独占的で、批判的、粘着質でわがままな、そして、心のそこで（母親になることで）自分が「単なる」女になってしまったことを恨んでいるような存在になってしまったのである。また、彼女は感情に訴えて相手を威して操る達人になった。彼女は世話を焼き、また世話を焼かれることを求めていたがそれが昂じて権力への衝動になり、彼女が与えるものにはすべて何かしら恩着せがましいものが付きまとうようになる。結婚生活に深く失望していた彼女は、愛の欠如を夫のせいにしていた。しかし、夫のほうは彼女に逆らわないようにしていたのだ。彼が彼女とまだ出会う前に、彼は別な女性を愛していたのだが、（それはうまくいかず）ハワードの母親とその反動で結婚したのだった。そのような場合にはしばしば起こることだが、彼は自身をすっかり消耗しており、愛の気持ちをすっかり使い果たしてしまっていた。彼には与えるべきものはもう何も残っていなかったのだ。

ハワードのチャートと母親のチャートを重ね合わせて調べて見ることも有益だろう。彼女の太陽―冥王星のコンジャンクションは、ハワードのミッドヘブン（天頂）のルーラー（支配星）である土星の上に乗っている。これが示すのは、彼が母親にたいして暗いイメージをもっているばかりではなく、実際に母親がぴったりとその投影の対象になっているということだ。ハワードの母親にとって知性の発達は野心を達するための道具であり、それがなされたときには喜びの源泉となった。しかし、ハワードの方にしてみればそれは押し付けられた厄介な責任、義務、仕事として成し遂げなければならないことだったのだ。ハワードは本当には知性と自分を同一化できなかった。そのために、彼は、知的発達は、母親にとってこそ本当に必要で意味のあることなのだということを忘れ、自分に押し付けてくる母親を憎むことになったのだ。母親が、彼の思考そのものよりも、思考を通して得られる特権に目を向けたときには、彼は裏切られたと感じたものだ。彼には母親は、本当には価値を認めてもいないものをさせようとする偽善者のように見えたのだった。

ハワードの母親のチャートには火のエレメントが全くない。つまり彼女は、息子の中にある直観的な要素と接することができなかったのだ。彼女にしてみれば、彼の観念主義、また世俗的なことへの無関心さは愚かでまた非現実的に見えた。彼女には哲学は目的のための手段、つまり経済的・物質的な安定を得るための踏み石でしかなかったのだ。経済不況と二つの世界大戦を経験してきたハワードの母親は、そのような安定をきわめて重要なものだと考えていた。一方、戦後の世代であるハワードは母親のそのような強迫的な観念である金銭は重要なものではなかったし、もし借金で困ったときには母親が援助してくれて当然だと感じていたし、そうしても良心の呵責を感じることはなかったのだ。

ハワードが、破壊的な形の絆で母親と強く無意識的に結び付いていることは明らかだろう。彼は母親からさほど離れてはいないところに住んでいるが、年に一度か二度しか実家を訪れなかった。そうすることで自分が自立していると母親に顕示したがっていたかのようである。しかし、母親の亡霊は彼の心に取り付いていた。そのために物質的には彼は困難な状況を常に引き起こし、経済的援助をしてくれる女性の所へと舞い戻ることになるのであった。また、そのことは感情生活にも影響を及ぼした。彼の繊細な感情はその両方によって傷付き過ぎ、自分の傷すらみえなかったし、その結果、人間関係と創造性は常に枯渇してしまう危険にさらされていた。もし自分の感情と向き合うことを彼がしていたら、そして自分をただ二本の足で立っている完璧な知性のかたまりのような生き物としてではなく、一人の人間として見なし、生きていたら彼は人間としてまるごとの全体性を発達させていたかもしれないのだが。しかし今のところ、土星によって支配され、無意識的な、不安定なシャドウによって力を得ている親の亡霊はいまだに彼にとりついて騒いでいる。それらはハワードの潜在的な可能性をねじ曲げ、操って、彼に称賛を集めさせる一方で、生を彼から分断させている。ハワードは中年の危機を迎えるときに、彼の中の無意識的な地・水のエレメントと月―金星の軸が表面化してくるだろう。そのときには彼がそれまで奉じて来た野心や目標はさほど重要なものには見えなくなるかもしれない。獅子座は永遠に英雄的な可能性を求めつづけ、彼のアセンダントの牡羊座はいつまでもよりよい未来を求めるだろうから、ハワードが自身をなんとか解放することも十分有り得る。内にある創造的な欲求をとうして彼が自身のセルフ（本来的自己）を求め続ける中で、少なくともかれは失われたアニマ、失われた「母」、「愛すべきもの」、自身の心のうちにおける女性の姿（それらはいまは個人的な母親のイメージの瓦礫の山のなか深くに沈んでいるが）を再発見することにはなるだろう。そして、その瓦礫は元型的母がもし再構築、統合されれば、彼のヴィジョンを生き生きとしたものにするのに最終的には呼び出さなければならない、元型的母への扉となろう。元型的母、その女性のイメージが、彼のヴィジョンに生命を吹き込むには、最終的には表出していかなければならないものである。

＊　＊　＊

両親の問題について十分な論述をしようとすればそれだけで一冊の本が必要となる。物質と精神、つまりすべての生命の大いなる両親のことから始め、それにまた戻って来なければならないだろう。個人の両親に対する個人としての関係がいかなるものであれ、偉大な元型がその内にはつきしたがっており、それが我々の内的存在の根源・構造をなしているのだ。元型的「両親」を再発見するためにぬかるみ、幻想、感傷、罪の意識、恨みなどをときほぐすことは価値あることである。我々は永遠にその元型の手の内にあるのだから。そして、もしそのことに気付くなら、ついには、人間である両親の明るい面と暗い面を認めるようになれるばかりではなく、よくやってしまうように、単なる社交辞令として愛するのではなく、真の人間的な愛に値する、（あるいは値しない）人間だとしてみることができよう。母親の愛は、墓穴のごとく暗く、悪臭を放つものでもあり、神の恵のごとくに清らかで救いに満ちたものである。父親の愛は拷問の炎のように身を焦がすものであり、あるいは太陽のように生命の力を与える眩さであったりする。結局、そのような可能性を、個人的な両親（彼らはほとんど、元型的な畏怖すべき力を体現することはできない）そのもののうちにではなく、彼らを通して元型的「母」「父」の内に見いだすことこそが我々の責任なのだ。そのようにして、我々は両親を誉むことができるのである。

原註

（1）C・G・ユングとフランシス・ヴィクスの対話より引用。Frances Wickes, *The Inner World of Choice*, Coventure, London, 1977.

（2）C. G. Jung, the Archetypes of the Collective Unconscious, Routledge & Kegan Paul, London, 1959.［C・G・ユング「集合的無意識の元型について」『ユングの象徴論』所収　秋山さと子編・解説　野村美紀子訳　思索社］

(3) Kahlil Gibran, *The Prophet,* Alfred A. Knopf, N.Y., 1971. [カーリル・ジブラン『預言者』佐久間彪訳　至光社]

(4) Frances Wickes, *The Inner World of Childhood,* Coventure, London, 1977. へのC・G・ユングの序文。

8

絶対確実な内面の時計

意志の自由とは、自分がしなければならないことを喜んで行なう能力のことである。

——C・G・ユング

梨の種が成長すると梨の木になり、ナッツの種が成長するとナッツの木になる。そして、神の種は神になる。[*1]

——マイスター・エックハルト

運命と自由という難題は、人類の歴史を通じて偉大な思想家たちを悩ませてきた。哲学や宗教ばかりではなく、占星学もこの謎に取り組み、独自の方法で、自由選択のようなものが本当に存在しているのかという問題に答えを出そうとしてきた。心理学の思想の個々の学派も、様々な独自の方法で、人間の行為のどのくらいが遺伝によるものなのか、環境によるものなのか、意識的な意志によるものなのか、といった同じ類の問題について探求している。そしてここでも、人間が踏み込む他の領域と同じように、様々な視点が対立して衝突が避けられないものになっているのかもしれない。運命と自由意志という難題は、他の多くの深遠な問題と同じで、その答えが究極的には逆説で成り立つようなものかもしれない。占星学と分析心理学の両方が、それぞれの異なる言い回しで、この逆説を表現している。

人は、神によって授けられた選択の意識が彼の中に現れてくるまでは、運命の輪に縛り付けられている。そのとき、彼は自分を束縛すると同時にその束縛を断ち切るパワーを与えてきた力の逆説的な性質に気づく。もし彼が必死の努力にはつきものの苦痛を選び、ちぎれた輪から上へと

延びていく螺旋状の道で出くわす自由の危険を受け入れればであるが。(1)

運命と自由意志は、哲学上の大問題である。それにもかかわらず、それらは形而上学の思索だけでなく、我々の人間関係のパターンにもかかわっている。ある人が恋をするとき、どんな選択が作用するのか？　子供の誕生には、どんな選択が伴うのだろうか？　その子は、自分自身の気質を持って生まれてくるのであり、その気質は両親の計画に沿って発達するかもしれないし、しないかもしれない。一方が二人の関係を壊さないようにしようと必死の努力をしたにもかかわらず、パートナーに捨てられたとしたら、どのような選択をするのだろうか？　そして、困難な幼年期に受けた傷があるとき、選択はどのような役割を果たすのだろうか？　その傷はときには一生かけて癒さなければならないようなものなのだ。

人生のあらゆることは無秩序であり、偶然のなすがままになっていると信じたがる人々もいる。そして、これはある程度慰めになっている。その考えが個人の責任の重荷を軽くしてくれるからだ。その一方で、人生はすべて、個人のカルマの宿命に、過去生に根ざす原因による作用の宿命に従って流れていると信じている人々——東洋では何億人という数なのだが——もいる。そして、これも慰めになっている。その考えは現在の責任のひとつを免じてくれるからだ。そして、個人の意志が運命を決定する要因だと信じる人々もいる——その立場はさほど慰めにはならない。人生においては、最も強力な意志をふりしぼった努力によってでさえ、変えることができない出来事に直面するのが常だからだ。

我々の多くはこの運命と自由意志の問題に取り組むことに、強い抵抗を感じる。なぜなら、あまりそれに深入りしすぎると、準備のないまま、ひょっとすると手に余りかねない責任を引き受けることになるからだ。だが、我々は、選択の力を信頼しなければならない——それなくしては無力な無感動の中に沈んでしまうからだ——そして、人生そのものの基準となる法則を信用しなければならない。それらの法則の作用でどうしようもないくらい閉ざされてしまわないように。

運命と自由意志の問題は、占星学に対する最もありふれた誤解のひとつだろう。これは主に、占星学がこの問題について言わなければならないことがほとんど理解されていないことにある。我々はすでに、いかに個人の無意識の投影が、一見、運命のように見えて、その実、自己意識を求める彼自身の奮闘を反映する、物事、人間関係、状況への直面に導くかを見てきた。シャドウ、心の奥底に存在する両親のイメージ、アニマ、アニムスのダイナミックなエネルギーといったものの作用について考えてみれば、ノヴァーリスが運命と魂はひとつの同じものだと述べている奇妙な逆説に光をあてることができる。出生図は種である。梨の種が育てば梨の木になるのだ。他のものになったら、それこそが驚異である。プラグマティズムの思想家にとってさえ、出生時のホロスコープは蓄えられている潜在的な可能性だけを反映していることを認めるのは難しいことではない。そして、その可能性は彼の人生である物語を実現するために、その人の意識のレベルに応じて、利用されるのだ。

しかし、プログレッションやトランジット——それらは占星学の領域では基本的には未来予知の技術になるのだが——を扱うとき多くの曖昧な点や少なからぬ混乱が、占星家の側においてさえ、見受けられる。例えば、東洋の占星術は、予言を扱うときにはほとんど完全に宿命的になる。このことは、東洋の占星術が東洋の哲学にそのルーツを持っていることを考え合わせれば理解できる。その哲学の大部分はカルマの法則と輪廻に基づいているからだ。インドの占星家にとって、トランジットの土星の太陽へのコンジャンクションはしばしば、不運とか病気とか人間関係のトラブルに見舞われることになることを意味する。それはカルマに定められているからというわけである。一方、西洋の占星家の場合は、ユダヤ教的、キリスト教的な教義――それは自発的な贖罪と神の気まぐれによる恩寵を認めている――だけでなく、もっと深いところで、異教徒の信仰や古典哲学や、グノーシスやヘルメスの思想が浸透している。これらの後者の伝統の中には「異端」ではあるが深遠な前提が暗黙の内に存在している――現代の占星家の場合、往々にして意識していないのだが――その内容とは、人間の性質が自ら創り出したものでないからといって、人が神により「運命づけられている」わけではない、というものである。その教えでは人間もまた、神であり神の贖罪の道具なのだ。神にしても、自らを意識するためには、人間が意識の成長を自発的に選択してくれなければならないのである。このグノーシスの土台は普通は新聞の星座占いの欄の下に埋もれている。しかし、それを掘り出し心に留めておけば、なぜ西洋の占星術が、コンサルティングの道具として、個人の意識に関心を向けているか説明がつくのである。西洋の占星家にとって、この発達はただ貴重であるだけでなく、生命の知覚を意味づけ解きあかしていく上で間違いなく本質的なことなのだ。それゆえ、西洋の占星家は、厚かましいくらいに個人と、彼が自由意志を行使する可能性としての権利を考慮するのである。

自分たちの技術をわきまえている占星家なら、同じトランジットでも（すなわち惑星は同じでも）、その影響を受ける人間が違っていれば、全く同じ影響が出ると主張する者はまずいないだろう。個人のチャートが違っているというだけでなく、環境、現在の状況、性別、特定の心的な体質を持っているか、意識の現在のレベル、をそれぞれ考慮しなければならないからだ。せいぜい言えることは、それはトランジットの内的な意味は同じだということである。そして、我々が個人に対する出来事の意味について話し始めたときには、外的な状況ではなくて心を扱っているのだ。このようにして我々は分析心理学の領域にいることに気づく。それは心の活動を支配し調整する法則を捜し出そうとしている。占星学と心理学がお互いに最も貢献できるのは、惑星のトランジットとプログレッションの研究、及びそれらが個人の発達について指し示すものにおいてである。心理学は占星学に、その様々な象徴《シンボル》を人々が使う用語で、理解可能な今日的なものにする枠組みを提供することができる。同時に、占星学は心理学に個人の可能性の青写真を提供することができる。そして、その青写真が決めることには、単にどんな種がということだけでなく、どんな成長のタイミングとパターンが考慮されなければならないかということもあるのだ。人間関係の領域では、占星術と心理学の両方に内在する選択の逆説が最も明確に、最も観察しやすいものに、そして、最も普遍的なものになっている。

　プログレッションという言葉は、その用語自身がその意味を表している。出生図をプログレスさせるやり方は数種類あるが、基本的な原理は同じである。それは、生まれた後の星の動きが生まれた後の個人の発達の動きを反映している——言い換えれば、種の、成長のパターンと固有のタイミングを反映しているということだ。ひらまめの種は普通、二日で発芽し、三ヶ月でひらまめに成長するものである。それがひらまめの性質であり、ある意味でそれが「運命」になっているからだ。それに対し、アボガドの種は発芽するのに三ヶ月かかり、実をつけるようになるまでに一〇年かかる。同じことが各個人にも当てはまる。心理的にも肉体的にも、自然な発達の進み具合《プログレッション》が存在している。子供が青年になり、大人になり、年老い、そして死んでいく。我々にはこの時計を止めることはできない。我々はこのプロセスを体験する。なぜなら、我々がそれの一部だからだ。そうであるにもかかわらず、我々はあえてそれを目の前で調べようとはしない。もしそんなことをすれば、死がサイクルの避けることのできない結末として、重く我々の意識にのしかかってくることになる。そして、その亡霊をあまり恐れすぎると、死が再生という新しいサイクルの始まりに不可欠なものであることを認識しそこねてしまうのである。

成長のパターンの多くの側面を支配する、集合的な生命の法則が存在している。人間の成長における典型的な体験——誕生、思春期、異性への目覚め、肉体的成熟、結婚、子供の誕生、ゆっくりとした肉体の衰え、そして死そのもの——については、十分裏付けがあると考えて差し支えない。普遍的に観察できるからだ。しかし、これらの体験のうち肉体的に現れてくるものについては裏付けがある、と言った方が正確なはずだ。なぜなら、そのようにして現れてくるものは明らかで、議論の余地がないからである。しかし、集合的な心理面における発達の法則について、そこまで十分な裏付けがとられているとは言えない。これは、これまで我々には心の生活を無視して、心を体や頭脳の偶発的な副産物のようなものだと考えたがる傾向があったためである。ユングだけが、彼の同輩たちの中でただ一人、発達の内的なパターンに対して、それが必要とする時間と洞察を振り向けてきたのだ。

人生の各々の段階に特徴的な問題や苦悩が存在し、その発達の段階に特有で他の場合よりもずっとはっきり現れる憧れとか夢とか緊張が存在する。二歳の子供が母親に依存するのは自然で適切なことなのだが、もし三〇歳になった男性がそれと同じ傾向を示したときには我々は何かおかしいと感じるものだ。二〇代の女性が子供作りに関心を寄せるのは当然だと感じるが、八〇代の女性に対してはそうは思わない——彼女が肉体的に出産ができなくなっているからだけでなく、心理的にもそうした段階を後にしているからでもある。同様に、初老の時期には、内的なリアリティとか、自分の経験の意味付けとか、彼の人生が展開してきたパターンの回顧的な評価に没頭するようになると我々は思っている——そして、そのパターンは人生のより深い意義に気づく機会を与えてくれるかもしれない。しかし、子供のときには、そのような行為をすることはまず考えられない。その時期にはまだ、熟考に価する客観的な経験を持つことはほとんどなく、熟考をするような個人の意識とのつながりもほとんどないからだ。

我々は、これらの基本的な人間の発達のサイクルを受け入れる、あるいは受け入れようとしたとしよう、なぜなら、それらは自然に一致した、不可避のものであり、人生全般に共通するものだからだ。成長のサイクル的なパターンは、我々の内部にも、我々のありとあらゆる周囲にも存在する。生命について客観的に断言できる、わずかな事実のひとつが、生命は変化するということだ。人生のある段階を後にすることができず、新しい段階に入っていくことができない人々に対して驚きとか嫌悪を感じることがしばしばある。母親の心理的な慰めを失うことを恐れる若い男性は、女性との関係で深刻な問題を抱えることになる。六歳児の心理を捨てられないでいる若い女性は、代理のパパからかわいがってもらおうとする。厚化粧をして、鏡を正視しようとしない年輩の女性もいる。彼女には自分の若々しい顔と肉体が唯一自分が女性であることを意識できるものだからだ。しかし、我々はそういった理由で「神経症」と呼びがちなこういった人々に対してもっと寛容になるべきなのかもしれない。生活の秘密の領域で、それが目的であり有効であった時代の思い出にしがみつかないような人はほとんどいないのだから。プログレスしたホロスコープにより、意識の諸段階の死や誕生が客観的に呈示することが大きな手助けとなって、これらの事情を明確にしてくれる。しかし、それ以前にまず、必ず必要になる象徴《シンボル》について学ぶ必要がある。

集合的な人類の発達のサイクルを反映しているリズミカルなパターンに対して、梨とナッツを区別する個人の発達というつづらが織られるのだ。もし我々が集合的なサイクルについてあまり知らないとしたら、個人についてはもっと知らないのである。ある意味では、これは教育や社会のしつけの結果なのだ。というのも、文明化された西洋人として期待される事柄は、往々にして個人の青写真とは一致しないものだからである。例えば、一七歳では大学入試の準備をすることを、二一歳では世間に乗り出していくための備えをし職業を選択し、女性の場合、一七歳を過ぎたならば大人の女として結婚して子供を産むことを、男性の場合、三五歳で仕事のポジションを確立するようにしっかりと方針を固め、四五歳までには家と少なくとも車を一台を持つくらいには安定し、六五歳では引退して年金と死のことを考え始めるように老いることを期待される。これらの慣習的な期待が理論的に現実にかなっていようがいまいが、実際にはこれは往々にして破壊的なものになる。各個人は、生まれながらの気質を持っているのであり、その人の創造的な可能性とともに開花するものなのだ。各個人は、それだけでなく、彼固有の自然な成長のパターンや発達のタイムテーブルも持っているのだ。これだけが、彼の心の様々な側面の表現していくときにどの段階が適切なのかを決めることができるのだ。

子供を作るのに心理的に二一歳が適切な女性もいれば、三五歳を過ぎてからの方がいい人もいるし、全く適していない人もいる。この世で自分が何をしたいのかを一八歳で知る男性もいるし、四五歳で知る人もいる。一七歳で知的な成熟に達し、高等教育の要求に応じることに何ら問題がない人々もいれば、五〇歳になるまでは知的なピークに達することがなくて、その年になってからの方がアカデミックな学習の中でより多くのものを学べそうな人々もいる。しかしながら、二〇歳で感情的に成熟する人もいれば、もっと歳をとっても感情的に子供のままの人もいる。世間は四〇歳で新しい職につきたいと思う人を笑う。彼は、彼がこれまで積み上げてきたものをすべて捨て去るためにバカだと思われるのだ。キャリアウーマンが四五歳で結婚が自分の望むゴールなのだと決心したりすれば、世間は当惑してしまう。彼女は「峠を過ぎて」いて、結婚するには歳をとりすぎ、若いときの不幸な選択と共に生きることを学ぶべきなのだ、と人々は言う。集合的な意見を盲目的に受け入れることで、我々は我々自身をそして、意味深い成長と変化の可能性を台無しにしている。そして、そのように弱めていることがいかに憂鬱とか肉体的な病気とかノイローゼとか死と密接に結びついているかをほとんど理解していない。人々は変わるものなのだ。そしてそうであるにもかかわらず、我々はどうもそれを好きになることができないようだ。エンジニアが彼のキャリアの途中で詩人になるかもしれない。家庭の主婦がビジネスのマネージャーに転身するかもしれないし、医者が庭師になるかもしれない。もしこれらの変化が心の内的な発達の真に自発的な産物であるならば、彼らは勇気づけられ、育てられるべきところなのだ。我々は、自分たちに彼らを演じる勇気がないからといって、彼らを笑うべきではない。しかるべき年齢に達したならば「現実的」になるべきだと考えるからといって、彼らを愚かな夢想家だとかバカ者だとして軽蔑するべきではない。人生における発達の各々の段階は、その時期に応じて適切になったり必要になったりするのだ。その期間は長いかもしれないし短いかもしれない。

しかしその各々がその時期になったときに通り過ぎたり他のものに従ったりすることが許されないなならば、魂を萎縮させ、窒息死させる檻になってしまうだろう。

個人のホロスコープのプログレッションは、心的な出来事の内的なタイミングを象徴的に表現している。それらは、簡潔な形で、出生図で表現されている基本的な可能性のどの部分が人生の様々な時期に「布置」されることになるのかを──意識的に認識し統合する機会を与えられるのかを──示している。占星学の他の側面と同様、心が行なおうとしていることを見つけ出すのにどうしてホロスコープを診断する必要があるのか、という疑問が出てきてもおかしくはない。おそらくその診断は必要なはずだ。なぜなら、我々は、そこから意識的な自我《エゴ》が出現してくる生命の母体との接触がほとんどない上に、ほとんどそれに気づいてもいないし──自己《セルフ》からの命令に従って生活を形成し、選択を行なっている無意識の中の出来事をほとんど理解していないからだ。一般に認められているように、高度に直観的な人々の中には、各段階の終わりと始まりを規定する内的なタイミングに非常に敏感で、無意識で作用している力を見抜くこつを知っている人たちもいる。直観的な人の基本的な特徴のひとつとして挙げられるのが、彼が流動性や可能性を非常に好み、変化するサイクルに戸惑わされることがないということだ。そういった場合、プログレスしたホロスコープによる情報は、しばしば、新しい洞察程度のものではなく確信を提供することになる。また他のタイプの機能が意識で優勢になっている人々にとっても、占星学は往々にして大きな助けとなることがある。占星学が何が起こるかを予言できるからではなくて、特定の時期に、意識の表面に浮かび上がってくる内的な成長のパターンを象徴的な形で表現することができるからだ。多くの人々は、差し迫った変化の最初の兆候でおびえてしまう。そのため、彼らはそれの本当の原因が自分の内部にあることを認識せず、それを環境のせいにする。その結果、外面の事柄が不安定で、頼りなげなものに思えてきて、個人的な習慣とか視点とか財産とかをしっかりと釘でとめるために必死の努力を強いられるようになるのだ。そして、自然な心の事柄を抑圧すると、当然、無意識を怒らせることになる。無意識は、それの自然な表現のチャンネルをそらされたために、直接的ではないチャンネルに訴えなければならなくなってしまうからだ。これらのチャンネルは、無意識の内に、彼がしがみついているまさにそのものの破壊を招く。そしてその結果としてやってくる混乱、それも彼が自分で呼び出したものなのだが、その中で彼は逆風の、あるいは敵対する運命を呼び始めるのだ。

『シークレット・ドクトリン』の中で、H・P・ブラヴァツキーは、カルマを「実質《サブスタンス》」として表現している。そしてこれがどうしてある出来事が特定のプログレッションやトランジットに一致して起こるのかを理解する鍵なのだ。外面の事柄は、個人のと同じ本質的な原理により構成されている。それは心の内側で作用しているエネルギーの生きた象徴《シンボル》なのだ。それゆえ、その人は、彼自身の内部から引き出されてくる力に、本来の意味と一貫性で一致する環境や現象を引き寄せることになる。そのようなわけで、人と事柄は同一のものなのだ。そして、我々はノヴァーリスに、そして運命と魂は同じ原理の二つの名前なのだという格言に再び戻ってくることになるのだ。

プログレスしたホロスコープは、我々が、文明的になりすぎて識別できなくなっていることを明確にしてくれる。原始人は、いたるところに予兆や前兆を見るので、変化を感じ受け入れることができる。彼は、生命は常に流転の中にあり、永久であるものは何もないことを知っている。木の葉の舞う姿や飛ぶ鳥や、樹、岩、小川、動物の中にいる精霊《スピリッツ》の「ムード」の中に、移りゆくパターンの前触れを見る。この点では、原始人の方が文明人よりも賢明なのだ。彼は自分の気高い自我は時間を凍結し、生活の質そのものを変化させることができ、彼が個人的に尊重する形のものを具体化させ、それに人工的な永続性を吹き込むことができる、というような幻想に縛られてはいない。原始人は変化を彼の「内側で」とか「外側で」起きるものとしては意識しない。自分を個人としては意識していないので、両者の間に何の区別をすることもなければ、自己と自己以外との間に境界線をひくこともしないからだ。我々は、偉大な自我の意識により、祝福されると同時に呪われてもいるのであり、その象徴的《シンボリック》な響きを理解することでその瞬間の特質に自然に反応するという原始人の能力を失ってしまっているのだ。

森を知る者を連れないで鹿を狩る者は誰であれ、
森の中で道に迷うしかない。
優れた人は、時の兆候を理解しているものなのだ。(2)

我々の先祖と同じように、原始人も事物は変化していることを知っている。夢が彼にそう告げるからだ。というのも、夢は無意識から意識への自発的なコミュニケーションなのだ。古代人は夢を尊重していた。それらが神からのメッセージだと見なしていて、彼の周囲や内部の宇宙にある生命の流れを教えてくれるものだったからだ。我々はもはや、神も夢も信じていないので、そのため、絶えず変化する創造的な、我々の存在のルーツとの最も貴重なコンタクトの手段のひとつを失っている。今、超文明化され自分たちの賢さのために自己絞殺に近い状態に陥っているために、象徴的なアルファベットをより一層必要としている。そういうアルファベット——例えば、占星学とか、心理学で利用されているような夢がそうである——を通じてのみ、本人そのものである組織の発達を支配するパターンを一瞥することができるのだ。

　誕生日の何日か後の惑星位置が、出生時の惑星位置と正確にコンタクトするという、惑星のプログレッションは、ある意味で、コーヒーの用意ができたことを知らせるベルのようなものだ。プログレッションは何も「引き起こし」はしないのだ。というのも、プログレッションは純粋に象徴的なものであり、客観的な現実には何の基盤も持ってはいないからだ。むしろ、それは心的な事柄と、無意識における特定の形状のエネルギー——元型《アーキタイプ》のことなのだが——の配置《コンステレーション》のされ方と共鳴するものなのだ。プログレッションが教えてくれるのは、あることが、種の基本的な成長のパターンに従って意識されたものになるのに機が熟したということなのだ。種の中に内在しているのは本質的な特質と成長のパターンの両方なのだが、——実際、両者は同じものだ——どちらもホロスコープの中で象徴的に表されている。無意識には時間は存在しない。過去、現在、未来は同一のものであり、種と実を結ぶ植物はひとつなのだ。梨の種はこのように中身を含むものであり、梨の樹でもあるのだ——もっとも文字通りに理解しようとする頭の持ち主は、種を切り開いて、ただの果肉しか見つけることができきないだろうが。意識的なレベルでは、我々はパターンを明らかにするのに、直線的な時間——それは自我《エゴ》が認識するところの時間なのだが——を必要とするのだ。

ああ、チェスナッツの樹よ、見事に根を張り、花開かせているものよ、
おまえは、葉なのか、花なのか、それとも、樹幹なのか?
ああ、音楽に合わせて揺れる体よ、ああ、輝くような一瞥よ、
どうしてダンスからダンサーをわけることができるというのだろうか?(3)

過去、現在、未来が上辺だけの区別を楽しむのは、意識的な自我のフィルターを通したときだけだ。この並んだひとつながりのものに固執する自我の頑固さのために我々は理解し損ねているのだ。それは、外面での出来事の意味とかそれが起きた時間の適切さを認識できなくしているし、その上、そういった出来事が発達している意識や自由な選択の力のために与えてくれる機会を閉め出しているのだ。だから、プログレッションやトランジットから出来事を予測しようとしても、必ずしもうまくいかないのである。プログレッションは、内的なことを認識するために、眠っている特質を自覚的に意識へ統合する欲求を反映している。しかし、それは具体的に起きることについてはそれほどよくは反映してはいないのだ。もし我々がこれらのことをもっと知ることができれば、出来事という、その乗り物を選択することも不可能ではなくなるだろう。そして、その乗り物を通じて認識が手にはいるのだ。一方、その出来事は概して、あまりに申し分ないほど適切なタイミングにやってくるので、その意味

を解読しても、我々はそれを改良することはできないだろう。しかしながら、そのような視点を失った中で、我々は出来事のなすがままになっていて、自分自身の本質の磁力的な吸引力でそれらの出来事を引き寄せたことを理解し損ねている。内部に何も持たない人には何も起こらないのだ。さらに、出来事は、往々にして、最も抵抗の少ないラインをとるものである。解放されたエネルギーは、その人が開け放った扉ならばどれであれ、それを通じて出口を見つけるものなのだ。そして、この扉の性質はそのときに使うことのできる可能性にかかっている。列車が一定のスピードである駅から次の駅に向かっていれば――エンジンがいかれたり、軌道に爆弾でも仕掛けられていない限り――列車が定刻に目的地に到着することをはっきりと確信することができる。誰も英国鉄道を未来を予想したかどで訴えたりはしないだろう。にもかかわらず、占星家や分析家も、特定のプログレッションや特定の一連の夢の中に内在する可能性を評価するときに同じ原理を使用しているのだ。欠陥のあるエンジンや軌道の下の爆弾は、トランスパーソナルな、あるいは集合的な要素の侵入になぞらえることができるかもしれない。それらの要素は――絶えずそうしているのだが――個人の成長のパターンに衝突しているのだ。梨の種は梨の樹になるはずだが、干ばつや洪水が起これば、成長の可能性を内在させているにもかかわらず、それでやられてしまうだろう。同様に、周到に水をやって世話をすれば、その種が放っておかれたときには到底ありえなかった可能性にまで達することも可能になるのだ。個人にとって、プログレッションというものは、彼に可能な回路ならばどれであれ、それを通じて自らを表現していくものなのだ。それゆえ、内的な出来事の意味と、それに伴って起こる外的な環境のことの両方を理解することが重要なのである。

たとえば、太陽がプログレスして金星とコンタクトすると、伝統的な解釈では結婚の前兆だという。これは過去の占星術の宿命論的な観点であり、その当時は運命が、現在心の特性として見なされているのと全く同様に神の行為として見なされていたのである。そして神はそのときは、唯一天国に住まわれていたのであり、人間の意識のいずれかの場所を占めることを蔑んでいたのである。太陽と金星の組み合わせを注意深く見れば、実際に外的な出来事に対応するものがあるかもしれない――あるいは、一見そういうものは何もないかもしれない。というのも、内的な認識は必ずしも、ダイナミックな出来事とか容易に見分けることのできる外的な出来事を伴うとは限らないからだ。自己表現とか自己認識を象徴している太陽は、我々が「関係をもつこと」と呼んでいる女性原理の面を象徴する金星との組み合わせで、心の内部で後者の元型の活発化が何らかの形で起こることを暗示している。その結果、無意識の創造的な力は、客観化された体験を生み出すか、それに引き寄せられるかする。そして、その体験は――元型と同じ特質を実体化したもの（あるいは、同じ元型の反映したもの）なので――関連性の体験が意識にアクセスするきっかけを与えているのである。

太陽―金星のプログレッションが三歳児にあったとしても結婚を意味することはまずありえない。そうではあるが、彼は適切な場所に適切な時間にいるはずだから、人間関係についてより多くの気づきをする体験に入っていくと考えてさしつかえないだろう。彼は親密で意味深い友情を抱くようになるかもしれない。大切にしたペットを通じて、感情とかパーソナルな愛情の世界について少し学ぶかもしれない。父親が再婚するかもしれないし、両親が離婚するかもしれない。母親が浮気をして家庭の雰囲気に深刻な影響があるかもしれない。具体的な環境について断定することは絶対に不可能だ。

包括的な状況を知った後で、知識と経験から推測することしかできないのだ。そして、そのときでもそれらはあくまで推測であって、それ以上ましなものにすることはできないだろう——というのも、人々というのは極端に暗示にかかりやすいものだからである。確かなのは、ある元型が心の内部で活性化していること、そしてそれが（この例では）関連性の体験と結びついていること、そしてそれは表現の機会を捜し求めるということだけだ。そして、どんな回路もその表現を通じて自らを提供しているのであり、それらの回路は個人の体験、性、環境、そして内在している気質に依存しているのである。その人は、その時の体験の意味を評価するかもしれないし、しないかもしれない。いずれにせよ、それは間違いなく彼に影響を与えるだろうし、その余波は間違いなく後になって彼の人生の中に浮上してくるのだ。

二一歳という年齢ならば、太陽の金星へのプログレッションで、恋に陥るかもしれないし、結婚するかもしれない。しかし、このプログレッションはしばしば離婚や子供の誕生を暗示するかもしれない。また、芸術的なセンスの開花や死さえも意味するかもしれない。というのも、死はある人々にとっては最も深い意味での愛の行為であり魂との真の結合になるからだ。体験は予知することはできない。そして、それはある程度、往々にして意識的な選択により変わりうるものなのだ。プログレッションが示すのは、その人にとっての体験の意味なのである。結婚、子供の誕生、職業の変更、成長の助けとなる決定的な自己啓示といった重要な出来事と対応するプログレッションを振り返って検討してみることが最も光を投げかけてくれる。こういった事例の中で、プログレッションは、包括的な成長のパターンを背景にして特定の体験がどんな意味を持つのかを解明してくれるだろう。

相談を受ける占星家の場合、結婚の時期、離婚の可能性、あるいは三角関係の結末を予想してほしいという依頼で手一杯になることがよくある。これまで見てきたように、ホロスコープはそれ自体では何も予言することはできない。だから、そのような予想は不可能なのだ。大衆が占星学は何かを予言できると信じきっているというのは、不幸なことである。その結果、自分たちの人生が本当に「運命」づけられているのを証明されたくないので、占星学を恐れて遠ざける人々もでてくれば、子供のように占星術師に頼ってしまい、自分では何の結論を下すこともできなくなり、意識的な個人の選択の責任を放棄する人々も出てくる。占星学がその人に代わって選択することができないのは、道路地図が旅行を行なうか否かを、それ自身の意志で、選択することができないのと同じだ。しかし、プログレスしたホロスコープからは、その人の中で特定の時期にどんなエネルギーが作用するのかということについて、多くの洞察を得ることができる。この洞察が、気づいたときに自分がはまっている状況の意味を解明してくれるし、より明快な理解をもって、自分自身の選択を下す——あるいは、他人の選択を受け入れる——ことを可能にしてくれるのだ。我々の選択を行なうのは、最終的には全体としての心であって、自我《エゴ》ではない。自我にしてもその選択の重要性を認識すれば、協力することができるようになるし、その場合には、より優れた成長と理解という豊かな糧を獲得することができるのだ。もしそうせずに、自我がその選択に反対して、その価値に気づかないままであったときには——その場合には、往々にして、苦痛と不満と無意味な思いを体験することになるのだ。もし選択する自由を手に入れたいと願うならば、我々自身についてより多くのことを——我々に内在している気質と、それが機能をするのを司っているタイミングの両方を——学ばなければならない。そうして初めて、どうしてその時にその選択を行なうことになったのか、それの意味するところは何か、そしてそれによりどんな成長の機会が提供されうるのかを発見できるようになる。当然、我々の行った選択により苦しむこともあるだろう。しかし、もはや盲目的に苦しむのではない。そして、これこそがおそらく、我々が最も求めなければならないものなのだろう。それらにより我々が作られていて、それらの間で均衡を維持するよう我々が奮闘している対立する要素を与えられている以上。

トランジットは、太陽の周りの軌道を動いている惑星の実際の位置を表しているという点でプログレッションと違っている。トランジットに対し、プログレッションは、その時点での天空上の惑星の物理的な位置とは直接関係ない、純粋に象徴的な位置なのである。プログレッションもトランジットも、似たような形で作用しているように見える——それらが示しているのは、何かが心的なレベルで布置されているということなのだ。そして、その布置されているものは物理的な出来事として現れるかもしれないし、現れないかもしれない。しかしながら、プログレッションとは異なり、トランジットは、現実の惑星の動きの反映なので、外的な世界の、現実の力とかエネルギーを反映している。それらは、外側から心に衝突し、その人の中身に応じ、反応を生み出すのだ。一方、プログレッションは、その人の内的な成長のパターンの主観的な反映そのものなのだ。トランジットのサイクルは、惑星が出生時のチャートの位置に戻ってくるまでを指す。そして、各々の惑星は、それ自身の軌道と、そのサイクルを完結させる固有の期間を持っている。月は、たった二八日強の日数を必要とするだけである。太陽はそれが戻ってくるのに一年を必要とする。冥王星は、二四八年を必要とする。

人間関係という命題にとって重要となるトランジットのサイクルがふたつ存在する。そして、これらは誰の場合もほぼ同じ年齢で起こる。そのふたつというのは、約二九年かかる土星のサイクルと、約八四年かかり、丁度中間の地点に四二年で到達する天王星のサイクルである。これらの両方のサイクルとも、人類全体の集合的な、発達のパターンを象徴しているのだが、それらのパターンが個人個人でとる形態はその人により変わる。そうではあるが、誰も性的成熟や老化から逃れられないのと同様、誰もそれらから逃れることはできない。そして、土星と天王星のサイクルは、往々にして、危機とか再調整とか人間関係の開始や終わりの時期と符合することがあるので、それらの一般的な意味についてて少々調べてみるのは、する価値のあることである。その後で、学んだことを具体的な個人のホロスコープに当てはめてみることができる。

土星のサイクル

これまで見てきたように、土星は人間の性質の中の原始的で「劣っている」側面と結びついている。そして、その側面をユングはシャドウと呼んでいる。それは、その人の中の、卑しくて、残酷で、未分化で、発達していない、無意識なもの全ての象徴として見なすことができるかもしれない。そしてそれは、これもすでに見てきたことだが、過去とか、両親のイメージとか、それまでに過ぎ去っていったことの結晶化及び同一化と関係がある。錬金術の象徴《シンボル》では、土星は神の術が施される基本的な材料《プリマ・マテリア》として表されている――世界の中で、未加工でまだ形成されていない物質であり、それ自身の中で絶えず対立していて、無意識で、解放を必要としているにもかかわらず、未来の可能性を持つ種子のすべてをその中に秘めていて、そこから苦労の末に錬金術の黄金である、生命を与える霊を手に入れることができるのである。

太陽の周囲の軌道では、土星は約七年ごとに出生図上の位置と緊迫する関係になり、約二八歳のときにコンジャンクションになる。トランジットの惑星がその元々の出生時の位置に重なる時期はいつも重要である。そのようなサイクルの回帰の完了は、パーソナリティの中の、暗い、未分化で無意識的な面が、奮闘や苦痛を必要とする何らかの状況を通じて、活性化され、成長する機会を与えられることを示している。最初の土星のサイクルでその頂点にあたる二九歳では、その人を、能力不足に対

サトゥルヌスとその黄道宮（山羊座），シャンティ・コンデ美術館。
ギリシャ神話の時間を司る神クロノスでもある土星は制限，束縛などを表す。心理学ではシャドウと関係づけられる。また結晶化する，現実に形を与える星でもある。

する嫌悪感、過剰補償している事柄、両親への癒着、そして過去から借りてきた価値感に直面させ、それらから解放させることが可能になる。彼は、その結果、自分のバックグラウンドや家族や無意識のシャドウの産物としてではなく、発達する個人として、新しい二九年のサイクルを開始することができるのである。

出生の位置への土星のトランジットは、サターン・リターン（土星回帰）と呼ばれている。この決定的な瞬間の前年は、しばしば、パーソナリティの中の、誤った、一方に片寄った、実現されていないすべてのものを認識するだけでなく、徐々に落ち込んでいったり、崩壊があったり、幻滅したりするものになる。この年には、抑圧やつらい自己評価や意気消沈や困難を体験することになるかもしれない。しかし、必ずしもそうなる必要はない――彼が、それが心理的な子供時代の完全な終わりを告げるものであり、発達しているパーソナリティを過去の引き戻しから自由にし、無意識からの一致した突き上げを反映していることを認識し損ねないならば、その人に未来への真の探索を開始させる。我々は自分たちの中の無意識な部分を外部に投影するので、内部に布置されたシャドウはしばしば、他人からのはっきりとした妨害や反対を伴う。このようにして、多くの結婚がサターン・リターンの時期に崩壊する傾向がある。そうであるのに、その人は――自分の暗い面に直面していることに気づいていないので――自分自身に対する不満を相手の足元に置くのである。彼の生活のある領域で、彼を覆っている皮膚が堅くなりすぎたのだ。それは、広げてなめすか、裂くかして、無意識から現れてくる新しい要素を受け入れることができるようにしなければならない。この調整の痛みのために、「制約的な」連れ合いがあまりにもたやすく非難されてしまうのである。

ときどき、シャドウの布置が無力感や劣等感を伴うことがある。自分が思っていたよりもろいことがはっきりするかもしれない。その一方で、古い傷とか苦悩とか不満足感――それらはすでに子供時代に置いてきたと彼は思っていたのが――しばしば、表に現れてきて、支えも目印も彼を導く道具もないまま、漂う状態に突然放り出されたように感じさせるのだ。しばしば、その人が自分自身を理解していなくて、突如、それまで他人のことで軽蔑していたことの中に自分が必要とするものがあることに気づくことがある。そして、それまで疑いもなく価値を置いていたものの多くが、誤った、狭い、不十分なものであることがわかり始めるかもしれない。この、以前の価値の再評価は、それらの価値がどの程度片寄ったものであったか、あるいは、自分のものではなく両親のものがどの程度紛れ込んでいたかにかかっている。

非常に多くの結婚がサターン・リターンの時期に危機にさらされる。それは、その結婚そのものが今や脱皮しようとしている価値観に基づいていたからか、あるいは、その人が自分の幻滅をパートナーに投影するからである。その一方で、非常に多くの結婚がサターン・リターンの時期になされるのも事実である。しばしば、それらの結婚の原因が無力感からくることがある――子供時代が終わり、未知の未来が前方にあり、自分自身としてはほとんど備えをしていなかったことに突然気づいてしまうのだ。その結果、人は結婚に駆り立てられるのかもしれない。なぜなら、心の中のあらゆるものが激変のさなかにあるときに結婚は安心感や安定の保証を与えてくれるからである。そのような結婚が必ずしも「悪い」わけではないし、また、必ずしもそういった結婚を避ける必要もない。それどころか、まさに必要とされていたものであるかもしれないのだ。しかし、聖杯の城のパルシファルのように、開かれた目を持ち、自分の本当の動機の理解した上で、自分が取り決めたことの中に入っていくことができるよう、なぜかということを自問した方がよいかもしれない。

心が過去から解放される必要性を結婚が反映しているために、サターン・リターンの間に結婚が行なわれることもある。そのような場合、パートナーの選択は必ず、何らかの形で、危機とか奮闘とか、重要だが困難な選択を伴う。そして、サターン・リターンの間に結ばれた結婚の中にはわずかだが――それも非常にわずかだが――未来への道が今、少なくとも主な障害のひとつ――それは自分自身に対して抱いている様々な幻想のことなのだが――から自由になったことの、全身全霊での自覚と結びついているものがある。そのような場合には、気づかない内に自暴自棄になり、執着し、依存している子供たちによるものではなく、物事をはっきりとつかみとるとることができ、責任をもって行動できる大人たちの間で成熟した契約が交わされるのである。

サターン・リターンは必ずしも結婚と関係があるとは限らない。それが何と関係するかは、出生図の土星の位置にかかっている。ある人たちにとっては、サターン・リターンは生活の中の仕事の側面と結びついているかもしれないし、自分の目標の選択に対する不満がふくらむことや自分の動機が本物ではなかったことをいやいやながらも認めなければならないことと結びついているかもしれない。素晴らしい外的な恩恵がサターン・リターンのときにもたらされることもあるが、それらには内的な満足が伴うとは限らない。というのも、それらの成功が想定されていた、当初の目標が別のものに変わってしまっているからだ。場合によっては、家の中の本当の秘密の主人を発見することもある。それは、シャドウであり、それ固有の目的のためにその人の能力を利用していたものだ――そして、その目的とは、通常、栄養不良の無意識の子供を満足させることなのだ。これが起こると、その人の自分の選択の完全性に対する信頼はひどく傷つけられるかもしれない。しかし、人は自分のシャドウを意識しないで選択を行なうことはできない。意識しないまま、選択を行なった場合は、ほめそやされた理想に対して、口先だけの賛意を表明することになるだけなのだ。

サターン・リターンまでにその人のどれだけが本当にその人個人のものいなっているかに大きくかかっている。というのも、トランジットは、その人が実際に手に入れてきたものの反映でしかないからだ。適切に扱えば、それは大きな変化の、長い間あこがれてきた様々な目標の統合の、建設的な自己認識の、そして、後半の人生で成長してそれらの果実としての全体的な自己へと変わっていく種を植える機会にもなりうる。扱い方がまずければ、ほとんどすべてのことがだめになってしまうかもしれない。そのときには、その人はだめになったものが自分自身ではなく、自分自身だと思っていたものだということを認めなければならない——しかし、それは捨てられてよかったのだ。それは未来の成長を遅らせていたものだったからだ。サターン・リターンで子供が生まれる人もいるかもしれない。別の人の場合には、金銭上の変化が起こるかもしれないし、信仰する宗教が変わるかもしれない。これらの体験の意味を理解するためには、常にその人に注目しなければならない。土星の下で変化が起きる場合には、それは、それまでは軽蔑していた、しかし活発な、無意識なシャドウの要素を意識的なパーソナリティに統合する必要性と関係がある。

リターンの下での土星的な体験の性質は、出生図の惑星のハウス、星座、アスペクトによって暗示されるはずである。第7ハウスや第8ハウスの土星は（人間）関係の領域のことを示している可能性がある。第10ハウスの土星は、野心とか職業上の目標を示している可能性がある。第9ハウスの土星ならば、本人の世界観とか「世界を見る視点」を示している可能性がある。第5ハウスの土星ならば、その人の子供に対する態度とか創造的な試みを示している可能性がある。さらには、しばしば幾つかの領域の体験が同じ重要な変化によって関連を持つこともあるだろう。その人がサターン・リターンの下で始めたことが、死ぬまでずっと彼固有の内的な強さを成長させ、発達させる余地を彼に与える乗り物になることがしばしばある。土星は通常、その根を深く張る。だから、土星的な体験には、永続的な性質がある。サターン・リターンは、究極的には死と再生のプロセスであり、古いマスクを脱ぎ捨て、本物の——そしてそれはしばしば「完璧な」ものよりは劣ってはいるが——その人自身を見つけ出すことである。そして、本物のその人自身は、意識上で自己確認していた足場の下に隠されたまま、ずっと成長していたものなのだ。この新しく発見した自分をどのくらい受け入れることができるかは、自我《エゴ》がどうそれを理解するかにかかっている。通常、シャドウはたやすくは消化できない。しかし、口に合おうが合うまいが、それは現実なのであり、その人の人生に統合されなければならない。もしこれが自発的になされないのならば、それは自発的でない形でやってくるだろう。なぜなら、自我《エゴ》はそれがそうでありたいと思っているほど無敵ではないからだ。その結果、自我《エゴ》は無意識と協力するか、それとも敵対するかを選ぶことになる。いずれにせよ、最終的な選択は種の中にもともと備わっている。しかし、この選択のやり方やそれの意味するところを認識するかは、その個人の責任の範疇に依然としてあるのだ。

天王星のサイクル

天王星は太陽の周りを移動するのに八四年かかる。そして、その人が四〇歳から四二歳の間に、出生図にある元々の位置とオポジションになる。そうなっているとき、それはユングが中年期の危機と呼んでいる心の発達の危機と符合する。この危機的な地点が関係があるのは天王星のサイクルだけではない。思い出してもらわなければ困るが、土星は二九年というサイクルを持っていて、七年毎に出生の位置と重要なアスペクトを形成する。サターン・リターンの十四年後に次のサイクルの半分を完了する。そして、この年齢の時に、私たちは二つの重要なトランジットの影響を扱わなければならないのだ。そういうわけで、中年期の危機におけるその人の心の内部での共鳴的な変化が、彼が経験するであろうことの中でも最も重要なものになるとしても、驚くにはあたらない。それらの変化は最も重要な、集合的なサイクルを反映しているのだ。

これまで見てきたように、天王星は解放、自由、新しい表現の領域への力づくでの突入、ものを見る視野の拡大と関係がある。それは、ベールを引き裂くことと深い関係がある惑星である。そして天王星が神話で雷を伴った嵐や風やいと高き所＝天と結びつけられていることは、それが土星の軌道内の惑星よりもずっと超個人的《トランスパーソナル》なレベルで作用することを暗示している。天王星を通じて、人は偉大な元型のイメージと直面させられるのかもしれない。

ユングの表現によると中年期の危機とは、心の中の古い部分が――「劣って」いるか、未分化のままであった意識の機能だけでなく、特に、アニマ、アニムスが――大声で自我のドアをノックし、表現されることを要求し始めるときなのだ。もしそれまでの自我の構成が非常に片寄ったものだったときには、これらの無意識の中身はとても劇的な力とともに吹き出して、その人は突然、説明のつかない行動を始めるかもしれない——彼は、円熟した結婚から、安定した仕事から、それまでずっと住んでいた田舎から抜け出すかもしれない。それらの振る舞いは、自我が足かせをしていた境界を突破して自由になる必要性を、これまで経験したことがないような高みや深みを求める必要性を反映している。男性にせよ女性にせよ、人生のこの時期に極度の不安に陥ることがしばしばある。もっともこの場合でも、その人が自分のリアリティを外に投影して、他の誰かの説明のつかない行為の犠牲になっているのかもしれない。女性の場合、更年期が近づいてきており、子供を産む年齢ではなくなる。子供たちは、成人に近づいている。彼らにはもはや母親の世話はいらない。こうして女性は、思想やアイデンティティといった——本質的に自分に属するものに、家族の関係には依存しない彼女自身の個人の生活の中で組み立ててきたものに、望むと望まないにかかわらず、自由に直面することができるようになる。その結果、多くの女性が初めて、知的な刺激を与え外側の世界への参加を可能にするような分野の仕事に乗り出し始める。アニムスが布置されて、知性、霊、客観的態度、グループ生活への公的な貢献といったものが、個人的な満足とか夫や家族への責任を感じることよりもウエイトを占め始める。男性の場合、「成功」は、往々にして、四〇歳までに達成されるか、少なくともダメだったことが受け入れられる、安定した生活に到達している。それでアニマの不思議な内面世界が手招きし始める。厳格なまでに真面目な結婚生活を楽しんでいた男性の多くが、情婦を見つけたり、自分たちよりもずっと若い女性と盲目的な恋に陥ったりする。そうでない場合には、妻の不貞や家出でひどいショックを受け、自分に妻をつなぎとめておくことができないことを認識するかもしれない。これらの状況はすべて、アニマの価値とか、人間関係のより深い理解や、心の創造的で想像力豊かな内的な世界の探求などを内面で求めていることを象徴している。

天王星が出生の位置とオポジションをとると、それまで生かすことのできなかった（心の）内容が強力な力で解放されることを象徴している。すべては、どれだけ生きられてこなかった面がためこまれているかに、そしてどのくらいその人がその意味するところを認識しているかにかかっている。天王星のサイクルは、その人を最も創造的で実り豊かな、人生の時期へと解放することができる。しかし、彼が自分の内部で起こっていることに抵抗するならば、それは彼を精神的に、感情的に、あるいは肉体的に閉ざしてしまうかもしれない。我々は新しい未知のダンスのステップを習わなければならないかもしれない。しかし、それらのステップは、それらが合わせるリズム同様、我々の中にすでにあるものなのだ。だから、それらを拒否することは、自分たちの首を絞めることに他ならない。

さらに、この天王星のトランジットは、土星が出生の位置とオポジションになる時と同時に起こる。このことは、パーソナリティの劣っている面や、これまで価値を置いていなかったり発達していなかった機能について作業する機会が同時に訪れることも暗示している。そのような作業は、その時期が適切であることを理解していてその結果、建設的な選択を行なえる人には、驚きと興奮をもたらすことができる。その一方で、土星も、天王星と同様、苦悩、分裂、不確かさ、混乱——またはそれらすべてが結びついたものを反映しうるのである。もう一度繰り返すと、我々にはどの成長が起こるかについての選択はないのだが、その成長を理解しそれに協力的に作業しようとすることを選択するのは可能なのである。

個人のプログレッションのチャート

プログレスしたホロスコープの持つ多義性及びその中に洞察されることは、実例で説明するのが一番よいだろう。そうすれば、占星学で前提とされる最も重要な命題のいくつかが、自ずと明らかになってくる。とりあえず、これらの命題について要約しておいた方がよさそうである。最初に、プログレッションまたはトランジットは外部の出来事を意味しない。それらが意味するのは、新しい内容が無意識から現れてきていて、それは意識に統合されなければならないということである。二番目に、外的な一連の出来事は、一見別のことのように見えるが本質的に同じ意味を持っていて、短い期間に——一年から三年の間に——共鳴的に起こりうるものなのである。三番目に、特定の出来事が起こるのはプログレッションのピークとは必ずしも一致しない。なぜなら、それらは無意識の材料による内的な作用の一部であるため、それらが起こるのは通常、正確にプログレスする前になるからである。プログレッションのピークは通常、何が起こったかを理解し始める時期を暗示する。たとえそれがどんなにわずかなものであっても。そういうわけで、それは、変化の意味を理解した上での内的な変化の時をしるしている。外部の出来事は、もしそれがあればであるが、普通はすでに起こっている。そして四番目の、おそらく最も重要な、占星学で前提とされる命題は、無意識の力を統合する上で様々な選択が可能だということである。しかし、自我はこれらの力が権利を主張するのを妨げたり、無意識をそれが必要としている自己表現を否定することはできない。特定の表現形式を他のものの代わりに選ぶことは——ときには——可能だ。しかし、たとえそうだとしても、内的なリアリティは認識されることを要求するのである。

ジャン＝ピエール（彼のチャートは三六九ページにある）は、非常に創造的で移り気な男性であり、この事例の過去の人間関係としては三度の結婚と、最初の結婚の終わりの頃にあった特に劇的な恋愛事件を挙げることができる。だから、この事例ならば、人間関係の面でのプログレスしたホロスコープの作用を説明する上で格好の題材になるはずである。

ジャン＝ピエールの出生地はフランスの小さな村だった。その貧しい環境で彼は育った。少年時代、彼は母親と祖母に育てられた。彼女たちは死ぬまでその生まれた村に住み続けた。彼は自分の父親を全く知らなかった。彼の父はハンガリーからの移民で、ある日この町を通りかかり、店番の娘とちょっとの間の付き合いを楽しみ、そして、ひとりの子供と大きな心の傷を後に残して、彼の旅を続けて行ったのだ。ジャン＝ピエールは、人生の初期に、はっきりしない、社会的に認められない自分の生まれに面と向き合わなければならなかった。そしてその中では一人前の男であることを示しアイデンティティを確立するための奮闘が必ずつきまとっていたのである。この奮闘は彼の母と祖母が敬虔なカトリックであるために一層厳しいものになった。というのも、彼は罪の中ではらんだ子供だという確信をその信仰が助長したからだ。

彼は一連の稼ぎのよくない仕事をやっているうちに、最初の妻のリリアンと出会い、結婚した。そのとき彼は二五歳だった。彼女は十一歳年上で、その結婚は主に彼女の扇動によるものだった。ジャン＝ピエールがその結婚を受け入れたということが、彼自身無意識の内に結託していて、彼が母親のイメージを必要としていたことを暗示しているが、結婚により依存していたのは明らかにリリアンの方だった。強い直観の気質をもつ彼は、この時期にはまだ表現できない多くの可能性が自分の中にあることに気づいていた。しかし、彼の背景、強い節操感、自信の欠如、そして罪の意識といったものすべてが、慣習を尊ぶ圧力に従うように彼を促した。それで、彼は乗り気でない、様々な中途半端な感情を抱えたまま、その結婚に踏み切ったのだ。そしてそのときも、自分はまだ自分の本当の可能性に気づいていない——自分はまだ一個人としてひとり立ちしていない、それでいて、簡単に檻に変わってしまいかねない上辺だけの保証と引換に自分の人生を譲り渡そうとしているのだ、という思いにつきまとわれていた。

それから二年近くたって、ジャン＝ピエールはパーティでアメリカ人の女の子のキャロルと出会う。それから始まった情事は、駆り立てられるようなものであると同時に悩ませるものでもあった。最初、彼は本当に恋に陥ったのだが、浮気をしているという意識とそれによる罪悪感のために、感情の赴くままに生きることができなかったばかりか、決断する力まで麻痺してしまったのだ。約八ヶ月間の密会の後、キャロルはアメリカへ戻った。ジャン＝ピエールを離婚させることができそうにもなかったので、この関係を続けていたら自分がひどく傷つくことになる、という結論に彼女は達したのだ。彼女がいなくなってから、ジャンの家庭生活は目に見えて堕落していった。陰での情事のことを発見し、夫の気持ちがもう自分のところにはないことを知ったリリアンは、どんどん自暴自棄になり、挙げ句の果てには自殺さえしようとした。その間、ジャンは、自分を結婚から解き放ち、キャロルとの関係を再開して彼女と結婚する決心をしていた。リリアンとの最終的な決裂は、結婚式を挙げた日からほとんど三年後にやってきた。そのときジャン＝ピエールは二八歳だった。

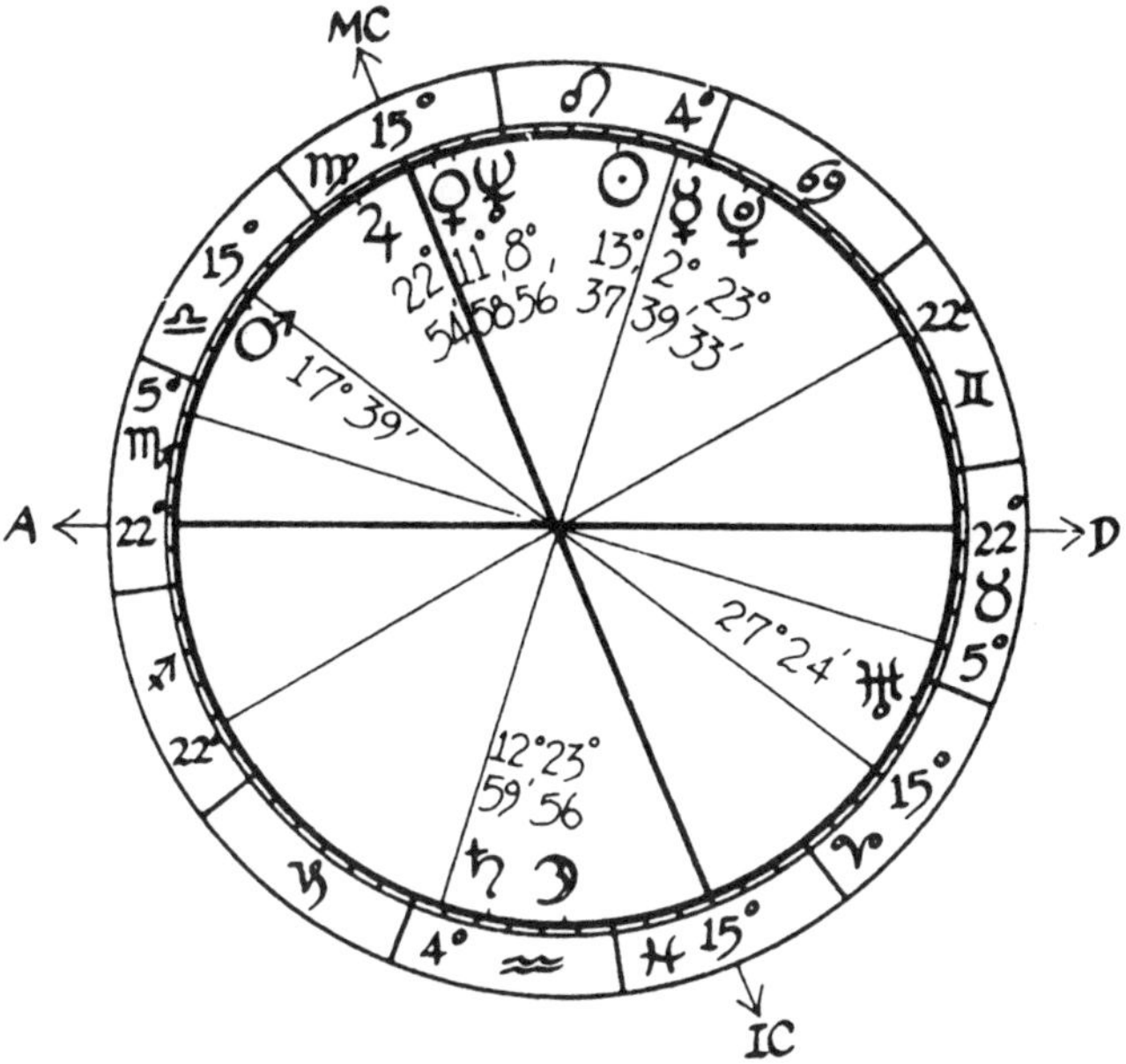

ジャン - ピエールのチャート

☉太陽　☽月　☿水星　♀金星　♂火星　♃木星
♄土星　♅天王星　♆海王星　♇冥王星

♈牡羊座　♉牡牛座　♊双子座　♋蟹座　♌獅子座　♍乙女座
♎天秤座　♏蠍座　♐射手座　♑山羊座　♒水瓶座　♓魚座

それから六年間、ジャン＝ピエールとキャロルの間の移り気で激情的な関係は続いた。この間、どちらも他の情事を経験していた。そしてキャロルは別の人間と結婚して、そしてその彼を捨てて、ジャン＝ピエールのところに戻ってきた。二人は一緒に暮らすことはできなかったが、お互いから離れることもできなかった。その間に、ジャン＝ピエールは最終的に彼の生涯の仕事となる職業へつながる道——映画産業——を見つけていた。最初、彼は小さな映画会社のために商業的な配給に従事していて、セールスマンとしてヨーロッパやアメリカをまわって、徐々にその分野の経験を積んでいった。キャロルとのつながりがあったにもかかわらず、そういった事情で、どうしても一人で過ごすようになり、見知らぬ街で売春婦とコールガール以外には連れはいないという状態になっていた。そして、自然とその機会が訪れたときに、彼はキャロルにまたのめり込むつもりだった——もっとも、この場合も最初のときにあった魔法のような魅力は失われていた。つまり、ジャン＝ピエールはいつも衝動的に女性に駆り立てられるのだが、決して彼の求める女性を見つけることができなかったのだ——というのも、この女性は彼の中にだけ存在していたからだ。知らず知らずのうちに、彼は自分のアニマを捜し求めていたのであり、多くの男性が白昼夢の中でのみ安全に体験することのできる幻想を生きていたのだ。しかし、非常に多くの女性との関係を持ったにもかかわらず、彼はそのひとつとして長続きさせることはできなかった。

ジャン＝ピエールのキャロルとの関係の終わりは、彼が三四歳のときにやってきた。この時点で彼はフランスを離れてイギリスに住み着き、過去を断って新しい生活を始める決心をした。徐々に、彼は仕事の上での地位を確立していき、大きな映画会社の配給の部門で幹部にまで登りつめた。収入は増え、自分の能力にも自信を深めていったが、自分自身の創造的な努力のはけ口を見つけていなかったので、依然として不満を持っていた。さらに、彼には英国の気質とうまくやっていくのに難しいところがあった。それにもかかわらず、自分自身に一人前の男であることを証明するために、そして自分が何かに専心することができることを示すために、彼は成功することを決意したのである。全く見知らぬ父親の亡霊が彼につきまとった。それで、母や祖母が彼の先祖のこととして話してきかせた、放浪する信頼のおけないろくでなしにはなるまいと彼は決心したのだ。

イギリスに移ってから少しして、彼はサラという、会社の従業員であるイギリス人の女性と出会った。最初の出会いから三週間たたない内に彼らは結婚した。サラはそのとき三十歳でジャン－ピエールより四歳ほど若かった。二、三ヶ月の間は、彼女により彼もロマンチックな幻想の中に浸ることができた。彼女の穏やかで合理的な性格、そして適切な気遣いのおかげで彼は子供時代には味わうことのできなかった母親との関係を体験することができた。しかし、いったん結婚がパターンにはまると、再び問題が起き始める。今回、ジャン－ピエールは、それらを抑えるつもりであった。無意識の感情生活の中で彼を翻弄する流れがあったにもかかわらず、その新しい結婚は「うまくいく」ようにしなければならないと決心したのだった。直観タイプであった彼は自分の感情を実際の意識から切り離すことができたので、しばらくの間は何とか、何も深刻なことはないと感じずに過ごすことができた。しかしながら、結局、兆候が現れ始めた。彼は食べ過ぎるようになり、体重が増えすぎてしまった。過度に睡眠をとるようになり、特に週末に家にいるときがひどかった。成功すればするほど、彼の不満はたまった。とうとう、彼とサラはフランスへ戻り、そこで彼は自分の映画会社のための事務所を開く。彼はそこで幸せになるが、サラはそうではなかった。

結婚の三年後、サラは息子を出産した。その子のおかげでジャン＝ピエールは、しばらくの間、新しい希望を抱き、ほとばしるような創造的な活力にあふれることができた。彼はその少年に恵まれなかった自分の子供時代を投影するが、このことが激しく深い愛着へとエスカレートしていった。そして、またもしばらくの間だけだが、幸せな見通しと安定した家庭、そして静かで適切な生活が彼にちょっとした安らぎを与えた。しかし、この見通しは概して彼の内部のイメージとして存在していたのであり、そこには彼やサラの感情の性質に存在する不調和は見落とされていた。だから、表面下では、その結婚は崩壊へと向かっていたのであり、感情的な接触も性的な接触も同時に失われていたのである。それは今や、入念に用意された食事と、美しく整えられた家と、うまく準備されたディナーパーティに招待されたその場にふさわしい友人たちで飾られた、上辺だけのものになっていたのだ。

結婚の六年後、サラは果てしない憂鬱の日々に耐えられなくなった。これに伴い、彼女は自分がとってきた母親の投影像やそれの意味していたことに気づき始めた。その結果、離婚することを決意するが、その決心はジャン＝ピエールをひどく傷つける。彼自身も無意識ではその崩壊を手伝っていたのだが、しばらくはこの事実を認めることができず、絶望的な思いで関係を修復しようとする。家庭的な建造物が必要だったのだ。それは彼にとって、満たされなかった子供時代の象徴《シンボル》であり、彼の心が成長を必要とすることに対する防波堤になっていたのだ。そして彼の息子への愛着が事態をいっそう難しいものにした。しかしながら、結局、サラは子供を連れてイギリスに戻ったのだった。別れてから最後に離婚するまでの二年の間、ジャン＝ピエールは結婚が完全に終わったのだという事実をどうしても受け入れることができなかった。彼は多くの仕事に携わったが、彼の内には、表には出せないとまどいと今に奇跡のようなことが起きて過去を復活させてくれるのではないかという無意識の希望が残っていた。この過去が実は自分の幻想であったことをゆっくりとではあるが、彼は理解し始める。サラを一人の個人としてよく理解できるようになると――これは、なぜ彼女が彼のもとを去ったかを理解するためにはしなければならないことだった――そもそも二人の気質が基本的に調和していなかったことを認めるようになった。

結婚が崩壊し始めるのとほぼ同じ頃、ジャン゠ピエールは他の人々のために仕事をしてその過程で自分の創造性を殺していることに急速に不満をつのらせていった。自分の映画会社を作ることを決心し、そして――その冒険は失敗するというサラの反対と説得にもかかわらず――そのリスクを受け入れ、避けて通れない賭けを行い、自分の資産のほとんどをその新しいプロジェクトにつぎ込んだのだった。その後、新しい会社を軌道に乗せるために長い苦難に満ちた奮闘が続くことになる。ちょうど四二歳の誕生日を迎える前に、ジャン゠ピエールは、彼の新しい世界を構成する「人間性成長運動」を見いだす。増大していく目覚めの感覚の中で、心理学、オルターナティブ・ヒーリングや秘教的な思想に深く傾倒し始め、むさぼるように読むようになる。同時に、彼はどちらかというと自由で因習的でない多くの人々とコンタクトを取り始め、自分自身の因習的でない部分について掘り下げ、人間関係がこうまでうまくいかなくなるように仕向けてきた動機を何とか理解しようとした。安全ではあるが無意味な仕事を捨て、未知の世界へ飛び込み、それに伴う意識の成長が彼を、フランスに住む芸術家でイラストレーターのカナダ人のキャサリンとの出会いへ導いた。彼女もまた、ジャン゠ピエールが偶然見つけた秘教的《エソテリック》な運動に深く没頭していた。そして、その運動が、お互いをひきつけた共通の興味やヴィジョンの分野を提供したのだ。今に至って、彼は、その途上で出会う困難にもかかわらず、個人の創造的な表現を自分が必要としていることを評価し始めている。そして、彼女のどちらかと言うと押しの強い性格にもかかわらず、キャサリンの中にもその必要性に対する尊重があることを彼は認識したのだ。はっきりとした性格の不調和があったり、お互いが直観的で、怒りっぽくて、自己主張が強い似たような特徴を持っていたにもかかわらず、彼らは結婚した。この結婚の結果をさらにたどっていくことはできるが、私たちの目的からすれば、ジャン゠ピエールの「個人史」をこれ以上追求する必要はない。

ジャン・ピエールの出生図にはいくつかの重要な点があるので、プログレスしたホロスコープに進む前にこれらの点について検討してみる必要がある。出生図の主要なテーマは意識の成長であり、これは第9ハウスの太陽と第8ハウスのルーラー［冥王星］と水星によって示されている。水星と許容角度の広いコンジャンクションになっているルーラーの冥王星［第8ハウスの本来のルーラーでもあり、アセンダントの蠍座のルーラーでもある］は、その人固有の動機に光を当てるくらいまで深く掘り下げていこうとする、自己理解に対する強力な衝動を示している。さらに、アセンダントの蠍座は、自分自身を理解することの必要性をいっそう強調している。このような強調は、直接、創造的な表現を通じて自分自身や人生についての知識の追求に駆り立てられる人物を示している。獅子座が太陽の星座であることもその人が必要とすることがその人の自己《セルフ》を発見することだということを示している。そしてその星座が第9ハウスにあることで、世界観を可能な限り深め広げることができる、意味のある体験を追い求めることが暗示されている。

太陽と土星の正確なオポジションは、これは一部には困難な子供時代が原因になっているのだが、ジャン‐ピエールの自信の欠如、能力不足や失敗の感覚を表している。しかし、このオポジションが多くの苦悩とか束縛の感情を示しているにもかかわらず、それは、どんな犠牲を払ってもそれらと対面して克服し、その人固有の自分になろうという決意をも表している。直観的な気質は、火のハウスにある火の太陽や、別の火の星座［牡羊座］にあり、かつ、創造的表現の部屋である第5ハウスにある天王星によって表されている。思考機能が支配的であることは、水瓶座で第3ハウスにある――風の星座で風のハウス［双子座のハウス］にある――月や、土星の同じような配置によって表されている。そして、チャートの副ルーラーである火星［冥王星が発見される前、蠍座のルーラーだった］は、同様に、風の星座である天秤座で、風の部屋である第11ハウス［水瓶座のハウス］にある。それに対して、感情機能は未分化である。これは、蠍座のアセンダントによって示されている。その星座が、意識の中の支配的な機能では簡単には消化できない、原始的で激しい傾向の感情を持っている水の星座だからである。その結果、その部分は他人に投影されやすくなる。感覚も弱い機能である。天頂の乙女座に惑星が固まっていることがジャン‐ピエールがパートナーに求めそうな特質を示していて、その特質として挙げられるのが、現実性、安定、秩序、構造性、そして洗練である。第9ハウスの乙女座で海王星とコンジャンクションの金星は、ある特徴を持ったアニマのイメージを意味していて、それは、暗く、地に根付いていて、「異郷的」で、そして極度に神秘的なものなのである。各要素の相対的なバランスのことがあるので、このチャートを簡単に鑑定することはできないだろう。しかし、複雑に込み入った気質について多少とも知っていれば、そのチャートを調べて、いかに地と水の要素が抑圧されていて、それらがパートナーに投影されているかを理解することは可能なのである。

これらの基本的な気質の特徴について気づいたならば、獅子座、蠍座、水瓶座といった不動《フィクスド》の星座は——これらのどれもがジャン‐ピエールのチャートでは非常に目立っている——必ず成長はゆっくりしているということを十分に認識しておかなければならない。それらは、直接経験を通じて、ゆっくりとそれらの価値基準を作り上げる。そして、普通は中年期になるまで花開くことはない。外からの変化に抵抗するので、不動《フィクスド》の星座のグループにあるものは、典型的に、それらが有効であるときよりも長く続いている価値や経験に固執するのである。さらに、ジャン‐ピエールのチャートでは、太陽と土星のオポジションが、彼が彼特有の個別性《インディビデュアリティ》を自由に表現できるようになる前に彼自身の内部で多くの障害に直面しなければならないことを示している。これらの中で主要なものが、彼の自我とシャドウの仲たがいなのだ。最後には、彼は内面の暗闇と和解しなければならない。水瓶座の土星によって表されているように、この暗闇が彼を脅かして、ある種の「普通さ」という罠の中に陥れているのであり、そして、一貫して外側から、障害となる社会とか障害となる個人という形で彼の前に立ちはだかっているように思える。彼が判断なしに、自分自身の内部及び外側の世界の両方で「劣っていること」を受け入れることができるまでは、あからさまに敵対してくる環境が立ちはだかってくるのだ。アセンダントの蠍座によって表されている、彼の強烈な感情もまた、思考機能により「よい」とか「悪い」というカテゴリーに色分けするのではなく、あるがままにそして統合されたものとして受け入れられなければならない。太陽と月とアセンダントの間には強い緊張が出ているが、これは疑いなく、ジャン－ピエールのバイタリティや激しさに一役買っている――分析心理学の用語で言えば、彼は「生の本能《エロス》」に溢れているのである。しかし、彼は自分や他人についての自分の理想とするイメージを現実の人間の性質に合わせることを学ばなければならない。そして、その現実の性質には光と闇の両方があるのだ。非常に思考面が発達している多くの人々と同様に、ジャン－ピエールは極端に感情的で、そのため「生の本能《エロス》」と感情を混同してしまうのだ。彼の人間関係のほとんどは、激しい感情と強烈な情熱を伴っていたが、感情は概して未分化のままであった。ジャン－ピエールは他人の感情や動機を理解する点で本当に問題を抱えていた。彼は絶えず、自分の蠍座のアセンダントの暗い面を外へ投影していて、他人は野蛮で、攻撃的で、支配的で、疑い深く、彼の発達を邪魔することを熱望していると信じているのだ。

土星とクインカンクス――150度のアスペクト――の金星は、人間関係の問題を示している。それが刺激されるときに、度々、冷たい、共感のなかった、家庭生活による子供時代の傷が同時にうずくのだ。ジャン－ピエールの母親は仕事熱心ではあったが感情を外部に表さない女性だった。そして彼の祖母もまた感情表現が非常に苦手であった。ジャン－ピエールは基本的に、自分の非常に傷つきやすくて子供っぽい感情を示すのを恐れている。それでも、これらの人間関係こそが、第9ハウスの金星と海王星のコンジャンクションで示されているように、彼にとって、自己超越の手段そして自分自身の魂への通り道にならなければならないのだ。

ジャン－ピエールの最初の結婚のときに、いくつかの興味深いプログレッションが集中して始まっている。その最初の結婚はリリアンからの相当の後押しにより勇気づけられたものだったので、それは彼女の決定であったように思えるかもしれない。しかし、共謀するためには二人必要なのだ。だから、ジャン－ピエールは、アニマの力や彼が自分でも気づいていない感情の性質を強制的に認めさせられるような状況を無意識の内に自分自身のために演出していたのだ。その結婚の最初の一年の間、太陽がプログレスして海王星とコンジャクションになっている。この後者の方は、特殊な受動性、個人の意志の一時的な停滞、自分の中のある側面を犠牲にすることによってのみそこで自由を獲得できる麻痺した状態を象徴する惑星なのだ。

太陽が徐々に金星とのコンジャンクションに近づいているときにジャン－ピエールはキャロルに出会っている。金星とコンジャンクションになる太陽のプログレッションは、アニマすなわち元型的な女性の布置を象徴している。だから、このときに彼が結婚や離婚をするだけでなく、彼の人生の中で最も情熱的な恋愛にのめり込んでいたとしても驚くには値しない。太陽の金星上へのプログレッションはジャン－ピエールの結婚の崩壊から彼の旅行の最初の二年の間までずっと続いている。この間ずっと、彼は自分の意識を支配している内面のイメージを具現化する女性を衝動的に捜し求めていたのだ。そのイメージが、そのプログレッションによって表されるエネルギーにより活性化されていたからである。同じ時期に、金星も火星という情熱のもうひとつの象徴の上にプログレスしていて、アニマの性愛的な側面が布置されているのだ。この時期の間ずっと、ジャン－ピエールは彼の性愛的で情熱的な性質に完全に支配されていたのだ。他のことは何ひとつ問題にならなかったのである。これらのプログレッションが起こっている間、ジャン－ピエールはサターン・リターンも経験していて、それは彼が二九歳と半年のときに完了している。その結果、古い自我が壊れてばらばらになり、代わりに新しいものが現れたのである。そして、その新しいものは新しい問題と新しい幻滅という重荷を背負っていたが少なくとも過去の構造や価値からは自由なものであった。

プログレッションは、これらの事柄のどれひとつとして引き起こしてはいないことを思い出してもらいたい。道徳的に考えたり、ジャン－ピエールは違う選択をすべきだったと言うわけにはいかない。結婚とそれによる束縛は必要な経験の一部だったのだ。それらが、彼とキャロルの関係を楽しい恋の物語ではなく真実味のある危機にしたのであり、彼をズタズタに引き裂いて、彼を自分の感情に強制的に気づかせたのである。こういった類の苦しみを通じて、アニマは男性を生の体験へと導く。さらに、ジャン－ピエールの、恋の相手の選択は破壊的なものだった。というのも、キャロルには、彼女自身が抱えている感情の問題のために、安定した関係を維持することができなかったからだ。そして、ここにもアニマの痕跡を見ることができる。男を感情的な束縛の中へ陥れ、彼自身の感情生活のジャングルの中へ駆り立て、彼を気違いにする選択をつきつけるのだ。気違いにするというのも、それらの選択は白黒をつけることもできなければ正しいとか悪いとかいうようにはっきり決めることができないものだからだ。ジャン－ピエールは頭で考えた主義に自分の感情を従わせることができると思っていた。太陽が海王星と金星上にプログレスしている期間全体が、彼が自分の性質の中で、全く知らなかった面を意識にもたらす体験から成り立っている。人々が「傷つく」からその選択をするべきだったとかするべきではなかったと言うのはピントはずれである。無意識が我々の代わりにそういった事柄を決定している。そして、活性化した無意識の力に圧倒されたことのある人だけが、それらの力がどんなパワーを持っているのか知っているのだ。だから、これらの力を前にしては、適切な行動の正確な構造を持っている合理的な知性は、黙っているしかないのである。

ジャン－ピエールがサラと結婚するときに、金星がプログレスして月とトライン（120度）になっていて、そのアスペクトはその二度目の結婚の最初の一年間、正確なものになっている。同時にプログレスしたMCも月とトラインになっている。最初、その結婚は家へ戻ること、すなわち、喜びにあふれた子供時代の幻想への帰還であった。月は母親の象徴である。だから、ジャン－ピエールはついに、子供のときに全く体験できなかった穏やかで信頼のおける心遣いのできる女性を見つけたと思ったのだ。これらのプログレッションは、要するに、アニマのもうひとつの側面である、母親のイメージの布置を象徴している。

その結婚の崩壊は、ジャン－ピエールのチャートの二つの重要なプログレッションと一致している。金星がプログレスして天王星とオポジションになり、火星がプログレスして太陽と土星の両方とスクエアになっている。これらのうち、最初の方はジャン－ピエールに、自分の結婚には何かが欠けているという認識が起こり始めたことを象徴している。その何かとは、彼の女性との関係のすべてで欠けていたものであった。それは、超個人的《トランスパーソナル》な要素であり、霊的な深みへのガイドである魂の導き手《サイコポンプ》として作用するアニマの能力なのである。キャロルにのめり込んだことでさえ、女性的元型のこの側面は布置されなかったのだ。彼の情熱は確かに喚起されたが、キャロルが対応していたのはアニマの金星の側面、セックスメイト、理想的な売春婦兼遊び相手だった。しかしながら、このとき彼が必要としたのはもっと深遠なものだった。彼の創造性が活性化されていて（天王星は創造的な表現の第5ハウスにある）、サラとの間で作り出し、そして最初は実際に望んでもいた、結婚の枠組みの中では、彼の性質でそれまで埋もれていたこの面を表現することは事実上、不可能だった。母と息子の関係は、母にも息子にも、男や女に成長していくことを許さない。ジャン－ピエールとサラの間には、生活面での共通点があった。そして、しばしば、知性《マインド》の出会いもあった。しかし、感情の出会いはなかったし、霊《スピリット》の出会いは明らかになかった。さらに、サラとの結婚では、他の人間関係でもあったように、ジャン－ピエールは、人間関係の刺激を通じて自分自身の中で自分のアニマの様々な側面を発達させるというよりは、女性を通じてそれらの側面を体験し切ろうとした。金星の天王星へのプログレッションは、彼が目覚めて、彼の心の女性的な側面での可能性に気づき、彼自身の創造性を通じてこの可能性を表現するときだ、ということを示している。

火星がプログレスして出生の太陽－土星のオポジションへの引き金になっていることは、自分自身を男として発達させ、自分自身のものを捜し、挑戦の中へ入っていく、すなわち、深い意味で成長する必要性をかき立てることを象徴している。確実なサラリー、素敵な家、庭、日曜新聞という窒息死させるようなベッドカバーは、このプログレッションの影響下でどうしようもないくらいクシャクシャにされたのである。新しい無意識の布置が始まっていた。天王星という目覚めさせるものが活動へと駆り立てられ、ゆっくりと意識の中へ現れてきたのだ。ジャン－ピエールが、サラとの二番目の結婚の崩壊に自分も加担していたことを認めるのに少々時間がかかった。しかし、最後には、彼もそうせざるを得なかった。というのも、そのことの種を自分自身でまいていたからだった。彼はいつまでも感情において子供のままでいることはできなかったし、サラも献身的で面倒見のよい母親代わりの妻でいつづけることはできなかった。離婚しようと言い出したのは彼女の方だったのかもしれないが、その基礎の作業は共同で行なわれたものだった。多くの母と息子の関係とは異なり、ジャン゠ピエールとサラとの関係は、愛情を完全に欠いたものではなかったし、ある時期には彼らが共通に必要とするものにも応えていた。しかし、必要とするものは成長するにつれて変化する。金星の天王星への、火星の太陽と土星へのプログレッションは、へその緒の切断を告げたのである。

このときまでにジャンは「中年期の危機」に到達していた。天王星が出生時の位置とオポジションになると、彼は自分の思考の対象を拡張し始め、彼がそれまでは一度も出会ったことのない新しい人々との新しい運動に没頭していった。その直観的な気質により以前からうすうすとは気づいていたが、出来事の背後にあるよりはっきりとした意味が意識的な形で彼にもわかってくるようになったのである。彼の知性と霊性は目覚めていき、彼は自分の新しい子供――映画会社――に時間をとられるようになる。天王星が天空で、彼の出生の天王星とオポジションで静止しているとき、彼は三番目の妻であるキャサリンに出会う。同じ時、プログレスした月が天王星とトラインになり、またプログレスしたMCもまた天王星とオポジションになっていたのだ。この惑星の膨大なパワーが彼の心の内部で活性化していたのがわかるはずだ。彼の目標、自己イメージ、人生に対する意識的な見通しそのものが急速な変化を遂げようとしていた。

この非常に短い概要では、彼のチャートやそれの表している出来事を吟味し尽くしているとは言えない。各プログレッションの意味していることは膨大なものがあり、ここで調べられないくらい枝分かれしている。例えば、ジャン゠ピエールの四つの重要な人間関係を各々、四つの違う惑星のエネルギーに帰することはできるかもしれない。リリアンとの結婚は太陽の海王星上へのプログレッションによって表されていた。キャロルとの出会いそしてそれに続く情事には金星の痕跡が見られた。サラの場合は月へのプログレッションと一致していた。そして、キャサリンは天王星によって象徴されるエネルギーの活性化と結びついていた。おそらく単純化させすぎたがこの構造に基づいて、ジャン－ピエールの四人の女性は、女性の四つの異なる面、彼の心の内部で作用していて彼の人生の中で表現の機会を捜し求めている四つの異なる元型の彼にとっての象徴だったのだ、と言う人もいるかもしれない。各々の人間関係を取り巻いていた、補足的な環境にしても、特定の、そして対応する、元型的なエネルギーを帯びているのである。

我々は自分たちの無意識な部分を投影する。ジャン－ピエールの人間関係は、多くの人々のものと同様、大部分が無意識なものであったため、元型の諸属性が個々の女性に投影されたのである。どんな人間も、もちろん、そのままで元型ではない。問題になっている女性たちのチャートを調べれば、人間関係のどのくらいがジャン－ピエールの側の投影なのか、そしてどのくらいその女性たちが彼の内部のイメージに順応していたかがわかる。例えば、キャロルの場合、彼らが出会ったときに彼女が金星的にジャン－ピエールに思えたにもかかわらず、彼女のホロスコープには金星の影響はほとんど見られない。だから、それに続く失望の何割かは、疑いなく、彼女に課された投影の要求を彼女が満たすことができなかったからである。似たような食い違いはサラのチャートにも見られる。彼女のチャートには月の特徴は全然出ていないのだ。蟹座には惑星はないし、月はキャデントハウスの第12ハウスで、隠された位置にあり、大した座相も持っていない。しかしながら、そのような「誤り」――それが適切な呼び方であればだが――は、「よく」もなければ「悪く」もない。もしサラが実際に月のタイプだったのであれば、母と息子の結婚はずっと長持ちしていたかもしれない。それも、より大変な窒息状態に両方の伴侶をひきずりこんで。結局、人にできるのは、自分の経験を「経験」として受け入れ、それと共に生き、それを通じて知識へと変容させていくしかないのである。それは「正しく」もなければ「間違って」もいない。もし言えることがあるとすれば、ジャン－ピエールの人間関係のひとつひとつが、彼の心の内部の何かがそうさせた以上、必要で、実りがあり、避けられないものであった、ということだけだ。さらに、この試行錯誤の過程を通じて、ジャン－ピエールはより意識的になっていった。そうなると、彼に選択されたパートナーは内面のアニマに、より近い形で、順応するようになるのだが、この内面のイメージを彼女自身がやりぬくという重荷を強制されるわけではない。たとえば、キャサリンのチャートでは、天王星が優勢でアンギュラーに入っている。そして、それは太陽と月を含む彼女のチャート上のあらゆる惑星と座相を形成している。「ボウル型」の焦点になっているのだ。おそらく彼女は、彼が彼女を好きになったきっかけの必要性を満たすことができるはずだ。

すべての人が、ジャン－ピエールがしたように外的に明かな形でプログレッションに象徴されるエネルギーの解放を体験するわけではない。彼の人間関係のドラマは、おそらく、彼の気質のせいなのだろう。他の男性ならば、金星への座相が連続するからといって、絶えず相手を変えていく必要はないからだ。結びつきが両方の側とも意識的なものならば、そういった変化は協力して扱うことができるし、人生の新しいより豊かな面をその人間関係の中に導入することもできる。両方が無意識だったたならば、その結末は、通常、突発的で破壊的なものになる。だけど、高い道を選ぶ人もいれば、低い道を選ぶ人もいる。ある経験を、どんな障害があろうとも、実演しなければならない人もいれば、それが存在している構造の中で済まされてしまう人もいるのだ。その形態を前もって予言することはできない。成長が変化を引き起こし始めるまで待つことしかできない。これが起きたときには、プログレスしたホロスコープはその理由について多くのことを語ってくれるのである。

原註

（1）Frances Wickes, *The Inner World of Choice*, Prentice-Hall Inc., Englewood Cliffs, N.J. 1976.

（2）*The I-Ching*, Trans. by Wilhelm/Baynes, Bollingen Foundation, N.Y., 1950.［『易経』上・下　高田真治、後藤基巳訳　岩波文庫］

（3）W. B. Yeats, 'Among School Children,' *The Collected Poems of W. B. Yeats*, Macmillan, N.Y., 1933.［『W・B・イェイツ全詩集』鈴木弘訳　北星堂書店］

訳註

＊1　マイスター・エックハルト……（一二六〇―一三二八）ドイツ神秘主義の代表的存在。神と人間との合一、聖なる男女の「結婚」、など接神論的な思想を展開した。

9

水瓶座時代の人間関係

周期に生きる人類だけではなく
汝はここでその計画を見る
周期に生きる人類だけでなく　周期に生きる「私」の計画を
姿が見えるのはこの世の年月ばかりではなく
心の内の年月も現れるその年月はより豊かな回転を繰り返し完成を
　目指す
その愛は燃え尽きるようなものではなく、火葬されながらも、王冠
　をつけて、自らのための祈りを唱えるほど気高きもの
　　　　　　　　　　　　　　　――フランシス・トンプソン

そろそろ、この本を書き始める時に扱ったテーマである「時代精神《ツァイトガイスト》」に戻るべき時がきたようだ。広く「水瓶座の時代」と唱導されてきたこの「時代精神」がもたらすものは何か、そして、それが他者とのかかわりあいの中で何を我々に意識させてくるのかという問題をはっきりさせよう。

大なるものは小なるものに反映される。水瓶座の時代によって象徴される現象は、何も「どこか外の場所」で起こるものではなく、その影響は我々の見近かな環境を通じて、我々自身に迫ってくるものなのである。また、これはひとりひとりの心の中で起こることでもあり、またそのように認識されなければならない。そのことによってのみ、我々が人間関係に求める我々自身の欲求や価値観と、我々のまわりで起こりつつある時代の激変(それが新たな時代の誕生を示すのだが)との間の関係性を初めて理解しえるのである。

一九六七年の夏、初回の「ラブ・イン」がカリフォルニアで行われた。そこでは何百人という三〇歳までの「落ちこぼれ《ドロップアウト》」が集合し、彼らが停滞し、ふらついている社会構造に何をするのかということについて個人的な意見を述べたのである。ほぼ同じころ、ロック・ミュージカル「ヘアー」がアメリカでヒットを飛ばし、毎日のようにどのラジオ局からもこんな曲が聞かれた。

月が第７ハウスにあり
木星が火星によりそうとき、
平和が惑星を導き、そして愛が星を統べるだろう。
それが水瓶座時代の夜明け……

時代の節目には予言者、幻視家、ユートピアの唱導者が現れる。そしてその急増や劇的な活動は、以前の時代のときにもそうであったように、すでに見られ始めている。同じことが、魚座の時代の始めにも起こった。そのころ、この新宗教はまだ幼く、十分認識されてはいなかったが、しかし献身的な信者の手によってローマのカタコンベの中で細々とその命脈を保っていたのである。また違う形で、同じことが紀元前二〇〇〇年、牡羊座時代の初めにも起こっている。そのころ、戦争神を奉じる金髪碧眼の遊牧民が北部・中央ヨーロッパから侵入、母権的な農耕民族である地中海地方の人々を席巻したのであった。我々は、牡牛座の時代のはじめ、つまり紀元前五〇〇〇年から四〇〇〇年にかけてのことについては一貫した記録をもってはいないが、そのころは遊牧民族がナイルとチグリス・ユーフラテスの流域に文化の基礎を築いた時期と合致するといえよう。そして、それを我々は西欧文明の始まりと見なしているのである。また、そのほかにもそれぞれの占星学的な時代の間にもより小さな形で新時代のヴィジョンは見られる。一五世紀と一六世紀はじめの「ヘルメス的ルネッサンス」、一七世紀初期の「薔薇十字の啓蒙」、ブレイク、ゲーテ、スウェーデンボルグ[*1]、ノヴァーリスなど創造的天才を生み出した「ロマン主義運動」などは、魚座の時代の中の小さな変奏曲の例にすぎない。それらはすべて重要ではあるが、しかしそれらの事件はすべて、それ自体で過去二〇〇〇年を支配して来た強大な元型のエネルギーの主要なテーマを含んでいるのである。

新たな占星学的時代は、一種轟音をたてて訪れる。どんなものでも新しくこの世界に生じるときにはそうなのだが、新しい物は、いつも自身の母体となったものの死の苦しみをもって生じるのである。そのことは、それぞれの時代の中におけるサイクル的なパターンにも見られるし、ひいては個人の意識の発達のパターンの中にも見られることである。プラトンは、占星学的な時代のサイクルを「グレート・イヤー」と呼んだ。それは約二五〇〇〇年の期間であり、二一六五年ずつの一二の時代、あるいはアイオーンに分割されている。彼は新しい時代ごとに、マクロコスモス的な原人が死と再生のプロセスを更新して新たな受肉を果すのだと信じていた。ちょうど、ある秘教的な教えのように、個々の人間が、より大きな意識の獲得を目指して輪廻を繰り返して行くように、マクロコスモスの原人も転生を繰り返しているのだ、と。そして、我々はまたここですでに滅びてしまった錬金術の原理を思い出さねばならない。神は人間の救済であるばかりではなく、人間もまた神の救済なのである。もし、それが正しいなら、意識が時代によって連続して変化してゆくということは、単に人間が抱く神のイメージの発展ということばかりではなく、神そのものの発達ということにも通じる。あるいは、この二つに違いなどありはしないのかもしれない。

神話や予言が新時代の到来を予告している一方で、天文学者の視点からこの現象を見て、さらに占星学の視点から見ることもむだではない。特に後者は、過去数千年にわたってシンボリズムを発展させ、深層心理学のさまざまな発見に重要な貢献をなしているのである。この二つの学問を通じて、人間の発達の大きなサイクルと、それが個人に与える影響について理解を深める事ができるだろう。

春分点の歳差による移動は、ギリシャの天文学者・占星学者ヒッパルコスによって、紀元前一五〇年頃はじめて発見された。この現象は、地球の自転軸が太陽の公転面に対してふらついていることから起こる。このブレのために北極点がズレるのである。現在、我々は北極星《ポラリス》をもって北としているが、しかしこの天のコンパスの方向に真の磁極による北が対応しているわけではない。事実、極の軸は二五〇〇〇年から二六〇〇〇年かけて円を描いて運動し、その間に極が指し示す星は移ってゆくのである。この変化は、毎年、春分の日、つまり太陽が正午に赤道上の天頂を通過する時、そして我々が黄道の「牡羊座」に入り、占星学上の新年が始まる日に観測される。現在のところ、春分点、つまりこの日に太陽の後ろにある恒星は天文学上の星座の魚座の終わりから水瓶座の始まりの部分に位置する。そして、後者に向かって、春分点はゆっくりと移動しつつあるのである。二〇〇〇年前、この春分点は牡羊座から魚座に移った。そしていまから二〇〇〇年後、春分点は山羊座に入り、そして新たな時代がはじまるであろう。

なぜ、地球の天に対するふらつきというような物理的な現象が人間の意識の成長とかかわりをもっているのか理由はわからない。おそらく、それは巨視的なレベルでの共時性《シンクロニシティ》の現れなのだろう。しかし、いずれの場合でも、新しい時代は自然のヴェールを引き裂き、その新しい顔を見せて来たようにみえる。もし、我々がここ数年の変化のペースでいくなら、我々は間違いなく、多くの古代の神秘を理解することになるだろう。それも、成熟した水瓶座的な知性にふさわしい、科学的な言語のかたちで。しかし、理由はどうあれ、春分点の移動と人間の変化は、そのメカニズムは謎だとしても、その関係は象徴的には有効である。その関係は、歴史を見れば——ことに歴史を通じての宗教と神話の発展を見れば疑いようがない。というのも、もっとも鮮明にその時代に働いているエネルギーを表現しているのは宗教的なシンボルだからである。ひとつの時代が終わるときには、多くの神々が死んだり、従属的な位置におとしめられる。そして新しい神々——それ以前には人間の意識の中に上ったことになかったエネルギーの象徴——が生まれるのだ。秘教が教える説明は、一考に値する。それはこういうものだ。我々が知っているような宇宙はひとつの生きた有機体であり、ある時にその組織がそれ自身を表出するパターンは物質的なものであれ、心的なものであれ、象徴的に同じ意味の性質を担っているということなのだ。あるいは、同じことを我々自身の「時代精神《ツァイトガイスト》」にふさわしい言葉でこのように考えることもできる。ある大きな元型的なエネルギーであり、物質的でもあり、霊的でもあるような「時代霊」がある時代の始まりには活性化され、布置され、そして世界の大きな出来事から個々人のプライベートな生活に至るまで、外的・内的な現実に同じパターンと同じ意味を刻印するのだ、というふうに。

各時代、各国の宗教と神話を膨大に研究しようとすれば、それぞれの時代・地域の大元型、あるいは「時代精神《ツァイトガイスト》」についての詳細な表出の理解が必要になるだろう。参考文献としてはフレイザーの『金枝篇』[1]、ジョセフ・キャンベルの四巻本『神の仮面』[2]、ノイマンの『グレート・マザー』[3]、そしてユングの『アイオーン』[4]がより深い研究のための手引となろう。ここでは思い切って要約して、ある時代の占星学的な星座の意味は、その時代の宗教的な価値観に染みわたっていると示唆しておきたい。

人間が究極の価値、究極の善、生の背後の至高の神秘として崇拝するものは、常に何らかの形でその時代を支配する占星学の星座の色合いをもって現れるし、この神秘がいつも全く新しいもの、まだ人間に生じたことのない何かをもたらすのである。

牡牛座時代の到来とともに、人間は大地の豊饒を知り、そしてそのときの神のヴィジョンはグレート・マザー、すなわち再生産を可能にする力、大地的な女性の星座である牡牛座の表現であった。この支配的な女性の力のさまざまな表現は同じ時代の各地で見られる。「太母」の配偶者である「竜」もそのひとつである。どの星座を考えるときにも、その反対側のものを見なければならない。牡牛座の正反対に位置するのは蠍座である。それが個人の中にでようと、時代の中にでようと、豊饒な大地の単純さと受動性は今度はダイナミックな生のスパークを生み出す。いうまでもなく、死と再生をもたらすのである。この種族保存の原理は、蠍座によって表されており、「竜」[この星座の古代のシンボル」は太母の配偶者となったのである。「竜」は英知、つまり選択のための知識を体現している。選択を通じてのみ、人は死に、再生することができる。選択がないところでは、人間はまるで植物のように受動的で、黙従するばかりの、そして自分の出自も行く末も知らない存在に止まっていたであろう。「太母」と「竜」に象徴される牡牛座時代の「時代精神《ツァイトガイスト》」は、性的合一、生殖、死と再生にかかわるものであったように思える。そして、この元型のさまざまな局面がこの時代の、多くの信仰の形態を通じて劇的に表現されていたのであった。

占星学的時代は、突如始まったり、終わったりするものではない。ひとつがゆっくりと終焉し、そしてその間に次のものが生じて来る。牡羊座時代の初めには「太母」の優位と母権制がゆっくりと消えて行き、そして次の神々が登場した。それは天空の神であり、山頂に住み、女性の配偶者をはべらせている。牡羊座時代の初めに生まれた多くの神話にはある顕著な特徴がある。それまでは、人間とは直接関係をもたなかった神々が、今度は人間の間に入って来て、そして人間の女と交わり、英雄や半神の種族を生み出すようになったのである。神、あるいは神々は人間の領域にゆっくりと入り込んで来たのだ。牡牛座時代には、自然のデモーニックな力として象徴されてきた神々は、機嫌をとるこ

牡牛座。
フランチェスコ・デル・コッサ(1470年頃),
スキファノ宮殿。(イタリア)

とは必要ではあっても、直接的に接近してくることはなかった。そして、それらは擬人化されることもそう多くはなかった。しかし、神的な父権制が発生するにつれて、神々が人間の事項にかかわろうとしたり、あるいは心配までするようになりはじめた。

牡羊座は男性の、火の星座であり、この星座の時代の幕開けは人間の意識の次のステップを反映していた。つまり、人間がその意志の力と創造的な道具によって自然の力を統制するようになったのである。人間の神のヴィジョンは男性的な原理を体現した力のシンボルによって表されるようになった。中でも目立つのは、英雄のシンボルである。牡羊座は天秤座の反対物であり、その対極性《ポラリティ》は思想、法、哲学、軍事組織、数学、概念の発達などによって表される。牡羊座時代に、神が戦士あるいは英雄として現れたとしても、その神はまた考える神でもあった。

魚座時代の初め、天空神の火の神格は、まだはっきりとは打ち捨てられてはいなかった。そのかわり、神々は魚座の特色どおり、溶解し、解体され、愛と同情と犠牲の慈悲深い神という新しい名のもとに序々に新たな衣を纏っていった。人間の意識の発達の次の局面は、その同朋である人間への思いやりが強くなっていったことであった。すなわち、感情の持つ価値の増大である。魚座は生の調和の感覚を意味する水の、女性星座である。またそれは元来、二重の星座である。そのシンボルは、二匹の魚が異なる方向に泳ごうとするが、しかし黄金の紐で互いが結ばれあっている姿で表される。これは、ある意味では、この魚座時代に起こった、対立するものの恐るべき分裂と結び付いているのはこの二元性なのかもしれない。牡羊座や牡牛座時代には、反対側の星座によって象徴される反照の原理とその時代の星座の意味は比較的調和しており、一致しているようであった。しかし、魚座とその反対側の星座である乙女座がもつ価値は過去二〇〇〇年の間、反目しあって来たように見える。この反目は、戦争中に個人がそのシャドウを体験するのとそっくりに見える。乙女座がもつ特質は魚座時代には力づくで抑圧されてきた。その結果、その時代の至高の価値——それはキリストをその最高の象《シン》徴《ボル》とする絶対的な愛と許し——は、乙女座によって象徴される現実的な意識とのバランスを失してしまったのであった。純潔、完全性、そして神への合一へと向かう霊的な渇望と日々の生活の間にある巨大なズレは、過去何世紀もの間と変わらず、今日でも誰の目にも明らかだろう。それは、日曜日だ

魚座のシンボル。
シャルトル聖堂のステンドグラス（13世紀）。
二匹の魚が異なる方向に泳ごうとするが，黄金の紐で互いが結ばれあっている。

けに教会に行く人物（Sunday Church goer）がよく表している。自身の信仰には完全に誠実でありながら、しかし、次の日曜に再び神を訪れるウィークデーの間には、憎悪、嫉妬、暴力を露にし、友人と争う、といった人物のことだ。

奇跡と幻視は魚座的な表現形態である。また個人としての反省がないまま、集団心理や群衆の感情の欲求にたいして受動的になってしまうのも魚座的な形だ。盲目的信仰、疑問なき信心、そして狂信《ファナティシズム》まで、魚座的なエネルギーの現れなのだ。乙女座は、区別、識別、自己に対して厳密になることを強調するが、それは本来、魚座的なものが個を解体して集団の海の中に埋没してしまうような衝動への補償となるべきものだ。しかし、どちらかというと謙虚で、かつ個人と時間によって限定された狭い枠組みの中の日常性にかかわる乙女座の価値は、強くおとしめられてしまった。乙女座は、区別しつつも不浄なものにも価値を認める。便利で、実用的で、そして手の届くものであればきちんと認めるのだ。それは、魚座と違って理想主義的な星座ではない。乙女座的な価値が抑圧されてきた形跡として、純潔、独身主義の強調、そして物質が邪悪の担い手であるという思想を見いだすことができよう。また、同じことがキリスト教の至高の倫理「よき行ない」の中にも見て取ることができる。それはしばしば、奉仕の受け手がそれを望もうが望むまいがおかまいなしに、現実的な配慮なしに行なわれて来たのだ。乙女座は牡牛座のように地の星座であるが、しかし、その女性原理は、牡牛に象徴されるような原始的な豊饒な大地とは異なる形で人格化されている。それは、分化した女性の姿、「乙女」によって象徴される。彼女は受容的だが、しかし反省と区別を行なう能力をもち、「ノー」と言える女性なのである。ここにおいて、魚座時代の人類の集合的無意識の中に恐るべき分裂が生じたことへの、大きな暗示を見ることができる。乙女座は「女性」のシンボルであり、この時代の間、集合的シャドウの投影を受けて色づけされてきた、まさに女性の象徴なのである。また、悪魔も物質の同じ原理を体現しており、世界の王《レックス・ムンディ》と呼ばれて来たが、その悪魔は、魚座時代の間、いつも女性を通じて作用するとされた。かつて、楽園の聖なる蛇（竜）であったものが、牡牛座時代にもっていた本能的な英知という価値を失い、女性の弱さや劣等さを通して、死に付きまとう、暗黒の王となってしまったのである。かつて、女性の偉大な全体性を表していたグレート・マザーは、聖処女マリアと、娼婦マグダラのマリア*2に分裂してしまった。男神と女神たちの幸福で、おおらかなパンテオンは、いまや男性の神格からなる聖なる三位一体となり、そのいっぽうで女性、物質、大地的なものは「世界の王」の手のうちの中に貶められたままであった。――最近、そうごく最近になって、教会がついに聖母被昇天*3の教義、つまり完全な救済の教えを公認するまでは。

ある時代の価値観は、個人の心の中にも入り込んで来る。個人は、その意味ではある程度までしか独立した個人ではないのである。それ以上の面となると、個人はより大きな集合の一部となる。集合的なレベルでの心の分裂は、人間関係の領域にまで影響をもたらし、それが魚座時代の中心的な問題となってきたのであった。この時代の主要な価値観は対立の組の内、男性的な原理の方が担ってきたようだ。形式、一貫性、構造、意味を支配星座の価値に与えることは、それが実際には男性が行なうのであれ、女性が行なうのであれ、男性原理の役割のように見えるからだ。他方、その正反対の星座の価値の実際的な表現方法、つまり関係を作ること、直感、内的な重要性、人間的な応用力、などは女性原理の役割だったように見える。つまり、女性はこれまでの時代には乙女座によって象徴される元型《アーキタイプ》の媒介だったのである。乙女座が女性のシンボルだったからではない。そうではなく、この時代を支配して来たテーマの対立物であり、補償原理だったからだ。人間の関係性の領域全体は女性原理に属して来た。そして、女性原理の過小評価――女性のみならず、物質、肉体、本能、小さきものの芸術の過小評価――は、我々がお互いに関係を作り合うことができる能力を著しく傷つけてきたのである。我々は、いま、こんなにも重要な人生の一面を無視してきたことへのツケを払おうとしている。我々は、セクシュアリティに救済の象徴を投影することによって、このダメージを償おうとしている。しかし、そのことでは関係を作ることの価値そのもの全部の意味を媒介することはできそうにもない。魚座時代において、集合的なアニマは著しく傷つけられて来た。そして、集合的アニマが闇の中から救済されるのはまだ当分先のことだろう。そして、この救済のプロセスは、法的制度、あるいは社会運動の変化を通じてといった、集合的なレベルだけではなしえない。それらはあくまでも、内的な変化の結果であって、その要因ではないのである。女性的な原理の価値を回復することは、力づくや、暴動や、制度の動きによっては達成されない。それは、男性であれ女性であれ、個人の中の女性原理の価値を認めることを知った個人の中で起こる変化でしかないのだ。

もし、ある人物がその本来の資質の暗い面を完全に抑圧すると、その暗い面は人生の半ばにして一気に噴出するだろう。そしてそれは、それまでその人が価値があると思ってきたものすべてを転覆させ、それまでの人生とは全く矛盾した生を歩ませることになるかもしれない。同じ原理が個人だけではなく、集合的なレベルでも起こるように見える。事実、個人と同様に、小さなそんな噴出がある一定のサイクルで起きているようにみえる。少しづつ中の蒸気を漏らす安全便が、全体の構造を――個人であれ、社会であれ――を破壊から、維持しているようなものである。

　例えば、魚座時代の間には、そんな噴出のひとつは十字軍の時代に起こった。この時には、また反動のように宮廷愛が生まれたのである。またルターとカルヴァン、ルネッサンスの時代にも起こった。ユングが[*4]エナンテオドロミアと呼んだ、大きな噴出、中年の危機は、啓蒙主義の時代に起こったと、かなり自信をもって言うことができる。シャドウの現出は盲目的な物質主義の登場、そして、物質科学による霊《スピリチュアル》的な価値の完全な排斥という形でも見られた。我々は、今日でもこの爆発の危機の上に立っている。我々はより大きく、より強力な兵器を誰のために作っているのかを忘れて、盲目的に生産し続けている。いわゆるセックス革命は、物資主義と同じように抑圧された乙女座が、なんらかの光をもとめて盲目的に噴出した結果であるように見える。一五〇〇年以上もあかずの間の中に閉じ込められたものは何であれ、そこから解放されたときには、荒々しく、そして怒りに満ちていたとしても驚くべきではないだろう。

　このエナンテオドロミアが起こる前に、魚座時代の均衡を失った価値観に再びバランスを取り戻そうという試みがなされた。これらの試みのひとつが錬金術である。錬金術では、神が物質の中に宿ると主張された。そして、また、聖杯伝説もそのひとつだったが、その中では女性の価値が再び重視された。ユングが示したように、この二つの試みは集合的な無意識から生じてきたものであり、男性的な価値によって絶望的なまでに教会が支配的になっていた状況を補償する試みであった。錬金術と聖杯が撒いた種子は、イタリア・ルネッサンス、エリザベス朝イギリス、そして最も印象深い形でロマン主義運動となって花開いた。そこでは合理に変わって直観、感情、そして女性的なヌミノースが再評価されたのであった。しかし、これらの運動も、ヨーロッパ文化にしっかりと根づいたものをすべて除去することはできなかった。

我々はいま二つの時代の境目にいる。新しい「時代精神」、神性の象徴が生まれつつある。かつて、人類の遠い過去においては神性の象徴はあまりに高く、そしてあまりに遠いものであったので、人はその力の前にこうべを垂れることしかなかったが、しかしいまやそれは見近かなものになり、ひとりの「人」ではなく、我々「人々」に神がついに受肉するように見える。我々はどこにいこうとしているのか、そして、我々の新しい時代精神とは何なのか。そして、新しい神々とは誰か。

魚座時代は敵対する兄弟という元型的《アーキタイパル》なモチーフによって支配されていたが、しかし、多分、次のプラトン月の時代、水瓶座時代には対立物の一致の問題が布置されるだろう(4)。

水瓶座は風の星座であり、それは知性と知識が主要な価値となることを示している。このパターンによれば、知ることへの欲求に構造と形式を与えるのは男性原理の機能である。しかし、それは物質主義的な科学による物質主義的な知識ではない。それは腐った魚座と歪んだ乙女座の現れである。時代は突然に始まったり、終わったりはしない。それらは互いにオーバーラップし、古いガレキの中から次の時代の種子がゆっくり生じて来るように見える。水瓶座は顕在している生の作用の背後で働いているエネルギーの法則を知り、理解することを欲しているように見える。それはたしかに科学である。しかし、この手の中に触れるもの以外はすべて排斥して来た、あの過去数百年の科学ではない。

我々は、その科学の誕生を、素粒子と光の性質のさらに進歩しつつある科学の中に見ることができる。あるいは、超心理学。「サイ」科学の中に。それらはもはや「奇妙なこと」とか「超自然」とは見なされず、我々がまだ認識していないが、きちんとした法則に従った、自然の現象であると見なされるようになってきたのである。代替療法、鍼療法、ラジオニクス、キルリアン写真、テレパシー、念力、エーテル体、あるいは幽体の離脱、これらのすべてのことは水瓶座の知性のためのトピックだといえるし、神秘のベールをはぐことへの渇望だともいえる。占星学もまたあらたに関心をあつめている。

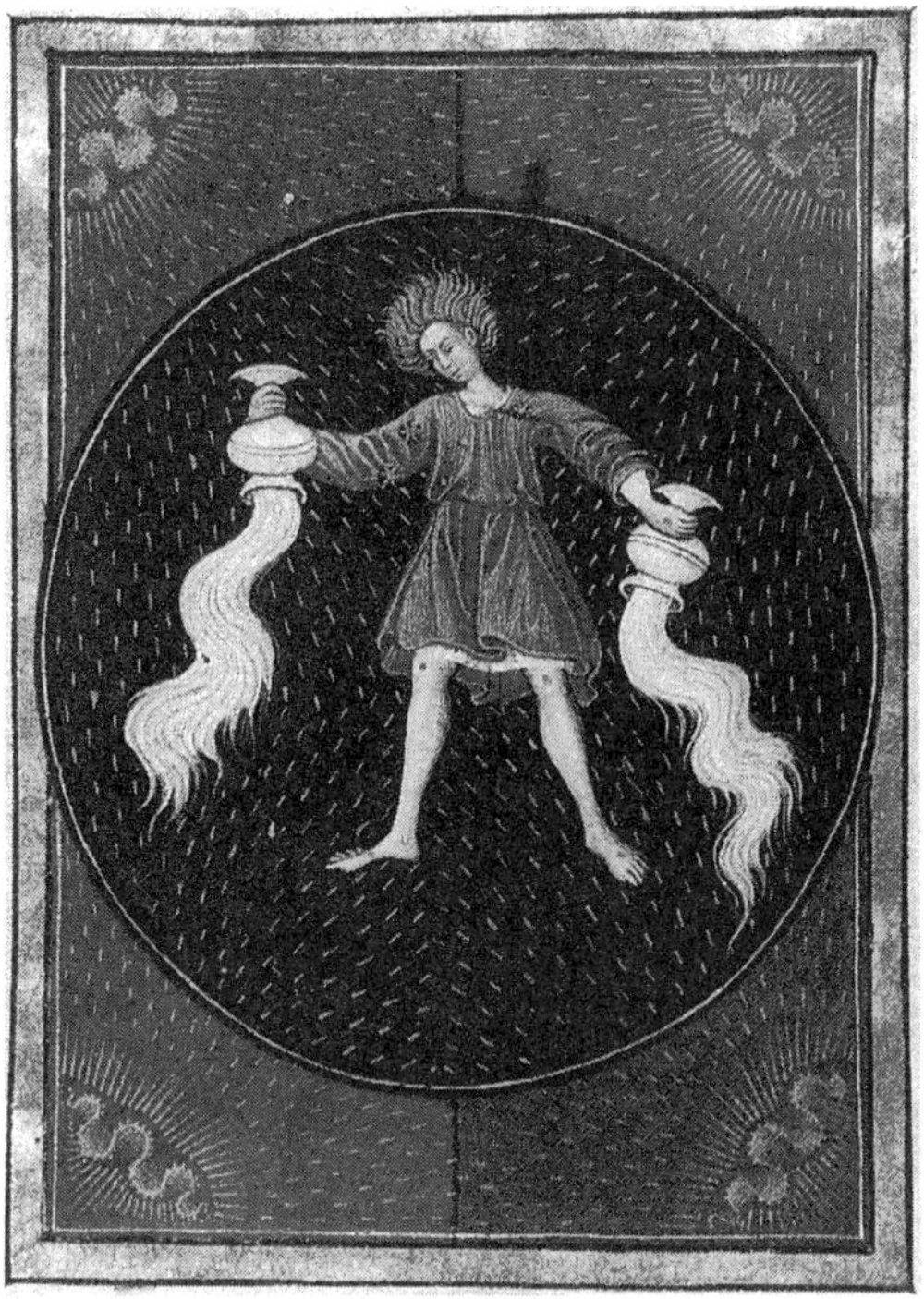

水瓶座のシンボル。

かつてのような当てもの式のものではなく、しかし、生命のエネルギーが作用するシステムの見取り図として——統計的研究と科学的検査によって確立された占星学である。また、人体がひとつのエネルギー場であって、七つのエネルギーの中心点「チャクラ」の体系をもっており、それが惑星のエネルギーと連動するということも西洋で絵空事ではないように思われるようになった。性的コンプレックスと行動メカニズムの研究として始まった心理学は、やっと心が作用する法則の研究——つまり言葉本来の意味で魂の学が生まれつつある。我々は、もはや神々ではなく、元型とエネルギーの議論をする。水瓶座にとってはあらゆるものはエネルギーであり、自然の法則にそって動いている。そして、これらのエネルギーは人間の内にも外にも存在している。水瓶座にとって、神とは物質的・心的なエネルギーが作用する法則が従っている、知的な原理に外ならない。神は、事実、水瓶座時代にもちゃんと生きており、それは単に物質の背後に隠れているだけではなく、人間の心の内に、心理学用語の自己《セルフ》という形をとって生きているのである。

　ここで水瓶座の反対側の星座についても考えるべきだろう。そのことがこの時代における女性原理の役割を理解する鍵をあたえるだけではなく、もし、我々がユングがいうようにかつての時代に起こった恐るべき分裂をもたらすことを望むなら、我々のうちのどんな要素を発達させるべきかということを理解する鍵にもなるのだから。魚座時代には、乙女座／物質／女性はシャドウであった。そして、我々はいまやその本性の暗い部分を抑圧してしまった人物がどんな末路をたどるかを知っている。ずっと暗い領域で過ごして来た女性と物質科学がどんなに暴力的な反逆をしても驚くにはあたらないだろう。次には獅子座が、我々が抱えるシャドウになる。この星座は、創造的な個別性《インディビデュアリティ》の象徴である。火の星座である獅子座は、直観の機能と個人の固有の価値を認めることと関連する。もし我々がこうしたものの価値を真剣に受け止め、支配星座となる水瓶座の専制に統合することができれば、創造的芸術の領域でルネッサンスが起こるばかりではなく、人間関係の在り方、社会の中の女性の立場、そして個々人の意識にもルネッサンスが起こるであろう。それが、我々が行こうとしているものの総合的な姿である。

水瓶座は本来的には集団主義的な星座である。それは非個人的であり、思考機能にしたがって働き、個人の私的創造性の現れというよりも集団のエネルギーに関連している。獅子座は個人主義的（個性的）であり、集団には無関心である。獅子座は何にもまして、自身の英雄的な可能性を開花させてゆくことを望んでいる。水瓶座は論理的で、一貫しており、原理主義的である。獅子座はドラマチックで、直観的であり、事実よりもむしろ神話を求めている。個人の価値、自分自身でいることの権利は、すでに我々が体験しつつある水瓶座的なもの——共産主義、巨大企業の拡大、そしてほかの個人の価値を犠牲にしてなりたつ組織など——に対するすぐれた補償になるであろう。組織は水瓶座のキーワードである。そして個人の内的な発達は——とくにそれは女性にとってより重要になるように思われるのだが——は、組織の一部としての個人よりも全体が重要だとするような信念をもつ水瓶座のもとで起こる集団化に対してバランスをとるだろう。水瓶座は、精神の内に集団のために、堅い事実、論理的な原則、一貫した行動をもとめる。獅子座は自身の創造的な生活を送るために喜び、自己表現、自発性そして魔法を信じ、おとぎ話を生活の中に持ち込む権利を主張する。我々は、ごく普通のおしゃべりの中にも新しい価値が忍び込むようになってきて、いかにそれが進行しているのかを知るようになっている。魚座時代には愛、同情、無私の自己犠牲などが話題に上っていた。しかし、いまや我々は集団意識、エネルギー、組織、発見のことを口にしている。水瓶座は、もし個人がダメになっていたら、個性をはき捨てる。獅子座は、もし抑圧されたなら、独裁者、誇大妄想狂、そして真の反キリストになろう。彼らは自分の価値を至高のものとするだろう。この両極の間に我々は道を発見しなければならない。

水瓶座のもとで、新しい神が生まれつつある。もはやその神は天に投影されることはないが、我々は、その神が生きているひとりの人間であることを知っている。しかし、それでも彼は神なのだ。彼は三重に偉大なヘルメス《ヘルメス・トリスメギストス》=魔術師であり、タロットのデッキから実験室の長衣を纏って抜け出して来たような存在である。新しい元型が人間の意識に生まれつつあり、それが個人の意識に影響し、意識を拡大しつつある。それが光と闇の解放を意味する。結局、新しい価値をもった新しい時代を誕生させることはそれがいつもゆだねられてきたところ、すなわち個々人の手のうちにあるのである。

我々はもはや心理的には子供ではない。過去の時代の虚飾、ページェント、ばかげた儀式、幻惑、暴力などは、すべて我らの子供時代に属するものだ。我々は、個人が自分の子供時代を過ごして来たのと同様に、それをくぐり抜けて来たのであり、それ以上でもそれ以下でもない。美しいときも、理想を夢見たときも、発見があったときもあれば、暗いときも、恐怖も、暴力に満ちたときもあった。大人の「人間」が誕生しつつあり、そしてその大人は過去に反省を持とうとしている。彼が自分の世界を創造したのであり、心的な現実こそが知り得るただひとつの現実であるという認識が訪れようとしている。どこにも客観的な観察者もおらず、客観的な対象もない。それらは同じものになりつつあるのだ。人はもはや政治的な失敗を政府のせいだけにしておくことはできない。人がその政府を選んだのだから。そして仕事が楽しくないからと言って、雇用主をなじることもできない。人は選択の自由をもっているのだから。人はもはや、愛の問題を相手のせいにはしていられない。人は、問題は自身のうちにもあるということを知っているのだから。人は人の心のうちには思っていた以上のものがあり、人は自身の中にある可能性を表出してゆくべきであるということを知り始めたのである。

　水瓶座は「汝自身を知れ」という聖句を与える。獅子座はそれと対照的に、「汝自身であれ」という言葉を送っている。この二つの間におかれて、人は自身の失敗を単に無意識のせいにはしていられないのである。人は、地と火と水の時代をくぐり抜け、いまや風を呼吸することを覚え始めた。――人が自身を破裂させるほど、自我膨張をしないかどうかは、我々はただ見守るしかないのではあるが。

　我々の新しい「時代精神《ツアイトガイスト》」はこの二つの両極を総合したものである。科学をもって、人は世界を探求し、そしてその果てに宇宙は我々と同じものでできているということを知った。心理学をもって人は自身を探求し、その果てに人は自身が世界を形作ったということを知った。この発見に対してどうすればいいのか、誰も教えてはくれない。結局、人は自己《セルフ》に誠実になるしかなく、自身の存在の内奥への門番が、自身の内なる魂の導き手として神秘へと我々を導く内なるパートナーなのである。そして、結局、この内なる内なるパートナーを見いだし、意識の中にもたらすたったひとつの方法は外的なもの、人が共に住み、この地球を共有している人間を理解することでしかない。彼は鏡を見て、自身を見いだすだろう。そして、こうして、来たるべき時代を支配する神話を生きることができるのだろう。

我は乾きに苦しむ人間に注がれた
生命の水[5]。

原註

（1）James Frazer, *The Golden Bough*, Macmillan, N.Y., 1922.［J・フレイザー『金枝篇』永橋卓介訳　岩波文庫］

（2）Joseph Campbell, *The Masks of God*, 4vols, Viking Press, N.Y.［ジョセフ・キャンベル『神の仮面——西洋神話の構造』上・下　山室静訳　青土社に一部所収］

（3）Erich Neumann, *The Great Mother*, Bollingen Foundation, N.Y., 1955.［E・ノイマン『グレート・マザー』福島章、町沢静夫、大平健、渡辺寛美、矢野昌史訳　ナツメ社］

（4）C. G. Jung, *Aion*, Routledge & Kegan Paul, London, 1959.［C・G・ユング『アイオーン』野田倬訳　人文書院］

（5）Alice A. Bailey, *Esoteric Astrology*, Lucis Trust, N.Y., 1951.

訳註

＊1　エマニュエル・スウェーデンボルグ……（一六八八―一七七二）スウェーデンの神秘主義思想家。自然科学に出発するも、五五才を境に霊的能力に目覚めたと主張。

＊2　マグダラのマリア……ルカによる福音書に登場する娼婦。しかし、悔い改めたことによってイエスに祝福される。ここでは、聖女マリアに対して俗性の強い女性として用いられる。

＊3　聖母被昇天……聖母マリアが死後肉体のまま昇天したとする教義。マリアに神性をみて崇拝することは、民衆レベルでは古くから行なわれていたが神学的には偶像崇拝を含めた微妙な問題が絡むためにむしろ長らく否定的にみられてきた。が、ついに一九五〇年にはピオ一二世によって教理として公認された。ユングはそれをきいて、抑圧されていた女性原理に水路が開かれたとして肯定的に評価したという。

＊4　エナンテオドロミア……元来古代ギリシャの自然哲学に見られる用語で、一方に偏ったものがもう一方の極に向かって変化することを指す。転じて、ユング心理学においては、一面的になった意識を無意識がバランスをとろうとして作用することをさす。

結論

もし、無駄な一日を過ごすなら魂は背丈を短くするだろう

――ジョージ・メレディス

人は、もし自身が何をしているのかを知っているのなら祝福されよう。もしそれを知らぬなら、呪われ、法の裁きを受けよう。

――ルカ

他者と折り合うための手引は、心理学的なものであれ、占星学的なものであれ、あるいはほかのどんなものであれ、人間性に対して正しくあろうとすれば、安易な近道を教えるようなことはできない。すでに我々はもう、あきあきするほどそうした「近道」——LSDから「五日間の集中啓発セミナー」にいたるまで——を見てきた。しかしそんなものは我々の問題を解決はしない。人間の成長はゆっくりしたものだ。それは誕生で始まり、死をもって終わる。そしてその間、ずっと人間は養われることが必要なのだ。急ぐことはできない。人間関係の成長もまた急ぐことはできない。特に、それを意識的に行なおうとするときには、また、心理学的テクニックやエクササイズを使おうが、あるいはホロスコープを使ってさえなお、そのプロセスがどんな葛藤もなく進むというようにはできない。

我々は、結局のところ、次々に選択の結果を受け入れなければならないし、その選択は一見見えるほど単純なものでもないのだ。どんな賢明な人であろうと、誤った選択をするだろうし、そしてそんな「失敗」を通じて苦しい状態をくぐり抜けた人は、さらなる英知を手にするというわけなのである。単純な人には残念なことだが、我々が問いを発すると、より多くの問いがかえってくるだけだ。例えば、「私は主人と別れるべきか」というような質問には単純にイエスとかノーとかでは答えられない。

もしそんなに単純なことなら何の問題も持たないだろうし、そして成長の機会もないだろう。そこで、そんな質問は別な質問をもって答えることができるだけである。「結婚はあなたにとってどんな意味があるのですか」、「結婚はご主人にとっては何を意味すると感じますか」そして「あなたの結婚生活において中心的な問題は何だと理解していますか」「この問題のただ中で、あなたは何を共有しているのですか」といった具合だ。そして、こうしたそれぞれの質問に対して、その答えは何十通りもあるだろう。「イエス」とか「ノー」と答えるような心理学者や占星学者はエセであるばかりではなく、危険な愚か者である。どんな人間も、本人に代わって選択をするというようなことはできないのだから。そして、すべての選択において、その一見黒白はっきりしているように見えるものの背後には複雑な関連があり、そしてそれを正しく見る事さえ知っていれば人はその深い意味を洞察することができるのである。王国を救済しようとしたパルシファルは、どんな英雄的な行為をすることも要求されることはなかった。彼はただ、正しい問いを発することのみを要求されたのである。

本書の中で示したような、より大きな理解を導くような方法はポピュラーなものではない。それは個人個人の責任においてなされるものだし、どんな近道をも示していないのだから。自分の心理的な問題を親のせいにすることのほうが容易だし、両親の力は両親に投影されたものであることに目をつぶっているほうが気が楽であろう。隣人への怒りをエンカウンター・グループで大いに発散して、すっきりして家にかえり、その怒りの本当の出もとを考えることを忘れてしまうほうが気分もいいかもしれない。人間関係や結婚を、一夫一婦制なんて「時代遅れ」だとして、あるいは自分のパートナーを全くの獣として混乱の原因を押し付け、すっかり諦めてしまうほうがたやすいのかもしれない。

投影の要素を認識することは、目をつぶっていたいような重荷を我々に追わせることになる。もし、そのような重荷を受け入れれば、どんな争いも、気分も、怒りも、秘められた疑いも、憤慨も、そこには隠された自分自身の動機があることを認めることになるのだから。また、そのほかにも多くのことを考えなければならない。我々が誰か他の人を信頼して答えられないようなことは、結局、我々が自身を信頼していないからだ、というようなこともそのひとつだ。我々は、このように自身の内面を見つめることを教育されていないばかりではない。我々は、また、ある種の無力感に襲われてもいる。そのために我々は見ることや学ぶことに対して消極的になり、無意識を拒否したがるのである。しかし、他者と意識的な関係を結んでいくには、自身で、日々を通じて自己発見の長い、ゆっくりとした、大変な道程を行くしかないのだ。もちろん、それは苦しい。しかし、どんな誕生にも苦しみが付きまとうものなのだ。人は誰も、幻想が敗れ、投影が消失してゆく苦痛をあえて受け入れねばならない。人はあえて誤解されねばならない。人はあえて傷つきやすく、劣っているようにならなければならない。そしてまた他者の失敗を受け入れる度量をもたねばならない。そしてまた人は自分の傷ついたプライドを受け入れなければならない。そうして打ちのめされた自我《エゴ》は自己満足から脱するのであるから。人はまた、ユーモアのセンスをもたねばならない。そしてまた人はその状況の中の無意識的なものの共謀を進んで受け入れねばならない。たとえ、それが一見、誰か他の人のせいに見えても。

自分の内的なものの反映でないようなものは人生には入る余地はない。どんなものも、完全に他者のせいにできるようなものはない。我々の存在の深い根っこの部分にはひとつの心があり、同じ生命の泉から、生が我々一人一人に流れ込んでいるのであるから。我々は種子の形で人間性の中にあるすべての可能性——明るいものから暗いものまで——を持っている。我々ひとりひとりの中には聖人も、殉教者も、殺人者も、泥棒も、芸術家も、暴行犯も、教師も、癒し手も、神も、悪魔も、すべて住んでいるのだ。個人は異なっている。しかし、集合的な心が、我々をすべて生み出しているのである。

究極的には、すべての選択において、我々は人格の小ささと偉大さを同時に意識しなければならない。そして、我々は全と無の間の二つの極の間に立たなければならないのだ。もし、我々が常に変転し、そして意識に上ることを望んでいるような永遠の生の流れと歩調を合わせることができたら、我々は自己卑下や途方もない傲慢さのどちらにも苦しめられることはないだろう。そうなってもなお、我々の中にはまだ無視されて来たような子供がいる。その子供は、いっぱいの可能性を秘め流れ、我々自身のセルフイメージや我々の回りの状況に一致しないからといって、おとしめ、抑圧してきた存在である。その子供を認めることは、我々自身を全体として認めることであり、そして、他者を許すことができるのはこうして全体性を受け入れた人間だけなのである。我々は自身を自己中心主義、貪欲、依頼心、嫉妬、独占、権力への意志の背後にあるものを見るように訓練して行かねばならない。そして、それらを動かしているエネルギーを見極めるように。そしてそのような柔軟で、ドグマティックではない区別をすることによってのみ、ぎこちなく、醜いものを価値あるものにしてゆくことができるのだ。つまり、我々はみんな錬金術師になるというわけだ。そして変容は愛することを学ぶことと同義なのである。キリストの教えは自身のように汝の隣人を愛せよというものであった。しかし、あなたがあなた自身を愛していなければ、自分の判断の自己正当性を主張してばかりで、隣人に何をしてやれるというのだろう。

どんなおとぎ話の中にも含まれている、驚くほど単純な原則がある。どんな子供でも、我々が「人生に向き合う」ために詰め込み式の勉強をして本来の英知をふさいでしまうまでは、その原則を知っている。自身を英雄だと思うことはたやすいが、しかし、敵、妖術師、ドラゴン、魔女、意地悪な継母、と同一視するのは難しい。しかし、これらはすべて人の心の中に生きている自律的な力なのである。この本のはじめのころ、叱られて、バカにされた末の息子が王様とふたりのハンサムな兄弟によって虐待されるという話を引用した。内なるこの劣った息子は誰だろう。彼がもっている秘密の英知は何か。そして、彼がもつ鍵――そしてそれなくしてはいけない所、地の奥深く、宝ものが隠されている場所――とは何なのだろう。自身の劣等な面を認め、それを受け入れていき、育み、それ自身の価値を認めることは決してたやすいことではない。自身の劣等な面はたとえ愛する人にですら見せるのは恥ずかしいし、むしろ、自分を賢く、能力があって、常に正しいと取り繕うことのほうが居心地がいいだろう。秘密と向き合うこと、自身の内の両性的な部分を見ること、それを解放し、救済する長い仕事を始めることはすべて勇気のいることだ。我々は、パートナーにその役を演じさせ、何かの失敗が起こった時には誰か外の責任にしておくほうを好むものなのだ。

我々の時代の「時代精神《ツァイトガイスト》」はこの無意識的な偽善を止めるときから生じて来る。ちょうど、子供から青年に移りつつあり、思春期と向き合うものにもはや五歳の子供のように振る舞うのはやめるようにというのと同じである。我々は、それがいつも成功するとは思ってはいないが、しかし、彼らがそのように努力することは期待している。子供において、未熟さは許される。あるいは、魅力的ですらある。しかし心理的に成熟することを延ばしのばしにしていると、それは人生そのものを傷付け、そして多分、最終的には罪ともなるであろう。

もし、どんな心理学的な近道もないのであれば、占星学にもそんな近道はない。象徴の形をとっている占星学の偉大で古い英知の集積は、人生そのものの反映ではあっても、そこから逃避する道具ではないのだから。宇宙のエネルギーの、ある抽象的なレベルにおいては蟹座は蠍座と調和的であり、牡羊座とは不調和だといえる。しかし、人間関係においてはこのような議論を自分の責任を拒否するための言い訳として用いることはできない。個人は出生ホロスコープを通じ、そしてそれを超えて、生きている。個人は、意識の発達という点に関して言えば、占星学図には縛られてはいないのである。人間関係の問題を、このような星座の相性で診断しようとするものは必ず失望させられるだろう。結局、人は人間関係の半分は自身で作って行くものであり、そして、意識、無意識の双方を通じて自己認識を深めることで、そして、自身が行動するときや決断を下すときに作用している隠された動機を認識することによって、管理してゆくしかないという事実を受け入れなければならない。もし、他者を知り、経験したいと思うなら、まず自身を知り、経験しなければならない。そして、それをするにはおとぎ話が教えるように、彼は自己探求の旅に出発し、自身の内的な世界がさまざまな異姿をとって現れるその旅と向き合わねばならない。そこで彼はそれらは自我《エゴ》の創造物ではなく、それらは心的な全体性の中で自我と同じような部分であることを知らねばならない。その全体性に対して、自我は愛すべき救済者、神々の侍従としての役割を演じ、決して奴隷や独裁者ではないのである。

この探求を導く道は無数にある。我々ひとりひとりにとって真のセラピストやカウンセラーになるのは、生きるというプロセスそのものである。自分の人格全体に対して誠実に生きることによっての

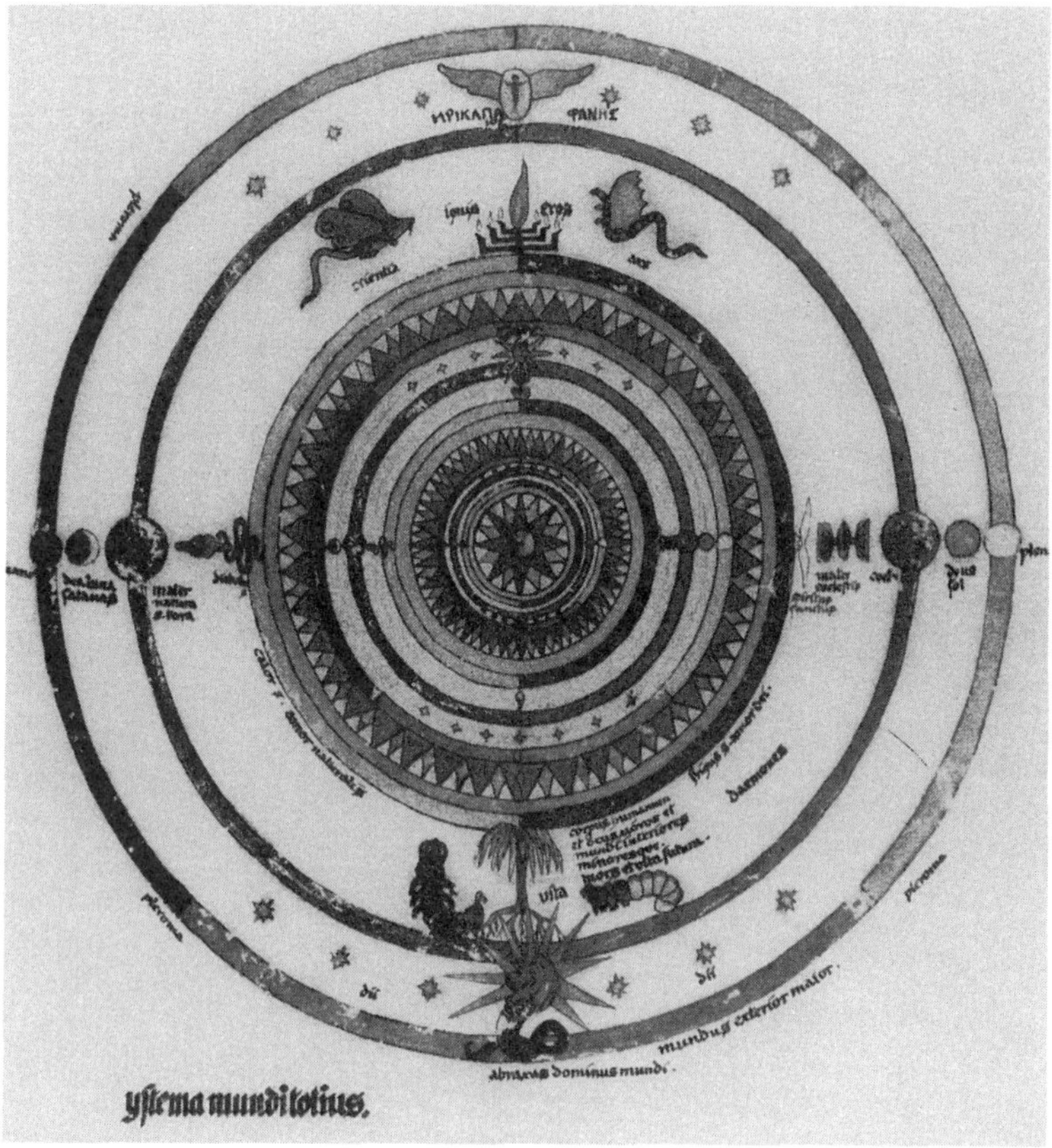

ユングが1916年にはじめて描いたマンダラ。

み、人は占星学のものであれ、心理学のものであれ、知識を理解し、そして自分のものにすることができるのだ。時には、ガイダンスやカウンセリング、グループ療法に参加することによって益を得ることができる人もいる。そして、我々はたったひとりのときでも我々自身を見すえ、助けることができると思い込ませるのは、恐れと意味のない自尊心だといえよう。また、占星学を理解することによって助けられるものも多いだろう。ただ、チャートが表すものが実際に表出する仕方は無数にあり、誰もが同じ象徴を理解しているとはかぎらない。本当の理解が得られる前には、多くの試みをし、そして長い間闇の中にとり残され、せいぜい漠然とした直観的な導きだけを読み取るというようなことも度々あるだろう。理解が得られたときにも、突然晴天の霹靂のようなひらめきが起こるのではなく、今まで見えていたものが少し違った認識のされかたで少しづつ見えてくることのほうが多いはずだ。

また本当に必要なときには無意識は意識に全体性の象徴を送って来て、旅の次のステージに導いてくれる。もしその旅を盲目的に行なうことを望まないのならば、ホロスコープのみならず、夢やファンタジーの中におけるそうした象徴を読むことを、学ばねばならない。我々が行く末を記して旅するのは、象徴の領域、夢の、そして神話とおとぎ話の王国であり、異界のまぬけな息子と囚われの内なるパートナーの王国である。そしてもし我々がどれだけ深くこの領域を進んできたのかを測ることを怠るなら、いつ我々が到着するのかを知ることもできないだろう。人はただ出発しなければならない。そして、その旅の中で我を忘れなければならない。この旅では出発点と到着点は究極的には同じなのだから。そして、パルシファルのように人は突如、魔法の城の中にいるのに気がつくだろう。人によってはたった一度、またある人は何度もこんな経験をするだろう。だが、パルシファルと違って、

「なぜ」と問うことのできる機知をもっている。

誰も、愛とは何かを定義することができるものなどいない。我々は愛をさまざまな形で経験するのだし、また愛が我々に経験を与え、愛は、我々を通して生きる。もし、我々がこの神秘に対して何かの洞察を得たいのなら、我々は愛を一種の力だとして畏敬することが必要だ。愛は蛇口から流れる水のようにだしたり、止めたりできるものではないし、またある行動のパターンとして分類してしまえるようなものでもない。「もしあなたが本当に私を愛しているのなら、そんなふうな口のききかたはしなかったはずだ／あんなウエイトレスと浮気しなかったはずよ／俺の夕食をちゃんと準備していたはずだ」などと言っては、心に住まうこの愛の神にとって居場所がなくなってしまうだろう。

愛は宿命の力、その力は天から地獄にまでいたる。

ユングはこのように言っている。我々は愛を定義することはできないので、我々は愛がどんな形でやってこようとも、経験するしかないのである。たとえ、あとで「夢中だった」とか「幻想」「欲求」など、失敗した関係に非合理的な力が働いていたことを示すような言葉でそれを表すことになっても、である。もっとも歪められた形の投影が生じて来たとしても、もし、その力がそれまでよりも大きな存在へと人を導くようなものであるとするなら、あるいは励まし、啓発し、成長させ、他者に出会わせるように仕向けるなら、そこには愛の神霊がいるのだ。投影は引き戻されなければならないが、しかし投影そのものの価値も認めねばならない。それは、我々の魂から流れ出して来るものなのだ。投影すること自体は悪いことではない。いや、それどころか我々自身も自己《セルフ》からの投影であるかもしれないのだ。悪いことがあるとすれば、それは我々が投影していることを認めないときだけである。投影された内容は、本人の本質のある側面、あるいはその一部なのである。人はそれをできるだけ、矯正して、かつてのように運命的に投影に縛られるのではなく、そこから解放されるようにならなければならない。

我々は王子でもあり、王女でもある。そして、「そのあとずっと幸せに暮しました」と伝えられるこのカップルは、一見、現実的には見えなかったとしても、どんなときにも、いつでも、あるいは一度だけ、あるいは何度も、そして永遠に起こる、内なるパートナーの内なる結婚の象徴である。この聖なる結婚は人間の心の最も深層の不滅の象徴のひとつであり、探求の始まりと終わりである。なぜなら、この結婚が新しい生命を生み出すのだから。それは子供の時見た幻想の現れではない。それは生を外的・内的に生きること、そしてその双方の言葉を理解し、分かち合うものを知ることにかかわっているのである。——そして、彼らと我々は同じ全体性の一部をなしているということを知ることに。

仮面しか見ることのない人間に災いあれ。背後に隠れているものだけをみる人間に災いあれ。真のヴィジョンをもつ人間だけが、たった一瞬の間に美しい仮面とその背後の恐ろしい顔を同時に見る。その額の背後にこの仮面と顔を、自然にはいまだ知られぬかたちで統合するものは幸いである。そんな人間だけが生と死の二重の笛を威厳をもって吹くことができるのである。(1)

原註

（1）Nikos Kazantzakis, *The Rock Garden*, Simon & Schuster, N.Y., 1963.

関連文献

＊主要参考文献は各章末の原註を参照して下さい。

占星学

Arroyo Stephen, *Astrology, Psychology and the Four Elements*, CRCS Publications, Davis, California, 1975.

Hone, Margaret, *The Modern Textbook of Astrology*, L. N. Fowler & Co., London, 1951.

Mayo, Jeff, *Astrology,* The English Universities Press, Ltd., London, 1964.

Meyer, Michael R., *A Handbook for the Humanistic Astrologer*, Anchor Books, Garden City, New York, 1974.

Oken, Alan, *As Above, So Below*, Bantam Books, New York, 1973.

Oken, Alan, *The Horoscope, The Road and Its Travellers*, Bantam Books, New York, 1973.

Rudhyar, Dane, *The Pulse of Life*, Servire, The Hague, Netherlands, 1963.

神話とおとぎ話

Campbell, Joseph, *The Hero with a Thousand Faces*, Sphere Books, London, 1975. ［ジョセフ・キャンベル『千の顔をもつ英雄』上・下　平田武靖、浅輪幸夫監訳　人文書院］
Jung Emma and von Franz, Marie-Louise, *The Grail Legend*, Hodder and Stoughton, London, for Rascher Verlag, Zurich, 1960.
von Franz, Marie-Louise, *Interpretation of Fairytales*, Spring Publications, Zurich, 1975. ［フォン・フランツ『おとぎ話の心理学』氏原寛訳　創元社］
Von Franz, Marie-Louise, *Shadow and Evil in Fairytales*, Spring Publications, Zurich, 1974. ［フォン・フランツ『おとぎ話における影』氏原寛訳、『おとぎ話における悪』氏原寛訳　人文書院］
Von Franz, Marie-Louise, *The Feminine in Fairytales*, Spring Publications, Zurich, 1972.

深層心理学

Adler, Gerhard, *Studies in Analytical Psychology*, Capricorn Books, New York, 1969.
Assagioli, Roberto, *Psychosynthesis*, Psychosynthesis Research Foundation/Viking Press, New York, 1965.
Assagioli, Roberto, *The Act of Will*, Psychosynthesis Research Foundation/Wildwood House, London, 1973. ［R・アサジョーリ『意志のはたらき』国谷誠朗、平松園枝訳　誠信書房］
Harding, M. Esther, *The Way of All Women*, Rider & Co., London, 1971.
Jacobi, Jolande, *The Psychology of C. G. Jung*, Routledge & Kegan Paul, London, 1942. ［ヤコービ『ユング心理学』高橋義孝監修　日本教文社］

Jaffe, Aniela, *The Myth of Meaning*, Penguin Books, Inc., New York, 1975.
Progoff, Ira, *The Symbolic and the Real*, Coventure, London, 1977.

その他

Jung, C.G., *Memories, Dreams and Reflections*, Fontana/Random House, Inc., London, 1967.
〔『ユング自伝』河合隼雄他訳　みすず書房〕
Van Der Post, Laurens, *Jung and the Story of Our Time*, Vintage Books, New York, 1977.

訳者解説

鏡リュウジ

本書は、Liz Greene ; *Relating*, Aquarian 1977. の全訳である。著者リズ・グリーンは、現代西欧世界を代表する最高峰の占星学家であり、本書は彼女の主著のひとつである。

だが、ここで僕は、彼女を「占星学家」として紹介することにためらいを禁じることができない。現在の日本では、占星術といえばふつうは雑誌の星座占い、あるいは良くても数字の計算だけが細密で、一見「科学的」にみえるが、その実、出て来る解釈は「三年後に離婚の危機」「仕事に成功しやすいホロスコープ」といったご託宣の占い、といったところだろうからだ。

だが、リズ・グリーンの占星学は、ごく一般の我々が「占星術」「星占い」という言葉から想像するものとはかなり様相を異にしている。そのために、想定される二種類の読者——占星術ファンと心理学ファン——の多くに本書は少なからず当惑を与えてしまうだろう。

本書をいわゆる占星術の教科書だと考えて手にとられた読者は、ホロスコープ解読のためのマニュアル部分がほとんどないことに失望されるだろう。実際、プロの占星術師の友人は本書を「まるで哲学の本みたいでぜんぜんわからないわ」と評した。

一方、本書をユング心理学の書だととらえた方もまた、当惑されたはずだ。

占星術を集合的無意識から沸き上がってきた普遍的な象徴だととらえ、その解読を試みるというのなら、わかる。通常、ユング心理学者は神話やおとぎ話を、集合的な象徴ととらえるわけで、分析の対象に占星術をおくこと自体には、何の抵抗もないだろう。むしろ「ありがちな」という印象すらもたれるかもしれない。

だが、本書は、個人の出生時のホロスコープが、夢と同じように個人の心的状況を反映していることを前提にして個人の心を分析しようとしている。それはまさに「占星術的迷信」ではないか。

しかし、この奇妙な性格こそが、本書を一〇年以上にわたってベストセラーの地位を保たせ、そしてまた、さまざまなタイプの読者に占星術の魅力を伝えているのである。

一読してわかるように、本書はユング心理学の枠組を援用しつつ、占星術を人間関係ならびに人間そのものの理解への道を開く分析用具としてとらえている。そして、その占星術的な世界観を受け入れることは、非常にユニークな人間と世界の理解を導いて行く。

大衆化、商品化された占星術にあっては、「心理分析」「セラピー」といったコピーを謳った星占い書が出回っている。残念なことにその多くは〝売る〟ためのキャッチフレーズにすぎないのだが、少なくとも本書の場合には、決してそれは誇大広告ではない。新装版に序文をよせているゲアハルト・アドラーは現代の代表的なユング学の権威者の一人であるが、そのアドラーをして「著者の心理学の知識の幅広さには感銘を受けた」と言わせるリズの心理学への造詣の深さは本物だと言えるだろう。

ユング心理学と占星術の融合という試みは現在では多くなっているが、本書はそのパイオニア的作品のひとつであり、また現在でも類書のなかで最高峰のひとつであるという評価は変わっていない。

以下、本書の骨子を僕なりにまとめてみたい。

リズは本書の中心テーマとして人間関係を扱っているが、しかし、彼女は対人関係をただなめらかにしたり、悩みをお手軽に解決したりすることを目的においているのではない。

人間関係とは、ユング心理学的にいえば他者を鏡として自分の無意識と出会い、自分を深めて理解し、そしてまた互いに変容し、成長してゆくプロセスである。他者を抜きにして、ユング心理学でいう人生の最大のテーマ「個性化」という成長が行なわれることはないし、また個性化を抜きにして深い人間関係が結ばれることもない。人間関係とは、内的世界と外的世界、自己と他者を結ぶ、永遠のテーマなのである。

まず、第一章「無意識の言葉」において、リズは無意識の存在と象徴《シンボル》、投影の機能について語る。この象徴、投影という言葉は、本書を読み解く上で最大のキーワードにあたる。

第一に「象徴」について。象徴とは、ユングが「記号」と区別して使った言葉であり、限りない多義性をはらんだ意味のかたまりである。ユングの言葉でいえば、「象徴とは何かのそれ以上はない絶妙な表現」ということになる。

たとえば、十字架を単に「キリスト教の象徴」とみたならば、それは記号にすぎない。しかし、十字架をめぐって、宗教的な感情や贖罪の意識やそのほかもろもろの意味がたちあがってきたとするなら、十字架は象徴的機能を果たしたことになる。象徴は合理的な意識と非合理な無意識を媒介する役割を果たすのである。

だが、象徴は単に十字架やマンダラ、仏像といった特殊なかたちで現れるばかりではない。占星術の世界観においては、「顕在化された現実そのものが象徴」である。セックス、結婚、成功、死、人生のさまざまな現象は、それ自体が内的なものの象徴であり、無意識、あるいは潜在的なエネルギーの顕在化だととらえるのである。だとすれば、そのような現象の内的な意味を探り、理解してゆくことこそが重要となる。

「内的な意味」は決して明晰な意識のもとで明らかになることはない。世界の現象そのものは、各人にとって、個々人の内的世界の投影のために客観的な理解はありえず、（なぜなら、投影される無意識とは自分が意識しているもの以外なのであるから）また、その個人の内的世界の要請から、さまざまな現象をひきよせてゆくゆえに、ダイナミックで変転極まりないものとなる。

とりわけ、人間関係の問題は、我々をとりまく「象徴」のもっとも濃密な部分である。我々は互いに自分の内的なものを投影しあい、そしてまた不思議な運命的な布置によって投影の対象となる人物と出会う。出会いと別れ、愛と憎しみ。それらは内的なものの反映である、という見方を通じて、心理占星学的世界観ははじめて意味をもってくるのだ。

第二章「潜在的可能性を示す惑星地図」においては、惑星や星座、ハウスといった占星学の象徴体《シンボリ》系《ズム》が、潜在的な構造、ないし元型のパターンのブループリントであるという前提のもとに、心理占星学の立場から解説される。この解釈ひとつをとってみても、従来の「金星は愛と結婚を意味する」式の単純なものにはなっていないことがわかるだろう。

それぞれの占星学的ファクターについてのより簡便な解釈については、岡本翔子氏による解説をみていただくとして、リズ・グリーンがここで述べている極めて重要な点にここで注意しておきたい。それは、「チャートは個人ではない」という指摘である。あまりにも単純な事実であるが、これは多くの占星術師が入り込むワナへの警鐘である。

リズが区別するのは、惑星地図であるポテンシャルと、それを開発していこうとする個人の決意、自由意志である。「この決意には、最も深い意味での個人の自由意志が存在する」。よって、ホロスコープだけからその人物を評価したり、描写したりすることはできないのだ。

さらに第三章「風、水、地、火——心理学的タイプ」において、リズはよく知られたユング心理学の心の四機能と占星学でいう四エレメントの対応に進む。論理的な思考としての風、その対立機能であり、豊かな情緒をもたらす感情としての水、五感を通じて現実世界を感知する感覚としての地と、それに対する、みえざるものを感知する直観としての火である。

風と水、火と地はそれぞれ対立的、補償的な関係にあり、一方が意識の側にたっていると、もう一方が無意識に沈む。

「占い」としてなら、ホロスコープからその人物がどの「タイプ」に属するかの診断法に力を注ぐべきなのだろう。しかし、リズの関心はそこにはない。むしろ、ホロスコープからその人物のタイプを「当てる」ことをほとんど放棄しているようにさえみえる。リズは正直にホロスコープからその人物の性格を言い当てることはほとんど不可能だと言っているし、またホロスコープ以外の後天的なファクターから、本来の性格とは違う性格を発展させられた「ターン・タイプ」の存在の言及にいたっては、出生の惑星配置を唯一の材料とする占星学ではお手上げである。だが、その正直で誠実な態度こそ、占星学が単なる占いから脱出する契機になるのだ。

その人物を知るには、実際にその人物に会う以外にない。

「ホロスコープは個人ではない」のだ。性格分類という無益なゲームを楽しむことは危険である、とすらリズはいう。

リズにとって占星学は、「あなたの性格をズバリあてる」ことによって人を驚嘆させるものではなく、人の心という世界を、畏敬の念をもって探検するための道具なのである。

さらに、一歩進んで、四タイプの問題は、常に優勢機能としての「意識」と劣勢機能としての無意識の対立・補償の関係をはらむ。いわば、意識の側に現れて来た「タイプ」とは正反対の顔が個人のなかに眠っているのだ。

一つの機能が極端に発達すると、ユングが「エナンテオドロミア」と呼んだ、心に潜む均衡の回復衝動が働き、無意識の側が顔をだしてくるのである。

だが、それは容易には意識のなかには統合されず、たいていはその人の「シャドウ」となって、破壊的な現象を引き起こす。そして、ここまできて、リズは第四章「美女と野獣」のテーマに移ってゆくのである。

第四章は、シャドウの問題に正面から取り組んでいる。それは個人の心のなかにおける暗闇の部分、未発達の部分、本人が恐れて見たくないと思っている部分である。

シャドウは自分が生きられなかったもう一人の自分であり、多くの場合には厄介な問題を引き起こすが、しかしそのことによって、結果的に本人をより大きな全体性に導いてゆく可能性の固まりである。

この章の題「美女と野獣」は、シャドウの問題を端的に示している。美女は、野獣を愛して受け入れるまで、野獣を恐れていた。しかし、野獣を愛し、受け入れた瞬間に醜い野獣は王子に変容するのである。この物語はシャドウである野獣をいかに統合するかの見事なメタファーだ。シャドウは自分の一部でありながら、なかば自律的な性格をもち、本人の意思を越えて動き回る。

多くの場合、シャドウは他者に投影され、本人に統合されるのが困難になっている。直観タイプの若者にとって、シャドウになりやすい感覚タイプの大人たちは「保守的」で「反動的」だと常に糾弾される。逆もまたしかりだ。だが、お互いの無理解の根底には、互いに見るに堪えない自身の半身を見ているという無意識的なメカニズムが働いているのだ。

占星学では、劣勢になっているエレメントや土星がシャドウの元型として利用できる。

リズの処女作に『サターン』というものがある。これはまるごと一冊を土星の解釈にあてたものだった。土星は従来、「大凶星」とされて、さまざまな不運のもたらし手だとされていたのだが、リズはそれを未発達で本人が目を向けていることを恐れている心的内容、すなわちシャドウであるとしてその統合の必要性を説いたのである。

だが、無意識の暗い領域、内なる他者は単に暗く、嫌悪すべきシャドウとして現れるわけではない。それが異性の姿をとったときには、抗しがたい魅力をもったものとして立ち現れて来る。

ユングがアニマ・アニムスと名付けた、内なる異性がそれである。リズは、シャドウの次に、第五章「内なるパートナー」でアニマとアニムスの問題に進んで行く。

アニマとは、男性の意識の背後に潜む、女性的な心の要素全体である。アニムスは、女性の意識の背後に潜む、男性的な心の半身である。アニマとアニムスは、普通異性に投影され、恋の感情を引き起こす。プラトン説を彷彿とさせるように、男女は互いの半身をもとめて、異性に出会い、かかわっていく。恋は常に無意識的な衝動であり、それはアニマとアニムスの働きである。

リズはトニー・ヴォルフ、E・ホイットモントといったよく知られたユング派のアニマ・アニムスの細分類をもとに、人格化されたイメージそれぞれをエレメントと対応させ四つに分類する。

すなわち、

アニマ：マザー（水）
　ヘタイラ（風）
　アマゾン（地）
　メディウム（火）
アニムス：ファーザー（水）
　プエル（風）
　ヒーロー（地）

である。ホロスコープのなかでは、（一般化はさけなければならないが）月や金星が男性のアニマ的要素を、太陽や月がアニムス的要素を表す。ホロスコープは、アニマやアニムスがどのような形で現れてくるかを分析するためのイメージ群としても利用できるのだ。

また伝統的な「シナストリー」、すなわち、二枚のホロスコープを重ね合わせ、お互いの惑星の位置関係を調べて行く相性判断の方法は、結局、お互いのアニマ・アニムス、シャドウなど無意識の投影の結果である人間関係のメカニズムを考察する手法となる。

ここでは、相性が「良い」とか「悪い」といったことは問題ではない。互いが投影しているものは何か。そして何を期待しているのか。お互いのかかわりを通じて、どのような変容がもたらされるのか。リズが注目するのは、やはり深層で起こっているメカニズムであり、その理解である。

セックスの問題も、その点では同じである。人が最も深い部分で結び付く体験のひとつであるセックスは、人間関係の根本的な部分に属している。さほど、セクシュアリティは、重要なものではあるが、しかし、そこに「良い」「悪い」は存在しない。第六章「心の性生活」で詳述されるように、セックスですら、内的なるものの象徴なのだ。リズは、同性愛やサド・マゾといった、一見異常な性のありかたですら、内的なものの象徴であり、それ自体では云々することができない、という。ホロスコープからその人物の性的嗜好を読み取ることはできない。できるのは、その背後の意味なのだ。

さらに、リズは第七章「汝の父と母を敬え……ただし、条件付きで」において、人間関係のなかでもっとも重いテーマ、両親の問題に足をふみいれてゆく。

我々のなかには、先天的に普遍的な父なるもの、母なるもののイメージ（元型）が存在しており、それが生身の両親に投影されてゆく。また両親も子供の元型を自分の子供に投影するだろう。原体験としての両親の存在は、その投影されるイメージとのズレによってはかりしれない影響を子供に及ぼし、その後の世界や他者との関係性を、半ば決定づけてゆく。ホロスコープのなかの太陽や月、MC—ICの軸などが、心のなかの両親の体験を表しているとリズは解釈している。やはり、ホロスコープは人間関係の背後に潜むメカニズムの理解の助けとなる。

第八章「絶対確実な内面の時計」においては、そうした意識／無意識のダイナミズムが人生のタイミングのなかでいつ起こってくるかを考察する。

占星学のなかのトランジットやプログレスといった未来予知のテクニックを、リズは心のなかの可能性が開花してゆくタイミングを示すものとみる。よって、ホロスコープから結婚、離婚など具体的な時期を断言することはできない。ホロスコープを通してできるのは、やはり、成長し、発展して行く心の動きの象徴的な解釈なのである。占星学を「未来予測の学」だととらえているかたには申し訳ないが、これがリズの立場なのだ。

続く、第九章「水瓶座時代の人間関係」では、個人ではなく、個人史を越えて、人類の心の発展史というテーマをとらえていく。天文学的／占星学的時間尺度を用いて、人類の意識の発展を精神史的にとらえなおし、現在が終わりゆく魚座の時代から来るべき水瓶座の時代への過渡期であるとみることによって、社会的な価値観の変動を分析するのである。

本書に対して僕の論理的・合理的な「風」の部分は、さまざまな弱点を指摘しようとする。(僕は知性の惑星・水星を風の星座、水瓶座にもっている)。

たとえば、個人のホロスコープがその人物の潜在的な可能性を表しているという前提を鵜呑みにしてよいのか、という根本的な疑問。

さらに、「投影」理論に対する論理的な矛盾。「投影」をもとに、個人が世界をその個人なりのやりかたでしか理解できないのだとするのなら、しかも、ホロスコープに示されるように、シンクロニシティや天地の照応といった形で個人の心と宇宙全体が同じものだとするのなら、どこまでいっても個人は自分の世界を脱出できず、主観の宇宙に閉じ込められてしまうだろう。

とすれば分析家や占星家が「このクライアントは父親にシャドウを投影している」と分析したとして、その分析自体が占星家の投影の結果ではないとどうしていえるのか。そうなればコミニュケーションと我々が思っているものは、すべて幻想にすぎず、「人間関係」などは原理的に存在しなくなってしまう。リズは、実は単純に客観的実在と投影のもつ難問に論理的な決着をつけないまま、投影を論じてしまっているのだ。

しかし、僕の火（直観。月が牡羊座に入っている）や水（感情。太陽は魚座）は、心理占星学のもつ迫力と実効力を深く感じ取っている。占星学は深層心理学と同じように「術」とわかちがたく結び付いた知である。ホロスコープは、クライアントにとって自分という最大の謎に取り組み、そしてさまざまな問題を解決してゆく際の、大きな道具になることは間違いないだろう。ホロスコープを体験するということは、人生には意味と目的があった、という実感の再認識である。

限界があるのは承知の上で、このホロスコープ「体験」の構造を「風」的にここで少し考えて見たい。

ホロスコープという象徴は、個人の人生という物語を生産し、生の意味を付与する行為なのだと思う。ホロスコープは個々人によって個別なものだが、星座や惑星といった構成要素は同じである。差異は構成要素の組み合わせのパターンだけである。すなわち、ホロスコープは個的なものと普遍的なものの接点にあたるのである。

エディプスの神話は、特定の時代と空間に生起した、個人の数奇な人生にとどまらず、運命の存在や両親への愛憎など普遍的なるものの象徴になっている。だからこそ、フロイトはこの物語が個々人の心に生起するドラマなのだと考えたのだし、ユングはそれを「元型」と見なした。だが、エディプスの場合、あまりに普遍的であり、分析家という特別な物語の「語り手」がいないかぎり、それを実感として、個別的に自分の物語として語ることはむずかしい。

だが、ホロスコープという装置は、自分にしかない個別なホロスコープの普遍的な象徴群を用いることで、自分を支える枠組としての、独自な「私の」そして「世界の」物語を生産してゆくことができるのである。

このこと自体は、心理占星学にかぎらず、従来の占星術や易やタロットにもあてはまる構造である。が、問題なのは、出来上がってくる「物語」の豊かさなのだ。「結婚はできない運命だったのですよ」という占いと、本書で展開されるような心理学的な物語との差異は指摘するまでもないだろう。その「豊かさ」は単に過去を後追いして構造化できるのみならず、それを土台に未来へのステップを人にふませてゆく点にある。「私」の物語は、未来へと通じてゆく。

占星術といういとなみは、こうなるとすぐれて文学的なものだと思う。ホロスコープは数字に還元できる情報やデータではないし、その客観的な分析でもない。その意味では精密科学ではありえない。だからといって、その営みが放棄すべき迷信だというのは、早計だと思う。

ここで、僕は、英国の人類学者ヴィクター・ターナーの言葉を思い出してしまうのだ。いわく、「人間という種には、ガリレオ、ニュートン、アインシュタインのみならず、ホメロス、ダンテ、シェイクスピアもいることを忘れてはなるまい」。

ホロスコープは、人生に対する詩的でメタフォリカルなアプローチなのである。

リズ・グリーン著作リスト

Saturn a New Look at Old Devil――土星をシャドウとしてみるリズの出世作。

Astorology for Lovers――恋愛心理から相性を論じる、ポピュラーアストロロジー。

Pupett Master――中世フランスを舞台にした幻想小説。

Astrology of Fate――「運命と自由意志」の難問と占星術とのかかわりを考察する大作。

Looking at Astrology――子供向けの絵本。

The Mythic Tarot（with J. Sharman-Burke）――ギリシャ神話のをモチーフにしたオリジナル・タロットとその心理学的解釈。カードつき。

講演集

The Jupiter/Saturn Conference Lecture（with S. Arroyo）

Outer Planets and Their Cycles

Development of Personality（with H. Sasportas）

Dynamics of Unconscious（with H. Sasportas）

Luminaries（with H. Sasportas）

Inner Planets（with H. Sasportas）

占星学用語解説

岡本翔子編

占星学の基本要素

占星術を行なうために必要なデータは、個人個人の生年月日、出生時間、そして出生地の緯度・経度である。そのデータを元に天宮図《ホロスコープ》を作成するわけだが、その作成方法は天文学のシステムに従って正確に作られる。占星術がいつの時代も科学か迷信かと論争されるのも、天宮図作成が実に合理的に行なわれるからだろう。天宮図は古代人の宇宙観にのっとって天動説で作成される。地球を中心に天を太陽の見かけ上の通り道である黄道に沿って南北8度ずつの幅をもった帯を十二に分割する。この黄道帯（獣帯《ゾディアック》ともいう）の範囲内を冥王星を除くすべての惑星（太陽、月も含む）が運行する。各惑星の黄道上の位置を明確に記したものが天宮図なのである。

占星術では黄道十二宮の始まりを春分点に定めているが、ここにやっかいな問題が生じてくる。春分点はいつも同じ場所にあるわけではない。地球の歳差運動によって少しずつその位置がずれてくる。天宮図《ホロスコープ》が占星術師たちの間で作られるようになった紀元二世紀頃には、春分点は牡羊座の初めにあったが、現在ではかなり移動して魚座と水瓶座の境界線近くにある。歳差運動というのは地軸が黄道面に対して23度27分傾いているために、ちょうどコマの首振り運動のように地軸が回転することによって生じる現象である。この地軸の回転（歳差運動）は約二万六千年で一回転する。従って春分点もこれと同時に、黄道上を約二万六千年かかって一回転するわけである。このように我々が現在、白羊宮（雑誌などでは面倒くさいので牡羊座と統一しているが）と呼んでいる占星術空間は、実際には魚座の初めあたりに対応している。二一世紀になると春分点は完全に水瓶座に移行するので、白羊宮といっても実際には水瓶座付近の空間を指して呼ぶことになるのである。このように天文学でいう十二星座の位置と、占星術で使う十二宮の位置がずれてくる現象は時間と共に著しくなってきている。

この歳差運動の一周期、つまり約二万六千年のことを占星術では地球年とか小カルパ（小劫）などと呼んでおり、これを十二で割った約二一五〇年のことを時代周期と呼ぶ。この時代周期の分け方でいうと、現在春分点は魚座の始まりの度数から水瓶座の終りの度数へと移行し、約二〇〇〇年続いた（正確には二一五〇年）魚座の時代が終わり、水瓶座時代に入りつつあるといえる。この歳差運動の現象は、常に多くの占星術研究家たちの頭を悩ませてきた。占星術をあくまでも天文学と同一視したい人々は、春分点を起点に十二宮を定めるのは間違いとして、黄道帯十二星座の位置を規準に十二宮を定めている。これを恒星十二宮（Sidereal Zodiac）と呼ぶが、一般化されている黄道十二宮（Tropical Zodiac）とどちらが正しいか、空しい論争が続いている。ここで私的な意見を述べさせてもらえば、どちらが正しいかを追求するより、どちらで考えたほうがより面白いか、を優先させたい。少なくとも千を超える天宮図《ホロスコープ》に接してきた私の経験から述べると、一般的に使われる黄道十二宮の方が有効である。

黄道十二宮の説明は各占星家《アストロロジャー》によってまちまちだが、現在のところこれこそ完全に合理的説明だと言えるような理論は出ていない。（私などは占星術は天文学のシステムを借りた擬似科学のようなものと思っており、科学の領域というよりむしろ、哲学や文学の領域に近いという考えである。よって無理に合理的説明をつける必要はないと思う。）たとえば地球の磁場や重力場、ヴァン・アレン帯などと関係づけて物理的に説明しようとしたり、統計学で実証しようとする試みもなされているが、完全に成功しているとは思えない。また七〇年代以降、ユングの集合無意識やシンクロニシティと結びつけて、十二宮を実体のない象徴としてとらえようとする占星家《アストロロジャー》もいる。前者は占星術をあくまでも因果律で解明しようという試みであり、後者はむしろ非因果的パターンでとらえようとしている。私としては後者の考えで占星術と接しているが、十二宮はともかく物質としての惑星の空間的位置が関係してくる点を、すべてシンクロニシティで説明してよいものかどうかわからない。どこまでいってもすべては謎であり、だからこそ占星術に対する興味が尽きないともいえる。

心理占星術《サイコロジカル・アストロジー》——占星術のニューウェーヴ

　従来の占星術では、天宮図《ホロスコープ》は人の運命を宿命的に表したものといわれてきた。それが七〇年代に入って欧米では、星を人間の無意識と関連づけて天宮図を解読し、人間の深い心の状況を象徴的な言語で語ろうとする動きが出てきた。心理占星術は現在の占星術界で、とりわけ大きな影響力をもつ潮流のひとつである。心理占星術では天宮図を人間の心の潜在的発展性の大まかな筋を象徴するもの、という考え方をする。天宮図は象徴的な意味でいうと、個人を作り上げている様々なエネルギーのパターン、または心の構成要素を表すひとつのモデルである。

　黄道と呼ばれる、実際に太陽が天空を通る軌道である獣帯《ゾディアック》を背景に、太陽、月そして八つの惑星が位置している。そして獣帯《ゾディアック》の輪の回りに配置された出生時の惑星の位置が、天宮図《ホロスコープ》の内的なパターンを形成する。

　今まで占星術というと、もっぱら吉凶判断が重要視されてきた。しかし占星術が古代の心理学的知識を集計した象徴学でもあるということは、意外に知られていないように思う。占星術では惑星をはじめとして、黄道十二宮《ゾディアック》、惑星間の位相《アスペクト》などを象徴するさまざまな象徴《シンボル》を使用する。象徴はおそらく人間の最も古い意志伝達の手段なのだと思う。占星術はある抽象的な考えやイメージを伝達するのに役立つ象徴言語としての一面をもっている。また普通の言語体系と全く異なるのは、すでに分かっている事実を情報伝達するのではなく、未知なるものを情報伝達する点にある。占星術はまだ分かっていないことを伝えるための象徴言語体系でもある。英米の占星家はESL……English as Second Language とまでいう。First Language は象徴《シンボル》というワケだ。しかしなおその上で、プロの占星家《アストロロジャー》は象徴言語を普通の言語体系に翻訳する skill や technique を磨く必要があるといっておこう。ここで占星術の象徴について不慣れな人のために、十二星座（宮）と惑星、十二ハウスに関する説明をしてみよう。

十二星座

十二星座とは春分点を起点として黄道を30度ずつに区分したもの。（実際の星座《コンステレーション》と区分するために、白羊宮、金牛宮という和名を用いることもある。）人間の普遍的心理や行動パターンを十二に分類したものと考えても良いだろう。アラン・レオの説に従えば、各星座《サイン》の空間はそれぞれ個性をもっている。惑星を個性あるエネルギーの焦点だとすれば、十二星座はその個性を色々な形で表現させてくれる十二の空間、あるいは家である。（＊四区分は地・水・火・風で性質を表す。＊＊三区分は活動《カーディナル》・不動《フィクスド》・柔軟《ミュータブル》で行動形態を表す。）

♈牡羊座（白羊宮）——四区分・火　三区分—活動《カーディナル》
積極面——開拓の精神と冒険心、勇敢で進取の気性に富む、常に新しい経験を求める、自由を愛する、直観的、率直、機敏な行動
消極面——利己主義　わがまま　常に自己主張する、粗野・衝動的・けんか好き、性急で忍耐強さに欠ける、皮肉っぽい

♉牡牛座（金牛宮）——四区分・地　三区分—不動《フィクスド》

積極面――実際的、粘り強く忍耐強い、意志頑固、頼りがいがある、暖かい気持ち、しっかりした価値感と審美眼、安楽な生活や豊かな食生活をエンジョイする能力

消極面――創造性の欠如、頑固、型にはまりやすい、所有欲、自己中心的、かんしゃく持ち、強欲、鈍感、のろい、五感の楽しみに耽溺しやすい

♊**双子座**（双児宮）――四区分・風　三区分―柔軟《ミュータブル》

積極面――適応性、多芸多才、知的、機知に富み論理的、当意即妙、活気、柔軟な若々しい頭脳、機敏な反応、広い知識、好奇心

消極面――移り気、落ち着きがない、うすっぺら（皮相的）、せんさく好き、神経質、ずるがしこい、不安定で表裏がある、中途半端

♋**蟹座**（巨蟹宮）――四区分・水　三区分―活動《カーディナル》

積極面――強い感受性、豊かな想像力、深い同情心、親切、保護本能、母性愛、家族愛、愛国心、注意深い、経済観念が発達している、すぐれたハウスキーパー

消極面――心配性、神経過敏、感情過多、気むずかしい、気分屋、執念深く恨みっぽい、自己憐憫、論理性を欠いた乱雑な感情、有頂天になりやすい（感情の起伏の激しさからくる）

♌**獅子座**（獅子宮）――四区分・火　三区分―不動《フィクスド》

積極面――度量がある、寛大、気前がよい、情熱的、創造的、すぐれた組織者、発展性、ドラマティックなセンス、演技力・演出力がある、純真、公明正大

消極的――教条主義、自説に固執、俗物、横柄、単純、恩きせがましい、見せびらかし屋、うぬぼれが強い、権威的、自分勝手、独善的

♍**乙女座**（処女宮）――四区分・地　三区分―柔軟《ミュータブル》

積極面――識別力、分析力、実務能力、秘書的才能に恵まれる、細かいことへの注意力、几帳面、慎しみ深く思いやりがある、秩序を重んじる、清潔好き

消極面――批判がましい、心配症、細部にこだわり大局を見失う、神経質、潔癖すぎる、因習的、臆病、想像力の欠如、完璧主義

♎天秤座（天秤宮）――四区分・風　三区分―活動《カーディナル》

積極面――優雅でチャーミング、上品で洗練されている、ロマンティック、理想主義、外向的、呑気、調和を重んじる、公平、ディレッタント（芸術愛好家）、平和主義

消極面――優柔不断、移り気、お調子者、お人好し、他人に影響されやすい、定見に欠け八方美人、孤独に耐えられない、依頼心が強い、日和見主義

♏蠍座（天蠍宮）――四区分・水　三区分―不動《フィクスド》

積極面――強い目的意識、想像力、決断力、深い情感、不屈の精神力、粘り強さ、微妙で深い洞察力、神秘的な直感力、根本的な変革力、個性が強い

消極面――頑固、強情、嫉妬深い、疑い深い、秘密主義、思い込みの激しさ、破滅的、残酷、憤慨しやすい、意地悪

♐射手座（人馬宮）――四区分・火　三区分―柔軟《ミュータブル》

積極面――陽気、楽天的、多芸多才、開放的、順応性、すぐれた決断力、哲学的、自由主義者、向上心、発展性、向学心、広い視野、予言的な直観力

消極面――過激、機転がきかない、大袈裟、落ちつきがない、不注意、盲目的な楽天家、傍若無人、無責任、気まぐれ、下品

♑山羊座（磨羯宮）――四区分・地　三区分―活動《カーディナル》

積極面――注意深い、規律正しい、忍耐強く根気がある、慎重、頼りがいがある、集中力、責任感、野心家、ムダを好まない、冷静、組織力、ストイック

消極面――几帳面すぎる、悲観的、因習的、冷淡、ケチ、他人に厳しい、発展性がない、苦労性、利己的、物質的、陰気、打算的、小心

♒**水瓶座**（宝瓶宮）――四区分・風　三区分―不動《フィクスド》

積極面――人道主義者、友好的、独立心、独創的、発明の才能、改革精神、論理的、推理能力、理想家、人間の性質を理解する洞察力

消極面――変人、エキセントリック、空飛な行動、反抗的、融通がきかない、つむじ曲り、頑固、孤立、協調性の欠如、クール

♓**魚座**（双魚宮）―四区分・水　三区分―柔軟《ミュータブル》

積極面――人情味、同情心、豊かな情感、順応性、受容性、包容力、抽象的なものの把握、清濁合わせ飲む、超俗力、自己犠牲、ロマンティスト

消極面――曖昧さ、不注意、混乱しやすい、自己矛盾、決断力に欠ける、意志が弱い、非現実的、だらしなさ、逃避傾向、放浪性、怠け者

惑星

天文学的に見た惑星は、物理的な力の集合によって宇宙空間に生じた単なる物体にすぎない。しかし占星術、あるいは形而上学の立場から見た惑星は、背後にエネルギーの焦点をもった巨大な生命体ということになる。古代の秘教的教義では、宇宙は巨大な生命体であり、意識や目的をもった有機体であると信じられてきた。心理占星術では、惑星は人間の無意識の中にある元型《アーキタイパル》的なエネルギーを表す。天宮図《ホロスコープ》は象徴的な惑星の位置から成り立っている。惑星はいわば神々であり、無意識の力の象徴《シンボル》である。

⊙**太陽**――獅子座を支配

太陽は明るい「意識」、またはユングが使う意味での「自我」の象徴である。円の中に点がある象徴《シンボル》⊙は、人が自分自身になろうとする衝動を表す。つまり太陽は心の全体性、つまり自己《セルフ》を表現するための器であり、手段である。俗にいう〝○○座生まれ〟とは太陽の位置する宮を示し、天宮図《ホロスコープ》の中でも最も大きい影響力をもつ。太陽は男性的エネルギーをもった惑星であり、女性より男性

の方が受け入れやすい。女性の場合、二八歳頃に訪れるサターン・リターン（土星回帰）の後、徐々に太陽の特徴が表れる人もいる。

☽月——蟹座を支配

月は太陽とは対照的に、「無意識」や感情的要求を満足させたいという衝動を象徴《シンボライズ》する。月はまた、日常的な態度や他者に対する本能的なリアクションを表す。「自我」が何かに向かって努力していないとき、心からリラックスしているときに、その人の月の位置する星座の性質を観察できるだろう。月はまた、母なる女神を象徴し女性原理と関わる。女性の場合、太陽の星座よりも月の星座の性質の方が自分らしく思えることも多い。特に子供時代にその影響が顕著である。（これら二つの象徴《シンボル》の調和的な統合とは錬金術師がいう〝結合（coniunctio）〟、あるいは〝聖なる結婚〟である。）

☿水星——双子座、乙女座を支配

水星は、神話学では知識の鍵を有し、神々の間を軽やかに移動し、メッセージを伝達する不思議な両性具有の姿で表される（ギリシャ神話のヘルメス、エジプト神話のトート）。水星は太陽の伝達者《メッセンジャー》であり、太陽が本質《エッセンス》の象徴《シンボル》であるのに対し、水星は我々に本質を知らせる機能を象徴《シンボライズ》する。出生時の水星の位置は、人が学習する方法、すなわち学んだものをどのように理解し、分類し、会得するかを暗示する。つまり経験を知恵に変える方法である。

♀金星——牡牛座、天秤座を支配

金星はギリシャ神話のアフロディーテに相当する。月が母であるならば、金星は恋人、娼婦の元型《アーキタイプ》である。金星が象徴する衝動は、自分を飾る方法、個人的好み、美に対する反応、社会的価値観などに見られる。また人と関わりをもち、人間関係の中で調和を保ち調整しようとする欲求をも表す。そこから従来の占星術でいわれてきた人間関係、恋、愛、金銭といった意味が生まれる。

また男性の天宮図ではユング心理学でいうアニマを表す。

♂火星———牡羊座を支配

火星はギリシャ神話の戦いの神、マルスに相当する。太陽が父であるならば、火星は征服者であり、目的を達成しようという情熱、男性的でダイナミックなエネルギーを表す。従来の占星術でいわれる行動力や意欲、欲望といった意味もそこから生じている。火星がどの宮にあるかで、その人の活動力、精力、その元となるリビドーの状態を判断する。また女性の天宮図ではユング心理学でいうアニムスを表す。

♃木星———射手座を支配

ギリシャ神話の全知全能の神、ゼウス。木星は拡大、発展を表す惑星で物質的、精神的に生長、発展する能力に関係する。従来の占星術では最高にラッキーな星と呼ばれてきた（インド占星術では前世の良いカルマを表す、とまでいう）。しかし木星がネガティブに働くと、拡大しすぎて収拾ができなくなったり、盲目的な楽観主義の傾向が表れる。

♄土星———山羊座を支配

ギリシャ神話の時間を司る神、クロノス。土星は制限、束縛を表す惑星で、自らを秩序あるもの、システムの中に留めたいという欲求を表す。伝統的には不運の星（インド占星術では前世の悪いカルマを表す、とまでいう）と呼ばれてきたが、心理学的には影の自分、シャドウと関係づけられる。土星はまた結晶化《クリスタライズ》する、つまり現実的に形を与える星でもある。

土星外惑星《トランスサタニアン》たち

土星の領域を超えると、そこは元型的《アーキタイパル》イメージの貯蔵庫であり、ユングが呼んだ集合無意識の領域である。土星までの内惑星＝個人的惑星《パーソナルプラネット》に対し、土星外惑星＝超個人的惑星《トランスパーソナル・プラネット》と呼ぶ。

♅天王星——水瓶座を支配

ギリシャ神話の天空の神、ウラヌスに相当。天王星は今までの状況を打ち破り、束縛からの解放と新たな自由を得ようとする欲求を表す。この惑星はしばしば非常に苦痛を伴うやり方で、突然「外側」から現れた事件として、それまで自分の現実だと思っていた枠組を破壊して見せる。天王星がハプニングの星と呼ばれる所以だが、それは覚醒を促す惑星でもある。革命、独自性《オリジナリティ》、発明にも関係する。

♆海王星——魚座を支配

ギリシャ神話の海神、ネプチューンに相当。海王星は集合的感情という無意識の海、〝私〟という存在を犠牲にするという欲求を表す。イマジネーション、恋愛、宗教、流行、恍惚、神秘的な幻想、これらすべては海王星的なものである。この星の影響が強いと自分と他人との境界線が曖昧になってしまう。

♇冥王星——蠍座を支配

ギリシャ神話の冥界の王、ハデス。冥王星は死と再生の絶え間ないサイクルの元型《アーキタイプ》であり、その終わりのない旅と帰還の過程は人生のあらゆる局面に存在する。この惑星はエロス（性）とタナトス（死）に関すること、すべてを司る。ある意味で内なる死の体験を強いる惑星だが、人はその灰の中から新たな展望、新しい誕生を見出すことができる。

十二ハウス

黄道十二宮が地球の公転に関係し、地球全体、人類全体に影響を及ぼすのに対し、十二ハウスの原理は地球の自転に関係し、特定の時刻・場所に左右されるので、特定の人間や個人的出来事に影響を与える。十二ハウスは地上での経験の場を表す。心理学的には意識の成長のステージを表している。

上昇宮《アセンダント》及び第1ハウス――自我・環境のハウス

出生時に東の地平線を上昇する宮。このハウスは我々が誰であるか、そしてどのように人生と遭遇するかを反映する。上昇宮は物の見方（レンズ）であり、世界を知覚する方法でもある。伝統的にはあなた自身の外貌、体質、生活スタイルを表す。あなたが世間に対してどのような態度や行動で自分自身を表していくか、いわば〈魂の自己表現の場〉を表す。

〈上昇宮と太陽のある宮との違い〉

上昇宮は太陽の宮へと到る道を示している。リズ・グリーンによると太陽はいわば英雄像であり、上昇宮は取り組まねばならぬ探究である。太陽宮はなぜここにいるかを示し、上昇宮はいかにして辿り着くかを示す。

上昇宮及び第一ハウスに位置する惑星は、独自のアイデンティティを築く過程においてもっとも重要な機能を示す。より統合的に私たちが誰であるかを開示するために満喫せねばならぬ務めである。

第2ハウス――所有・価値のハウス

我々が所有したいと望むもの、また所有しているもの、これらの財源となるものやその属性は乳幼児期に母親との同一視によって得られていたもの、価値、安全性、保護をもたらす。第2ハウスは基本的には個人の安心感を構成するものを示す。どんな仕事を通じて金銭・収入を得るかは、このハウスの状態で判断する。第8ハウスが遺産など他からもらい受ける財を表すのに対し、第2ハウスは自分で働いて得る金銭を示す。

第3ハウス――知性・コミュニケーションのハウス

第3ハウスは言語、伝達能力、命名能力の発達期に関係する。言葉の発達に伴って個性が表れ、主客の分離が始まる。また身の回りの環境、兄弟、親戚、隣人との関係も示す。第3ハウスの支配星である水星《マーキュリー》から、書いたり話したりするメディアとも関係する。また大学以前の教育段階での経験や学習能力も表わす（第3ハウスは具体的思考、第9ハウスは抽象的思考、これは大脳の左右の働きの違いに相当）。またこのハウスが短期旅行に関するのも、探究や発見、人生と関わりたいという欲求の表れである。

IC及び第4ハウス――家族・基盤のハウス

第4ハウスは自分自身へと帰るための場所であり、心が安定と平安を得る場所や根拠を示している。このハウスにある星座《サイン》は家庭の環境、そこで受けた暗示や人生のシナリオ、心理学的な家庭からの受け継ぎを表す。またさらに民族的、人種的起源からくる性質、内なる種族の凝縮された歴史と革命の様々な面を示す。伝統的な占星術では第4ハウスは母、第10ハウスは父を表すとされるが、それは現実の両親ではなく、むしろ心理学的に両親イマーゴと呼ばれる、子供の生まれながらにしてもつ父母のイメージである。

第5ハウス――創造と娯楽のハウス

第5ハウスはまず他者に特殊であると理解してもらいたい内的欲求として表れる。たとえば発達段階の子供にしてみれば特殊な愛らしい子のほうが、より母親に可愛がってもらえるからだ。また第5ハウスは自ら創造したいという欲求を象徴する。創造的表現行為は芸術に限らず、スポーツ、レジャー、投機、趣味、余暇の楽しみにも相当する。恋愛が第5ハウスに関係するのは、恋により我々は誰かひとりの特別な注目の対象となるからだ。子供も親の創造物という点で第5ハウスの事柄である。あるいはそれが〝内なる子供〟であっても。内なる世界には、自分の独自性を愛されたいとする自然な子供が住んでいるからだ。

第6ハウス――労働、健康のハウス

第6ハウスでは内側にあるものと外側から我々を取り巻くものとの関係を探ることになる。心と感情の内的世界と、肉体と形相の外的世界との交流をである。自分と他人を区別し、初めて健康、自分の義務や役割について考えることを表す。第

6ハウスにある星座は仕事や雇用に関係し、潜在的に最もうまくこなせる課題を示す。雇用者との人間関係は不公平な関係である。権威者とどう渡り合うか、これは第7ハウスで形成される公平な人間関係のリハーサルである。また第6ハウスは"奉仕する者"としての我々の在り方も示す。

独自の個性がまだ無意識状態であった第1ハウスから始まってこの第6ハウスに来て、アイデンティティと目的に磨きがかった。私と私でないものの間にはっきりとした区別が出来上がったのである。

下降宮《ディセンダント》及び第7ハウス――結婚《パートナーシップ》、他人（非自己）のハウス

天宮図《ホロスコープ》の最西端である下降宮《ディセンダント》にさしかかると、再び始まりの地点への回帰が起こる。上昇宮《アセンダント》が自己理解を表すのに対し、反対に位置する下降宮《ディセンダント》は他者の理解を表す。結婚相手と意味のある他者も示すのは、第7ハウスの配置は魅力を感じる相手を暗示するからだ。心理学的な投影の機能についてこのハウスを見ると、リズ・グリーンは「個人に属してはいても無意識なもの」、そのため「パートナーや人間関係を通じてもたらされる経験」によって表に現れるといっている。伝統的に第7ハウスは他者に求める性質といわれるが、それは我々の内に隠された性質でもある。理想的には第7ハウスの性質を意識にのぼらせる必要があるだろう。

第8ハウス――死とSEX、遺産のハウス

第7ハウスで自分を確立し、自立的な人間関係を築いた後に訪れる大きな目覚めを表す。第8ハウスは「共有される物事」、いかに他者と和《なご》み融合するかを示す。神話上、処女ペルセフォネは冥府の神ハデス（八番めの蠍座の支配星）に誘拐される。彼女は結婚し少女から一人の女となって地上に帰還する。他者と深く関わる＝ある種の死であり、分離した私は死に私達となって蘇る。セックスは他者と溶け合うことであり、恍惚《エクスタシー》の絶頂

で自己を放棄し他者と出会うのである。第8ハウスは人生で経験する心理学的な死も表す。また第2ハウスは自分の、第8ハウスは他者の価値観を表し、結婚、遺産相続、ビジネスにおいていかに財産管理するか、また配偶者の経済状態をも暗示する。

第9ハウス――思想、探究のハウス

第9ハウスは高度の知能に関係し、自分の知性の領域を広げ高めることを表す。第3ハウスと第6ハウスの支配星である水星は事実集積であり、第9ハウスの支配星、木星は象徴形成能力(特別な出来事に意味や示唆を与える)である。事実は第3ハウスで集められ結果は第9ハウスで出される。第3ハウスが手元の環境を表すのに対し、第9ハウスは距離をおいて見渡す眺めを示す。ここから旅行や海外生活というキーワードが出てくる。それは異国や異文化への旅であり、読書や瞑想、宇宙的想起を通じての精神や知性の旅である。宗教、哲学、高等教育にも関係し、専攻分野や学校の性質も暗示。法律も司るが第7ハウスが家裁、民事、第9ハウスは高等裁判所に関係する。出版関係も第9ハウスの領域である。

MC及び第10ハウス――天職、地位、野心のハウス

第9ハウスが見通したものを第10ハウスは現実化する。ICと第4ハウスが個人的で閉ざされた室内でどう振る舞うかを表すのに対し、MCと第10ハウスは公の場での振る舞いや世界に打ち出したい自分のイメージを表す。よって成就や名誉、名声の望みはこの配置を通して決まる。野心のハウスでもあり、その背後では名声と評価への強迫観念や衝動が切迫している。キャリアや天職を見つける手懸りである。心理学的には自分が思い描くある種の理想像であり、そのモデルとなっているのは幼少に最も影響を受けた親の姿である。

第11ハウス――集合《グループ》、友人のハウス

伝統的に「友人のハウス」といわれるが、第11

ハウスは自我アイデンティティを超越し、自分より大きなものになろうとする試みを示す。よくある方法は目的をもったグループや信仰体系、イデオロギーとの同一視である。集団やシステムの一部としてどのように機能するかが第11ハウスに出る。このハウスは友人や仲間、クラブ、組織などを、通じて表現される希望や願望に深く関係している。ここで展開する人間関係は、主義主張や価値観を同じくするような人々を表す。第3ハウスでは主体と客体の区別が、第7ハウスでは自己と他者の区別が生じ、第11ハウスで個人とグループの区別とその関係が示される。

第12ハウス――自己犠牲、溶解のハウス

第12ハウスでは個人の自我の溶解と自己を超えたものとの遭遇という二重の過程を経る。第11ハウスのように知性や知能ではなく、心と魂でそれを体験する。伝統的には、秘密、カルマの結果を表すハウスなどといわれるが、ひとつのサイクルが終わり誕生以前の混沌とした状態に回帰しようとする衝動、いわば子宮内回帰願望を表す。病院、収容所、道場《アシュラム》などに関係するといわれるが、これらの場所は一度、現実社会を離れて心身の全体性を取り戻すための場所だからである。第12ハウスは潜在意識からのパターン、衝動、脅迫感を示し、思い出したり通常の意識では理解できないものを表す。どんなに努力しても達成できないゴールは、この第12ハウスに無意識の原因を探ってみると良い。

* * *

以上が黄道十二宮、惑星、十二ハウスの意味であるが、これらの解釈には数千年にわたる歴史的変化や累積がある。特に惑星に関しては七七年に発見されたキローンや小惑星などを用いる占星家《アストロロジャー》もいる（それどころか未発見惑星にペルセフォネと名前をつけて、その効力を推定する人もいるから、大胆にいえば何でもアリの世界）。象徴《シンボル》＝有機的で生きた言葉と定義すれば、右にあげた意味がほんのわずかな一例であって全体像ではないことを理解してもらえるだろう。

占星学用語の解説

アスペクト

惑星間の距離や惑星とアセンダントなどの角距離のことで、黄道に沿って表されるいくつかの決まった角度のこと。惑星はお互いの関係をアスペクトを通じて表現する。それは弦楽器の弦が各々の音色を出し合って協和音や不協和音を作り出すのに似ている。惑星も組み合わせる惑星の種類と角度《アスペクト》によって、調和的な意味を強調したり不調和な意味を強調したりする。

またアスペクトには〝作用範囲〟があり、正確な角度を作らなくても、〝作用範囲〟内であれば、そのアスペクトの作用が出てくる。表1はアスペクトの種類と許容角度《オーブ》を示したものだが、許容角度《オーブ》については各アストロロジャーで意見が異なるので、各参考書を比較、検討してみて欲しい。

アセンダント（Asc.）

出生時に東の地平線に上昇してきた黄道十二宮の度数のこと。出生図の中では第12ハウスと第1ハウスの境界線に来ている星座の度数。

アングル

アセンダントによって定まる黄道上の四つの点、ASC《アセンダント》、DES《ディセンダント》、MC《エムシー》、IC《アイシー》のこと。

アンギュラーハウス

第1・4・7・10ハウスのこと。この四つのハウスは活動宮《カーディナルサイン》の四つの宮（牡羊座・蟹座・天秤座・山羊座）にそれぞれ類似した性質を持つ。

エム・シー（MC）

南中点。Medium Coeli の頭文字。子午線と黄道が真南で交わる点。天頂（Zenith…自分の立っている場所の真上の点）と混同しないように。

カスプ

ハウスとハウス、あるいは宮と宮を区分している境界線。

キャデントハウス

第3・6・9・12ハウスのこと。この四つのハウスは柔軟《ミュータブルサイン》宮の四つの宮（双子座・乙女座・射手座・魚座）にそれぞれ類似した性質を持つ。

サクシーデントハウス

第2・5・8・11ハウスのこと。この四つのハウスは不動《フィクスドサイン》宮の四つの宮に（牡牛座・獅子座・蠍座・水瓶座）にそれぞれ類似した性質を持つ。

サターン・リターン（土星回帰）

土星がホロスコープを一周して出生時の位置に戻ってくること、ないしその時をいう。土星の公転周期は約二九年で、誰でも二九歳ごろに最初のサターン・リターンを迎える。占星学的には自我を構築する重要な転機になるとされる。

室区分《ハウス》

天球を十二のハウスに区分すること。黄道十二宮と混同しないように。12ハウスは地球に属しており、地球の自転に関係して決定されるが、十二宮は地球の公転によって決定されるもので自転とは関係がない。室区分には多くの種類があるが、大きく分類すると以下の三種類になる。

①イコール・ハウス方式

②象限方式

③その二つを組み合せた変形方式

さらに②と③に属する代表的な方法をあげると以下のようになる。

	記号	名　　称	角度	オーブ	意　　味
大アスペクト	☌	コンジャンクション	0°	±8°	惑星相互の意味を強化
	☍	オポジション	180°	±8°	対立、緊張、自覚
	△	トライン	120°	±8°	調和、円滑
	□	スクエア	90°	±8°	困難(ただし、精力的で建設的)
	⚹	セクスタイル	60°	±5°	調和、創造的(△より弱い)
小アスペクト	⚼	セスクエアコードレート	135°	±3°	困難、緊張(☍□より弱い)
	∠	セミスクエア	45°	±3°	困難、緊張(☍□より弱い)
	⚻ ⚻	クインカンクスまたは インコンジャンクト	150°	±2°	調整
	⚺	セミセクスタイル	30°	±2°	円滑さにやや欠ける、持続
	Q	クインタイル	72°	±2°	芸術性
	// P	パラレル	赤緯が同じ	±1°	強調(☌とほとんど同じ)

表1　アスペクトの種類とオーブ(許容角度)

象限方式
- 1キャンパヌス方式 ⎫
- 2レギオモンタヌス方式 ⎭ 空間方式
- 3プレシーダス方式……時間方式

変形方式
- 1ボーフィリィ方式
- 2ナチュラル・グラデュエーション方式

室区分の方法は数学的に計算がむずかしいので、市販の室項表を用いて行なうのが普通である。
〈プレシーダス方式による室区分〉……一七世紀に発見された方式。現在のところ一番普及している室区分方式。ただこの普及率だけからこの方式が最も正確なものだと考えるのは早計だろう。

シナストリー

占星学による相性判断の方法。お互いのホロスコープを重ね合わせ、相互の星のバランスをみる。他にも相性判断の方法としてはコンポジット、その他が知られている。

支配星（ルーラー）

支配星という意味には使い方によっていくつかの意味がある。各十二星座を司どっている惑星をその星座の支配星という。また太陽が位置する星座の支配星のことをサン・ルーラーという。通常、ただ支配星という場合には上昇宮の支配星を指していう場合が多い。また第2ハウスのカスプに来ている星座の支配星のことを、第2ハウスの支配星などという。

トランジット

天文学上、トランジットというのは天体が子午線上を通過することをいうが、占星学では出生図の敏感点（センシティヴ・ポイント）を惑星が実際に通過することをいう。プログレッションと違う点は、その時の実際の惑星位置からその時に起こる出来事を判断する点である。

出生図の敏感点というのは、惑星の位置だけではなくアセンダントやMC、ドラゴンヘッドなども含まれる。原則としてこれらの敏感点に惑星のトランジットがコンジャンクションになったとき最も強力な効果を持つので、コンジャンクションのみをトランジットとして限定するアストロジャーもいる。一般にはオポジション、スクエア、トラインなどもトランジットとして扱う。

⑴惑星のトランジット

太陽、月、水星、金星、火星、木星、土星、天王星、海王星、冥王星、各惑星のトランジットで、特に、火星以下の惑星がより大きな効果を持つ。

⑵新月・満月

太陽と月の同時トランジットのことで、⑴の部類に入るが、大きな効果を発揮するので、出生図の重要な位置で起こると特別に分類して考える必要がある。日食、月食は新月、満月の特殊な場合である。満月より新月の方が大きな効果を発揮する。

⑶太陽回帰（ソーラー・リターン）

太陽は毎年一回、出生図の太陽の位置にトランジットする。その時の各惑星の位置は、ソーラー・リターンのチャートとして作られ、向う一年間にわたり効力が発揮されると考えられている。

⑷月の回帰（ムーン・リターン）

⑶と全く同じようにして、ムーン・リターンのチャートを作ることができる。この効力は、次の月の回帰まで発揮されると考えられる。

プラトン月

プラトンによるとされる時代区分の方法。春分点がひとつの星座を通過する約二一五〇年をひとつの「月」とみなす時代尺度。

プログレッション

出生図に暗示された事柄が、出生後どのようなプロセスをたどって展開されていくかを見る方法。伝統的には未来予知の技術であるが、ここでは特定な時期に意識の表面に浮かび上がってくる内的な成長パターンを象徴的に表したものと説明されている。現実の星の動きを用いる理論ではなく、出生後の惑星の象徴的な位置によって判断される。また進行した惑星の配置を図にしたものを進行図

(Progressed Chart)と呼ぶ。進行にはいろいろな方法があって詳しく解説すると一冊の本になるくらいの内容をもっている。現在よく用いられる方法には一次式、二次式、三次式などがあるが、最もポピュラーなのが二次式である。

(1)一次式

地球の一度の回転が、一年に相当する。ある場合には、これは一度一年法と呼ばれることもある。わずか4分の出生時間の狂いが、一年の誤差に相当してくるので、一般には、あまり用いられていない。これは世俗的な面の出来事を予知するのに役立つと言われている。

(2)二次式

別名、一日一年法と呼ばれており、誕生後の一日目の星の位置が、一年目の運勢に相当する、という理論である。これは一ヶ月目の運勢は二時間に相当し、三十分が一週間、四分が一日に相当する。出生後の数十日の星の運行により、生涯の運勢が示されることになる。この方式は現在、広く用いられている。主に性格的あるいは心理的な面で働く影響力を直接示しているように思われる。外的世界、または現実世界のできごとは内的世界に対応しているという法則から考えると、二次式による心理的影響から外部のできごとを予測できることになる。

(3)三次式

E・H・トロインスキーによって考えだされた方式で、一朔望月は一年に等しいという理論。一朔望月というのは新月から次の新月までの日数のことで、約二九・五日である。月の周期が関係していることから考えると、情緒面や、ホルモンによる生体リズムなどと深い関連を示すと思われる。

(4)ソーラーアーク・ディレクション

これは一日に動く太陽の度数を一年に相当すると考える方式。つまり一日のソーラーアークが一年に等しいという理論で、原理的には一日一年法とほとんど同じ考えの上にたっている。これはソーラーアークを出生図のその他の惑星位置にプラスして調べる点が、一日一年法と違っている。計算が非常に簡単であり、しかも信頼性もあることから、最近広く用いられるようになっている。

(5)ラディックス方式

太陽の一日の平均運動をもとにしており、五九分八秒を一年に相当させている。ヴィヴィアン・ロブソンらによって広められた方式で、原理的には(4)のソーラーアーク方式と同じである。

(6)一度（ワン・ディクリー）方式

これは象徴的に一度を一年に等しいと考える方式。つまり黄道の一度を一年に等しいと考える。もし、太陽と土星が29度離れていれば、土星に関係したできごとが29歳のときにあると予測する。C・E・D・カーターによって広められた。原理的には(4)ソーラーアーク方式と同じである。

ベネフィックとマレフィック

伝統的な占星術では主に良い影響を与えるとされた惑星を「ベネフィック（吉星）」、悪い影響を与えるとされた惑星を「マレフィック（吉星）」とラテン語で呼んでいる。伝統的には代表的なベネフィックとして木星と金星、マレフィックとして火星と土星が当てられている。

参考資料

*L. Greene, *Relating*, 1977, Arkana.

*H. Sasportas, *The Twelve Houses*, 1985, Aquarian.

*A. Howell, *Jungian Symbolism in Astrology*, 1987, Quest Books.

*M. Hone, *the Modern text book of Astrology*, 1951, L. N. Fowler.

*山内雅夫『占星術の世界』一九八三年、中央公論社。

*鏡リュウジ『魂の西洋占星術』一九九一年、学習研究社。

*水瓶東天『出生図の作り方』一九七七年、占星学研究普及会。

*F・D・ピート『シンクロニシティ』一九八九年、朝日出版社。

＊ユング＆パウリ『自然現象と心の構造』一九七六年、海鳴社。

訳者あとがき

本書との出会いは一九八〇年の夏、今から一三年前にさかのぼる。著者リズ・グリーンの良き同僚であった、心理学者であり占星学者でもある故ハワード・サスポータス氏のレクチャーで本書の内容が説明されたのをきっかけに、私は彼らの専門である心理学の占星学的アプローチ（私にとっては占星学の心理学的アプローチであったが）に興味を持つことになる。日本で出版されている占星術の本はどれもこれも、「天王星が第7ハウスにあると変人との結婚や離婚を示す」だの「土星は不運の星」というような吉凶判断の域を出ず、物足りない思いをしていた私にとって、ハワードの語る心理占星学のイメージの豊かさ、深遠さにすっかり魅了されてしまったのである。

当時私は「占星術の勉強をしにロンドンに行く」などと周りの人々を煙に巻いて、実はニューウェーヴ全盛のロンドンで毎日、パンクやニューウェーヴバンドのライブに出かけては遊び回っていたのである。ユング心理学に関しては、入門書の類を一〜二冊読んだ程度、ましてユング自身が書いた本など難解すぎてさっぱり理解できなかった。それでもその年の夏、ケンブリッジで開催された占星学セミナーでは、ユングやフロイト、シュタイナーなどの出生図を例に、ユング心理学と占星術の融合を試みたレクチャーがあり、私の心理占星学への好奇心は決定的なものとなった。約一年後に帰国してからも毎年イギリスに出かけては、ハワードやその他のアストロロジャーのレクチャーに足を運んだ。そしていつかこの難解極まりない本書を翻訳できる英語力、プラス心理学的知識を身につけることができたら……と心ひそかに願っていた。

人の出会いとは不思議なものである。ロンドンから帰国して約三年後、私はユング心理学者であった秋山さと子先生と出会うことになる。秋山先生御自身、晩学であった方だが「私の授業にはいつでももぐりにいらっしゃい」とおっしゃり、お言葉に甘えて大学やカルチャーセンターの授業にいつも出席させていただいた。以後、お亡くなりになるまでの約八年間、プライベートにも親しくおつきあいくださった。先生と交した数々のおしゃべりの中に、書物だけでは決して得られなかったユング心理学のエッセンスが散りばめられていたように思う。

ハワード・サスポータス氏、そして秋山さと子先生は昨年ほぼ同時期にお亡くなりになった。私事で恐縮だがその時期、一七二年ぶりに天王星と海王星が山羊座の14度に位置し、私の出生時のＡＳＣ《アセンダント》に一度の誤差もなくコンジャンクションしていた。ユングは独自の占星学研究を続ける中で、占星学者アンドレ・バルボーに宛てた手紙の中で次のように述べている。ユングは土星と天王星のトランジットによって引き起こされる心理的変化、類似的な出来事を示す多くの例を観察したというのである。天王星はリズ・グリーンによると、しばしば非常に苦痛を伴うやり方で、突然「外側」から現れた事件として、それまで自分の現実だと思っていた枠組を破壊して見せる。そしてそれが我々の内的な覚醒を促すのである。

その後しばらくして、鏡リュウジ氏から本書の共訳のお誘いを受けることになる。天王星・海王星のトランジットは数々のシンクロニシティを垣間見せてくれる。本書と出会ってから一三年、私ひとりでは到底達成できなかった翻訳を共同作業で進めていくことになった。占星術に対する素朴な疑問点、〝なぜ生年月日の惑星位置がその人の潜在的可能性を示すのか〟という点にあくまでも懐疑的な姿勢を保ちつつ、一応それをルールとして占星術というリアリティ探究のゲームに興じる。その辺の絶妙なバランス具合が一致している鏡氏と、長年の夢であった本書邦訳に携わることが出来たのはまさに感慨無量といえよう。

しかしこれはゲームなのだ、と心に留めていても、心理占星学が説明する内的イメージの豊かさやその迫力、そして外的世界と内的世界の接点で起こる数々のシンクロニシティに直面するにつれ、我々はいつしか自分がゲームに興じていることすら忘れてしまう。(鏡クンはそれを、〝メビウスの輪状態〟などと呼ぶ)クルリと一回転すると我々は元居た場所にいる。しかしもうそれは新しい意識を獲得した自分なのだ。

他者との出会いによってもたらされる人間関係の複雑なジレンマ、それによって我々は他者を鏡として自分の中に潜むものと出会うことになる。本書は占星術を「未来予知」の道具ではなく、人との関わり合い、ひいては人間存在の意味を探究する道具としてとらえている。本書と出会ってから一三年、数々の出会いが巡り巡って私に邦訳の大役を授けてくれたように思う。また若き頭脳明晰な研究者、鏡リュウジ氏の強力なプッシュがなければ、長年の夢を達成することなどできなかっただろう。また訳出にあたり多大なる協力をいただいた長年の友人、梶原雅子氏に感謝の意を表したい。

そして日本では初めての本格的な心理占星学書の出版を快く引き受けてくださった青土社、清水康雄社長、担当編集者として尽力してくださった田中順子氏に感謝の言葉を述べずにはいられない。

そして最後に私を励ましいつも暖かく見守ってくれた二人の先生、ハワード・サスポータス氏と秋山さと子先生に本書を捧げたいと思う。

蠍座への木星回帰《ジュピターリターン》を待ちながら

岡本翔子

＊　＊　＊

最後に本書の訳出の経緯を述べておきたい。筆者と岡本氏は、それぞれ別なルートで占星学の世界にかかわるようになったのだが、お互い、占星学との本格的な邂逅の出発点が本書だったということでは一致している。岡本氏はリズ・グリーンの良き同僚であった故ハワード・サスポータスの薫陶を受けた我国では希有のアストロロジャーである。僕もまた英国に毎年足を運び、占星学と魔法の世界の空気を吸い、とりわけ心理占星学をことあるごとに紹介しようとしてきた。同好の士のよしみで、数年来のお付き合いをさせていただいている。

本書を紹介することは、お互いにとって、長年の夢でもあったわけで、邦訳出版のお話をいただいたときには、いささか興奮ぎみに「これが実現できれば、もう占星術などやめてもいい」などと言い合ったものだ。本書が我が国での占星学の再評価にいささかでも貢献できれば、訳者らにとっては望外の喜びである。

実際の作業では、序文、序章、一、二、三章は岡本が、それ以外は鏡が訳を担当した。難渋で独特な英語を日本語にする作業は想像以上に大変なことだったが、それでもまだこなれていないところが多いと思う。読者諸兄の叱責、ご意見をお待ちしたい。なお邦題はわかりやすさを考慮して『占星学』とした。原題の『リレイティング』を訳出しようとしたが、適切な言葉が思い浮かばなかったためでもある。タイトルについても良いアイデアがあれば、ぜひお待ちしたい。

訳にあたっては、北川達夫氏、波多野純氏、望月郁夫氏の多大なご協力をいただいた。ここに記して感謝したい。

本書の出版を快諾して下さった青土社社長・清水康雄氏のご好意、また面倒な編集の労をとってくださった田中順子氏に厚くお礼を申し上げたい。そして、本書翻訳という大役を未熟な訳者らに与えてくれた運命の星々にも……。

天王星と海王星が会合する年に

鏡リュウジ

＊本文中［　］内は訳註、「バースチャートの構造」「四エレメントの構造」および各バースチャート以外の図版・キャプションは邦訳にあたりつけ加えたものである。

新装版によせて

このたび、リズ・グリーン著『占星学』（原題：Relating）を新装版のかたちでお届けすることになった。出版当初より、予想外の反響があって何度も刷を重ねてきたが、これでまた新たな読者の方に、魂への深い洞察に満ちた本書をご紹介できる。心理学的占星術を日本に紹介してきた訳者らとしては、まことにうれしいことだ。本書を支持してくださった読者の方、また版元である青土社の方々に心より感謝したい。

初めて本書を邦訳紹介できたのは一九九四年始めのことであった。今からわずか六年ほどまえのことに過ぎないが、それでも、この数年の間に「心理占星術」および「占星術」一般をとりまく状況は激変したので、その趨勢について一言添えて、新装版への言葉としたい。

心理学的占星術へのインパクトを与えた波は、占星術と心理学の両陣営から起こって来ている。まず、占星術内部の動きとしては、「心理学的占星術」への反動もあって登場して来た、「古典（伝統）占星術」の発掘と隆盛であろう。リズ・グリーンをはじめ、多くの現代占星術家は「伝統的」占星術と「心理学的」占星術をしばしば対比する。前者は予言的で決定論的、具体的なものであり、後者はより象徴的で魂の深層の出来事を描写するもの、そして、それゆえにセラピー的な要素をもつものであるという。しかし、ほとんどの現代占星術家がいう「伝統的」な占星術とは、一九世紀の末から二〇世紀にかけて大幅に簡略化された占星術であることが明らかになってきた。ギリシア、アラブ、そして一部ユダヤで継承されてきた占星術の多くの技法は一七世紀中葉までは生き残って来たのであるが、コペルニクス革命に代表される科学革命が一般レベルにまで浸透して来たこと、また啓蒙思想の広がりなどにともなって、その伝統はほとんど途絶えてしまう。一九八〇年代ごろからそうした本来の意味での「古典」占星術の技法の発掘が、イギリスではジェフリー・コーネリアス、オリビア・バークレー、アメリカではロバート・ハンドらを中心に行われ、そのより具体的な姿が再び歴史の表面に浮上して来たのだ。的中するかどうかはともかく（多くの占星術家は的中すると主張する）、そうした古典的な占星術には死期を判断する方法や職業の選定、医学的な診断法までが含まれている。

当然、これは占星術を神話や心理学と融合させるかたちで「拡充」しようとしてきた「心理占星術」への痛烈な批判を呼び覚ました。「本来の占星術へ帰れ」というわけである。

一方で、心理学内部からはジェイムズ・ヒルマンを旗手として「元型派」あるいは「魂の心理学」が浮上してきたことも大きい。ヒルマンの『魂のコード』や軽装版ヒルマン（ヒルマン・ライト）とも呼ばれる、トーマス・ムーアの『魂へのケア』が大ベストセラーになったのは、記憶に新しいところだ。元型心理学について詳しくはヒルマンの『魂の心理学』（青土社刊）などを参照していただきたいのだが、これは、一言でいえば、プラトンからルネサンスへと流れ込む、より広い視座における「魂」の復権である。ヒルマンらの考えでは、心理学（プシュケ・ロゴス）が本来対象にすべき「魂」（プシュケ）は、ひたすら科学的・合理的であろうとした心理学からはかえってこぼれ落ちてしまったというのだ。魂を「内面」へと還元することによって「心理学」は、魂をどこかで切り詰めてしまったというわけである。「これはアニマ」「これは母親コンプレックス」と次々ラベリングを張って行くだけの心理学には、魂の躍動感を感じられなくなっているとしたら、それこそ、心理学自身が落とし穴に落ちていることの証拠だろう。

そこで、元型心理学者はプラトンや新プラトン主義、ルネサンス思想などに、それこそ心理学に「新生」の契機をもとめているのだが、その古き心理学の一つに一五世紀の哲学者マルシリオ・フィチーノの思想がある。そしてこのフィチーノはまた占星術家でもあり、元型心理学の潮流のルーツに、古代的な魂論としての占星術があることを見逃すことはできない。

本書は、時代的な制約のために、この二つの潮流のインパクトを受けておらず、これらの趨勢を知る我々の目からすると、物足りなく思える面もなくはない。

しかし、逆に素直に読むとかえってグリーンの洞察の深さが際立って見えるのだ。技術的な面だけをとってみても、天頂を母親、天底を父親と見る彼女の解釈は、古典占星術の再発見を先取りしているし、また、本書を一環して貫く通奏低音のような重み……それは魂や運命への畏敬の念だ……は、「成長」「癒し」ばかりに目をむけがちな明るい心理学への反省として生まれて来た、魂の心理学の立場ともつながっていると見えてくる。

否。流行《はやり》すたりを云々するほうが間違いなのだろう。本書は、確実に二〇世紀占星術/心理学の「古典」となるであろう。「占星術/心理学する」とは、ただ分析用語を振りかざすことではなく、世界と自身を「魂」あるいは「魂」の現れとして見なすことだ。本書は、そうした意味で、星と人を言葉本来の意味で果敢に「占星術/心理学した」試みとして、今後もその価値を失うことはないに違いない。

二〇〇〇年二月

訳者らしるす

『占星学』新版によせて

　このたび、リズ・グリーン著『占星学』を新たなかたちで世に出していただけることになった。原著の刊行は一九八六年、邦訳の初版を青土社から出していただいたのは一九九四年。それから版を重ねつつ、この度再び新版というかたちで日本の読者たちにお送りできるということは、訳者として望外の喜びである。

　訳者らがこの本を日本に紹介してから早くも二〇年もたつと思うと、感慨深いものがある。二〇年、三〇年などというのは、少なくとも二千数百年以上の歴史をもつホロスコープ占星術の伝統の中では、ほんの短い時間のことではあるが、人の一生、あるいは世代という意味では十分に長い期間である。その間、占星術のシーンも、世のほかの事象とたがわず、めまぐるしい変化を遂げていた。

　二〇〇〇年の際の新装版では、原著刊行から二〇世紀末にいたるリズ・グリーンの業績への評価の変化などについて少し書かせていただいていた。今回の版では、ぼくの知る限り、それ以降の現代占星術シーンの変化をご紹介しておくことにしよう。合わせて読んでいただければ幸いである。

　すでに述べたように、英国の占星術シーンにおいては、八〇年代から九〇年代における深層心理学と占星術の華麗な融合による「心理占星術」の興隆によって、占星術はそれまでの「単なる占い」としてややもすると見下されていたジャンルとしてではなく、豊かな教養の一つとして知的な読者層を獲得することになった。その最大の功績者はいうまでもなく本書の著者、リズ・グリーンであろう。

その一方、一九八五年に復刻された一七世紀の「伝統占星術」の教科書ウィリアム・リリーの『クリスチャン・アストロロジー』の出現を皮切りに、一七世紀以前のクラシカルな占星術の技法が復活した。歴史的文書に基く詳細な「ルール」にこだわる「伝統派」は、「心理」占星術を仮想敵とする一幕もあった。

しかし、そのような技法面での対立……つまるところ、自分たちのほうが「本物」の占星術である、というような論争は、占星術が近代科学ではないということを考えれば不毛であることは部外者からみればいうまでもない。

多少、口汚い表現を許していただけるなら、多くのユング派の著作が興味深い神話素材の読みものであり、豊かな人生の智恵に満ちているものであるものの、宗教学や歴史学の専門家からみるとあくまで雑学的なものであり、その一方で伝統・古典派の技法書は占星術の失われていたルールを復興させるという点での意義はあったとしても、やはり思想史家などからみれば、あくまで「ちょっと複雑なルールを紹介した占い本」であるということは否めなかったのだ。

こうした経緯を経て、真摯な占星術家たちはさらに研さんを重ね、アカデミーに真っ向から切りこんでいこうとする努力を重ねた。

二一世紀に入り、ニコラス・キャンピオン、ジェフリー・コーネリアス、そのほか英国を代表する占星術家たちは着々と博士号を取得、アカデミズムの中でもその実力を見せることができるようになった。

リズ・グリーンも、もちろん、その一人である。グリーンはすでに正規のユング派の分析家であり、若いころに小さなアメリカの大学院から博士号を取得してはいるのだが、再度、ブリストル大学からPh．Dを取得、その論文は“Magi and Maggidim: The Kabbalah in British Occultism 1860-1940”としてイギリスのソファイア・センターから二〇一二年に刊行された。

これは占星術そのものの本ではないが、近代宗教史学における重要な挑戦を喚起する論文である。一九世紀末西欧ではロマン主義運動と結びつき「オカルト」が復興する。ユダヤ神秘主義カバラはその中核にあったが、ゲルショム・ショーレムをはじめとする正統的なユダヤ学の権威たちからは、ここで「復興」したカバラは、中世からルネサンスにおける歴史的カバラとは断絶しており、正統性（連続性）はないと切り捨てられてきた。しかし、グリーンによれば実はそこに意外な連続性が、彼女自身の言葉を借りるなら、「もちろん、時代の制約はあるものの、中世のカバラにたいしての驚くべき忠実さ」が存在するのではないかというのである。（同書五九ページ）

もしこれが本当なら近代のスピリチュアリティや宗教史観に相当の影響を与えることになるだろう。その評価は今後を待たねばならないとはいえ、こうした一石を博士論文として投じたことは、アカデミズムへの大きな貢献であるといえよう。

もちろん、占星術実践をグリーンがやめているわけではない。彼女が主催するロンドンの心理占星術センター（CPA）は、組織変更をしつつも現在でも存続しているし、また、ウェールズ大学で「文化天文学と占星術」修士課程を指揮するニコラス・キャンピオンらとともに、小さくはあるがより濃密な学会を開催、実践者と学問的研究者の間をつなぐような活動を展開している。著者として、あるいは占星術の指導者として成功をおさめたあとにもなお、このような貢献と尽力を続けていることに、訳者としては大きな敬意を抱かざるを得ないのである。

そんなリズ・グリーンらのたゆまぬ努力の軌跡を追ってみることで、本書の輝きは失われるどころかますます増していくように訳者には感じられる。まぎれもなく、本書は現代占星術の精華である。リズ・グリーンらの活動を追いかけていくと、この花の遺伝子は、秘教的伝統の歴史的ルーツを渉猟し再評価したワールブルグ学派（ウォーバーグ学派）、そして臨床の場で「魂」をいかに回復させるかを追求し、学際的に象徴の生命力を活かしつづけようとしたエラノス学派からきていることがわかるだろう。その種子は、リズ・グリーンという優れた才能によって蒔かれ、育まれた。しかし、その種子が蒔かれたのは、象牙の塀で守られたクリーンな園ではなく、よりワイルドな一般市場であった。そのなかにあってなお、本書はたくましく、しかし可憐に美しさを保ち続けているのである。

今こそ、本書をさらに評価できるときにきていると、訳者は信じる。

占星術や深層心理学のみならず、広く人文学に関心のある方に本書をお届けしたい。

鏡リュウジ

二〇一三年七月

『占星学』新・新版によせて

リズ・グリーン著『占星学』（原題 *Relating*）をお届けすることができるのを望外の喜びに思う……こう書かせていただくのは、邦訳初版を含めると、今回でもう四度目となる。望外どころか、「望外の望外の喜び」であろう。

原著の刊行は一九七七年。邦訳が出たのは九四年初頭のことであった。英語版は今でも版を重ねているし、日本でもこうして読み継がれているということを考えれば、移り変わりの速い昨今の出版界の中ではもう立派な現代の「古典」であろう。グリーンのデビュー作である『サターン』（原著一九七六年刊行）も幸いなことに、英語圏はもちろん、邦訳も今なお読み継がれていることを考えれば、現代占星術におけるリズ・グリーンの影響力の大きさは、誰しも認めざるを得るほかない。

一九世紀末から神智学の影響下で復興した近代占星術をよりオカルト色の少ないユング心理学の枠内で再解釈し、現代的な「心理占星術」を構築したリズ・グリーンの功績は大である。

ユング派の分析家でもあるグリーンは、ユング派心理学者のお家芸でもある元型論的神話解釈を、占星術のシンボルを深く理解する方法論として採用し、占星術象徴にかつてない彩りと魅力を付与することに成功した。

その手つきに倣う占星術家も多く、「心理占星術」「元型的占星術」の潮流が生まれた。しかし、現代の占星術世界を見渡すニコラス・キャンピオンが言うとおり、「心理占星術の世界において、詩的さ、かつ雄弁な独創性の点でリズ・グリーンの水準で模倣できたものは未だいない」[1]のである。

一七世紀以前の占星術に立ち返ろうとするいわゆる「伝統・古典」占星術復興主義者の中には、今なお、グリーンにたいして批判的な向きもなくはない。が、占星術もまた一つの文化運動であることを考えれば時代の中でさまざまなイノベーションが生まれてくるのは当然で、「真実の」伝統があると信じられるほど、僕たちは素朴ではいられない。一方、グリーンもまた、その進歩を止めてはいないのが驚嘆させられるところである。現代占星術の歴史を研究するカーク・リトルによれば、この一五年でグリーンは自身を「再発明」（reinvent）した表現している。[2]その通りなのだ。ホロスコープやタロットの象徴解釈をユング心理学の手法によって深化させるという「実践者」の立ち位置を「前期」リズ・グリーンとするなら、文献を駆使して客観的、学術的な水準で業績を残すようになったのが「後期」リズ・グリーンである。

前回の「新版」の解説で、グリーンの二つ目の博士論文について言及しておいた。

これはヴィクトリア朝英国のオカルト運動におけるカバラ復興についてのものである。これはジャンル的にいえば、歴史学および秘教研究に属するものだろう。

さらに最近、グリーンは学術的に重要な貢献をなした。これは彼女の専門分野であるユング心理学に関するもので、*Jung's Studies in Astrology: Prophecy, Magic and The Qualities of Time* および *The Astrological World of Jung's Liber Novus: Daimons, Gods and the Planetary Journey* (Routledge 2018) である。

1　Nick Campion へのインタビュー　in *The Astrological Journal* May/June 2018
2　Kirk Little による Review　in *The Astrological Journal* Sept/Oct 2018

この研究はユングのアーカイブを調査し、ユングが歴史上の占星術文献のみならず、ユングが同時代の占星術家たちと活発に文通し、またユング自身がホロスコープを描いたり、我々が思っている以上に深く占星術にコミットしていたこと、占星術と不可分の関係である古代のテウルギア（神働術）やダイモン論がユングのヴィジョン体験の記録『赤の書』の成立を通じて、ユング心理学そのものの構築に、少なからぬ影響を与えていたことを例証しようとしている。グリーンのこの本は「精神分析史」、あるいは「ユング心理学史」における重要な貢献となるだろう。（なおとくにユング心理学の歴史に重要だと思われる前者は、近く僕の監修訳でお届けできる予定である。）

なお、いま一度、本書『占星学』の重要性と意義をここで述べておこう。

グリーンのこの本は占星術のみならず、ユング心理学そのもののすぐれた入門書としても読めるのが大きな特徴である。

無意識と象徴の意義、心理学的タイプ、シャドウ、アニムスとアニマ、セクシュアリティの問題と親子関係の問題、さらに人生の発達といったユング心理学における主要なテーマを占星術のシンボリズムと照応させることで生き生きと解説している。ユング心理学入門として定評のあるマレイ・スタイン『心の地図』（青土社）と読み合わせていけば、いかに本書がすぐれたユング心理学の導入になっているかがよくわかると思う。

もう一つ、占星術学習者にとって注意しておきたいことがある。

本書には、あるいはリズ・グリーンのほかの本には、「この手順でホロスコープを読むべし」あるいは「この配置は○○コンプレックスを示す」といったわかりやすいメソッドはほとんどない。「心理占星術」を標榜するテクストの中には、あたかもある手順にしたがってホロスコープを「読め」ば、出生図の持ち主の心理を解読できるかのように書いているものも散見される。

しかし、リズ・グリーンのスタイルはよりユング派の分析に忠実であり、そのような字義的なメソッドが適用できるほど人のこころは単純ではないという立場である。

グリーン自身が本書でいうように、「心理学的なものであれ、占星学的なものであれ、あるいはほかのどんなものであれ、人間性にたいして正しくあろうとすれば、安易な近道を教えるようなことはできない」のである。

ある問いは、別な問いのかたちで深めてゆくほかはない。

人生を解決できるパズルやすぐに勝ち手を探せるゲームだと考えているなら、本書はあなたのものではないだろう。

人生の背後にある闇と光の複雑な葛藤と、解くことのできぬ神秘、運命への畏敬の念を抱くことができる者にこそ、本書は本当の価値を持つのではないかと思うのである。

二〇一九年八月

鏡リュウジ

索　引

＊斜体数字は訳者による註，解説をしめす

さ行

た行

ま行

や行

ら行

わ行

占星学（新・新版）

二〇一九年九月一〇日　第一刷発行
二〇二一年八月一〇日　第二刷発行

著者——リズ・グリーン
訳者——岡本翔子・鏡リュウジ
発行者——清水一人
発行所——青土社
東京都千代田区神田神保町一—二九 市瀬ビル 〒一〇一—〇〇五一
（電話）〇三—三二九一—九八三一［編集］
（営業）〇三—三二九四—七八二九［営業］
（振替）〇〇一九〇—七—一九二九五五

印刷・製本—ディグ

装丁——岡孝治

ISBN978-4-7917-7212-4 Printed in Japan